트러블과
함께하기

트러블과
함께하기

Staying *with the* Trouble

Making Kin in the Chthulucene

자식이 아니라 친척을 만들자

도나 해러웨이 지음 | **최유미** 옮김

마농지

차례

일러두기

1. 이 책은 Donna J. Haraway, *Staying with the Trouble: Making Kin in the Chthulucene*, Duke University Press, 2016의 1, 2, 3, 4, 8장을 옮긴 것이다. 5, 6, 7장은 저작권 계약상의 문제로 이 번역본에는 포함되지 않았다.
2. 원서에서 이탤릭체로 강조한 부분은 고딕체로, 생물의 학명은 이탤릭체로 표기했다.
3. 저자의 주는 미주로, 옮긴이의 주는 각주로 처리했다.
4. 외국의 인명과 지명, 용어 표기는 국립국어원의 외래어 표기법을 참고하되, 해러웨이의 주요 개념인 '쑬루세' 등 일부 용어에 한해 원래 발음에 가깝게 표기하는 것으로 예외를 두었다.

서론

트러블trouble은 흥미로운 낱말이다. 이것은 '불러일으키다', '애매하게 하다', '방해하다'를 의미하는 13세기 프랑스어 동사에서 유래했다. 우리—땅 위에 있는 우리 모두—는 어지럽고 불안한 시대, 뒤죽박죽인 시대, 문제 있고 혼란한 시대에 살고 있다. 우리의 과제는 우리 모든 오만한 종들이 서로 응답할 수 있게 하는 것이다. 뒤죽박죽인 시대는 고통과 기쁨이 뒤섞여 흘러넘친다. 그 양상은 매우 부당하고 여태까지 살아온 생명들을 불필요하게 많이 죽이고 있지만, 꼭 필요한 부활로도 넘친다. 우리의 과제는 창의적인 연결망 안에서 친척을 만드는 것이다. 그것은 두터운 현재 안에서 함께 잘 살고 잘 죽는 것을 배우는 실천이다. 우리의 과제는 거친 파도를 잠재우고 고요한 장소를 다시 구축할 뿐만 아니라, 트러블을 만들고, 파괴적인 사건들에 강력한 응답response을 불러일으키는 것이다. 이 위급한 시기에, 많은 사람들이 안전한 미래를 도모하고, 미래에 불안감을 드리우며 불쑥 나타날 무언가를 방지하고, 다음 세대에게 미래를 안겨주기 위해서 현재와 과거를 말끔하게 지워버리는 방식으로 트러블을 다루려고 할지 모른다. 그러나 트러블과 함께하기는 미래라 불리는 시기와 그런 관계를 맺을 필요가 없다. 트러블과 함께하기는 진실로 현재에 임하는 것을 배우기를 요구한다. 끔찍한 과거 혹은 에덴동산 같은 과거와 종말론적 미래 혹은 구원을 약속하는 미래 사이에서 사라져버리는 회전축으로서가 아니라, 수많은 장소와 시간, 수많은 문제와 의미의 무한 연쇄에 얽혀 있는, 죽을 운명의 크리터critter로서 말이다.[1]

쑬루세Chthulucene*는 단순한 낱말이다.[2] 이것은 그리스어 크톤khthôn과 카이노스kainos의 합성어로, 손상된 땅 위에서 응답-능력을 키워 살기와 죽기라는 트러블과 함께하기를 배우는 일종의 시공간을 가리킨다. 카이노스는 지금, 시작의 시간, 계속을 위한 시간, 새로움을 위한 시간을 의미한다. 카이노스에는 관습적인 과거, 현재, 미래를 나타내는 의미가 없다. 이전에 온 것, 혹은 뒤에 오는 것을 일소해야 한다고 주장한다면 그런 시작의 시간이란 완전히 거짓이다. 카이노스는 물려받은 것들, 기억하기, 그리고 도래할 것들, 여전히 존재할 것들을 키우는 일로 충만할

---

* 해러웨이는 '땅'이라는 뜻의 그리스어 '크톤khthôn'과 '피모아 크툴루Pimoa cthulhu'라는 거미의 이름을 토대로 '쑬루세Chthulucene(지하세地下世)'라는 새로운 시대 개념을 제안하고 있다. 크툴루Cthulhu에서 철자와 발음이 달라진 것은 미국의 호러·SF 작가 러브크래프트H. P. Lovecraft가 창조한 크툴루 신화와 구분하기 위해서인데, 해저 괴물 크툴루를 중심으로 하는 러브크래프트의 작품에 여성 혐오와 인종 차별주의가 담겨 있기 때문이다. 해러웨이는 철자를 바꾼 자신의 선택을 일종의 메타플라즘metaplasm(글자, 음절, 음소 등을 더하거나 빼거나 순서를 바꾸거나 해서 의미를 바꾸어버리는 '어형변이'를 말한다. 생물학적 개념인 '후형질'이라는 뜻도 있다)이라고 이야기한다. 해러웨이가 새롭게 만든 단어를 잘 드러내기 위해, 외래어 표기법을 따르지 않고 영어 발음에 가깝게 '쑬루세'로 표기했다. 서론의 원주 2와 4장 내용, 174쪽의 옮긴이주 참고.

수 있다. 나는 카이노스라는 말을, 무수히 많은 시간성과 물질성을 불어넣는 균사菌絲를 가진, 두텁고 진행 중인 현존이라는 의미로 받아들인다.

땅속의chthonic 것들은 지구의 존재자들로 오래된 것과 최신의 것 모두를 지칭한다. 나는 땅속의 것들을 촉수, 더듬이, 손발가락, 인대, 채찍꼬리, 거미 다리, 헝클어진 털로 가득 찬 존재로 상상한다. 이들은 복수 크리터들의 부식토에서 까불며 뛰어놀지만, 하늘을 쳐다보는 인간은 상대하지 않는다. 이들은 또 가장 좋은 의미에서 괴물이다. 이들은 지구 시스템의 작동 과정과 크리터들의 물질적 유의미성을 입증하고 수행한다. 또 결과를 입증하고 수행한다. 땅속의 것들은 안전하지 않다. 그들은 이데올로그들은 상대하지 않는다. 아무에게도 속하지 않는다. 공중에서, 물속에서, 그리고 다른 장소에서 다양한 형태와 다양한 이름으로 몸부림치며 괴로워하고 또 탐닉한다. 그들은 만들고 파괴한다. 또 한편 만들어지고 파괴된다. 그들은 누군가이다. 이 세계의 위대한 일신교들이 종교적 방식으로든 세속적 방식으로든 땅속에 존재하는 것들을 절멸하려고 수없이 되풀이해 애써왔다는 것은 놀랍지 않다. 인류세Anthropocene와 자본세Capitalocene라 불리는 시대의 추문은 이들 세력에 관한 위험하기 짝이 없는 가장 최근의 스캔들이다. 쑬루세에서 강력한 연대를 통한 함께 살기와 함께 죽기는 인간과 자본의 명령에 대한 치열한 대응일 수 있다.

친척Kin은 온갖 사람이 최선을 다해 길들이려고 하는 야생의 범주이다. 기이한 친척oddkin 만들기는 갓킨godkin이나 혈통에 따른 생물학적 가족과 무관하고, 그들에 추가되는 것도 아니다. 기이한 친척 만들기는 우리가 실제로 누구를 책임지는가와 같은 중요한 문제들을 곤란하게 만든다. 저 친척 관계가 아니라 이 친척 관계에서, 누가 살고 누가 죽는가, 그리고 어떻게 그렇게 되는가? 이 친척 관계의 양상은 어떠하고, 그 계통은 어디에서 누구에게서 이어지고 끊어지는가? 그래서 어떻다는 것인가? 만약 친척 관계에 있는, 인간과 인간 아닌 것들을 포함해 지구상에서 번성하고 있는 복수종multispecies들이 미래에 가능성을 가질 수 있으려면, 무엇이 끊어져야 하고 무엇이 이어져야 하는가?

SF는 이 책 곳곳에서 모습을 보인다. 그것은 과학소설science fiction, 사변적 우화speculative fabulation, 실뜨기string figures, 사변적 페미니즘speculative feminism,* 과학적 사실science fact, 지금까지so far이다. 되풀이되는 이 목록은 앞으로 이 책 전반에 걸쳐서 말과 그림들 속에서 선회하고 고리를 만들고, 나와 독자들을 위기에 처한 존재자들과 패턴들 속으로 꼬아 넣을 것이다. 과학적 사실과 사변적 우화는 서로 필요하며 둘 다 사변적 페미니즘이 필요하다. 나는 SF와 실뜨기를 삼중의 형상 만들기figuring라는 의미로 생각한다. 첫째, 나는 빽빽하게 엉킨 사건들과 실천들 속에서 난잡하게 실을 뽑으며 그 실들을 추적하고, 특정한 현실의 장소와 시간에서 트러블과 함께하는 데 중요한 실들의 엉킴과

---

* '사변'은 헤겔이 사유 주체의 '반성'적 사유와 구분하면서 절대를 사유하는 자신의 철학을 지칭한 용어이다. 해러웨이는 이 용어를 이자벨 스탕제르Isabelle Stengers에게서 가져왔다. 과학철학자인 스탕제르는 과학이 단지 확률적 개연성으로 서술되는 것을 거부하면서 이론적이고 사변적인 사유라고 주장한다. 하지만 스탕제르가 말하는 사변은 헤겔 철학에서와 달리 절대에 대한 사유가 아니고 거대한 형이상학적 체계로 환원되지 않는다. 해러웨이에게 '사변'은 근거를 거부하고 구체적인 상황에서 출발하는 사유이며, 주관적인 것이 아니라 페미니스트 인식론이 주장하는 체현적 객관성을 갖춘 철학적 사유이다. 가령 사변적 페미니즘은 생물학적 여성이라는 근거에서 출발하기를 거부하고 수많은 구체적·역사적 상황 속의 페미니즘을 사유하는 이론이다. 같은 맥락에서 사변적 우화는 철학적 우화를 의미한다.

패턴을 찾기 위해 실들이 이끄는 곳으로 따라갈 것이다. 그런 의미에서 SF는 어둠 속에서, 위험하기 짝이 없는 진짜 모험 이야기 속에서 실을 추적하고 따라가는 방법이다. SF에서 복수종의 정의를 키우기 위해 누가 살고 누가 죽는지 그리고 어떻게 살고 죽는지가 더 분명해질 것이다. 둘째, 실뜨기는 추적이 아니라 오히려 현재 진행 중인 행위이고, 응답을 구하는 패턴이자 배치이며, 본래의 자신이 아니라 다른 존재들과 함께 나아가야 할 어떤 것이다. 셋째, 실뜨기는 주기와 받기이고, 만들기와 부수기이고, 실을 줍기와 떨어뜨리기이다. SF는 실천이고 작동 과정이다. 그것은 놀라운 릴레이 속에서 서로 함께-되기becoming-with이다. 그것은 쑬루세에서 계속성ongoingness을 가리키는 형상이다.

인류세와 자본세가 불러일으키는 공포와 관련해 너무나 자주 접하는 두 가지 반응이 있다. '트러블과 함께하기'라는 아이디어를 내놓은 나로서는 이것을 정말 참을 수가 없다. 첫 번째 것은 설명하기 쉽고 무시하기도 쉽다고 생각하는데, 세속적이든 종교적이든 간에 기술적 해법에 대한 우스꽝스러운 믿음이다. 기술은 버릇없지만 매우 영리한 자손들을 어떻게든 구하러 올 테고, 신은 반항적이지만 더없이 희망에 찬 자손들을 구하러 온다는 것이다. 기술적 해법(혹은 기술 묵시록)에 관한 이토록 감동적인 어리석음을 마주하면, 특정한 상황의 기술 프로젝트들과 거기에 얽힌 사람들을 포용하는 것이 여전히 중요하다는 사실을 이따금 잊게 된다. 그들은 적이 아니다. 그들은 트러블과 함께하는 데, 생성적인 기이한 친척을 만드는 데 중요한 일들을 할 수 있다.

두 번째 반응은 무시하기가 더 어렵고 어쩌면 더 파괴적이다. 바로 게임 종료라거나, 너무 늦었다거나, 상황을 개선하려는 어떤 행위도 의미가 없다거나, 혹은 적어도 세계의 부활을 위해 일과 놀이를 함에 있어서 서로를 깊이 신뢰해봐야 아무 소용이 없다는 관점이다. 내가 아는 몇몇 과학자들은 인간과 비인간 크리터들을 위해 긍정적인 변화를 일으키려고 매우 열심히 일하면서도 신랄한 냉소를 보낸다. 일부 비판적 문화이론가나 정치적 진보주의자들도 비슷하다. 내 생각으로는, 한편으로는 학생들을 포함한 다른 이들을 좌절에 빠뜨리는 '게임 오버'의 태도를 내보이면서, 지치지 않는 열정과 기술로 복수종을 번성시키기 위해 실질적으로 일하고 놀이하는 기이한 결합의 모습이 다양한 미래주의에 의해 촉진되고 있다. 한 부류는 이렇게 생각하는 것 같다. 성과가 있어야만, 혹은 더 나쁘게는, 나와 동료 전문가들이 하는 모든 일이 어떤 문제를 해결하는 경우에만 중요하다고 말이다. 좀 더 관대하게 말하면, 과학자들을 비롯해 생각하고 읽고 연구하고 토론하고 돌보는 사람들은 이따금 너무 많이 알고, 그래서 너무 심각하다. 혹은, 적어도 우리는, 인간을 포함한 지구의 생명이 허용할 수 있는 어떤 방식으로도 정말로 끝났다고, 종말이 정말로 가까이 왔다고 결론 내릴 만큼 자신이 많은 것을 알고 있다고 생각한다.

지구의 여섯 번째 대멸종이 한창인 이때, 전쟁과 착취가 지구를 휩쓸고 '이윤'이나 '권력'—혹은 그 점에서라면 신—이라 불리는 것 때문에 수십억의 인간과 크리터들의 비참함이 점점 심해지는 이때, 그런 태도는 정말 일리가 있다. 2100년경이면 인간의 숫자가 분명 110억 명이 넘을 거라는 사실을 절실히 체감하면서 게임 오버의 태도가 자신의 존재를 드러낸다. 이 수치는 1950년에서 2100년까지 150년 동안 인구가 90억 명 증가한다는 뜻이며, 부자들이 가난한 이들과는 비교도 안 될 정

도로 지구에 엄청난 짐을 부과하는 가운데 심각한 부의 양극화가 빚어
지고 거의 모든 곳에서 비인간 생물들이 심한 곤경을 겪는다는 의미다.
실제로 절박한 사례들이 많다. 2차 세계대전 이후 나타난 거대한 가속
Great Accelerations은 지구의 바위와 물과 공기와 생물에게 자국을 새긴
다. 트러블들의 정도와 심각성을 인정하는 것과, 추상적인 미래주의와
그 숭고한 절망의 정서와 무관심의 정치학에 굴복하는 것 사이에는 아
주 미세한 차이가 있다.

　이 책은 미래주의를 멀리하면서, 트러블과 함께하는 것이 더 중요
할 뿐만 아니라 더 현실적이라고 주장한다. 트러블과 함께하기는 기이
한 친척 만들기가 필요하다. 다시 말해 우리는 뜨거운 퇴비* 더미 속에
서, 예기치 않게 협력하고 결합하면서 서로가 필요하다. 우리는 서로
함께 되거나, 아무것도 아니거나 둘 중 하나이다. 그런 종류의 물질적
기호론은 아무 데도 없는 곳이 아니라 구체적인 상황이 벌어지는 장소
에서 발현되며, 얽혀 있고 세속적이다. 우리는 각자의 전문 지식과 경
험에 갇혀 너무 많이 알 뿐만 아니라 너무 적게 안다. 그래서 절망이나
희망에 굴복하는데, 어느 쪽도 현명한 태도가 아니다. 절망도 희망도
의미에, 알아차리는 일에, 물질적 기호론에, 지구에서 두텁게 공존하며
살아가는 필멸의 존재들에 맞추어져 있지 않다. 희망도 절망도, 이 책

---

* 해러웨이에게 퇴비compost는 포스트휴먼posthuman을 대신하는 탈인간중심주의의 형상이다.
퇴비는 농작물을 키우기 위해 만드는 거름으로 박테리아들이 죽은 유기체를 먹고 만든 배설물이
다. 죽은 유기체가 박테리아의 먹이가 되고, 박테리아의 배설물은 토양을 비옥하게 만들어서 농작
물을 키우는 식으로 퇴비는 삶과 죽음의 계속성을 만들어낸다. 포스트휴머니즘이 포착하는 포스
트휴먼은 기계와 유기체의 경계가 모호한 잡종적 정체성을 드러낼 뿐이지만, 퇴비는 복수종들의
삶과 죽음이 상호 의존적으로 뒤얽힌 구체적인 형상이다. 해러웨이가 보기에 잡종적 정체성은 테
크노사이언스에 의해 비로소 가능하게 된 것이 아니라 '언제나 이미' 그러했다.

의 첫 장의 제목인 '반려종과 실뜨기하기'를 우리에게 어떻게 가르쳐야 하는지 알지 못한다.

앞의 세 개 장은 인류세와 자본세의 속박을 끊기 위해 쏠루세에 친척 만들기에 쓰이는 이야기들과 형상들을 추적한다. 온갖 다양한 형태의 비둘기—제국의 창조물에서 노동자들의 경주용 새, 전시의 스파이, 과학 연구의 파트너, 세 개 대륙에서 진행된 예술행동주의의 협력자, 도시의 반려이자 유해 동물에 이르기까지—가 1장 '반려종과 실뜨기하기Playing String Figures with Companion Species'의 안내자이다.

비둘기들은 그들의 소박한 역사 속에서 두 번째 장의 제목인 '촉수 사유tentacular thinking'의 실천으로 나아간다. 여기서 나는, 과학과 정치와 철학에서 다양한 모습으로 나타나는 경계가 있는 개체주의bounded individualism가 기술적으로든 다른 어떤 방식으로든 사유의 수단으로 쓸모없게 되어버렸다고, 정말 이제 더는 생각할 수도 없는 것이 되어버렸다고 주장할 것이다. 나는 이론가들과 스토리텔러들이 제공하는 사유하기에 필요한 재능을 탐구하기에, 이 장을 관통하는 키워드는 공-산 共-産, sympoiesis—함께 만들기making-with—이다. 과학과 인류학, 스토리텔링 분야의 나의 동료들—이자벨 스탕제르Isabelle Stengers, 브뤼노 라투르Bruno Latour, 솜 반 두렌Thom van Dooren, 애나 칭Anna Tsing, 메릴린 스트래선Marilyn Strathern, 한나 아렌트Hannah Arendt, 어슐러 K. 르 귄 Ursula K. Le Guin 등—은 촉수 사유를 함에 있어서 나의 반려들이다. 그들의 도움을 받아서 나는 인류세, 자본세, 쏠루세라는 세 가지 시대 개념을 소개한다. 고르곤 가운데 유일하게 필멸의 존재인 메두사가 동물여왕의 모습을 하고 태평양 문어와 연합하여 우리를 곤경에서 벗어나도록 도와주면서 2장은 끝을 맺는다.

3장 '공-산: 공생발생과 트러블과 함께하기'라는 활기찬 예술Sym-poiesis: Symbiogenesis and the Lively Arts of Staying with the Trouble'은 생태진화발생생물학에서, 그리고 트러블을 겪고 있는 네 곳의 상징적 장소에 관여하는 예술-과학 행동주의에서 공-산의 실들을 자아낸다. 산호초 홀로바이옴holobiome*, 특히 토착민들에게 심각한 영향을 주는 나바호인과 호피족 땅의 블랙메사 탄광 지대와 화석연료 채굴 지역, 마다가스카르의 복합적인 여우원숭이 숲 서식지, 얼음이 급격히 녹아내리는 시련을 겪고 있을 뿐 아니라 식민주의의 위협을 받고 있는 북아메리카 극지방의 땅과 바다. 이 장에서는 복수종의 부활을 위한 생물학, 예술, 행동주의의 주고받는 에너지의 실로 실뜨기를 한다. 나바호-추로 양, 난초, 멸종한 꿀벌, 여우원숭이, 해파리, 산호 폴립, 바다표범, 미생물이 예술가, 생물학자, 행동주의자와 함께 이 장에서 주도적 역할을 한다. 여기서 그리고 이 책 전체에서 돌보고 행동하는 사람들의 지속적인 창의성이 행동에 생명력을 불어넣는다. 놀랄 것도 없이, 현대의 토착민들과 민족들이 다양한 파트너와 충돌하거나 협력하면서 유의미한 차이를 만든다. 저명한 린 마굴리스Lynn Margulis를 비롯해 많은 생물학자들이 이 장의 논의를 위해 사유와 놀이의 재료를 제공한다.

---

* 마굴리스에 따르면, 홀로바이옴은 진핵생물을 구성하는 게놈의 연합체로, 주어진 분류군 생물의 게놈과 그것과 공생하는 미생물 군집의 게놈으로 구성된다. 가령, 산호초는 단일 게놈이 아니라 산호초 게놈과 수많은 미생물의 게놈으로 이루어진 홀로바이옴이다. 해러웨이는 홀로바이옴의 의미를 좀 더 확장해서 사용하는데, 산호초는 미생물뿐 아니라 상호 의존 관계에 있는 어류 등의 수중 생물, 산호초에 생계를 의존하는 사람들과 죽어가는 산호초에 예술 활동으로 응답하는 공예가들까지 모두 포괄해 홀로바이옴을 구성한다.

4장 '친척 만들기making kin'에서는 인류세, 자본세, 쑬루세라는 시대 개념을 다시 논의하며 "자식이 아니라 친척을 만들자"고 호소한다. 피부색과 민족을 불문하고 인종주의와 식민주의와 자본주의에 반대하고 퀴어를 지지하는 페미니스트들은 생식과 성의 질서에 있어서 가난하고 소외된 자들에 대한 폭력에 특별히 관심을 기울였으며, 오랫동안 성과 생식의 자유 및 권리를 위한 운동을 이끌어왔다. 페미니스트들에 따르면, 성과 생식의 자유란 자신의 자식이든 다른 이의 자식이든 건강하고 안전한 공동체에서만 아이들을 건강한 성인으로 성장시킬 수 있음을 의미한다. 페미니스트들은 또한 나이가 많든 적든 모든 여성이 아이를 낳지 **않을** 권력과 권리가 있다는 역사상 가장 독특한 주장을 펼쳤다. 나와 신념을 같이하는 페미니스트들은 그런 입장이 얼마나 쉽게 제국주의적 오만에 빠지게 되는지를 알고 있다. 그럼에도 모성이 여성의 궁극적인 목적이 아니며 여성의 생식의 자유는 가부장제를 비롯한 어떤 체제의 요구도 능가하는 가치라고 주장한다. 음식, 직업, 주거, 교육, 여행, 공동체, 평화, 자기 신체와 친교의 통제, 의료 서비스, 편하고 여성 친화적인 피임, 출산에 관한 최종 결정권, 즐거움 등이 성과 생식에 관한 권리들이다. 놀랍게도 세계 곳곳에서 여성들은 이러한 권리를 제대로 누리지 못하고 있다. 내가 아는 페미니스트들은 뛰어난 통찰력으로 인구 조절에 관한 언어와 정책들에 저항해왔다. 이러한 정책들이 자주, 명백하게, 여성과 가족의 행복보다는 생명정치적인biopolitical 국가의 이익에 기울어져 있기 때문이다. 인구 조절과 관련한 사업을 실행하는 과정에서 불거진 추문들을 발견하기는 어렵지 않다. 그러나 내 경험으로는, 과학자나 인류학자를 비롯한 페미니스트들은 인구의 거대한 가속에 진지하게 관심을 기울이지 않았다. 그렇게 하다가 또다시 인종주의, 계급주의, 국가주의, 모더니즘, 제국주의의 진창 속으로 미끄러지지 않을까 두려워했던 것 같다.

그러한 두려움은 온당치 않다. 1950년 이후 이해하기 어려울 정도로 급증한 인구 문제의 긴급성을 회피하는 것은, 믿음의 정수를 너무 가까이서 건드린다는 이유로 일부 기독교도들이 기후변화의 긴급성을 회피하는 것이나 마찬가지일지 모른다. 이 긴급성을 어떻게 다룰까? 바로 이것이 트러블과 함께하기 위해 열정적으로 던져야 하는 질문이다. 위험할 정도로 문제가 심각한 복수종의 세계에서 탈식민주의적 페미니즘이 말하는 생식의 자유란 무엇인가? 아무리 제국주의, 인종주의, 계급주의에 반대하고 페미니즘을 옹호한다 해도 그것이 단지 휴머니스트의 문제일 수만은 없다. 또한 '미래주의자'의 문제일 수도 없는데, 그들은 주로 추상적인 숫자와 빅데이터에 주목할 뿐 실제 사람들의 차별화되고 켜켜이 쌓여 겹쳐진 삶과 죽음에 주목하지 않기 때문이다. 낙관적으로 보더라도 2100년에는 110억 명에 이를, 즉 150년에 걸쳐 90억 명이 늘어나는 사태는 단지 숫자의 문제가 아니다. 자본주의나 어떤 대문자로 시작되는 용어가 대변하는 체제를 비난한다고 될 일이 아니다. 역사적 지위와 온갖 종류의 지식과 전문성의 차이를 가로질러 함께 생각해보아야 한다.

'카밀 이야기: 퇴비의 아이들'이 이 책의 마지막 장이다. 집단 창작으로 만들어낸 이 사변적 우화는 한 인간 아이와 왕나비들의 공생발생적symbiogenetic 결합을 다섯 세대에 걸쳐 추적한다. 이들의 역사는 멕시코와 미국과 캐나다를 잇는 이 곤충들의 수많은 이동 경로와 교점들을 따라 이루어지는데, 이 궤적을 통해 멸종 위기에 내몰린 크리터들과 함께 살고 죽는 데 매우 중요한 사회성과 물질성을 배운다. 그렇게 함으로써 그들의 멸종을 막아낼지도 모른다. 21세기 초반 전 세계에서 응답하는 능력을 육성하고 서로를 유능하게 만드는 방법을 키우는 데 헌신하는 퇴비 공동체들이 파괴된 땅과 물에서 나타났다. 이 공동체들은 복수종의 무수히 많은 환경정의를 위한 실천들을 펼치면서, 몇백 년에 걸쳐 인간의 수를 근본적으로 줄이는 것을 돕기로 약속했다. 새로 태어나는 아이들에게는 적어도 세 명의 인간 부모가 있다. 그리고 임신한 부모는 아이를 위해 동물 공생자를 선택하는 데 있어서, 모든 종의 세대를 가로지르며 갈라져 나가는 선택에 있어서 생식의 자유를 행사했다. 공생발생적인 존재와 그렇지 않은 인간들의 관계는 놀라움을 불러일으켰고, 그중 일부는 정말 심각했다. 하지만 무엇보다 놀라운 것은, 이 대지의 홀로바이옴들을 가로지르며, 공영혼발생적인symanimagenic 복잡성 속에서 살아 있는 것과 죽은 것이 맺은 관계에서 나왔다.

함께해야 할 많은 트러블들, 함께 살아가야 할 많은 친척들.

1장 ─────── 반려종과 실뜨기하기

이블린 허친슨Evelyn Hutchinson(1903~91)과 베아트리츠 다 코스타Beatriz da Costa(1974~2012)에게 경의를 표하며. 내 박사학위 지도교수였던 허친슨은, 이 장의 모든 "신뢰할 수 있는 여행자들"을 감싸 안는 제목을 단 저서 《대지의 고 마운 선물The Kindly Fruits of the Earth》이라는 회고록을 펴냈다.

복수종의 스토리텔링과 반려들의 실천

실뜨기는 이야기를 닮았다. 실뜨기는 참여자들이 취약하고 상처 입은 지구에서 살아갈 수 있도록 어떻게든 패턴을 제안하고 실행한다.[1] 나의 복수종 스토리텔링은, 살기만큼이나 죽기로 가득 차고, 시작만큼 이나 종 말살까지도 포함하는 끝으로 가득 찬 복잡한 역사 속에서 회복 을 이야기한다. 반려종* 매듭 속의 역사적이고 구체적이며 끊임없이 넘 쳐나는 고통에 직면해서, 내가 관심을 기울이는 것은 화해나 복구가 아 니다. 나는 부분적인 회복 그리고 함께 잘 지내기를 위한 평범한 가능

---

* '반려종companion species'은 해러웨이가 2003년에 출간한 《반려종 선언The Companion Species Manifesto》에서 제시한 개념이다. 반려종은 반려동물을 좀 더 넓은 범위로 지칭하는 용 어가 아니다. 이것은 생물학적 분류군의 범주와 무관하게, 오히려 종을 횡단하면서 서로 단단히 얽 혀 있는 자들을 분류하는 명칭으로, 유기체에 국한되지 않는다. 해러웨이는 사이보그를 가장 어린 반려 친척에 편입시킨다.

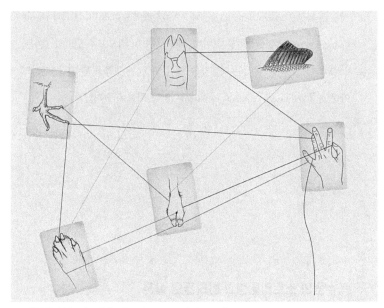

1.1. <복수종의 실뜨기>. 나세르 무프티|Nasser Mufti의 드로잉, 2011.

성들에 온 마음을 쓴다. 나는 그것을 '트러블과 함께하기staying with the trouble'라고 부르겠다. 그래서 나는 사변적 우화이기도 하고 사변적 현실주의이기도 한 현실의 이야기를 찾는다. 이는 복수종의 플레이어들—차이를 가로질러 부분적이고 흠이 있는 번역*으로 인해 곤란해진 자들—이 여전히 가능한 유한한 번성, 여전히 가능한 회복에 맞춰 살기와 죽기의 방식들을 다시 만드는 이야기다.

---

* '번역'은 브뤼노 라투르의 용어이다. 라투르에게 번역은 한 사물이 다른 사물과 관계를 맺는 수단이다. 번역은 당연히 원본과 같을 수 없고 의미의 미끄러짐, 실수 같은 흠이 있기 마련이다. 해러웨이도 같은 의미로 번역이라는 용어를 쓰는데, 복수종들이 서로에 대해 가지는 지식은 언제나 부분적이고 흠이 있는 번역일 수밖에 없다.

SF는 과학소설science fiction, 사변적 페미니즘speculative feminism, 과학판타지science fantasy, 사변적 우화speculative fabulation, 과학적 사실science fact, 실뜨기string figures를 위한 기호이다. 실뜨기 게임은 패턴을 주고받는 것이고, 실을 떨어뜨리고 실패하는 것이지만, 때로는 유효하게 작동하는 무엇을 발견하는 것이다. 문제가 되는 연결들을 전달하는 것이다. 실뜨기는 땅에서, 지구에서 유한한 번성을 위한 조건들을 만들기 위해 손에 손을 포개고, 손가락에 손가락을 걸고, 접합 부위에 접합 부위를 이어가는 가운데 이야기를 하는 것이다. 이전에는 거기에 없었던, 중요하고 어쩌면 아름답기까지 한 무엇을 발견하는 것이다. 실뜨기에서는 받고 건네주기 위해 가만히 들고 있는 순간이 필요하다. 실뜨기는 주고받기의 리듬이 유지되는 한 모든 종류의 수족手足으로 다수가 놀 수 있는 것이다. 학문과 정치도 실뜨기를 닮았다. 열정과 행동, 가만히 있기와 움직이기, 정박과 출항이 필요한 꼬임과 뒤얽힘 속에서 건네주기.

캘리포니아 남부의 경주용 비둘기들은 그들과 얽힌 다양한 사람들, 지리, 다른 크리터, 기술, 지식과 더불어 내가 실뜨기 게임이라고 생각하는 풍부한 세계 만들기worlding 속에서 살기와 죽기를 실천한다. 이 장은 다양한 비둘기들과 그들의 풍부한 자취 덕분에 가능하게 되었는데, 일군의 매듭을 형성하는 첫 패턴이다. 내 이야기에 나오는 크리터들은 테라폴리스Terrapolis*라고 불리는 n-차원의 틈새 공간에 산다. 내

---

* 테라폴리스는 땅을 의미하는 '테라terra'와 정치체를 의미하는 '폴리스polis'를 합성한 말이다. 지구가 테라폴리스라면 인간 비인간 할 것 없이 지구에 사는 모든 크리터들은 모두 동등한 권리를 지닌 테라폴리스의 시민이 되는 셈이다. 테라폴리스는 n+1 차원의 중적분으로 계속 생성 중에 있는 것이고, 인간은 수많은 플레이어 중 하나일 뿐이다.

가 테라폴리스를 위해 우화적 성격을 불어넣은 중적분 방정식은 곧 이야기이고, 사변적 우화이자, 복수종의 세계 만들기를 위한 실뜨기이다.

$$\int_{\alpha}^{\Omega} \text{Terra}[x]_n = \iiint \dots \iint \text{Terra}(x_1, x_2, x_3, x_4, \dots x_n, t)\, dx_1\, dx_2\, dx_3\, dx_4 \dots dx_n dt = \text{Terrapolis}$$

X_1=사물/자연, X_2=역량, X_3=사회성, X_4=물질성, X_n=아직 오지 않은 차원
α=생태진화발생생물학의 복수종 후성설, Ω=회복 중인 땅의 다원적 우주
t=정해진 시간이 아니라 세계를 만드는 시간, 과거/현재/아직 오지 않은
    얽힌 시간들

테라폴리스는 허구적인 적분방정식, 사변적 우화다.
테라폴리스는 복수종들의 함께 되기를 위한 n-차원의 틈새 공간이다,
테라폴리스는 개방적이고, 세계적이고, 미결정적인 복수의 시간이다.
테라폴리스는 물질, 언어, 역사의 키메라다.
테라폴리스는 반려종, 즉 테이블에 둘러앉아 함께 빵을 나누는, '포스트
    휴먼posthuman'이 아니라 '퇴비com-post'를 위한 것이다.
테라폴리스는 장소 속에 있다. 테라폴리스는 의외의 반려종을 위한 공간
    을 만든다.
테라폴리스는 땅의 사람을 위한, 부식토를 위한, 진흙을 위한, 계속되는
    위험한 감염을 위한, 유망한 트러블을 전염시키기 위한, 영속농업을
    위한 방정식이다.
테라폴리스는 응답-능력이 있는 SF 게임이다. [2]

반려종들은 테라포밍terraforming이라는 오래된 예술에 종사한다. 그들은 테라폴리스를 설명하는 SF 방정식 속의 플레이어들이다. 칸트의 범세계적 세계정치kosmopolitik(cosmopolitics)*와 성미 까다로운 인간-예외주의자 하이데거의 세계화welten(worlding)**와는 단연코 절연한 테라폴리스는 그리스어와 라틴어 어원과 그 공생자들의 균근으로 퇴비화된 잡종 단어이다. 세계는 결코 헐벗지 않았고, 테라폴리스는 언제나-너무나-많은 연결이라는 SF의 그물망 속에 존재한다. 그 속에서 어떻게든 응답-능력response-ability을 키워야 하지만, 하이데거와 그의 추종자들이 이론화한 실존주의적이고 유대 없는 고독한 인간 만들기의 틈 속에서 그렇게 해서는 안 된다.

테라폴리스는 세계가 풍부하고, 포스트휴머니즘에 면역력을 갖추고 있지만 퇴비가 풍부하고, 인간예외주의에 예방접종되어 있지만 부식토가 풍부해서 복수종의 스토리텔링을 위한 여건이 성숙되어 있다. 이 테라폴리스는 호모Homo로서의 인간, 즉 저 더없이 우화적이고 발기하고 위축되는, 남근 숭배적 동일자의 자아상을 위한 고향이 아니다.

---

* 칸트가 《영구평화론》에서 제시한 '세계정치'는 국제관계의 윤리를 전쟁에서 평화로 전환하기 위한 프로젝트이다. 칸트에게 평화란 합법성의 진보라는 관점에서 해석되고 실현되어야 할 목적이기에 철저히 법적인 것이고 인간만의 것이다. 해러웨이의 테라폴리스는 칸트의 기획과 달리 인간만의 것도 아니고 법이라는 초월성에 기대지도 않는다.

** 하이데거에게 세계는 현존재의 해석적 연관이다. 이때 현존재는 존재 의미를 아는 자인 인간을 가리킨다. 바위에게는 세계가 없다. 식물과 동물도 바위와 마찬가지로 세계가 없지만 자신이 속박되어 있는 주위 환경의 은밀한 쇄도 속에 있다. 하지만 농촌의 아낙네는 하나의 세계를 갖는다. 하이데거의 세계화welten(worlding)는 그의 후기 철학의 개념으로 예술 작품의 창조라는 맥락에서 쓰인다. 하이데거에 따르면 "작품의 존재는 하나의 세계를 건립"한다는 뜻이다. 이때의 세계는 일상적인 세계가 아니라 어떤 사건으로서의 예술가의 세계이다. 하이데거의 welten(worlding)이 세계의 건립, 혹은 세계화로 번역되기에 이와 구분하기 위해서 해러웨이의 worlding을 '세계 만들기'로 번역했다.

어원학상 인도-유럽어족의 말재주로는 구먼guman—저 땅의 일꾼이자 땅속의 일꾼—으로 변형된 휴먼human을 위한 고향이다.[3] 나의 SF 크리 터들은 하늘보다는 진흙의 존재자들이지만, 별들은 테라폴리스에서도 빛난다. 테라폴리스에는, 남성우월주의의 보편성과 포용의 정치학을 벗어버린 구먼이 불확정적인 젠더와 장르로, 만들어지고 있는 중인 종 류들로, 중요한 타자성으로 가득차 있다. 언어학과 고대 문명을 연구하 는 친구들에 따르면, 이 구먼이 아다마adamah(땅)/아담adam이고, 이용 가능한 모든 젠더와 장르로부터 퇴비화되었으며, 트러블과 함께하기 위한 고향을 만들 역량이 있다. 이 테라폴리스에서는 이자벨 스탕제르 의 살집 좋은 코스모폴리틱스cosmopolitics*와 SF 작가들의 세계 만들기 실천과 더불어 친척 만들기, 실뜨기, SF 관계가 이루어진다.

영국의 사회인류학자 메릴린 스트래선은 파푸아뉴기니의 산악 지방에서 실행한 민족지 연구를 토대로 《증여의 젠더The Gender of the Gift》를 썼는데, 그녀는 나에게 "다른 관념들을 사유하기 위해 어떤 관념 들을 가지고 사유하느냐가 중요하다"는 점을 가르쳐주었다.[4] 스트래선 은 사유 실천thinking practices을 연구하는 민족지학자이다. 그녀는 나에 게 사변적이고 우화적인 페미니스트 예술을 학술적인 양식으로 구현한 다. 다른 문제들을 생각할 때 어떤 문제들을 가지고 생각하느냐가 중요

---

* 코스모폴리틱스는 이자벨 스탕제르가 《코스모폴리틱스Cosmopolitics》 I, II에서 제시한 개념이 다. 칸트가 《영구 평화론》에서 피력한 세계정치에 기원을 두고 있지만 그 의미는 아주 다르다. 전 쟁을 악으로 규정하고 인류의 영구적 평화를 달성하기 위해 보편적 세계시민주의를 강조한 칸트 와 달리, 스탕제르는 차라리 매번의 대결을 강조한다. 스탕제르가 말하는 코스모스는 그리스인들 이 생각했던 질서와 조화로 가득한 전체나 인간만의 범세계가 아니라, 사물이 정치의 주체로 참여 하는 과학을 포함하는, 비인간과 인간이 공유하는 세계이다. 칸트의 세계정치와 구분하기 위해 스 탕제르의 cosmopolitics는 '코스모폴리틱스'로 표기한다.

하다. 다른 이야기들을 이야기하기 위해 어떤 이야기들을 가지고 이야기하느냐가 중요하다. 어떤 매듭이 매듭을 매듭짓는가, 어떤 사유가 사유를 사유하는가, 어떤 설명이 설명을 설명하는가, 어떤 연결이 연결을 연결하는가가 문제이다. 어떤 이야기가 세계를 만드는가, 어떤 세계가 이야기를 만드는가가 중요하다. 스트래선은 가차 없는 우발성의 위험을 수용하기에 관한 글을 썼다. 그녀는 예기치 못한 다른 세계들의 관계를 가지고 관계를 연구하고, 예기치 못한 다른 세계들의 다른 관계를 가지고 관계를 위험에 처하게 하는, 지식 실천으로서의 인류학을 사유한다. 나에게 세계 만들기에 관한 지각을 일깨워준 미국의 수학자이자 과정철학자인 앨프리드 노스 화이트헤드Alfred North Whitehead는 1933년에 《관념의 모험The Adventures of Ideas》을 출간했다.[5] 정확히 말해서 SF는 그런 모험들로 가득 차 있다. 화학자이자 화이트헤드와 들뢰즈 연구자, 과학의 물질성에 관한 급진적 사상가이자 자유분방한 페미니스트 철학자인 이자벨 스탕제르는 나에게 풍부한 "사변적 사유speculative thinking"를 선사한다. 스탕제르와 더불어, 우리는 이상 세계의 이름으로 이 세계를 비난할 수 없다. 페미니스트 공동체주의적 아나키즘과 화이트헤드 철학에 입각해서 그녀는 어떻게든 그 결과를 책임질 이들이 있는 곳에서 결정이 이루어져야 한다고 주장한다. 이것이 바로 그녀가 말하는 코스모폴리틱스이다.[6]

 SF는 릴레이와 되돌리기를 되풀이하면서, 나의 글쓰기와 연구에서 사변적 우화와 실뜨기로 변형된다. 릴레이, 실뜨기, 패턴을 앞뒤로 보내기, 주고받기, 패턴 만들기, 요청받지 않은 패턴을 손에 들고 있기, 응답-능력. 이것이 내가 중대한 복수종의 세계에서 트러블과 함께하기라는 말로 의미하는 핵심이다. 되기가 아니라 함께-되기가 핵심이다. 함께-되기는, 철학자이자 심리학자, 동물행동학자인 뱅시안 데스프레 Vinciane Despret의 표현으로는, 어떻게 파트너들이 유능하게 되는가의 문제이다.[7] 존재론적으로 이질적인 파트너들은 관계적 물질-기호론적 세계 만들기 속에서 바로 지금 자신의 모습으로 누군가가 되고 무엇인 가가 된다. 자연, 문화, 주체, 객체는 그들이 밀접하게 뒤엉킨 세계를 만들기 이전에는 존재하지 않는다.

반려종이란 가차 없이 함께-되기이다. 반려종이라는 범주는 내가 포스트휴머니즘을 들먹이지 않고도 인간예외주의를 거부하게 해준다. 반려종들은 실뜨기 게임을 한다. 이 실뜨기 게임에서는 세계에 존재하게 되고 세계에 관한 것이 될 자(들)이 내부-작용과 상호작용 속에서 구성된다.[8] 파트너들은 매듭짓기보다 선행하지 않는다. 모든 종류의 종은 세상의 주체와 객체 형성의 얽힘의 결과이다. 인간-동물 세계들에서 반려종은 집, 실험실, 들판, 동물원, 트럭, 사무실, 목장, 운동장, 마을, 인간의 병원, 숲, 도살장, 강어귀, 동물병원, 호수, 경기장, 마구간, 야생동물 보호지, 농장, 대양의 협곡, 도시의 거리, 공장을 비롯한 여러 곳에서 흔히 만날 수 있는 존재자들이다.

실뜨기는 인류의 가장 오래된 게임에 속하지만, 어디서나 형태가 같은 것은 아니다. 모든 식민주의와 제국주의 역사의 자손들처럼, 나―우리―는 보편성과 개별성이 아니라 부분적이고 불완전한 연결을 가지고 세계들을 결합하고 변형하는 방법을 다시 배워야 한다.

19세기 후반과 20세기 초에 유럽과 미국의 민족지학자들은 전 세계의 실뜨기 게임을 수집했다. 이 규율-만들기의 여행자들은 여러 나라 사람들에게 자신이 어릴 때 집에서 배운 실뜨기를 보여주었는데, 상대가 이미 그 게임을 알고 있을 뿐만 아니라 때로는 더 다양하게 알고 있다는 사실에 놀랐다. 실뜨기는 비교적 늦게 유럽에 들어왔는데, 아마도 교역로를 통해 아시아에서 왔을 것이다. 비교인류학의 역사에서 이 시기의 모든 인식론적 욕망과 우화는 논증 불가능할 정도로 독립적인 발명과 문화적 파급으로, 유사점과 차이에 의해 점화되었고, '토착민'과 '서구인'의 실뜨기 게임에서 나타나는 패턴 만들기의 릴레이 속에서 손과 두뇌, 만들기와 사고하기의 실들로 한데 묶였다.[9] 상대적인 팽팽함 속에, 그 형상들은 같기도 하고 전혀 같지 않기도 했다. SF는 여전히 위험한 세계 만들기와 이야기 만들기의 게임이다. 그것은 트러블과 함께 하기이다.

사진 1.2는 과학 작가이자 자연사 프로그램을 만드는 라디오 프로듀서 러스틴 호그니스Rusten Hogness[10]의 손인데, 나바호어로 마이 아차 일로이Ma'ii Ats'áá' Yílwoí('마주 보며 달리는 코요테들'이라는 뜻)라고 부르는 나바호의 실뜨기 게임을 배우고 있는 모습이다. 땅의 크리터들의 삶은 무질서와 질서의 무구하지 않은 세계-만들기 퍼포먼스에 의해 형성되는데, 코요테는 불의 신이 만드는 질서정연한 별 모양의 패턴 속으로 끊임없이 무질서의 먼지를 흩어버리는 책략가이다. 실로 하는 게

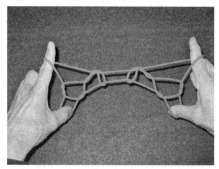

1.2. 나바호의 실뜨기 게임 중 하나인 '마주 보며 달리는 코요테들'. 도나 해러웨이 사진.

임string game을 나바호어로 나틀로na'atl'o라고 부른다. 나바호의 실로 하는 게임은 나바호-추로Navajo-Churro 양들 그리고 그들과 함께 삶을 엮었고 지금도 엮고 있는 여자들과 남자들에 관한 내 복수종의 스토리텔링에서 다시 모습을 보이겠지만, 로스앤젤레스 전역의 비둘기들과 더불어 생각하기 위해 이 장에서도 이 게임을 다룬다. Cat's cradle과 jeux de ficelle*로는 충분치 않다. 매듭들은 나뉘어 갈라져야 하고 테라폴리스의 많은 접합 부위에서 정반대 방향으로 나아가야 한다. 나바호의 실뜨기 게임은 '연속적 엮기'의 하나이며, 별자리들, 사람들의 출현, 디네족Diné**의 스토리텔링을 위한 실천의 한 형태이다.[11]

이 실뜨기들은 만들기의 실천일 뿐만 아니라 사유하기의 실천이고, 교육학적 실천이며 우주론적 퍼포먼스이다. 일부 나바호 사상가들은 실뜨기 게임을, 호조hózhó—불완전하게나마 번역해본다면 '조화', '아름다움', '질서' 그리고 인간과 비인간 생물의 건전한 관계를 포함한 '세계의 건전한 관계들'—를 회복하기 위한 일종의 패턴 만들기라고 설명한다. 세계 속에서in가 아니라 세계의of. 이처럼 영어 전치사가 빚어내는 중요한 차이가 나로 하여금 나바호 실뜨기, 즉 나틀로를 SF 세계 만들기의 그물망 속으로 엮어 넣게 한다. SF의 세계들은 무엇을 담는 그릇이 아니다. 그것은 패턴 만들기이고, 위험한 함께 만들기이며, 사변적 우화

---

* 영어 cat's cradle과 프랑스어 jeux de ficelle은 모두 실뜨기 게임을 가리키는 말이다.

** 나바호Navajo는 미국 남서부의 인디언 부족을 가리킨다. 미국에서 가장 규모가 큰 토착 부족이며 스스로를 디네Diné('사람들'이라는 뜻)라고 부른다. 나바호라는 용어는 스페인 선교사들과 역사가들이 푸에블로 인디언을 지칭한 데서 유래했다. 나바호인들은 미국 정부가 보호구역으로 지정한 나바호 네이션Navajo Nation에 거주한다. Diné는 디네족으로, Navajo는 나바호 혹은 나바호인으로 옮겼다. 원주 11 참고.

이다. 테라폴리스에 관한 SF에서 회복은 **호조**와 부분적으로 연결되어 있다. 어떤 관념들을 가지고 다른 관념들을 생각하느냐가 중요하다. 내가 **나틀로**와 더불어 실뜨기를 생각하거나 만드는 것은 무구한 보편적 몸짓이 아니다. 그것은 가차 없이 역사적인 관계의 우발성 속에 있는 위험한 제안이다. 이 우연성은 정복, 저항, 회복, 부활의 풍부한 역사를 포함한다. 역사적으로 구체적인 상황에 처한 크리터들과 나누는 이야기에는 더 살 만한 코스모폴리틱스를 구성하는 일에 따르는 위험과 기쁨이 가득하다.

비둘기들이 나의 첫 번째 안내자가 될 것이다. 테라폴리스의 시민인 비둘기는 무수한 시공간에서 살 수 있고 실제로 살고 있는 기회주의적이며 사회적인 종의 하나이다. 그들은 매우 다양해서 언어권별로 범주를 표현하는 말이 많고, 영어 표현으로는 야생종과 길들여진 종으로 분류되지만 이러한 대립쌍은 서양에서도 일반적이거나 보편적이지 않다. 다양할 뿐만 아니라 급증하고 있는 비둘기들의 종별성specificities은 놀랍다. 인간들과 함께 길들여진 이 비인간 크리터들은 내가 중시하는 트러블을 육성한다. 비둘기에게는 인간과 함께-되기를 수행한 오랜 역사가 있다. 이 새들은 자신들과 연관된 인간들을 계급, 젠더, 인종, 국가, 식민지, 탈식민지, 그리고 아직 오지 않은 회복되는 땅의 매듭과 연결한다.

비둘기는 또한 "제국의 창조물"이다. 즉 유럽의 식민지 개척자, 정복자들과 함께 다양한 비둘기종들이 정착해 살고 있는 장소를 비롯해 전 세계로 퍼져 나갔고, 복수종의 육신들과 치열하게 경쟁하는 가운데 갈라져 나가면서 생태와 정치를 변형시키고 있는 동물이기도 하다.[12]

비둘기들이 언제나 식민주의자라는 말은 아니다. 그들은 삶과 죽음의 다양한 배치 속에서, 많은 지역에 고유한 종류와 품종이다. 이 크리터는 수천 년 동안 자연문화적 경제와 삶을 일구는 한편 생태를 손상시키고 생물사회적 격변을 일으키는 것으로도 악명이 높다. 그들은 소중히 여겨지는 친척이자 경멸받는 유해 동물이며, 구조의 주체이자 비난의 대상이며, 권리의 담지자이자 동물-기계의 구성요소이며, 음식이자 이웃이며, 절멸의 표적이자 생물공학적 사육과 증식의 표적이며, 일과 놀이의 반려이자 병의 매개체이며, '근대적 진보'와 '시대에 뒤진 전통' 사이에서 경쟁하는 주체이자 대상이다. 이외에도, 비둘기들의 **종류**는 다양하고, 또 다양하고, 그리고 또 좀 더 다양하고, 거의 모든 땅에 여러 종류가 있다.

수천 년 동안 인간들과 함께-되기를 해온 집비둘기*Columba livia doemstica*는 서유럽과 남유럽, 북아프리카, 서남아시아 토착 새들로부터 출현한 종이다. 바위비둘기는 유럽인들과 함께 아메리카에 왔는데, 1606년에 노바스코샤의 포트로열을 통해 북아메리카에 들어왔다. 코스모폴리틱스를 실현하는 비둘기들은 가는 곳마다 맹렬하게 도시를 점령하고 격렬한 인간의 사랑과 혐오를 불러일으킨다. '날개 달린 쥐'라고 불리는 야생 비둘기들은 비난과 절멸의 대상이지만, 전 세계에 걸쳐 사육되는 기회주의적인 소중한 반려가 되기도 한다. 길들여진 바위비둘기는 메시지를 전하는 스파이로, 경주용 새로, 전시회나 새 시장의 고급 품종으로, 노동자 가정의 음식으로, 심리학의 테스트 대상으로, 다윈의 인위선택의 힘에 관한 대화 상대자 등으로 일을 해왔다. 야생 비둘기는 송골매 같은 도시 맹금류의 좋은 먹이가 되기도 한다. 이들은

DDT를 섞은 달걀 껍데기를 쪼아 먹다 절멸될 뻔했지만 가까스로 살아 남아, 도시 마천루의 턱과 다리 위에서 살아가기 시작했다.

비둘기는 대리인이며 행위자라는 이중의 의미에서 유능한 행동가 이다. 그들은 서로 간에 그리고 인간들이 구체적인 상황에서 필요한 사 회적, 생태적, 행위적, 인지적 실천을 할 수 있게 한다. 그들의 세계 만 들기는 광범위하다. 이 장에 나오는 SF 게임들은 이 새들과 함께, 그리 고 이 새들에 의해 묶인 실들을 아주 많이 다루지는 않는다.[13] 나의 SF 게임은 회복을 위한 적절하고 대담하며 위험으로 가득한 최신 프로젝 트들을 추적한다. 여기서는, 아마 꼭 그렇지 않을 수도 있지만, 상호 간 의 유한한 번성—지금 이루거나 아직은 이루지 못한—을 가능하게 만 들 수도 있는 혁신적인 방식으로 인간과 동물이 함께 얽힌다. 서로 다른 상황에 처한 사람들 그리고 민족들 간의 협력은 인간과 동물의 협력만 큼이나 중요하며, 후자가 전자를 가능하게 만든다.

비둘기들은 우리를 일반적인 협력 속으로 나르는 것이 아니라 익 숙한 세계에서 불편하고 낯선 세계로 향하는 구체적인 교차점 속으로 나른다. 그것은 풀어져버릴지도 모르지만 또 한편 테라폴리스의 n-차 원 틈새 공간의 아름다움 속에서 살기와 죽기를 양육할 수도 있는 무언 가를 엮어 짜기 위해서다. 나의 바람은, 이 매듭들을 가지고, 진행 중인 트러블 속에서 복수종의 응답-능력을 키워줄 유망한 패턴들을 제시하 는 것이다.

캘리포니아 경주용 비둘기와 비둘기 애호가들: 세속적 번성을 위한 협력의 예술

함께-되기: 유능하게-만들기

비둘기의 능력은 인간들을 놀라게 하고 감동시킨다. 그런데 인간은 어떻게 자신이 사물들과 살아 있는 존재자들에 의해 그리고 그들과 함께 유능하게 되는지를 종종 망각한다. 사물들과 살아 있는 존재자들은 응답-능력을 키우면서, 시간과 공간의 상이한 스케일 속에서 인간과 인간 아닌 생물들 신체의 내부와 외부에 있을 수 있다. 이 플레이어들은 다 함께, 무엇과 누구의 존재를 유발하고, 촉발하고, 야기한다. 서로 함께-되기와 유능하게-만들기는 n-차원의 틈새 공간과 그 주민들을 발명한다. 그 결과 흔히 본성이라 불리는 것이 생긴다. 이 공생산되는 의미에서 비둘기의 본성이 나의 SF 이야기에 중요하다.

낯선 장소로 날려 보낸 비둘기들은 흐린 날 수천 킬로미터 떨어진 곳에서도 원래 살던 비둘기장으로 되돌아가는 길을 찾는다.[14] 비둘기들에게는 지도 감각과 나침반 감각이 있어서 스포츠로 비둘기 경주를 시키는 애호가들, 방향성과 항해에 관한 행동신경생물학을 연구하는 과학자들, 적진을 가로질러 메시지를 보내려는 스파이들, 그리고 훌륭한 비둘기에게 기밀 전달 임무를 부여하는 추리소설 작가들에게 사랑을 받아왔다.[15] 카이로나 이스탄불 같은 도시들 그리고 베를린 같은 유럽 도시들의 무슬림 이민자 거주 지역의 옥상은 아마도 가장 열광적인 스포츠 현장일 것이다. 이런 곳들을 비롯해 전 세계에서 경주에 미친 남자들과 소년들은, 풀어놓은 장소에서 빠르고 정확하게 집으로 돌아오

1.3. <미션의 새 인간Bird Man of Mission>. 샌프란시스코의 미션 구역에서 론스타 스완Lone Star Swan 이라고 불리는 노숙자와 그의 친구이자 반려로 함께해온 도시 비둘기들을 그린 벽화. 2006년 대니얼 도 허티Daniel Doherty가 클래리언 앨리 벽화 프로젝트의 일환으로 그렸는데, 낙서가 심해져서 2013년에 덧칠을 했다. 제인 브레그먼Jane Bregman이 이 그림에 관해 쓴 이야기가 2014년 스트리트아트 SF 웹사 이트에 게시되었다. 제임스 클리퍼드James Clifford 사진, 2009.

는 데 재능이 있는 새들을 선별해서 사육하고 세심하게 키운다. 보통의 야생 비둘기들도 귀가에 서투르지는 않다.

비둘기들은 익숙한 지형지물을 이용해 길을 찾고, 비행하는 동안 아래에 있는 물체와 집단을 인식하고 식별하는 능력이 매우 뛰어나다. 1970~80년대에 미국 해안경비대는 비둘기들과 함께 '시 헌트Sea Hunt'라 는 프로젝트를 진행했는데, 비둘기들은 바다에서 사람이나 장비를 찾 아내는 능력이 인간보다 뛰어났다.[16] 비슷한 문제를 수행하는 데 인간 의 정확도가 38퍼센트인 데 비해 비둘기들은 93퍼센트의 정확도를 보였다. 비둘기들은 헬리콥터 아래에 붙은 관찰용 장비 속에 앉아 있다가 뭔가를 발견하면 버튼을 쪼았다. 이들은 인간과 함께 일할 때 100퍼센트에 가까운 정확도를 보였다. 비둘기들과 해안경비대원들은 서로 소통하는 법을 배워야 했다. 그리고 비둘기들은 함께 작업하는 인간들이 무엇을 보는 데 관심이 있는지를 배워야 했다. 사람과 비둘기는 서로를 모방하는 것이 아니라, 새로운 문제들에 직면해 서로의 능력을 향상시키기 위해 교육학적, 기술적 방식들을 발명해야 했다. 그렇지만 이 비둘기들은 진짜 난파선 희생자들을 구조하는 일은 하지 못했다. 1983년 헬리콥터 두 대가 충돌하는 바람에 이 연구를 위한 연방 예산이 중단되고, 프로젝트가 끝났기 때문이다.

동물들이 거울 속 자신의 모습을 인식한다는 사실을 회의주의자 인간들에게 납득시킨 비인간 크리터는 그리 많지 않다. 거울로만 볼 수 있는 자기 몸의 물감 얼룩이나 다른 자국을 쪼는 행동을 보고 과학자들이 이런 능력을 알아차린 경우는 예외적이다. 비둘기들은 적어도 두 살이 넘은 인간 아이, 붉은털원숭이, 침팬지, 까치, 돌고래, 코끼리와 이 능력을 공유한다.[17] 소위 자기 인식은, 예나 지금이나 이론과 방법 면에서 개체를 중심에 두는 사고에 빠져 있으며 서양의 영향을 받은 심리학과 철학에서 커다란 영향력을 발휘한다. 누가 그것을 할 수 있고 할 수 없는지를 알아내는 테스트들을 고안하는 것은 경쟁적인 인식론적 스포츠 같은 것이다. 비둘기들은 1981년 스키너B. F. Skinner의 실험실에서 첫 번째 거울 테스트를 통과했다.[18] 2008년 《사이언스 뉴스Science News》에는 게이오대학의 연구가 실렸다. 이 연구에 따르면, 비둘기들이 거울 이미지와 동영상 이미지로 자기 인식을 할 때, 5~7초 지체하기는 했지만 세 살 된 인간 어린이보다 더 나았다.[19] 비둘기들은 또 사진을 보며 다른 사람들을 집어내는 일을 매우 잘했고, 게이오대학 와타나베 시게루 교수의 비교인지신경과학연구소의 실험에서는 모네 그림과 피카소 그림을 구분했을 뿐 아니라 다양한 화가들의 상이한 스타일과 여러 유파의 낯선 그림들을 일반화해서 구분하기까지 했다.[20] '나의 새-두뇌 지각은 너의 유인원-두뇌 지각보다 좋거나 같다'는 식의 뻔한 주장을 내세우려는 게 아니다. 벌어지고 있는 일은 그보다 더 흥미로운 것 같다. 함께 잘 살고 새롭게 드러난 유사성과 차이를 배려하는 이야기로 가득하다. 비둘기와 인간과 장비가 팀을 이루어 이 복수종 관계들의 세계에서 새로운 무언가를 할 수 있게 되었다.

특정한 연구 환경에서 자기-인식하는 존재임을 과시할 수 있는 증거를 제시하는 것이 좋기는 하지만, 경주 비둘기의 비둘기장 속이든 도시의 광장에서든, 이렇게 살아가는 크리터들이 각자의 삶에 의미 있는 방식으로 서로를, 다른 존재자들을 인식할 수 있는 것 역시 정말로 중요하다. 과학자들은 이 주제에 관해서 매우 흥미로운 연구를 한다. 하지만 나는 타냐 베로코프Tanya Berokoff가 '경주 비둘기 포스트Racing Pigeon Post' 웹사이트에 올린 에세이에 귀를 기울이겠다. 말하기를 가르치고 평생 다른 동물들과 친구로 살아온 그녀는 남편 존John과 함께 캘리포니아에 있는 팔로마 경주 비둘기 클럽의 회원이다. 존은 다른 남자들과 함께 새 경주를 한다. 타냐는 자신의 사회과학 지식과 미국 대중문화를 적극적으로 동원해서, 즉 심리학자 존 볼비John Bowlby의 애착이론과 티나 터너Tina Turner의 노래 〈사랑이 무슨 상관이야〉의 가사를 이용해 비둘기들의 양육법과 비둘기 애호가들의 지원을 이야기한다. 어린 비둘기들이 침착하고 자신감 넘치고 믿음직하고 사회적으로 유능하며 집 찾아오기에 능한 경주자로 성숙해가는 동안 부모 비둘기는 자식들이 스스로 유능하고 안전하다고 느끼도록 키우고 도와주며, 비둘기 애호가들은 이를 지원한다는 것이다.[21]

타냐는 비둘기들의 앎의 방식과 사회적 관습을 이해하기 위해 자신을 비둘기에 이입시켜야 하는 비둘기 애호가들의 의무를 설명한다. 그녀가 설명을 위해 사용한 것은 사랑이다. 도구적 사랑을 포함하지만 그것이 전부는 아닌 사랑. 관련 행위자는 종과 종 사이에서, 그리고 종 내부에서 관계를 맺는 비둘기와 사람이다. 타냐는 함께하는 비둘기들이 어떤 몸짓과 자세를 보이는지, 함께 보내는 시간 동안 그들이 무엇을 하는지 상세히 설명한다. 그녀는 이렇게 결론을 내린다. "우리 비둘기들은 서로에게 아가페적 사랑을 상당히 잘 표현하는 것 같다. …… 우리 비둘기들은 진정한 사랑을 하기 위해 노력하고 있다." 그녀에게 이 노력은 "사랑에 빠지기 위한 정서적 욕구가 아니라 다른 존재에게 진정 사랑받기 위한 정서적 욕구에 관한 것"이다.[22] 그녀의 말에 따르면, 사회적 파트너에 대한 이 욕구를 충족시키는 것이 비둘기들이 하는 일인 것 같고, 이는 또한 그들과 함께하는 인간들이 빚지고 있는 일이기도 하다. 타냐는 볼비의 애착이론을 세심하게 사용해서 어린 비둘기들이 성숙해가는 과정에 필요한 것들을 설명한다. 그들에게 응답해야 할 다른 비둘기들과 인간들 모두가 파트너이다. 그녀가 설명하는 상황이 모두 낙관적이지는 않다. 비둘기 왕따 시키기, 새와 인간의 힘든 경주 노동, 관심과 사랑을 얻기 위한 경쟁, 비둘기 요리를 위한 레시피가 모두 그녀의 글에 들어 있다. 내가 하고 싶은 말은, 이 담론이나 스포츠가 무구하다

는 것이 아니라, 얽히고설킨 관계가 대단히 복잡하며 활발한 복수종의
SF 실천이 엿보인다는 사실이다.

피전블로그PigeonBlog

회복 그리고 트러블과 함께하기가 나의 SF 실천의 테마이다. 인간
이 비둘기에게 가하는 잔인한 행동을 통해, 혹은 비둘기가 다른 종이나
인간이 만든 구조물에 입히는 피해를 통해 이 문제를 다루는 것은 아주
쉬운 일이다. 나는 그보다는 많은 경우 인종과 계급에 따라 인간(그리
고 인간 아닌 것들)의 죽음과 질병의 분포를 다르게 만드는 차별적인 도시
공기 오염을 생각해보겠다. 일하는 비둘기들은 이웃과 사회관계의 손
상을 회복하려는 캘리포니아의 환경정의 프로젝트에서 우리의 반려가
될 것이다. 우리는 '피전블로그'라고 불리는 예술행동주의 프로젝트의
세포조직 속에서 트러블과 함께할 것이다. 이것은 예술가-연구자 베아
트리츠 다 코스타Beatriz da Costa가 제자인 시나 하제프Cina Hazegh, 케빈
폰토Kevin Ponto와 함께 진행한 프로젝트였다. 그들은 SF 패턴들을 여러
인간과 동물, 사이보그 공동형성자coshaper들과 연결했다.

2006년 8월, 경주용 비둘기들이 통신 기술을 도시인과 도시 스포
츠용 새들과 긴밀하게 연결하는 세 건의 공공 사회 실험에 참여했다.
이 비둘기들은 캘리포니아대학 어바인 캠퍼스에서 열린 실험적인 비판
이론 세미나의 일부로 한 번, 캘리포니아 산호세에서 열린 전자예술 페
스티벌에서 또 한 번 날았다.[23] 피전블로그는 공기 질을 파악해 대중에
게 제공하는 풀뿌리 과학 데이터 수집 프로젝트로, 참여자인 "전서구,
예술가, 엔지니어, 비둘기 애호가"의 광범위한 협력이 필요했다.[24] 전

세계적으로 경주용 비둘기들은 경쟁적인 남성 스포츠의 세계에서 노동자계급과 동맹을 맺어왔으며, 종을 뛰어넘어 깊은 애착 관계를 형성해왔다. 정찰 및 통신 기술과 네트워크 면에서 역사적으로 증명된 그들의 능력은 매우 중요하다. 이 비둘기들은 수십 년 동안 조류학과 심리학 연구실의 일꾼이자 주체였다. 그러나 피전블로그가 등장하기 전에는 스포츠용 전서구들이 다른 플레이어, 즉 예술 운동가들과 함께 이러한 활동에 참여하도록 초대받지는 않았다. 이 프로젝트는 "저항 행동에 나서기 위해" 잘 알려지고 저렴하며 스스로 조립할 수 있는 최신 전자기술을 시민과학과 이종 간 공동생산 예술 및 지식과 결합하려고 했다.[25] 여기서 수집하는 데이터는 공기 오염에 관한 전문 연구와 감시를 유발하고, 동기를 부여하고, 확대하고, 고무하고, 설명하는 데 사용하려는 것이었다. 대체하거나 뛰어넘으려는 것이 아니었다. 이 데이터들은 여러 실천 영역에서 더욱더 창의적이고 빈틈없는 행동을 끌어낼 터였다. 다 코스타는 공기 오염 과학자가 되기 위해서가 아니라 협력을 촉발하기 위해서 이 일을 시작했다. 결과에 따른 차이들을 가로질러 회복이 필요한—그리고 가능한—세속 세계들을 위해 활약하는 복수종의 예술.

공기 오염은 캘리포니아 남부, 특히 로스앤젤레스에서 악명이 높고 고속도로나 발전소, 정유소 부근에서는 사람들과 다른 크리터들의 건강에 심각하게 영향을 준다. 이런 장소들은 많은 경우 노동자계급, 유색인종, 이민자—상호 배타적이지 않은 범주—들이 거주하는 구역이나 그 가까이에 모여 있다. 캘리포니아 남부에서 정부의 공기 오염 측정 장비들은 교통량이 많은 지역이나 알려진 오염원에서 멀리 떨어져 있고, 사람들과 많은 동식물이 숨 쉬는 지역보다 높은 곳에 위치한 고정된 장소들에 설치돼 있다. 장비 하나하나마다 설치 비용이 수천 달러나 되고, 다양한 모델에 의존해 공기 분지의 체적을 추정하면서 바로 근처의 가스들을 측정할 수 있을 뿐이다. 적절한 장비를 갖춘 경주용 비둘기들은 그들이 돌아갈 지표뿐만 아니라 공인된 장비들로는 파악하지 못하는 중요한 높이에 있는 공기를 통과해 움직이면서 연속적으로 실시간 공기 오염 데이터를 수집할 수 있다. 이 데이터는 인터넷을 통해 실시간으로 대중에게 전달된다. 새와 인간이 이렇게 협조하는 데는 무엇이 필요할까? 또 이런 협력은 어떤 배려와 응답-능력을 끌어낼 수 있을까? 누가 누구에게 무엇을 할 수 있도록 만드는 것일까?

다 코스타는 장비를 설명했다. "이 프로젝트를 위해 개발된 비둘기 '백팩'은 GPS/GSM 결합 장비와 상응하는 안테나들, 이중 자동 CO/NOx 오염 센서, 온도 센서, 가입자 식별 모듈SIM 카드 인터페이스, 마이크로콘트롤러와 표준 전자 부품들로 구성된다. 이런 식으로 설계돼 있어서, 우리는 개방형 플랫폼의 단문 메시지 서비스SMS를 주고받을 수 있도록 휴대전화를 개발하게 되었고, 관심 있는 사람이라면 누구라도 수정할 수 있고 다른 목적으로 사용하기 쉽게 했다."[26] 연구자-예술가-엔지니어들은 석 달 정도 걸려서 기본 기술을 디자인했지만, 이 백팩을 비둘기에게 적합하도록 작고 편하고 안전하게 만드는 데는 거의 1년이 소요됐다. 실제 현장에서 비둘기와 기술, 사람을 결합하는 데 필수적인 복수종의 신뢰와 지식을 쌓아야 했기 때문이다. 과중한 짐을 진 전서구가 이 프로젝트의 일원이 아닌 기회주의자 독수리에게 공중에서 낚아채이는 사태는 아무도 원하지 않았다. 특히 경주 비둘기들을 번식시키고 기르고 훈련시키고 사랑한 남자들은 불행한 새들이 불안에 떨며 둥지로 돌아오는 것을 절대 참지 못할 것이다. 새들이 기술을 신뢰하게 하려면 예술가-연구자들과 비둘기 애호가들부터 서로 신뢰할 수 있어야 했다. 이 말은, 비둘기에게 여러 차례 장비를 장착시켜보고 둥지에서 균형 잡기 훈련을 하고, 관대하고 박식한 비둘기 애호가이자 과학 교사인 밥 마츠야마Bob Matsuyama와 숙련된 그의 새들과 함께 거듭 학습을 해야 한다는 뜻이었다. 비둘기는 SIM 카드가 아니다. 그들은 살아 있는 공동생산자이고, 예술가-연구자들과 비둘기들은 비둘기 애호가들의 도움을 받아 함께 상호작용하고 훈련하는 것을 배워야 했다. 모든 플레이어들은 서로의 능력을 키워주었다. 그들은 사변적 우화 속에서 '함께-되었다'. 많은 연습과 시험 비행을 거듭한 끝에, 복수종 팀은 전자적 경로의 실뜨기 패턴으로 공기를 추적할 준비를 갖추었다.[27]

피전블로그가 2006년에 수행한 일들과 웹사이트에 많은 언론이 관심을 기울였고 여러 반응이 나왔다. 다 코스타는 다음과 같은 사실도 알려주었다. 텍사스의 어떤 엔지니어가 미국 방위고등연구기획국 DARPA에 보조금 제안서를 공동 제출하자고 제안했는데, 공기역학에 기초한 조류용 소형 자동 항공 감시 장치를 함께 개발하자는 것이었다. 농담이었으면 좋으련만! 그러나 비인간 동물들은 오랫동안 군사 무기와 스파이 시스템으로 이용되어왔고, 21세기 들어 그 방식은 더 세련되고 더 '기술적'이 되었다.[28] 동물보호 단체인 '동물을 윤리적으로 대하는 사람들People for Ethical Treatment of Animals(PETA)'은 또 다른 맥락에서 동물 학대라면서 피전블로그 폐쇄를 요구했다. PETA는 이런 입장을 공식 발표하고, 다 코스타가 교수로 재직하던 캘리포니아대학 어바인 캠퍼

1.4. 인간, 비둘기, 전자 기술로 구성된 피전블로그 팀. 데버라 포스터Deborah Forster 사진. 로버트 니디퍼Robert Niediffer 제공.

스에 조치를 취해달라고 요청했다. 이유가 재미있었다. 피전블로그가 비인간 동물을 사용하는 것은 정당화될 수 없는데, 과학적으로 근거 있는 실험을 하지 않았기 때문이라는 것이었다. 아마 근거 있는 과학실험이었다 해도 PETA는 반대했겠지만 폐쇄까지 요구하지는 않았을 것이다. 왜냐하면 그쪽은 적어도 질병 치료, 게놈 지도 작성 등 그럴듯한 목적과 기능이 있어 보였을 것이기 때문이다. 예술은 하찮은 것이고, 권리의 주체들을 확장시키고 과학을 발전시키는 중대한 일에 비하면 그저 놀이였다. 다 코스타는 예술, 정치 혹은 과학에서 인간과 동물의 협력에 관한 코스모폴리틱스와 물질-기호론에 관해 심각한 문제의식을 가지게 되었다. 누가 누구에게 무엇을 할 수 있도록 해주는가? 그리고 누구에 의해 어떤 대가가 부여되는가? 그녀는 묻는다. "정치 [그리고 예술] 행동의 일부로서 인간-동물의 작업은, 과학이라는 우산 아래서 이루어지는 동류의 활동보다 덜 정당한가?"[29] 진지한 세속성과 회복은 목적론과 확립된 범주, 기능에 좌우되지 않는, 바깥에 있는 놀이의 영역에서 가능해진다. 이것이 정말 SF의 전제이다.

PETA가 다 코스타의 예술 연구를 주목하기 훨씬 전에, 일부(전부는 아니다) 동물권리운동은 스포츠에서 비둘기와 함께-되기를 비롯해 일하고/놀이하는 많은 인간-동물 관계에 문제를 제기했다. 경주-비둘기 애호가들이 이런 논란과 공격을 두려워하는 바람에 피전블로그는 시작도 하기 전에 중단될 뻔했다.[30] 다 코스타는 프로젝트 초기 단계에 비둘기 애호가들과 그들의 비둘기들의 참여 여부를 타진하기 위해 미국경주비둘기연맹American Racing Pigeon Union과 접촉했다. 처음에 만난 사람은 관심은 있었으나 내심 동물권리운동가들과 그들의 전술을 두려워했다. 그는 다 코스타에게 밥 마츠야마를 소개해주었다. 마츠야마는 여러 프로젝트를 수행했고, 이 과정에서 쌓은 신뢰를 바탕으로 예술 연구가들과 산호세의 비둘기 애호가들의 만남을 주선했다. 피전블로그가 끝났을 때, 연맹은 다 코스타에게 경주 비둘기들의 성취와 능력을 널리 알림으로써 비둘기와 애호가들에게 공헌한 바를 치하하며 공식 '감사장'을 수여했다.

녹색운동가들과 환경운동가들을 포함해서 피전블로그의 팬들은 많다. 그중에서도 특별히 다 코스타로 하여금 캘리포니아의 경주 비둘기들이 잘 날았다고, 종을 가로질러 가능성을 열어주었다고 느끼게 한 반응이 있었다. 코넬대학 조류학 연구실에서 다 코스타에게 시민과학 행동의 일환인 '도시 새 정원Urban Bird Gardens'을 위한 위원회에서 일해달라고 요청해왔다. 노령의 보행자부터 초등학생까지 일반인들이 수집한 데이터는 대학에서 수행하는 연구, 그리고 시민들의 애정과 물음을 한데 모으는 데이터베이스의 일부가 될 수 있었고 그렇게 되었다. 코넬대학과 긴밀하게 관련된 시민과학 행동인 '비둘기 관찰 프로젝트Project Pigeon Watch'를 생각해보자. 여기서는 평범한 야생 비둘기들의 상이한 모집단에서 지역에 따른 색깔 차이를 조사한다. 워싱턴 DC에서 실시하는 비둘기 관찰 프로젝트에서는 시의 학교들에 요청하여 도시 비둘기들을 관찰하고 기록하게 한다.

테라폴리스에서 이 작업을 할 때는 많은 일이 일어난다. 눈여겨볼만한 것은 도시 아이들, 특히 '소수자' 그룹에 속한 아이들이 멸시당하는 새들을 가치 있고 흥미로운 도시 거주자로 보는 것을 배운다는 점이다. 이 아이들도 비둘기들도 도시의 '야생동물'이 아니다. 두 존재자 모두 내부-작용intra-action으로 만들어지는 주체와 객체인 시민이다. 그러나 내가 잊을 수 없고 또 잊고 싶지도 않은 것은, 미국 인종차별주의자 도해서에 워싱턴 DC의 이 비둘기들과 흑인 아이들이 모두 통제하기 어렵고, 더럽고, 수도에 어울리지 않는 야생의 존재로 표시되어 있다는 사실이다. 실제 아이들은 비둘기를 "날개 달린 쥐"가 아니라 삶과 죽음의 운명을 타고난 사회적인 새로 보게 된다. 전에는 야유를 보내거나 학대하고, 어떻게 대하고 존중해야 할지 몰랐던 존재를 이제는 섬세하게 관찰하고 옹호하는 아이들로 변한다. 응답-가능하게response-able 된 것이다. 아마도 비둘기들이 오랜 역사 속에서 사람들과 정서적이고 인지적인 관계를 맺었기 때문에, 비둘기들도 아이들을 되돌아보았고 (적어도 이 새들은) 괴롭힘을 당하지 않았다. 내가 알기에 이 설명은 맥락이 있는 이야기이고, 성취인 만큼 초대이기도 하다. 회복을 위한 공간은 도시 거주자들에게 멸시받는 종횡단적 범주들을 가로질러 마땅히 넓어져야 하고, 닫혀서는 안 된다.[31]

뱅시안 데스프레는, 비둘기와 애호가를 모두 육성하는 비둘기 애호가 공동체가 사라지는 위험에 직면하여, 협력을 매개로 전서구와 비둘기 애호가를 결합하는 또 다른 예술 프로젝트에 관해서 썼다. 데스프레는 2003년 프랑스 코드리에서 예술가 마탈리 크라세Matali Crasset가 설계한 비둘기집이 무엇을 기념하는지 물었다.

> 그러나 비둘기를 사랑하는 자가 없으면, 사람들과 비둘기에 관한 지식과 노하우가 없으면, 선택과 도제살이가 없으면, 실천이 전파되지 않으면, 남아 있는 것은 비둘기이지 전서구는 아닐 테고, 숙련된 항해자도 아닐 것이다. 기념할 것은, 동물만도 실천만도 아닌, 프로젝트의 기원에 명백하게 기록되는 두 가지 '함께-되기'의 활성화이다. 달리 말하면, 생겨나는 것은 관계들이고, 이 관계를 통해 비둘기는 사람들을 재능 있는 비둘기 애호가로, 또 애호가는 비둘기들을 믿음직한 경주 비둘기로 변화시킨다. 이것은 이 작업이 무엇을 기념하는지를 보여주며 그 성취를 현재로 연장시킨다는 의미에서 기억을 만드는 일을 떠맡는다. 이것은 일종의 '반복'이다.[32]

1.5. 2003년 마탈리 크라세가 디자인한 캡슐 모양의 비둘기집. © 앙드레 모랭André Morin.

기억하다re-member(다시 멤버가 되다), 기념하다com-memorate(함께 기억하다)는 적극적으로 반복하기, 되살아나기, 다시 취하기, 회복하기이다. 함께-되기인 복수종, SF, 실뜨기 세계 만들기에 전념하는 다 코스타와 데스프레는 반려종이다. 그들은 기억한다. 파트너들이 적극적으로 관계 맺지 않으면 사라질 무엇을 육화된 현재 속으로 유인하고 연장한다. 전서구나 경주용 비둘기와 야생 비둘기들은 새로이 출현하는 사람들과 오래된 사람들을 응답-능력에 호출하고, 반대도 마찬가지다. 종이 다르고 삶과 죽음의 양태가 다른 도시 거주자들과 시골 사람들이, 서로 신뢰할 수 있는 여행자voyageurs fiables와 함께 재능 있는 비둘기 애호가 colombophiles talentueux를 만든다.

데스프레와 다 코스타는 크라세와 함께 실뜨기를 하고, 테라폴리스에서 매듭지어진 패턴과 가능성을 릴레이하고 있다. 크라세는 산업 디자이너이다. 이 직업에 요구되는 덕목은 순수 예술가들은 하지 않아도 되는 방식으로, 파트너들의 말을 귀담아듣고 함께 협력하는 것이다. 다 코스타 또한 연구하는 예술가이자 복수종 예술 행동가로서 자신의 일과 놀이에서 이를 실천한다. 크라세가 제안한 비둘기집은 비둘기 애호가 연합 라데팡스La Défense와 코드리의 공원이 의뢰한 것이었다. 캡슐의 내부 공간은 나무, 즉 일종의 세계의 축처럼 기능적으로 구성돼 있고, 외관은 옛날 이집트의 비둘기집을 모방했다. 역사적이고 신화적이며 물질적인 세계들이 여기, 그들을 번식시키고 기르고 날려주고 그들과 함께-되는 자들이 의뢰한 이 새들을 위한 집에서 놀고 있다.

탑 모양의 또 다른 비둘기집도 기억할 만하다. 제국의 창조물을 위한 또 다른 복수종의 회복이, 그것을 이해할지도 모르는 종들에게 제안된다. 이번 장소는 호주의 멜버른, 야라강 연안의 배트맨 공원이다. 유럽인들이 정착하기 전에는 우룬제리Wurundjeri족 영토였다가 야라강을 따라 식민화된 이 지역은 황무지가 되고, 오수를 버리는 곳이 되고, 화물 열차가 이용하는 장소가 되었다. 이로 인해 습지대wetlands (영미식 과학 용어)가, 시골country(다차원적이고 역사와 전설이 풍부한 장소라는 영미-토착민 용어)이 파괴되었다. 습지대와 시골은 cat's cradle, jeux de ficelle, na'atl'o', matjka-wuma만큼이나 비슷하고 또 다르다.[33] 트러블과 함께하기 위해서는 이름과 패턴이 서로에게 필요하지만, 그것들이 동형은 아니다. 그것들은 연결되고 쪼개지고 뒤얽힌 역사 속에서 산다.

배트맨 공원은 버려진 화물철도 부지를 끼고 1982년에 만들어진 작은 공원으로, 1990년대에 이곳에 비둘기집이 만들어졌다. 야생 비둘

1.6. 멜버른의 배트맨 공원에 있는 비둘기집. 닉 카슨Nick Carson 사진, 2008.

기를 위한 도시 계획의 일환으로, 즉 도시의 빌딩과 길바닥을 벗어난 곳에 보금자리를 마련해주려고 세워진 이 비둘기집은 구조가 타워형이다. 이곳의 비둘기들은 사람들에게 사랑받는 스포츠용 비둘기가 아니라, 앞에서 워싱턴 DC 도시 공원 프로그램 이야기에서 보았던 것과 같은 도시의 "하늘의 쥐"들이다. 멜버른의 비둘기들은 유럽인들과 같이 와서 야라강 습지대를 대체한 생태계와 세계에서 번성했고, 시골을 돌볼 책임이 있는 이 땅을 옛 원주민 소유주들로부터 빼앗았다. 1985년에 우룬제리의 문화와 역사에 관한 인식을 일깨우기 위해 우룬제리족 토지보상 및 문화유산 위원회가 설립되었다. 이 위원회가 배트맨 공원 지역의 부분적인 회복에 도움이 되었는지 어떤지는 모른다. 내가 아는 것은, 야라강을 끼고 있는 지역들이 우룬제리에게 중요했다는 사실이다. 1835년에 사업가이자 탐험가인 존 배트맨John Batman이 우룬제리 노인들과 토지 매입 문서에 서명했다. "이것은 유럽인들이 자신들의 존재와 원주민 토지의 점유를 놓고 옛 소유주들과 직접 협상을 한 최초의 그리고 유일하게 문서화된 사건이다. 지금의 멜버른 외곽 지역의 토지 대부분을 포함해서 약 240만 제곱킬로미터 땅의 대가로 존 배트맨이 지불한 것은 담요 40짝, 도끼 42개, 칼 130자루, 가위 62개, 거울 유리 40장, 손수건 250장, 셔츠 18장, 플란넬 재킷 4벌, 옷 4벌과 밀가루 68킬로그램이었다."[34] 뉴사우스웨일스의 영국 총독은 왕권 침해를 이유로 이 뻔뻔스러운 계약의 승인을 거부했다. 문제투성이의 이 역사는, 인상적인 비둘기 탑이 있는 되찾은 땅, 이 작은 공원 한쪽에서 어떻게든 상속되고 기억되어야 한다.

배트맨 공원의 비둘기집은 시민과학을 위한 예술 연구나 경주 비둘기 공동체가 의뢰한 산업 디자인이 아니라, 도시에서의 복수종 번성에 매우 중대한 산아 제한—더 정확하게는 부화 제한—기술과 연관된 시설이다. 야생 비둘기의 생식력은 그 자체가 물질적인 도시의 힘이며, 이 땅이 정착민들과 이주자들로 넘친다는 사실과, 이 땅으로부터 습지대 고유종 새들과 원주민들을 빼앗는 행위에 관한 강력한 기표이다. 트러블과 함께하기라는 과제의 목표는 복수종의 회복이며, 저 시사하는 바 많은 오스트레일리아의 관용구로 말하자면, 덜 부인하고 더 많은 실험적 정의가 구현되는 '함께 잘 지내기'이다. 나는 트러블과 함께하기의 응답-능력을 향한 열림을 촉진하기 위해 작으나마 실질적인 실천을 하며 무언가를 환기하는 비둘기집을 보고 싶다. 응답-능력은 없음과 있음, 죽이기와 양육하기, 살기와 죽기 양쪽 모두에 관한 것이다. 그리고 자연문화사의 실뜨기 속에서 누가 살고 누가 죽는지, 어떻게 그렇게 하는지를 기억하기에 관한 것이다. 이 비둘기집은 200개의 둥지 상자가 있어서 여기서 알을 낳도록 비둘기를 초대하고, 사람들이 비둘기 알을 인공 알로 대체하고, 비둘기는 이것을 품는다. 사람들이 비둘기집 근처에서 비둘기에게 먹이를 주는 것은 허용되고 장려되지만 다른 곳에서는 그렇지 않다.

"영속농업, 교육, 먹거리 기르기와 연관된 프로젝트"에 관한 글을 주로 쓰는 블로거 피치포크Pitchfork가 배트맨 공원의 비둘기집을 주목했다. 비둘기-인간 갈등을 혁신적인 방식으로 다루려는 노력 때문이기도 하지만, 빽빽하게 홰에 앉아 있는 새들의 풍부한 생산물—퇴비가 될 수 있는 분비물—이 그의 눈길을 끌었다. 이 블로거의 이야기는 흥미로운 관점을 시사한다. "비둘기의 천연 거름을 우리의 식량 시스템에 들여오는 가장 쉬운 방법은, 우리를 위해서 비둘기들이 그것을 한쪽에다 착륙시키게 하는 것이다."[35] 영속농업 세계의 이 제안은 얼마 전까지만 해도 오수를 버리는 곳이었던 공원 입장에서는 확실히 매력이 있다. 이 비둘기집은 낙태 반대 프로젝트가 아니다. 진지한 동물-인간 함께-되기라면 어떤 것도 그 말에 내포된 으스스한 미국적 의미에서 낙태 반대 프로젝트일 수 없다. 그리고 이 도시의 비둘기 타워는 분명 불공평한 조약, 정복, 습지대 파괴를 되돌릴 수 없다. 그럼에도 불구하고 그것은 진행 중이고 무구하지 않으며 의문이 있는, 함께 잘 지내는 복수종을 위한 패턴 속에서 하나의 가능성 있는 실이다.

신뢰할 수 있는 여행자들

반려종들은 항상 서로를 감염시킨다. 비둘기들은 세계를 주유하는 여행자인데, 이런 존재자들은 병을 옮기고, 좋은 것이든 나쁜 것이든 더 많은 것을 나른다. 윤리적인 그리고 정치적인 신체들의 의무는 전염성이 있거나, 있어야 한다. 식탁에서 함께 빵을 나누는Cum panis 반려종. 계속 시작만 있고 결말은 나지 않는데 왜 나의 비둘기 이야기 같은 것들을 말해야 할까? 왜냐하면 이런 이야기들 속에서 응답-능력이 명확해지고 강해지기 때문이다.

세부적인 것들이 중요하다. 세부 사항들이 실제 존재자들을 실제 응답-능력에 연결한다. 지구 방방곡곡에서 비둘기들은 사람을 비롯한 여러 종류의 파트너들과 함께 스파이로서, 경주자로서, 메신저로서, 도시의 이웃으로서, 무지갯빛 성적 노출자로서, 새의 부모로서, 사람들의 젠더 보조자로서, 과학의 주체와 대상으로서, 예술-공학 환경 리포터로서, 해양 탐사와 구조 일꾼으로서, 제국주의 침략자로서, 회화 양식 감별사로서, 토착종으로서, 애완동물로서, 그리고 그 밖의 다양한 역할을 수행하면서 역사를 만든다. 어떤 이야기가 내가 알고 있다고 생각했던 뭔가를 기억나게 해줄 때마다, 혹은 나를 새로운 지식으로 데려갈 때마다 번성하는 데 중요한 근육이 에어로빅을 한다. 이런 운동이 복잡성 속에서 집합적인 사고와 움직임을 향상시킨다. 얽힘을 추적할 때마다, 처음에는 엉뚱해 보였으나 결국 그 직물에 꼭 필요한 것으로 밝혀진 실 몇 가닥을 더할 때마다, 나는 복잡한 세계 만들기에서의 트러블과 함께하기가 땅 위에서, 테라폴리스에서 잘 살고 잘 죽기의 가장 중요한 부분이라는 점을 좀 더 확신하게 된다. 우리는 모두 끔찍한 역사에, 그리고 때로는 즐거운 역사에 직면하여 복수종의 번성을 위한 조건을 만들 책임이 있다. 그러나 우리 모두가 같은 방식으로 응답-가능하지는 않다. 차이가 중요하다—생태에서, 경제에서, 종에서, 삶에서.

탁월한 예술가가 우리의 둥지를, 우리의 집을, 우리의 메시지용 팩을 디자인할 수 있을 만큼 우리 모두가 그렇게 운이 있으면 좋으련만! 우리 모두에게 이 트러블로 가득한 시간과 공간을 항해할 수 있는 지도를 읽는 감각이 있으면 좋으련만!

2장 ——————— 촉수 사유:
인류세, 자본세 쑬루세

"우리는 모두 지의류다."

_ 스콧 길버트, 〈우리는 이제 모두 지의류다We Are All Lichens Now〉

"생각하세요. 우리는 생각해야 합니다."

_ 스탕제르·데스프레, 《야단법석을 떠는 여자들Women Who Make a Fuss》

서양철학과 정치경제학의 저 오래된 상투어인 인간예외주의와 경계가 있는 개체주의bounded individualism*가 분야를 막론하고 최고의 학문들에서 사라진다면 어떻게 될까? 정말 일고의 가치도 없게 되어 사유하는 데 쓰이지 않는다면 말이다. 제국주의가 발호하기 시작한 18세기 이래, 생명과학은 필멸의 운명을 타고난 지구의 거주자들에 관한 개념을 발효시키는 데 특히 탁월했다. 호모 사피엔스—종으로서의 인간Human, 인간종으로서의 인류Anthropos, 근대인Modern Man—는 이 지식 실천의 최고 산물이다. 21세기 최고의 생물학들이 '경계가 있는 개체+맥락'을 가지고는 자기 직무를 수행할 수 없다면, '유기체+환경' 또는 '유

---

* 개체주의는 자신의 경계를 가지고 있는 개체를 중심에 두는 사유 방식이다. 이때 개체는 주인공이고 그 경계 바깥의 나머지는 배경, 혹은 부가적인 무엇이다. '개체+맥락', '유기체+환경', '유전자+무엇이든 그들에게 필요한 것'에서 주인공은 개체, 유기체, 유전자이고 나머지는 배경, 혹은 부가적인 것을 의미한다.

전자+무엇이든 그들에게 필요한 것'이 풍부한 생물학 지식을 더 이상 유지하지 못한다면 어떻게 될까? 서구 중심적 사고를 해온 사람들조차 개인과 개인의 집합인 사회를 더 이상 인간의 역사로만 간주하는 것은 불가능하게 되었는데, 같은 이유에서 '유기체+환경'이 무의미한 개념이 된다면 어떻게 될까? 분명 지구에서 일어나는 이런 변화의 시기를 인류세Anthropocene라고 명명해서는 안 될 것이다.

이 장에서 나는 천상의 신의 모든 불충한 자손과 함께, 복수종의 혼란에서 풍부한 진창을 발견해내는 한배에서 나온 내 형제자매들과 함께 이 문제들에 관해 비판적이면서 즐겁게 야단법석을 떨어보고 싶다. 나는 트러블과 함께하고 싶다. 내가 알기로 그렇게 할 수 있는 유일한 길은 생성적인 즐거움, 공포, 그리고 집합적인 사고에 있다.

이 작업에서 친숙한 나의 첫 번째 악마는 한 마리 거미, 즉 피모아 크툴루Pimoa cthulhu이다. 이 거미는 내가 살고 있는 캘리포니아 중북부에서 가까운 서노마 카운티와 멘도시노 카운티의 삼나무 숲속 그루터기 밑에 산다.[1] 어느 누구도 모든 곳에 살지는 못한다. 누구나 어딘가에는 산다. 어떤 것도 모든 것에 연결되지는 않는다. 모든 것은 무언가와 연결된다.[2] 이 거미는 제자리에 있고 하나의 공간을 차지하고 있지만, 그러면서도 다른 곳으로 호기심을 자아내는 여행을 떠나기 때문에 그렇게 이름이 지어졌다. 나는 이 거미에게서 귀환, 그리고 뿌리와 경로 탐색에 도움을 받으려 한다.[3] 이 다리 여덟 개를 촉수로 달고 있는 거미류의 절지동물은 유타주의 고슈트 부족 언어에서 속명屬名을 얻었고, 땅속의 생물들, 즉 땅속의chthonic 것이라고 불리는 지하의 원소적 실체에게서 종명種名을 얻었다.[4] 천상의 신들을 신비화하고, 우두머리 신들과 그들에게 길들여진 다중 혹은 하위 신들의 위원회, 즉 일자와 다자를 수립하려는 천상 신의 대리인들의 문명화 노력에도 불구하고 땅속의 힘들이 도처에 그들의 세포조직을 주입한다. 나는 생물학자가 지은 *Pimoa cthulhu*라는 학명에서 cthulhu의 철자를 chthulu로 조금 바꾸고, 이 바뀐 이름 피모아 쑬루Pimoa chthulu를 토대로 새로운 이름을 제안한다. 이전에 있었고, 지금도 있고, 앞으로도 있을지 모를, 다른 곳 다른 때를 위한 이름, 쑬루세Chthulucene. 내가 기억하기로 촉수tentacle라는 말은 '더듬이'를 의미하는 라틴어 텐타쿨룸tentaculum과 '더듬다', '시도하다'를 의미하는 라틴어 텐타레tentare에서 왔다. 그리고 내가 알기로 이 다리가 긴 거미는 다리가 여럿인 동류들이 있다. 무수히 많은 촉수가 쑬루세에 관한 이야기를 위해 필요하게 될 것이다.[5]

촉수 있는 것들이 나를 SF 속으로 말려들게 한다. 그들의 부속물들이 실뜨기string figures를 한다. 그것들이 사변적 우화speculative fabulation, 과학소설science fiction, 과학적 사실science fact, 사변적 페미니즘speculative feminism, 실뜨기soin de ficelle, 지금까지so far의 포이에시스poiesis, 즉 만들기 속에 나를 얽는다. 촉수 있는 것들이 부착하고 분리한다. 절단하고 매듭을 만든다. 차이를 만든다. 그것들은 경로와 결과를 엮어내지만 결정론은 아니다. 어떤 방식으로는 열려 있고 매듭지어져 있지만, 다른 방식으로는 그렇지 않다.[6] SF는 이야기하기이고, 사실을 말하기이다. 지나간 것이든 지금 여기 있는 것이든 아직 오지 않은 것이든, 가능한 세계들과 가능한 시간들, 물질-기호론적 세계들의 패턴 만들기이다. 나는 공-산적共-産的, sympoietic 실 꿰기, 펠트 만들기, 추적하기, 분류하기 속에서 많은 반려들과 함께 생각하는 하나의 방법으

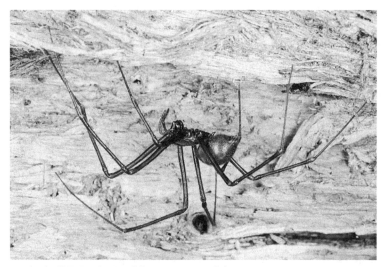

2.1. 피모아 크툴루. 구스타보 오르미가Gustavo Hormiga 사진.

로서 실뜨기로 작업한다. 나는 물질-기호론적 퇴비 만들기로서, 진흙탕 속의 이론으로서, 뒤죽박죽muddle으로서[7] SF를 가지고, SF 속에서 작업한다. 이 촉수 있는 것들은 육체를 벗어난 형상들이 아니다. 그것은 자포동물이고, 거미이고, 인간이나 너구리같이 손가락이 있는 존재이고, 오징어이고, 해파리이다. 신경회로의 화려한 쇼이고, 섬유 모양의 실체이고, 편모가 있는 존재자이고, 근원筋源 섬유 다발이고, 엉키고 눌어붙은 미생물과 진균류의 얽힘이다. 더듬어 탐사하는 덩굴식물이고, 늘어나는 뿌리이고, 위로 뻗어 올라가는 덩굴손을 가진 것들이다. 또한 클라우드를 들락거리는 망이며 네트워크이고, IT 크리터들이다. 촉수성tentacularity은 점이나 구球에서 살아가는 게 아니라 선, 무수한 선들을 따라 살아가는 생명의 속성이다. "이 세계의 거주자들, 온갖 종류의 창조물들, 인간과 비인간은 모두 나그네이다." 이렇게 생겨난 것들은 "이리저리 뒤얽혀 짜인 일련의 오솔길"을 닮았다.[8] 실이 모든 것을 그린다.

실 모양의 촉수가 있는 존재들로 인해 나는 포스트휴머니즘post-humanism에 불만을 품게 되었다. 그러한 기호 아래서 생성적 작업들이 이루어진 덕분에 내가 양육되고 있음에도 그랬다. 나의 파트너인 러스틴 호그니스는 인문학humanities 대신에 부식토학humusities을, 포스트휴먼(휴머니즘) 대신에 퇴비compost를 제안했고, 나는 벌레가 득실대는 퇴비 더미 속으로 뛰어들었다.[9] 만약 우리가 자기-구축적이고 지구-파괴적인 CEO의 발기 위축 프로젝트를, 호모Homo인 인간을 잘라내고 갈가리 찢어버릴 수 있다면 부식토humus 인간은 잠재력이 있다. "자본주의 구조조정이 진행되는 대학 인문학의 미래"에 관한 회의가 아니라 "살 만한 복수종의 뒤죽박죽을 위한 부식토성의 힘"에 관한 회의를 상상해 보라. 에코섹슈얼 아티스트인 베스 스티븐스Beth Stephens와 애니 스프링클Annie Sprinkle은 나를 위해서, 우리를 위해서, SF를 위해서 범퍼 스티커를 만들어주었다. "퇴비 만들기는 끝내줘요!"[10]

진행 중인 쑬루세의 지구는 공-산적sympoietic이지, 자율생산적autopoietic이지 않다. 시스템이 아무리 복잡하고 다층적일지라도, 그리고 더 높은 층위의 질서에서 자율생산 시스템의 붕괴와 재생이 생성적으로 이어지는 가운데 무질서에서 아무리 많은 질서가 생산될지라도, 죽을 운명에 놓인 세계들(땅, 지구, 가이아, 쑬루, 그리스어·라틴어·인도-유럽어가 아닌 무수한 이름과 힘)[11]은 자신을 만들지 않는다. 자율생산 시스템은 매우 흥미롭다—사이버네틱스와 정보과학의 역사를 보라. 하지만 그것은 살고 죽는 세계와 크리터들에게는 좋은 모델이 아니다. 자율생산 시스템은 닫혀 있지 않고 구형이 아니고, 결정론적이지도 목적론적이지도 않다. 그렇지만 죽을 운명을 타고난 SF 세계에는 썩 좋은 모델이 아니다. 포이에시스poiesis는 공-지하적共-地下的, symchthonic이고, 공-산적이고, 시작과 그것에 뒤이은 상호작용하는 '단위들' 없이 언제나 아래로 쭉 내려가면서 짝짓기를 한다.[12] 쑬루세는 스스로 닫지 않고 완성되지 않는다. 그것의 접촉 지대는 도처에 있고 고리가 많은 덩굴손을 계속 자아낸다. 거미는 부적절하게 다리가 긴 신전의 척추동물보다 공-산에 훨씬 좋은 형상이다. 촉수성은 공-지하적이고, 무서운 붙잡기와 싸움과 엮임으로 휘감기고, 살기와 죽기를 만드는 생성적 반복 속에서 수없이 되풀이해 릴레이를 한다.

내가 '자율생산autopoiesis'이라는 말의 유혹을 뿌리치고 공-산共-産, sympoiesis이라는 용어를 사용하게 된 후, 케이티 킹Katie King이 베스 뎀스터M. Beth Dempster의 환경연구 석사 논문에 관한 이야기를 들려주었다. 1998년에 쓴 이 논문에서 뎀스터는 "자기-규정적인 공간적 혹은 시간적 경계가 없는 집합적 산출 시스템을 칭하기 위해" 공-산이라는 용어를 제안했다. "정보와 통제는 구성요소들 사이에 분산된다. 이 시스템들은 진화적이며, 놀라운 변화를 이끌어낼 잠재력이 있다." 반면 자율생산 시스템은 "중앙집중적으로 통제되고, 항상성이 있고, 예측 가능한 경향이 있는 자기 규정적인 공간적 혹은 시간적 경계가 있는" "자기-생산적인self-producing" 자율적 단위들이다.[13] 뎀스터의 주장에 따르면, 많은 시스템들이 실제로는 공-산적임에도 불구하고 자율생산적인 것으로 오인되고 있다. 나는 이 점이, 인류세라고 불리는 이 시대의 지구와 주민들처럼, 손상되었으나 여전히 무언가가 진행 중인 살아 있는 세계들의 다공성 세포조직들과 열린 가장자리들 가운데서 재건과 지속 가능성을 고려함에 있어 중요하다고 생각한다. 만약 생물학도 철학도 더 이상 환경 속의 독립적 유기체들, 즉 상호 작용하는 '단위+환경/규칙'이라는 개념을 지지하지 않는다면, 그렇다면 공-산이야말로 핵심이다. 자율생산에 의해 수정된 경계가 있는 (혹은 신자유주의적인) 개체주의는 형상적으로나 과학적으로나 그다지 좋지 않다. 그것은 우리를 위험한 길로 잘못 인도한다. 캐런 배러드Karen Barad의 행위적 실재론agential realism과 내부-작용intra-action은 상식이 되고, 어쩌면 땅의 나그네들을 위한 생명선이 될 것이다.*

SF, 실뜨기는 공-산적이다. 이자벨 스탕제르는 그녀의 또 다른 사유의 반려인 펠릭스 가타리Félix Guattari의 연구뿐만 아니라 실뜨기에 관한 나의 작업도 함께 생각한다. 플레이어들이 때로는 보존하고 때로는 제안하고 발명하면서, 문제의 패턴들을 어떻게 서로에게 앞뒤로 전달하는지를 그녀가 나에게 릴레이해주었다.

> 더 정확히 말해서, 코멘트하기com-menting라는 말이 함께-생각하기를 의미한다면, 그것은 함께-되기이고, 그 자체로 릴레이를 하는 방식이다. ······ 그러나 우리가 취한 것이 내밀어져 있었다는 사실을 안다면 특정한

---

* 행위는 행위하는 주체가 있음을 전제로 하지만 캐런 배러드의 행위적 실재론은 이 전제를 의문시한다. 배러드에 따르면, 존재하는 것은 현상뿐인데 현상 속에는 존재론적으로 분리되지 않는 성분들이 서로 얽혀 있다. 현상 속에서 얽혀 있는 성분들은 특정한 내부-작용에 의해 주체와 대상으로 나타난다. 이들 작용이 상호작용이 아니라 내부-작용인 것은 현상을 구성하는 성분들이 개별적인 것이 아니기 때문이다. 개별적인 것들은 내부-작용의 효과이다. 따라서 주체와 대상, 자기와 타자, 심지어 원인과 결과조차도 존재론적으로는 구분할 수 없다. 내부-작용은 이런 구분을 만들어내는 과정이다.

"사이에서" 생각해야 할 것이다. 그것은 충성을 요구하지 않고, 하물며 충성의 맹세는 더욱이 아니고, 오히려 특정한 종류의 성실, 내밀어진 손이 보내는 신뢰에 대한 대답을 요구한다. 비록 이 신뢰가 "당신"에 대한 것이 아니라 "창조적 불확실성"에 대한 것일지라도, 비록 사유에 의한 것이든 기록에 의한 것이든 행위의 결과와 의미가 그 릴레이를 당신에게 건네주는 존재에게 속하지 않았듯이 당신에게도 속하지 않을지라도, 어떻게든 릴레이는 당신이 "기계적 신뢰"를 계속하지 않아야 한다는 요구와 함께 이제 당신 손에 있다. [실뜨기함에 있어서, 적어도] 두 쌍의 손이 필요하고, 이어지는 개별 단계에서 한쪽은 "수동적"이 되고, 이전 조작의 결과인 얽힌 실을 제공하여 다른 쪽이 조작할 수 있게 한다. 그리고 다른 쪽이 새롭게 얽힌 실을 건네주는 다음 단계에서 비로소 능동성을 회복할 수 있을 뿐이다. 하지만 이렇게 말할 수도 있다. 매번 "수동적인" 쪽은 얽힌 실을 잡고 있고, 얽힌 실에 의해 잡혀 있고, 다른 한쪽이 릴레이를 받을 때 "놓아줄" 뿐이다.[14]

이것이 내가 말한 수동과 능동, 분리와 부착 속에서 응답-능력 기르기이다. 또한 집합적인 알기와 하기, 실천의 생태학이다. 우리가 요청했든 하지 않았든, 그 패턴은 우리 손 안에 있다. 내민 손이 보내는 신뢰에 대한 대답. 생각하세요think we must.

메릴린 스트래선은 사유 실천thinking practices을 연구하는 민족지학자이다. 그녀는 인류학을 관계들과의 관계relations with relations를 연구하는 학문—대단히 결과적이고, 정신과 육체를 바꾸는 그런 종류의 헌신이라고 규정한다.[15] 평생 파푸아뉴기니의 고지대 하겐산 지역을 연구

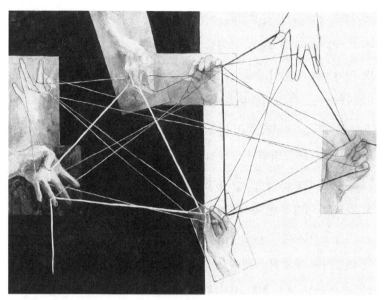

2.2. 베일라 골든샐Baila Goldenthal, 〈실뜨기/끈이론Cat's Cradle/String Theory〉, 2008. 캔버스에 유채. 모리아 사이먼Maurya Simon·태머라 앰브로슨Tamara Ambroson 제공.

하며 풍요로워진 스트래선은 예기치 못한 세계들에서 가차 없이 밀려 드는 우연성의 위험을 수용하기, 다른 관계들로 관계들을 위험에 빠뜨 리는 위험을 수용하기에 관해서 쓴다. 페미니즘에 기초한 사변적 우화 의 실천을 학술 양식으로 구현한 스트래선은 단순하지만 결정적인 것 을 나에게 그리고 우리에게 가르쳐주었다. "다른 관념들을 사유하기 위 해 어떤 관념들을 가지고 사유하느냐가 중요하다."[16] 나는 이 뜨거운 더 미에 나의 영혼을 퇴비로 준다. 벌레들은 인간이 아니다. 물결처럼 움 직이는 그들의 신체는 섭취하고 뻗어 나가고, 그들의 배설물은 세계를 기름지게 한다. 그들의 촉수는 실뜨기를 한다.

어떤 생각들이 생각들을 생각하는지가 중요하다. 어떤 지식들이 지식들을 아는지가 중요하다. 어떤 관계들이 관계들을 관계시키는지가 중요하다. 어떤 세계들이 세계들을 세계-만들기하는지가 중요하다. 어떤 이야기들이 이야기들을 이야기하는지가 중요하다. 베일라 골든샐 Baila Goldenthal의 그림은 이를 웅변하듯 증언한다.[17]

생각하는 능력을 포기한다는 것은 무엇일까? 인류세라 불리는 이 시대는 인간을 포함한 복수종에게 긴급성의 시대이다. 대규모 죽음과 멸종의 시대이다. 예측 불가능한 특수성들이 어리석게도 인지 불가능성 자체로 여겨지는, 무모하게 돌진하는 재앙의 시대이다. 응답-능력의 역량을 이해하고 배양하기를 거부하는 시대이다. 무모하게 돌진하는 대참사에 때맞춰 직면해 있으면서도 마주 보기를 거부하는 시대이다. 전례 없는 눈길 회피의 시대이다. 지난 세기들의 현실을 감안할 때 '전례 없는'이라는 말은 거의 상상할 수 없는 무언가를 말하는 것이다. 어쨌든 관여되고 다시 패턴이 만들어져야만 하는 과정들의 그물망 속에서 우리 존재의 모든 섬유질이 서로 얽히고 연루되기까지 하는 것이라면, 어떻게 우리는 자기-멋대로이고 자기-충족적인 종말의 신화 없이 이 긴급성의 시대에 생각할 수 있을까? 우리가 요청했든 하지 않았든, 재귀적으로, 그 패턴은 우리 손 안에 있다. 내민 손이 보내는 신뢰에 대한 대답. 생각하세요.

나는 밸러리 하투니Valerie Hartouni의 가르침을 받아, 나치 전쟁 범죄자 아돌프 아이히만Adolf Eichmann의 사유 무능력에 관한 한나 아렌트의 분석을 참조하겠다. 이 사유의 포기에는, 횟수와 규모가 증가한 집단 학살이나 종 학살과 함께, 인류세의 재앙을 초래할 수 있었던 특별한 종류의 "악의 평범성"이 놓여 있었다.[18] 그 결과 우리는 여전히 위태로운 상태에 놓여 있다. 생각하세요. 우리는 생각해야 합니다! 하투니가 이해한 바에 따르면, 아렌트의 사유란 우리가 말하는 학문적 지식이나 증거에 기초한 과학, 진리와 믿음, 사실과 의견, 좋음과 나쁨을 구분하는 것과는 완전히 다르다. 아렌트에게 사유하기란 정보와 주장을 평가하는 과정도 아니고, 옳고 그름을 판별하는 과정도, 자신이나 타자들이 진리를 알고 있는지 오류에 빠져 있는지 판단하는 과정도 아니다. 물론 이 모든 것이 중요하지만, 인류세라고 부르는 지구사적 국면을 맞아 내가 가져오고 싶은 것, 사유 결여의 악에 관해서 아렌트가 말하려고 했던 바는 그런 것이 아니었다.

아렌트는 아이히만에게서 불가해한 괴물이 아니라 훨씬 더 무서운 것을 목격했다. 그녀는 평범한 사유의 결여를 보았다. 즉 여기, 무감각한 한 인간이 있었다. 무엇이 결여되었는지, 그 자신이 아닌 것이 무엇인지, 순수한 비자기성非自己性 속의 세계란 무엇인지, 그리고 비자기에 고유하게 존재한다고 주장하는 것들이 무엇인지에 무감각한 한 인간이 있었다. 여기 어떤 사람이 있었다. 나그네일 수 없었고, 얽힐 수 없었고, 살기와 죽기의 선들을 쫓을 수 없었고, 응답-능력을 배양할 수 없었던 사람. 자신이 하고 있는 일을 자신에게 설명할 수 없었고, 결과들 속에서 그리고 결과와 함께 살 수 없었고, 퇴비를 만들 수 없었던 어떤 사람이 있었다. 기능이 중요하고 임무가 중요할 뿐, 세계는 아이히만에게 문제가 아니었다. 평범한 사유의 결여에서 세계는 문제가 아니다. 도려낸 공간들은 모두 정보를 평가하기, 친구와 적을 결정하기, 바쁜 일을 하기로 채워진다. 이런 확실성을 도려내는 부정성은 찾아볼 수 없다. 놀라운 사유의 포기.[19] 이런 특성은 연민의 결여 같은 정서적 문제가 아니다. 아이히만에게 그런 성향이 있었던 것은 사실이지만, 그보다는 내가 비물질성, 비논리성이라 부르는 것에 대한, 혹은 아렌트와 내용어로 말하면 사유 결여에 대한 철저한 항복이었다. 아이히만은 사유의 혼란에서 바로, 그것이 무엇이든, 일상의 업무 속으로 흘러 들어갔다. 아이히만과 그의 후계자들—우리?—에게 세계는 "돌봄의 문제"가될 수 없었다.[20] 그 결과 집단 학살에 적극적으로 참여하게 되었다.

인류학자이자 페미니스트, 문화이론가, 이야기꾼, 이질적인 자본주의·글로벌리즘·움직이는 세계와 국지적 장소들의 조직 감식가인 애나 칭은 "손상된 행성에서 살아가는 법",[21] 혹은 자신의 책 부제이기도한 "자본주의의 폐허에서 일구는 삶의 가능성"을 탐구한다. 그녀는 무모하게 돌진하는 복수종의 멸종, 집단 학살, 궁핍화, 절멸이라는 너무나일상적이고 긴급한 사태들 속에서 배양해야 할 어떤 종류의 사유를 수행한다. 나는 이것을 비상사태emergency라기보다는 긴급성urgency이라고 부른다. 왜냐하면 비상사태는 세상의 종말과 그 신화에 접근하는 무언가를 의미하기 때문이다. 긴급성은 다른 시간성을 갖는다. 그리고 이시간들은 우리 것이다. 이것들이 우리가 사유해야 하는 시간이다. 이야기가 필요한 긴급성의 시간이다.

칭은 일본인, 미국인, 중국인, 한국인, 몽족, 라오스인, 멕시코인, 균의 포자와 매트, 참나무와 소나무, 균뿌리 공생, 채집자, 구매자, 선적인, 레스토랑 경영자, 식사하는 사람, 사업가, 과학자, 숲 관리인, DNA 배열과 그 변종, 그 밖의 많은 것들처럼 폭발성이 강한 무리 속에서 송이버섯을 쫓으며 불안한 시대에서 공-산을 실천한다.* 칭은 지구의 긴급성에서 눈길을 돌리지 않고, 이 사태를 몰고 온 파괴를 인간종의 행위나 획일적 자본주의와 같이 추상적인 시스템으로 환원하기를 거부하면서, 불안정성precarity—근대 진보의 아무 근거 없는 약속의 실패—이이 시대 모든 땅에 거하는 크리터들의 삶과 죽음을 특징짓는다고 주장한다. 그녀는 폐허 속에서 예기치 못한 활기의 분출을, 오염되고 비결정론적이고 끝나지 않고 진행 중인 삶의 실천들을 찾는다. 그녀는 이야기의 힘을 실행한다. 배려하기와 사유하기의 실천으로서, 어떤 이야기들이 이야기들을 이야기하는지가 어떻게 중요한지를 생생히 보여준다. "만약 트러블로 가득한 이야기들을 쏟아내는 것이 오염된 다양성을 이야기하는 가장 좋은 방법이라면, 그런 쏟아냄을 우리의 지식 실천의 일부로 받아들일 때가 됐다. …… 망가진 지형에 송이가 기꺼이 나타나주는 것은, 우리가 우리의 집단적 보금자리가 되어온 폐허들을 탐구하게 해준다. 송이를 쫓는 실천은 우리를 환경 불안 속에서 함께 살 수 있는 가능성으로 안내한다. 이것은 인간이 야기한 추가 손상에 대한 핑계가 아니다. 여전히, 송이는 일종의 협력적 생존을 보여준다."

근본적인 호기심에 이끌려서, 칭은 "수집재화 축적salvage accumulation"과 "패치 자본주의patchy capitalism"**—더 이상 진보를 약속할 수 없

---

* 재배가 불가능한 송이버섯은 폐허가 된 땅에서 가장 먼저 모습을 보이는 생물이다. 애나 칭은 《세상 끝에 있는 버섯: 자본주의의 폐허에서 일구는 삶의 가능성에 대하여The Mushroom at the End of the World: On the Possibility of Life in Capitalist Ruins》에서 송이버섯이 엮어내는 다양한 그물망을 더듬어가면서 현대 자본주의의 민족지를 탐사한다. 송이버섯은 주변의 나무와 여타 식물, 미생물과 공생 관계를 맺을 뿐 아니라 그것을 채취하고 판매하고 선물하는 인간들과도 파트너 관계를 맺고 있다. 버섯이든 인간이든 생명이 있는 유기체들은 불안정성 속에서 삶을 이어가고 버섯은 이 불안정성을 다루는 전문가이다. 칭에 따르면 이러한 버섯의 생존 전략은 약탈적 자본주의로 인해 황폐화된 이 땅에서 어떻게든 살아가야 하는 인간들에게 많은 시사점을 준다.

** 현대 자본주의의 고도화된 공급망은 직접 생산이 아니라 다양한 경로를 통해 재화를 수집하고 그것으로부터 이윤을 창출할 수 있게 한다. 가령 숲의 생태적 협력 위에서 자라는 송이버섯과 독립된

지만, 황폐를 확대하고 불안정성을 우리 시스템의 이름으로 만들 수 있고 또 그렇게 하는—에 관한 민족지를 수행한다. 칭의 작업에서 취할 윤리적, 정치적, 혹은 이론적 성과는 단순하지 않다. 여기에는 아이히만의 후계자들은 할 수 없는 사유 실천에 세계를 관여시키는 힘이 있다. "송이는 혼란과 오염 속의 협동적 생존에 관해 우리에게 이야기해준다. 우리는 폐허 속에서 살기 위해 이 기술이 필요하다."[22] 이는 구원이나 어떤 낙관적 정치학에 대한 열망이 아니다. 심각한 어려움에 직면한 자의 냉소적인 정적주의quietism도 아니다. 오히려 칭은 예기치 못하게 동반하는 가운데 응답-능력이 있는 살기와 죽기에 헌신할 것을 제안한다. 그런 살기와 죽기를 통해 계속성을 위한 조건들을 배양할 최선의 기회를 얻을 수 있다.

생태철학자이며 복수종의 민족지학자인 솜 반 두렌Thom van Dooren도 멸종과 절멸, 그리고 부분적 회복의 시대에 여러 층이 겹쳐진 삶의 복잡성 속에서 산다. 그는 사유하기가 무엇을 의미하는지, 분별없는 인간이 되지 않으려면 우리 모두 어떻게 해야 하는지 깊이 생각하게 만든다. 탁월한 저서《항로Flight Ways》에서 반 두렌은 가까스로 멸종이 지연된 특별한 조류종과 함께하며, 다른 존재를 위해 열린 공간을 마련하는 것이 무엇을 의미하는지 묻는다.[23] 그렇게 열린 공간을 마련한다

생활을 추구하는 버섯 채취자들의 생계 활동은 자본주의의 공급망과 연결되면서 자본주의의 상품으로 전환된다. 애나 칭은 이를 "수집재화 축적salvage accumulation"이라 부른다. 비자본주의적인 삶의 독특한 양식을 생산하는 배치들은 국지적으로 곳곳에 널려 있고, 상품과 시장이 관련된 자본주의적 배치들도 곳곳에 있다. 세계는 이런 열린 배치들의 모자이크이고, 칭은 이를 "패치성patchiness"이라 부른다. 자본주의의 수집재화 축적에는 하나의 패치에서 다른 패치로 넘어오는 과정이 포함되어 있다.

는 것은 무구하거나 물질적, 윤리적으로 의미가 분명한 실천들과는 거리가 멀다. 그것은 성공적일 때조차, 개체로서 그리고 종류로서 생존뿐만 아니라 고난의 대가도 요구한다. 예를 들어 북미 흰두루미종의 생존 계획 실행에 관한 조사에서, 반 두렌은 복수종이 직면한 다양한 종류의 고통스러운 감금과 노동, 강제된 삶, 대리 생식 노동, 대체 죽음을 상세히 열거한다. 이 중 어느 것도, 특히 성공적인 프로젝트의 경우에는, 잊혀서는 안 된다. 번성하는 자연문화의 집합체 (재)구성을 가능하게 하는 방식들로 열린 공간을 마련함으로써 멸종을 지연시킬 수 있을지도 —혹은 없을지도—모른다. 《항로》는 멸종이 어떻게 점이나 단일한 사건이 아니라 오히려 길게 늘어난 가장자리 혹은 넓어진 가장자리에 가까운지를 보여준다. 역사적 상황 속의 인간을 포함하여 많은 종들의 세계에서, 멸종은 계속 살아가는 길의 거대한 섬유조직들을 풀어버리는 길게 지속되는 느린 죽음이다.[24]

반 두렌은 애도하기가 응답–능력을 배양하기에 본질적인 것이라고 제안한다. 그는 하와이까마귀(하와이 말로는 'Alalā, 학명은 *Corvus hawaiensis*)를, 친구와 짝과 새끼들뿐만 아니라 숲속 둥지와 먹을거리도 대부분 사라져버린 이 새들을 보호하는 노력을 서술한 장에서 사랑하는 이들과 터전, 생활양식을 잃고 슬퍼하는 것은 인간들만이 아니라고 주장한다. 다른 크리터들도 슬퍼한다. 까마귀들은 상실을 슬퍼한다. 이는 내밀한 자연지뿐만 아니라 생물 행동 연구에도 기반하고 있다. 애도의 능력도, 실천도 인간만이 가진 특성이 아니다. 생각하는 사람들은 인간예외주의의 수상쩍은 특권 바깥에서 함께–애도하기를 배워야 한다.

애도란 상실과 함께 사는 것이고, 그래서 상실이 의미하는 게 무엇인지, 세계가 어떻게 변했는지, 그리고 우리가 여기서 앞으로 나아가야 한다면 우리 자신이 어떻게 변해서 우리의 관계들을 어떻게 새롭게 해야 하는지를 잘 인식하게 되는 것과 관련이 있다. 이 맥락에서 진정한 애도는, 멸종의 가장자리로 내몰린 저 무수히 많은 다른 존재에게 우리가 얼마나 의존하고 있는지, 그들과 우리가 어떤 관계를 맺고 있는지 자각하게 할 것이다. …… 하지만 현실은 반성과 애도라는 어려운 문화적 작업의 불가피성에 놓여 있다. 이 작업은 현실의 행위와 대립되지 않고, 오히려 지속 가능하고 현명한 응답의 토대이다.

비탄은 서로 얽히고 공유된 살기와 죽기를 이해하기에 이르는 경로이다. 인간들은 함께 비통해해야 한다. 왜냐하면 우리는 이 풀리는 직물의 일부이기 때문이다. 지속적으로 기억하지 않으면 우리는 영혼과 함께 사는 것을 배울 수 없고, 그래서 사유할 수 없다. 까마귀들처럼 그리고 까마귀들과 함께 살았거나 죽었거나 "서로 동반하면서 우리는 위기에 처해 있다".[25]

적어도 또 하나의 SF의 실이 사유하기의 실천에 중요한데, 그것은 분명 함께-생각하기일 것이다. 즉 이야기하기. 어떤 생각들이 생각들을 생각하는지가 중요하다. 어떤 이야기들이 이야기들을 이야기하는지가 중요하다. 반 두렌의 책에서 시드니항의 쇠푸른펭귄*Eudyptula minor*을 다룬 장 "도시의 펭귄들: 잃어버린 터전을 위한 이야기"는 이야기 속의 장소에 관해서 의인화하지 않고 비인간 중심의 의미를 만들어내는 데 성공한다. 이 도시 펭귄들—현실의 특정 새들—은 결연하게 "정주

본능적인"(가정적인) 둥지 틀기와 같을 일상을 영위하면서 그냥 아무 장소가 아닌, 터전을, 이 장소를 이야기한다. 펭귄 이야기로 가득한 장소의 현실성과 생생한 특수성을 확립하는 것은 주요한 물질-기호론적 업적이다. 이야기하기는 더 이상 인간예외주의라는 상자에 담길 수 없다. 이 글은 행동생태학과 자연사의 지형을 이탈하지 않고 펭귄의 다양한 양식의 기호론으로 탁월하게 이야기한다.[26]

어슐러 K. 르 귄은 나에게 이야기하기와 자연문화사에 관한 캐리어백carrier bag 이론을 가르쳐주었다. 그녀의 이론과 이야기들은 삶의 온갖 잡동사니를 수집 운반하고 이야기하기 위한 큼직한 가방들이다. "잎사귀 하나 박 한 통 조개껍질 하나 그물 하나 가방 하나 밧줄 하나 배낭 하나 병 하나 냄비 하나 상자 하나 통 하나. 소유자 하나. 수취자 하나."[27] 너무나 많은 지구 역사가 최초의 아름다운 말들과 무기들의 환상, 최초의 아름다운 말들로서의 무기들 —그 역도 성립한다—의 환상에 사로잡혀 이야기되었다. 도구, 무기, 말. 이것은 천상의 신의 이미지로 육화된 말이다. 그것이 인간Anthropos이다. 단 하나의 진짜 행위자, 하나의 진짜 세계-창조자, 영웅이 있는 비극적 이야기 속에서, 누군가를 죽이고 끔찍한 현상금을 챙기려고 탐색 중인 사냥꾼의 인간-만들기 이야기이다. 이것은 참을 수 없이 끈적끈적하고 지구를 썩히는 수동성의 고통을 미루는 행위에 관한, 예리하고 날카롭고 전투적인 이야기이다. 이 음경 이야기에서 다른 것들은 소도구, 땅, 줄거리가 차지하는 공간, 혹은 먹이로, 중요하지 않다. 그것들은 앞을 가로막거나, 극복되거나, 길 혹은 도관이 되는 것이지, 여행자가 아니고 자식을 낳는 자도 아니다. 이 영웅이 결코 알고 싶어 하지 않는 것은, 그의 아름다운 말들과 무기들이 가방이나 물건을 담는 그릇, 그물 없이는 가치를 상실하게 될 것이라는 사실이다.

그럼에도 불구하고 어떤 모험가도 배낭 없이 집을 떠나서는 안 된다. 어떻게 밧줄이, 항아리가, 병이 갑자기 이야기 속으로 들어왔나? 어떻게 그런 비천한 것들이 이야기를 이끌어가는가? 혹은 어쩌면 이 영웅에게 더 안 좋은 것으로, 어떻게 처음부터 오목하고 움푹 파인 것들이, 존재 속의 구멍들이, 더 풍요롭고 더 특이하고 더 완전하고 잘 들어맞지 않고 진행 중인 이야기들을 만드는가? 그 이야기에는 사냥꾼을 위한 공간은 있을지라도, 과거에도 그리고 지금도 그에 관한 이야기는 아니고, 자신을 만드는 인간에 관한 이야기도 아니고, 인간을 만드는 기계인 역사에 관한 이야기도 아닌 다른 이야기를 어떻게 만드는가? 약간의 물과 거저 주고받을 수 있는 소량의 씨앗을 지닌 조개껍질의 사소한 굴곡이, 함께-되기와 상호 유도, 살기와 죽기 속에서 일어난 일이, 이야기하거나 세계 만들기를 끝내는 것이 아닌 반려종에 관한 이야기들을 제안한다. 조개껍질과 그물을 가지고 인간 되기, 부식토 되기, 땅 되기는 다른 모양을 갖는다—말하자면, 옆으로 구부러지면서 나아가는, 뱀처럼 꾸불꾸불한 모양의 함께-되기. 함께-생각하기는 이 지상에서 자연문화적인 복수종의 트러블과 함께하기이다. 그런 고투에는 보증도 시간의 화살도, 역사나 과학이나 자연법칙도 없다. 단지 살기와 죽기의, 함께-되기와 함께-되지 않기의, 공-산의, 그래서, 어쩌면, 지구에서 번성하는 복수종의, 가차 없이 우발적인 SF 세계 만들기가 있을 뿐이다.

브뤼노 라투르는 르 귄처럼 서로를—그리고 서로 함께, 살아 있는 지구의 무수히 많은 온갖 것들과 함께—죽이는 방법에 관한 지식이 드물지 않은 지금, 역사 속 인간들의 음경 이야기 밖에서 이야기를 바꾸고 어떻게든 이야기하는 것—사고하는 것—을 배워야 한다고 절실하게 이해한다. 생각하세요. 우리는 생각해야만 합니다. 간단히 말해 우리가 이야기를 바꿔야 한다는 것이다. 이야기가 달라져야 한다. 르 귄은 이렇게 쓴다. "그래서 내가 본성, 주체, 다른 이야기에 관한 말, 말해지지 않은 것, 삶의 이야기를 추구할 때, 나는 확실히 긴급성을 느낀다."[28] 인류세라고 불리는 이 끔찍한 시대에 라투르는 지정학의 토대가 일시에 열렸다고 주장한다. 위기에 처한 당사자 누구도, 트러블들을 해결하기 위해 섭리나 역사나 과학이나 진보, 혹은 공동의 싸움 바깥에 있는 다른 어떤 신의 속임수에 호소할 수 없다.[29] 공동의 살 만한 세계가 조금씩 구성되어야 한다. 그게 아니라면 아예 아무것도 없게 된다. 이전에 자연이라고 불리던 것이 일상의 인간사 속으로 분출되었고, 그 반대의 경우도 마찬가지이다. 어쨌든 간에 계속 나아가는 것을 포함해서, 계속 나아가기 위한 수단과 전망을 근본적으로 바꾸는 방식으로, 그리고 그런 영속성을 가지고 분출되었다. 라투르는 효과적인 새로운 집합체들을 만들 수 있는 구성주의자들의 실천을 탐색하면서, 우리는 "가이아 이야기들"을 이야기하는 법을 배워야 한다고 주장한다. 만약 이 말이 너무 어렵다면 이렇게 말하자. 우리는 우리의 이야기들을 "지구 이야기geostory"라고 부를 수 있을 텐데, 여기에서는 이전의 모든 소도구들과 수동적인 대리인들이 어떤 굽어보는 실체가 구상한 거대한 플롯의 일부가 되지 않고 능동적인 존재가 되었다.[30] 가이아 이야기 혹은 지구 이야기를 하는 자들은 "땅에 뿌리박은Earthbound 것들"이고, 근대성의 초월적 플롯의 수상적인 즐거움을, 사회와 과학의 순수한 분리를 피하는 자들이다. 우리는 극명한 분리에 직면해 있다고 라투르는 주장한다. 다시 말해 어떤 자들은 인류세에 땅에 뿌리박고 살 준비를 하고, 다른 자들은 홀로세의 휴먼으로 머무르기로 결정했다.[31]

라투르는 여러 저작에서, 힘의 대결에 관한 언어와 표상을 전개한다. 그리고 인류세와 땅에 뿌리박기를 사유할 때 경찰의 행위와 전쟁 혹은 정치의 차이를 서술하기 위해 이 비유를 확장한다. 경찰의 행위에서는 현존하는 질서에 의해 평화가 회복되지만, 전쟁 혹은 정치에서는 미래의 모습을 수립하기 위해 실제 적들을 물리쳐야 한다. 라투르는 바로 쓸 수 있는 해결책의 우상들, 즉 역사 법칙, 근대성, 국가, 신, 진보, 이성, 데카당스, 자연, 기술, 과학뿐 아니라 차이와 공유된 유한성을 약화시키는 무례도 단연코 회피한다. 이런 무례함은 힘, 신념, 혹은 자기 확신적 교육을 통해, 그것을 배우기만 하면 답은 이미 준비되어 있다고 생각하는 사람들에게 고유한 것이다. 현재의 긴급성들에 대한 답을 가지고 있다고 "믿는" 자들은 정말 위험하다. 살기와 죽기의 어떤 방식은 옹호하면서 다른 방식은 옹호하지 않기를 거부하는 자들도 똑같이 위험하다. 사실의 문제들, 관심의 문제들,[32] 배려의 문제들은 실뜨기 속에서, SF 속에서 매듭지어진다.

라투르는 과학들sciences은 포용하지만, 과학Science에 대해서는 그렇지 않다. 지정학적으로, "여기서 중요한 점은, 우리 대신에 선택했을 더 높은 통합된 권위에 문제의 진상을 밝히기를 위임해선 안 된다는 점을 인식하는 것이다. 겉으로 아무리 그럴싸해 보이는 논란이라도 어느 편이 우리 세계를 더 잘 나타낼지 결정하는 것을 지연시켜서는 안 된다."[33] 라투르는 기후변화에 관한 정부간 협의체IPCC의 보고를 따라가면서 검토한다. 그는 그 평가와 보고를 신뢰하지 않는다. 그는 무엇이 강력하고 신뢰할 수 있는지, 또 무엇이 그렇지 않은지를 **결정**한다. 그는 어떤 세계 그리고 세계 만들기와는 운명을 같이하지만 다른 것들에 대해서는 그렇게 하지 않는다. 라투르의 "결정" 담론을 개인주의의 틀로 해석할 필요는 없다. 그는 공동의 세계가, 집합체들이 어떻게 함께 건설되는지를 이해하는 데 전념하고 있는 구성주의자이다. 이 건설자들이 모두 인간인 것은 아니다. 이것은 상대주의도 합리주의도 아니다. 아마 SF일 텐데, 이것을 라투르는 과학과 과학소설 둘 다라 부르고, 나는 과학과 사변적 우화 둘 다 부를 텐데, 우리가 제휴한 접근법으로 보면, 이것들은 모두 정치과학이다.

"제휴alignment"는 나그네들, 땅에 뿌리박은 것을 위한 풍부한 비유이고, 적어도 미국에서는 "결정"만큼 손쉽게 근대주의자들의 자유로운 선택 담론의 어조를 띠지는 않는다. 게다가 믿음이라는 근대주의적 범주에 대한 거부는 쑬루세와 그것의 촉수적 과제들을 받아들이도록 설득하려는 나의 노력에도 중요하다.[34] 스탕제르와 나처럼 라투르는 실천의 생태학에, 지저분한 살기와 죽기가 뒤죽박죽된 상황에서 일과 놀이를 통한 집합체들의 세속적 절합節合, articulation에 헌신하는 철두철미한 유물론자이다. 실제 플레이어들은 존재론적으로 모든 다양한 협력자들(분자/미립자, 동료, 기타 다수)과 절합하면서 현재와 미래의 모습을 구성하고 유지해야 한다. 촉수적인 세계 만들기에서 제휴는 진지하게 얽힌 일이어야 한다!

내가 생각하기에 자기-확신과 선재하는 신의 속임수에 대한 중대한 거부—이는 내가 열렬히 공유하는 것이다—에 열중하고 있는 라투르는, 그와 우리에게 필요한 새로운 이야기를 쓸데없이 어렵게 만드는 자원, 즉 힘의 대결에 관한 물질-기호론적 수사에 가차 없이 의존하기에 눈을 돌린다. 그는 심판이 없어서 힘의 대결을 통해 정당한 권위를 결정해야 하는 상태를 전쟁이라고 규정한다. 역사 속의 인간들과 인류세의 땅에 뿌리박은 자들은 현재와 과거와 미래의 상을 결정할 심판이 없는 힘의 대결에 참여한다. 역사 대 가이아 이야기가 문제이다. 이 시험들, 땅에 뿌리박은 것들과 인간들의 전쟁은 로켓과 폭탄을 가지고 수행되지는 않을 것이다. 상상 가능한 다른 모든 자원을 가지고 수행되는 것이지, 삶과 죽음, 진리와 오류를 결정하기 위해 위로부터의 신의 속임수를 가지고 수행되지는 않을 것이다. 하지만 여전히 우리는 영웅과 최초의 아름다운 말들과 무기들의 이야기 속에 있지, 캐리어백의 이야기 속에 있는 것이 아니다. 권위를 통해 결정되지 않은 것은 무엇이나 전쟁이다. 과학(단수이고 대문자로 쓰인)은 권위이고, 이 권위는 치안 행위를 수행한다. 반대로 소문자 과학들(언제나 실천에 뿌리를 두고 있는)은 전쟁이다. 그래서 라투르의 열렬한 사변적 우화에서 그런 전쟁은 실제 정치에 참여하려는 우리의 유일한 희망이다. 과거는 현재나 미래만큼 경쟁 지대이다.

라투르의 생각과 이야기에는 특정한 적들이 필요하다. 그는 카를 슈미트Carl Schmitt의 "정치신학"을 이용하는데, 이는 **호스티스**hostis*로서

---

* 카를 슈미트에게 정치는 적과 동지의 구별에 기초한 집단적인 상호 행위이다. 슈미트에게 적과 동지의 구별은 선과 악, 미와 추 혹은 이득과 손해 같은 도덕적이거나 경제적인 것과는 관련이 없고, 누구와 연대해서 이길 수 있는가에 따라 달라진다. 브뤼노 라투르는 도덕적, 경제적 권위와는 관련 없이 오직 대결에 좌우되는 슈미트의 적 개념을 적극적으로 독해한다. 라투르가 독해하는 적, 호스티스는 겨뤄보기 전에는 그 힘을 알 수 없는 맞수이기에 전쟁의 결론은 미리 주어져 있지 않다. 따라서 전쟁, 즉 적과의 대결을 위해서는 자신의 모든 것을 걸어야 하므로 오히려 함부로 대결할 수 없다. 반면, 치안의 대상에게는 권위 혹은 믿음이라는 이름의 미리 정해진 심판이 있으므로 폭력을

의 적과 함께, 또 주인(호스트host), 인질, 손님, 맞수가 될 만한 적이라는 그것의 모든 어조와 함께 전쟁을 통해 평화를 얻는 이론이다. 슈미트와 라투르는 그런 적과 함께해야 상호 존중이 있고, 갈등 속에서도 더 치명적인 것이 아니라 덜 치명적인 상황에 놓일 수 있다고 본다. 권위의 범주와 믿음의 범주 속에서 작동하는 자들은 예외주의에 빠지고 집단 학살에 가까운 전투를 벌이는 것으로 악명이 높다(그것을 부정하기는 어렵다!). 미리 정해둔 심판이 없으면 그들은 길을 잃는다. 호스티스는 훨씬 더 잘 요구한다. 하지만 모든 행위는 힘의 대결, 목숨을 건 전쟁이라는 단단한 이야기 틀 속에 포박돼 있는데, 여기에서는 서로를 죽이는 방법에 관한 지식이 단단히 자리 잡고 변함없이 잘 존속한다. 라투르는 이 이야기를 원하지 않는다는 점을 분명히 하지만 다른 것을 제안하지는 않는다. 진정한 평화의 가능성은 오로지 이 존중받는 적, 이 호스티스, 그리고 힘의 대결들의 이야기에 놓여 있다. "그러나 당신이 전쟁 중일 때, 당신이 이기느냐 지느냐에 따라, 당신이 가진 혹은 갖지 않은 권위가 결정될 텐데, 오직 맞닥뜨림의 극심한 고통을 통해서 그렇게 된다."[35]

슈미트의 적들은 이야기가 주요부에서 바뀌는 것을 허락하지 않는다. 땅에 뿌리박은 것들은 더 촉수적이고 덜 이분법적인 삶의 이야기가 필요하다. 라투르의 가이아 이야기는 슈미트보다 더 나은 반려들을 가질 자격이 있다. 누구와 함께-생각하느냐라는 물음은 몹시 물질적이다. 나는 라투르의 딜레마가 인류세의 관점에서 해결될 수 있다고 생각

행사하는 데 거리낌이 없다. 따라서 적과 동지를 구분하는 전쟁은 역설적이게도 평화 이론이 될 수 있다는 것이 라투르가 포착한 슈미트의 정치신학이다. 원주 35 참고.

하지 않는다. 그가 말하는 땅에 뿌리박은 것들은, 진행 중이고, 꾸불꾸불하고, 촉수가 있고, 무섭고 불쾌한 것들—힘의 대결에서는 별 소용이 없지만, 잘 살고 잘 죽기 위한 수단, 어쩌면 인간과 인간 이상의 크리터들 모두를 위한 생태 회복의 수단까지도 가져오고 공유하는 데 매우 쓸모 있는 물질-기호론적 망태기를 만드는 자들—과 서로 얽히기 위해 쑬루세로 들어가야 할 것이다.

이자벨 스탕제르는 라투르와 다정한 마찰을 빚으면서 인류세와 "다양한-얼굴을 한 가이아"(스탕제르의 용어)라고 불리는 이 시대에 대한 생각을 구체화하는데, 혹시라도 "가이아를 대면할" 수 있도록 우리 자신을 개조할 것을 요구하지는 않는다. 그러나 스탕제르는 라투르처럼, 그리고 더 가깝게는 그녀가 보기에 가장 생성적인 SF 작가 중 하나인 르 귄처럼 이야기를 바꾸는 것에 확고한 입장을 견지한다. 구성보다는 침입에 초점을 두는 스탕제르는, 가이아를 우리 사유의 범주에 침입하는 무섭고 파괴적인 힘, 생각하기 그 자체에 침입하는 무섭고 파괴적인 힘이라고 부른다.[36] 지구/가이아는 창조자이자 파괴자이지, 이용할 자원도 보호할 피보호자도 양육을 약속하는 유모도 아니다. 가이아는 사람이 아니라 살아 있는 지구를 구성하는 복잡한 시스템 현상이다. 가이아가 우리의 문제에 침입하는 것은 온갖 것을 한데 모으는 근본적으로 유물론적인 사건이다. 이 침입은 지구 자체의 생명을 위협하는 것이 아니라—부드럽게 말하자면, 미생물들은 적응할 것이다—여섯 번째 대멸종이라 불리는 이미 진행 중인 "사건" 속에서 방대한 종류, 종, 집합체, 개체 들의 거주 적합성을 위협한다.[37]

라투르처럼 스탕제르는 부분적으로 일관된 시스템적 전체로서, 뒤얽혀 있지만 비가산적인 하위 시스템들을 구성하고 지속하는 진행 단계들 사이의 복잡한 비선형 결합을 명명하기 위해 제임스 러브록James Lovelock과 린 마굴리스와 같은 방식으로 가이아라는 이름을 환기한다.[38] 이 가설에서 가이아는 자율-생산적이다. 자기-형성적이고, 경계를 유지하고, 우발적이고, 역동적이고, 어떤 조건에서는 안정돼 있지만 다른 조건에서는 그렇지 않다. 가이아는 부분들의 합으로 환원할 수 없지만, 역동적이고 시스템적인 진행 단계들에 민감한 매개변수들 내부의 혼란에 직면하여 유한한 시스템적 일관성을 달성한다. 가이아는 인간 혹은 다른 생물학적 존재들의 의도나 욕망이나 필요를 신경 쓰지 않고 (신경 쓸 수도 없겠지만), 바로 우리의 현존을, 말하자면 인간과 비인간 생물의 살 만한 현재와 미래를 위협하는 야만적 변형을 유발해온 우리에게 의문을 품는다. 가이아는 합리적인 정책을 기다리는 물음들의 목록이 아니다.[39] 가이아는 통상적인 사고를 원상태로 돌리는 침입적 사건이다. "그녀는 근대 역사의 이야기들과 상투어들을 구체적으로 문제 삼는 자이다. 여기에 문제가 되는 단 하나의 진정한 미스터리가 있다. 그것은 우리, 그러니까 이 역사에 소속된 존재들인 우리가 스스로 유발해온 결과들을 직면하는 가운데 제시할 수 있을지도 모르는 대답이다."[40]

인류세 Anthropocene

그렇다면 우리는 무엇을 유발했나? 수년에 걸친 캘리포니아의 끔찍한 가뭄과 2015년의 충격적인 화재가 한창인 가운데 이 글을 쓰면서, 인류세의 상징으로 필요한 사진이 있다. 2009년 6월 캐나다 앨버타 주 자원관리국이 소나무딱정벌레의 확산을 막고, 방화벽을 만들고, 생물다양성을 증대하기 위해 서스캐처원강 근처에서 고의로 불을 지르는 모습 말이다. 이 불이 부활의 동맹자 역할을 할 거라는 데 희망이 있다. 소나무딱정벌레가 북미 서부를 가로질러 퍼지면서 소나무를 파괴하는 것은, 인류세에서 중요한 기후변화의 한 장면이다.* 예견되는 대가뭄 megadrought과 빈번해진 대규모 화재도 마찬가지다. 북미 서부의 불에는 복잡한 복수종의 역사가 있다. 불은 이중 죽음의 대리자, 혹은 계속성 죽이기일 뿐만 아니라, 계속되는 것을 위한 필수 요소이기도 하다. 우리 시대 불의 물질-기호론이 문제이다.

　　그래서 인류세라고 불리는 시간-공간-글로벌한 사물에 직접 관심을 기울일 시간은 지났다.[41] 이 용어는 1980년대에 담수규조 분야의 전문가인 생태학자, 미시간대학의 유진 스토머Eugene Stoermer가 만든 것 같다. 그는 인간의 행위가 지구 변화에 미치는 변경 효과가 증대하고 있다는 증거를 대기 위해 이 용어를 도입했다. 2000년에 노벨상 수상자인 네덜란드의 대기화학자 파울 크뤼천Paul Crutzen이 스토머와 생각을 같이하고, 인간 행위의 종류와 규모가 지구 변화에 결정적 영향을 미치는 새로운 시대를 맞아 홀로세 대신 새로운 지질학 용어를 사용할 것을 제안하면서, 인류세라는 이 용어는 세계화하는 담론들 속에서 엄

---

* 북미 지역의 소나무와 소나무딱정벌레는 오랜 시간 동안 서로를 공격하면서도 공존해왔다. 딱정벌레는 나무에 구멍을 내 알을 낳으면서 나무를 고사시키고, 소나무는 송진으로 벌레를 익사시키거나 산불로 태워 죽이면서 생태계의 균형을 이루어온 것이다. 그런데 지구온난화로 번식 주기가 빨라져 개체수가 늘어난 딱정벌레가 고지대로 밀려들자, 저항력이 없는 소나무들이 피해를 입어 고사했고, 이는 연관된 다른 동물들의 생태계에도 영향을 미쳤다.

2.3. 인류세의 상징, 불타는 숲. 2009년 6월 2일 캐나다 앨버타주의 로키마운틴하우스에서 촬영. 캐머런 스트랜드버그Cameron Strandberg 사진.

청난 조명을 받게 되었다. 홀로세는 약 1만 2000년 전 마지막 빙하기 또는 플라이스토세가 끝나면서 시작되었다. 18세기 중반 증기기관이 발명되고 석탄 사용량이 지구를 변화시킬 정도로 폭발적으로 증가하면서 이미 징후가 나타났는데, 인간이 일으킨 변화는 공기에, 물에, 바위에 분명히 아로새겨져 있다.[42] 해양 산성화와 온난화가 산호초 생태계를 급속히 파괴하고 있고, 표백되고 죽었거나 죽고 있는 산호가 거대한 유령같이 하얀 골격을 드러낸다. 공생 시스템―산호, 그리고 다른 수많은 크리터들과 더불어 자포동물과 와편모충과 함께하는 산호의 수중 세계 만들기 연합―이 그런 지구의 변화를 지목했는데 이것은 결국 우리가 해온 이야기다.

하지만 우선은, 도처에서 글로벌화라는 중차대한 문제를 이야기하고, 이론화하고, 모델링하고, 관리하는 방식을 찾으려는 긴급한 노력이라는 맥락에서 인류세가 대중적이고 과학적인 담론들 속에서 발 디딜 곳을 얻었다는 점에 주목하자. 기후-변화 모델링은 정치적, 생태적 담론 시스템에서 상태-변화를 유발하는 강력한 양의 피드백의 순환 고리이다.[43] 파울 크뤼천이 노벨상 수상자이면서 대기화학자라는 점은 중요했다. 2008년 무렵, 전 세계의 많은 과학자들은 아직 공식화되지는 않았지만 점점 필요불가결하게 된 용어를 채택했다.[44] 그리고 예술, 사회과학, 인문과학 분야의 수많은 연구 프로젝트, 공연, 전시, 콘퍼런스가 자신들의 작업을 명명하고 사고하는 데 이 용어가 필수적임을 알게 되었다. 모든 생물학적 분류군에 걸쳐 가속화되고 있는 멸종, 그리고 지구의 광대한 지역에서 인간을 비롯한 복수종의 궁핍을 마주하는 가운데 특히 그러했다. 화석을 태우는 인간들은 가능하면 빨리, 가능하면 많이 새로운 화석을 만드는 데 열중하는 것 같다. 이 사실이 아직 밝혀지지 않았다면, 머지않아 지질학자들이 육지나 수중 암반의 지층에서 그 증거를 찾아낼 것이다. 어쩌면, 인류세의 상징은 불타는 숲이 아니라 불타는 인간Burning Man이 될지 모른다.[45]

화석을 만드는 인간, 멸종을 가속화하는 그들의 맹렬한 프로젝트가 지질학적 시대명을 얻을 정도인 이 인간의 불타는 야망이 과연 어느 정도인지는 이해하기 어렵다. 광물, 동식물의 육체, 인간의 거주지 등을 상대로 점점 박차를 가하는 이윤을 쥐어짜는 행태는 제쳐두고라도, 값비싼 대가를 치러야 하는 명백한 생태계 파괴와 확산되는 정치적 무질서에 직면해 우리는 일말의 기대를 품는다. 재생에너지 기술과 정치적·기술적 탄소 오염-저감 수단을 빨리 개발한다면, 과도한 화석연료 사용이 초래한 지구온난화의 탄소 과잉 문제를 제거하지는 못하더라도 완화할 수는 있다고 말이다. 아니면, 곧 세계 석탄 및 석유 산업이 재정난에 처해 이 광기가 멈출지도 모른다고. 하지만 그렇지가 않다. 어쩌다 보는 신문조차 이런 희망을 무너뜨리지만, IPCC 자료나 신문을 자세히 읽는 독자가 알게 되는 것보다도 문제가 더 심각하다.

햄프서대학 평화 및 세계안보 연구부의 마이클 클레어Michael Klare는 〈제3 탄소 시대The Third Carbon Age〉라는 글에서, 지난 석탄 시대가 최근의 석유 시대로 대체되었고 이제 재생에너지의 시대로 대체될 거라는 전망에 반대하는 강력한 증거를 제시한다.[46] 클레어는 전 세계의 정부 및 사기업이 재생에너지에 쏟아붓고 있는 대규모 투자들을 상세히 열거한다. 분명 이 분야에서 큰 이익과 권력을 얻을 수 있다. 그리고 얼마나 깊은 곳에 있든, 어떤 형태의 모래나 진흙, 암석에 있든, 유통하고 사용하기 위해 수송하는 데 어떤 공포가 수반되든, 화석 탄소의 마지막 칼로리까지 하나도 남기지 않고 추출하기 위해, 최초와 최후의 아름다운 말들과 무기들의 위대한 음경 이야기 속에서 다른 누군가가 그 칼로리를 먼저 손에 넣고 태우기 전에 자기들이 태우기 위해서, 모든 상상할 수 있는 그리고 상상도 못할 많은 기술과 전략적 수단들을 전 세계의 거대 플레이어들이 추구하고 있다.[47] 클레어가 일컫는 비전통적 석유와 천연가스의 시대에 수압파쇄는 (녹고 있는) 빙산의 일각이다. 북극해가 녹는 것은, 북극곰과 연안 사람들에게는 끔찍한 일이지만, 경쟁적인 대규모 군대나 탐험, 굴착, 그리고 북극 항로를 횡단하는 유조선을 위해서는 매우 좋은 일이다. 얼음이 녹고 있는데 쇄빙선이 왜 필요하겠는가?[48]

브래드 웨너Brad Werner라는 복잡계 공학자가 2012년 샌프란시스코에서 열린 미국 지구물리학연맹 회의에서 연설했다. 그의 요점은 아주 단순하다. 과학적으로 말하자면, 세계적인 자본주의가 "너무 빨리, 편의주의적으로, 아무런 걸림돌 없이 자원을 고갈시키는 바람에 '지구-인간 시스템'의 응답이 위험할 정도로 불안정해지고 있다". 그래서 할 수 있는 유일하게 과학적인 행동은 저항이다! 개인들뿐만이 아니라, 조직들이 나서서 행동해야 한다. 지배적인 자본주의 문화에는 적합하지 않은 행동과 사고가 필요하다. 웨너의 말에 따르면, 이것은 의견의 문제가 아니라 지구물리학적 동력학의 문제이다. 회의를 취재한 기자가 웨너의 연설을 이렇게 요약했다. "그가 말하는 바는, 자신의 연구 결과가 보여주는 것은 우리의 전반적인 경제 패러다임이 생태학적 안정성을 위협한다는 점이다."[49] 웨너는 이를 주장한 최초의 연구자도 마지막 연구자도 아니지만, 과학 회의에서 그의 명쾌한 주장은 신선했다. 저항하라! 생각하세요. 우리는 생각해야만 합니다. 진짜 생각을 하라, 아이히만처럼 생각 없이 하지 말고. 물론, 악마는 디테일에 있다. 어떻게 저항하나? 단순히 중요한 문제로 만드는 게 아니라, 어떻게 중요한 문제로 만들 것인가?

자본세 Capitalocene

적어도 한 가지는 정말 분명하다. 아무리 남성적 보편성에 붙잡혀 있을지라도, 아무리 올려다보기만 할지라도, 인간Anthropos은 이 수압파쇄를 하지 않았고, 그 이름으로 이 이중 죽음을 사랑하는 시대를 명명해서는 안 될 것이다. 인간은 어쨌든 불타는 인간이 아니다. 그렇지만 이미 인류세라는 말이 자본세보다 깊이 뿌리내렸고 중요한 플레이어들에게 덜 논란이 되는 것 같으니, 우리는 이 용어를 계속 써야 할 것 같다. 나 역시 그럴 것이다. 최소한으로 말이다. 인류세가 그 정비된 망태기에 담는 무엇과 누군가는 폐허 속에서 영위할 삶을 위해, 그리고 땅의 적절한 회복을 위해서라도 잠재력을 증명할지도 모른다.

그래도 우리가 이 SF 시대에 단 하나의 단어를 가질 수 있다면, 그것은 분명 자본세여야 한다.[50] 종으로서의 인간은 제3 탄소 시대 혹은 원자력 시대의 조건들을 형성하지 않았다. 인류세의 대리인으로서의 인간종의 이야기는 위대한 남근 숭배의 인간화와 근대화라는 모험의

2.4. 자본세의 아이콘, 북서항로 해빙 제거 장면. 제시 앨런Jesse Allen이 나사가 제공하는 지구관측 시스템 자료를 이용해 만든 나사 비지블 어스NASA Visible Earth 이미지. 미국 국립설빙데이터센터, 2012.

우스꽝스러운 재탕인데, 여기서는 사라진 신의 형상으로 만들어진 인간Man이 세속적-종교적 신분 상승 위에서 초능력을 발휘하고, 다시 한 번 비극적인 발기 위축으로 끝장날 뿐이다. 자율-생산적인 자기를 창조한 인간이 다시 한 번, 이번에는 비극적인 시스템 장애로 인해 하강해서 다양한 생물이 존재하는 생태계를 자제력을 상실한 질척하게 엉킨 덩어리들과 쐐기 해파리의 불모지로 바꿔놓았다. 기술결정론이 제3 탄소 시대를 만든 것도 아니다. 석탄과 증기기관이 그 이야기를 결정하지 않았고, 게다가 관련 날짜들은 모두 잘못됐다. 우리가 지난 빙하기로 돌아가야 하기 때문이 아니라, 적어도 현 지질시대에 속하는 장기 16~17세기의 거대한 시장 및 상품의 세계 재형성을 포함해야 하기 때문이다. 비록 우리가 자본세를 형성하는 "글로벌화하는" 변형들을 생각할 때 유럽-중심주의에 머무를 수 있다고 (잘못) 생각할지라도 말이다.[51]

우리는 모든 종류의 인간과 비인간 노동자들을 쓸어버리는 노동 혁신, 크리터들과 사물들의 재배치 · 재구성과 함께 설탕과 귀금속, 플랜테이션, 원주민 집단 학살, 노예제의 네트워크들을 이야기해야만 한다. 전염성 강한 영국 산업혁명은 이런 사건들과 매우 중요한 관계가 있지만, 그것은 지구를 변화시키고, 역사적으로 어떤 상황에 처해지고, 충분히 새로운 세계 만들기에 얽힌 관계들에서 단지 하나의 플레이어일 뿐이다. 사람과 식물과 동물의 재배치, 거대한 숲 파괴, 과도한 금속 채굴이 증기기관보다 앞선 시대에 일어났다. 하지만 이를 핑계로 인간Anthropos, 혹은 종으로서의 인간, 혹은 사냥꾼으로서의 인간의 배신을 한탄하는 것은 온당치 않다.

경제와 생태 환경, 역사와 인간 및 비인간 크리터들이 연계된 물질대사, 절합, 혹은 공동생산(당신의 비유를 고르시오)의 체계적인 이야기들은 가차 없이 기회주의적이고 우발적인 것임이 틀림없다. 또한 가차 없이 관계적이고, 공-산적이고, 결과적인 것임이 틀림없다.[52] 그것들은 땅의 이야기이지, 우주적이거나, 축복받거나 혹은 저주받아 우주 공간 속으로 들어가는 이야기가 아니다. 자본세는 지구인에 관한 것이다. 그것은 우리 종들도 포함하는 생물다양성이 지질학적 최후를 맞는 시대일 필요는 없다. 아직 하지 않은 이야기가 너무나 많이 있고, 아직 짜지 않은 망태기가 너무나 많이 있고, 그것들은 인간에게만 해당하는 것이 아니다.

함께 생각할 도구나 이야기, 혹은 시대로서의 인류세에 대한 나의 반론을 도발 삼아 요약해보겠다. (1)인간과 연관된 신화 체계는 하나의 설정이고, 이 이야기들은 나쁘게 끝난다. 더 중요하게는 이중의 죽음으로 끝난다. 그것들은 계속성에 관한 것이 아니다. 그런 나쁜 행위자가 있는 한, 좋은 이야기를 하기는 어렵다. 이야기에 나쁜 행위자는 필요하지만, 그가 이야기의 전부는 아니다. (2)종으로서의 인간은 역사를 만들지 않는다. (3)인간과 도구의 결합으로 역사가 만들어지진 않는다. 그것은 인간예외주의자들이 말하는 역사 이야기다. (4)그 역사History는 지구 이야기에, 가이아 이야기에, 땅속에서 함께 살아가는 존재들의 이야기에 자리를 내주어야 한다. 거미줄 모양의, 땅은, 촉수 있는 땅의 것들은 복수종의 공-산적 실뜨기 속에서 살기와 죽기를 한다. 그들은 역사를 하지 않는다. (5)인류세에 관한 인간의 사회적 장치는 꼭대기가 무거워서 불안정하고 관료주의가 되기 쉬운 경향이 있다. 저항은 위안과 고무와 유효성을 위해 다른 행위 형태들과 다른 이야기들이 필요하다. (6)인류세는 기민한 컴퓨터 모델링과 자율-생산적 시스템 이론에 의존함에도 불구하고, "일고의 가치도 없는" 관계 이론, 다시 말해 경계가 있고 공리적인 낡은 개체주의에 너무 많이 의존한다—대기 중의 모든 공기(분명 이산화탄소는 제외하고)를 차지하는 경쟁 관계 속에 이전부터 있던 단위들. (7)인류세의 과학은 제한적 시스템 이론들과 현대종합설Modern Synthesis*이라고 불리는 진화 이론들 속에 너무 많이 머물러 있는데, 이것들은 특별히 중요함에도 불구하고 공-산, 공생, 공생발생, 발생, 그물망처럼 얽힌 생태, 미생물을 온전히 사고할 수 없는 것으로 판명되고 있다. 이는 적절한 진화 이론에는 심각한 트러블이다. (8)인류세는 부유한 계층과 지역의 지식인들이 가장 쉽게 의미를 부여하고 가장 사용하기 편한 용어이다. 그것은 특히 토착민들 사이에서뿐만 아니라, 세계의 광대한 지역에서 기후, 날씨, 땅, 국가의 보살핌 등을 가리키는 관용어가 아니다.

페미니스트 환경보호론자인 아일린 크리스트Eileen Crist는 수많은 인류세 담론의 관리적·기술관료적·근대적 성격에, 시장과 이윤에 골몰하는 경향에, 인간예외주의에 반대하는 글을 썼다. 나는 그녀와 노선을 같이한다. 인류세 담론은 단지 본질적으로 방향이 잘못되었고 마음을 잘못 쓴 것만이 문제가 아니다. 그것은 다른 세계들을 상상하고 보살피는 우리의 능력을 차츰 약화시킨다. 다른 세계들이란, 인종차별적

---

* 현대종합설, 혹은 현대진화종합설은 찰스 다윈의 자연선택설을 기본으로 하고 멘델의 유전법칙과 20세기 초 집단유전학의 성과 등 생물학의 여러 분과에서 진행된 진화 관련 연구들을 종합한 이론이다. 이 이론에 따르면, 모든 진화 현상은 유전 기제와 자연현상 관찰로 설명될 수 있으며, 혈통의 수직적 분기를 통한 점진적 진화가 이루어진다. 신다윈주의라고도 불린다.

인 정착민 식민주의가 이 용어를 오염시키긴 했지만, 황야라고 불리는 것을 포함해서 지금 불안정하게 존재하는 세계들과, 여전히 회복 가능한 과거와 현재, 미래를 위해 우리가 다른 크리터들과 힘을 모아 만들어내야 하는 세계들이다. "결핍의 심화와 지속, 그리고 모든 생명체가 맞닥뜨리는 고통은 모든 차원에서 인간예외주의의 산물이다." 대신에 더 세속적인 진실성을 띠는 인간성은 "더 높고 포괄적인 삶의 자유와 질을 보장하기 위해 우리의 수와 경제, 서식지의 제한을 기꺼이 받아들일 것을, 우리의 물러나기와 규모 줄이기를 무엇보다 우선할 것을 요청한다".[53]

만약 인간들이 역사History 속에 살고, 땅에 뿌리박은 것들이 인류세 속에서 각자 임무를 개시한다면, 내 생각에는 너무 많은 포스트휴먼들이(그리고 포스트휴머니스트들과 또 다른 모임이 모두) 인류세로 이주해 온 것 같다. 어쩌면 나의 인간과 비인간 거주자들은 이 테라폴리스의 세포 조직 속을 굽이치며 나아가는 무서운 땅속의 것들일지 모른다.

모든 근대성과 진보, 역사의 덫에도 불구하고, 자본세가 근본주의적 마르크스주의의 관용구로 이야기되는 한 그만큼 혹은 더 맹렬한 비판의 대상이 된다. 인류세와 자본세의 이야기들은 끊임없이 금방이라도 너무 커지게 될 것 같은 상태에 놓여 있다. 다윈이 그랬듯이, 마르크스는 그보다 더 잘했다. 결정론과 목적론과 계획 없이 "충분히 큰 이야기들"을 이야기하기 위해 우리는 그들의 용기와 능력을 본받을 수 있다.[54]

역사적으로 구체적 상황에 처한 관계성의 세계 만들기는, 자연과 사회의 이분법 그리고 진보와 (그것의 악의적 쌍둥이인) 근대화에 대한 우

2.5. 〈문어 월스트리트〉. 공-지하적 저항을 보여주는 그림이다. 말리 자비스Marley Jarvis, 로럴 히버트 Laurel Hiebert, 키라 트라이버그스Kira Treibergs, 2011. 오리건 해양생물연구소.

리의 예속을 비웃는다. 자본세는 관계성에 의해 만들어졌지, 세속의 신 같은 인간이나 역사의 법칙, 기계 자체, 혹은 근대성이라 불리는 악마 에 의해 만들어진 것이 아니다. 자본세는 물질-기호론적인 SF 패턴들 과 이야기들 속에서 좀 더 살 만한 뭔가를, 르 귄이 자랑스러워할 수 있 는 뭔가를 구성하기 위해 관계성에 의해 파괴되어야 한다. 필리프 피냐 르Philippe Pignarre와 이자벨 스탕제르는 이른바 자본주의를 우리—당신 과 나를 포함한 무수히 많은 지구 거주자들—가 일상적으로 계속 묵인 한다는 사실에 새롭게 충격을 받으면서, 자본주의에 대한 비난이 특별 히 효과가 없었거나, 그렇지 않다면 자본주의가 오래전에 지구에서 사라졌을 것이라고 지적한다. 진보의 (그리고 그것과 정반대의) 유혹이라는 사악한 마법에 걸린 약속은 마치 우리에게 복수종의 웰빙을 위해 함께 세계를 다시 만들고, 다시 상상하고, 다시 살고, 다시 연결하기 위한 다른 방법이 없는 것처럼 우리를 끝없는 지옥 같은 대안들에 단단히 묶는다. 그렇다고 해서 우리가 많은 중요한 일들을 더 잘해내지 못한 것에 면죄부를 얻을 수는 없다. 정반대이다. 피냐르와 스탕제르는 상상, 저항, 반란, 수리, 애도, 잘 살고 잘 죽기를 새롭게 실천할 수 있는 현장의 집합체들을 긍정한다. 그것들은 우리에게 인정된 무질서는 필요하지 않다는 점을 상기시킨다. 또 다른 세계는 시급히 필요할 뿐만 아니라 가능하다. 그러나 우리가 절망, 냉소주의 혹은 낙관주의에, 그리고 진보의 믿음/불신 담론에 현혹된다면 가능하지 않다.[55] 많은 마르크스주의자 비판이론가들과 문화이론가들은 진심으로 동의할 것이다.[56] 촉수를 가진 존재들도 그럴 것이다.[57]

쑬루세 Chthulucene

러브록과 마굴리스가 제창한 생성적 복잡계 접근 방식으로 거슬러 올라가면, 많은 현대 서양의 사상가들에게 가이아는 인류세를 상징한다. 그러나 펼쳐지는 가이아는 쑬루세에, 다시 말하면 형상화와 연대年代 추정에 저항하고 무수한 이름을 요구하는 현재 진행 중인 시간성 속에 더 잘 자리하고 있다. 가이아는 카오스에서 발생했기에,[58] 어느 누구의 소유가 아니며 구원을 위한 어느 누구의 희망도 아니고, 20세기 말 최고의 자율-생산적 복잡계 사유를 유발할 수 있는 강력한 침입적 힘이었고 현재도 그러하다. 이 사유는 지난 수 세기 동안 인공적인 변경 과정으로 빚어진 폐허를 인식하는 것으로, 다시 말해 유클리드적인 인간 형상 및 이야기들에 대한 꼭 필요한 반대로 우리를 이끌었다.[59] 브라질의 인류학자이자 철학자인 에두아르두 비베이루스 지 카스트루 Eduardo Viveiros de Castro와 데보라 다노스키Déborah Danowski는 탈-유럽 중심주의를 표방한 콘퍼런스 '수천의 이름을 가진 가이아'에서 우리 시대의 긴급성들을 재형상화하면서, 가이아가 고대 그리스나 뒤이은 유럽 문화에 국한되어 있다는 끈질긴 관념들을 내쫓는다.[60] 현재 지구에서 진행 중인 생성적이고 파괴적인 세계 만들기와 다시 만들기에 관해 여전히 이야기하고 있는, 얼굴이 아니고 동일자의 변이형도 아닌 이름들, 다른 무엇, 무수히 많은 다른 무엇들. 우리는 인류세에서 분출하여 또 다른 충분히 큰 이야기 속으로 들어가기 위해, 또 다른 형상이, 수많은 이름을 가진 다른 무엇이 필요하다. 나는 캘리포니아 삼나무숲에서 거미의 일종인 피모아 크툴루에 관심을 갖게 되어 뱀 같은 메두사를 제안하고, 그녀의 선조들, 동료들, 후손들의 끝나지 않은 수많은 세계 만들기를 제안한다. 어쩌면 메두사가, 이 죽을 운명을 타고난 고르곤이 우리를 테라폴리스의 홀로바이옴들 속으로 들여보낼 수 있고, 죽은 암석에서 화석 육체의 마지막 한 방울을 빨아내도록 허용하는 대신 그 영웅들의 21세기 선박들을 살아 있는 산호초에 부딪히게 만들 가능성을 높일 수 있을지 모른다.

테라코타에 새겨진 동물의 여왕 포트니아 테론Potnia Theron은 옆이 트인 치마를 입고 양손으로 새와 접촉하고 있는, 날개 달린 여신 형상

2.6. 쏠루세의 아이콘, 고르곤의 얼굴을 한 포트니아 테론. 그리스 로도스섬의 옛 도시 카메이로스 양식 테라코타, 기원전 600년경. 대영박물관 소장. 마리-랜 응우옌Marie-Lan Nguyen 사진 © 2007.

이다.[61] 그녀는 지중해와 근동 세계들과 그 너머에 있는 땅속 힘의 과거와 미래에 이르는 폭과 넓이 그리고 시간을 생생히 상기시킨다.[62] 포트니아 테론은 미노스 문명과 미케네 문명에 뿌리를 두고 있으며, 그리스의 고르곤(특히 고르곤 중에서 유일하게 필멸인 메두사)과 아르테미스의 이야기에 영향을 미친다. 멀리 여행하는 최초의 메두사인 이 동물들의 여주인은 크레타와 인도를 잇는 강력한 고리이다. 이 날개 달린 형상은 벌들의 여왕, 포트니아 멜리사Potnia Melissa라고도 불리는데, 윙윙거리고 침을 쏘고 꿀을 채취하는 온갖 재능을 갖춘 존재로 묘사되어 있다. 이 여왕과 공-산적인, 인간 육체 이상의 것에 의해 도출된 청각, 촉각, 미각을 주목하자. 뱀과 벌 크리터들이 비록 곤충의 겹눈과 여러 개의 눈으로 본다 해도, 이는 쌍안이라기보다는 찌르는 촉수가 있는 더듬이들에 더 가깝다.

전 세계의 수많은 화신化身 가운데 날개 달린 벌의 여신들은 매우 오래전부터 나타났는데, 지금 그들이 꼭 필요하다.[63] 포트니아 테론/멜리사의 뱀 같은 머리카락과 고르곤의 얼굴로 인해 그녀는 시공을 가로질러 다채로운 여행을 하는 땅속에 사는 세속적 힘들과 다양한 친척 관계로 얽히게 된다. 그리스어로 고르곤Gorgon은 '끔찍하다'라는 뜻이지만, 어쩌면 그것은 생성, 파괴, 그리고 진행 중인 지구의 유한성에 관한 집요할 뿐만 아니라 훨씬 더 두려운 이야기들과 재연들에 관한 신비화되고 가부장적인 듣기일지 모른다. 얼굴 모습이 심오하게 변하는 포트니아 테론/멜리사/메두사는, 진취적이고 하늘을 쳐다보는 인간이라는 (테크노휴머니스트를 포함한) 근대 휴머니스트 형상화에 가하는 일격이다. 그리스어 chthonios는 '땅과 바다의, 땅과 바다 속의, 혹은 땅과 바다 밑의'라는 뜻이다. SF, 과학적 사실, 과학소설, 사변적 페미니즘, 사변적 우화를 위한 지구의 풍부한 뒤죽박죽이다. 이 땅 밑에 있는 것들은 정확히 말해 천상의 신이 아니고, 올림피아를 위한 토대도 아니고, 인류세나 자본세의 친구가 아니며, 물론 절대 끝나지 않았다. 땅에 뿌리박은 것은 행동할 수 있을 뿐만 아니라 용기를 낼 수 있다.

날개 달린 고르곤들은 제대로 된 계보가 없는 땅 밑의 강력한 실체들이다. 그들이 내뻗는 손길은 수평적이고 촉수적이다. 여성으로 형상화되지만, 그들에게는 고정된 혈통이 없고 확실한 종류

(장르, 젠더)가 없다. 옛날 버전의 고르곤들은 자연 질서에 반하는 죄를 저지른 자들에게 복수하는 지하세계의 힘인 에리니에스Erinyes(복수의 여신들)와 엮인다. 날개 있는 부류 중에서 새의 몸을 한 하르피이아Harpyia들이 중요한 기능을 수행한다.[64] 이제 포트니아 테론의 새들을 다시 보고, 그들이 무엇을 하는지 질문하자. 하르피이아는 그들의 사촌인가? BCE* 700년경, 헤시오도스는 고르곤들을 바다의 악마로 생각하고 그들에게 부모를 위한 바다의 신성을 부여했다. 나는 헤시오도스의 《신통기》를 매우 오만하고 괴상한 가족을 안정시키기 위해 노력하는 이야기로 읽었다. 이 고르곤들은 출현한다기보다 분출한다. 스탕제르가 해석한 가이아와 비슷한 의미에서 침입적이다.

고르곤들은 불쾌한 괴물로, 뱀으로 덮여 있는 자신들의 살아 있는 얼굴을 들여다보는 사람들을 돌로 만들어버린다. 만약 이 사람들이 땅 밑에 사는 이 끔찍한 것들을 예의 바르게 대하는 방법을 알았다면 어떤 일이 일어났을까? 그런 예의범절을 여전히 습득할 수 있는지, 지금 배울 시간이 있는지, 혹은 지층과 바위에 새겨진 흔적이 인간의 종말을 냉혹하게 기록할 뿐일지 궁금하다.[65]

올림피아의 신들이 메두사를 천상 신들의 승계와 권위를 위협하는 적으로 여기기 때문에, 우리 시대의 트러블과 함께하기 위해 그물 바구니 속 충분히 큰 이야기 중 하나로 쑬루세를 제안하려고 노력하는 나로서는 죽을 운명의 메두사가 특히 흥미롭다. 나는 이야기들에 다시

---

* '공통시대 이전Before (the) Common Era'의 약어. 예수 탄생을 기준으로 하는 서력 표기 B.C.와 A.D. 대신, 기독교 색채를 배제한 보편적 용어를 채택해 '공통시대 이전'과 '공통시대(the) Common Era', 즉 B.C.E.(BCE)와 C.E.(CE)로 바꾸어 사용하는 흐름이 있다.

의미를 부여하고 비틀지만, 그리스인들만큼은 아니다.[66] 영웅 페르세우스가 메두사를 죽이기 위해 파견되었다. 그리고 제우스의 머리에서 태어난 아테나의 도움으로 고르곤의 머리를 잘라서 공범인 지혜와 전쟁의 여신에게 주었다. 아테나는 방패인 이지스 위에 메두사의 잘린 머리를 얼굴이 앞으로 향하게 놓고, 늘 하던 대로 땅에 뿌리박은 것을 배신하는 역할을 했다. 우리는 엄마 없는 '마음의 아이들'에게서 더 나은 걸 기대하지 않는다. 하지만 이 청부살인에서도 매우 좋은 점이 있었다. 메두사의 죽은 몸에서 날개 달린 말 페가수스가 나왔기 때문이다. 페미니스트들은 말과 특히 친밀하다. 이 이야기들이 커다란 감동을 주지 않는다고 누가 말하는가.[67] 메두사의 잘린 머리에서 떨어지는 피로부터 서쪽 바다의 로키 산호들이 나왔고, 오늘날 고르고니안*Gorgonian*이라는 학명으로 기억되는 부채뿔산호와 회초리산호가 나왔다. 이들은 촉수가 있는 자포동물과 와편모충이라고 불리는, 광합성을 하는 해조류 같은 존재자들과 공생하면서 구성된다.[68]

메두사의 얼굴이 아무리 뱀으로 우글거릴지라도 우리는 산호와 함께 성급한 얼굴 재현을 단호히 외면한다. 포트니아 테론과 포트니아 멜리사, 그리고 메두사조차도 필요한 촉수성을 혼자서 자아낼 수 없다. 생각하고 형상화하고 이야기를 만드는 일들에서, 앞에서 나온 그 거미 피모아 크툴루는 바다의 무척추 크리터들과 단연코 제휴한다. 산호는 문어, 오징어, 갑오징어와 연합한다. 문어는 촉수성과 포식 습관 때문에 바다의 거미라고 불린다. 촉수가 있는 땅 밑의 존재들은 먹어야 한다. 그들은 식사 중이며, 빵과 함께 있고, 땅의 반려종이다. 그들은 쑬루세의 유혹하고, 손짓하고, 우아하고, 유한하고, 위험한 불안정 상태를 위한 좋은 형상이다. 쑬루세는 신성하지도, 세속적이지도 않다. 이 지상의 세계 만들기는 철저히 지구에 관한 것이고, 혼란스러우며, 죽을 운명에 관한 이야기이다. 그리고 지금 위기에 처해 있다.

산호초를 통과하거나 그 위에서 요동치는, 기동성 있고 팔이 많이 달린 포식자인 문어는 바다의 거미라고 불린다. 그래서 피모아 크툴루와 옥토푸스 퀴아네아*Octopus cyanea*는 쑬루세의 거미줄처럼 얽힌 이야기들 속에서 만난다.[69]

이 모든 이야기가 진행 중인 것을 위해, 트러블과 함께하기를 위해 중요한 것을 수집하는 데 필요한 세 번째 그물 바구니로서 쑬루세를 제안하는 일의 미끼이다.[70] 땅 밑에 사는 것들은 사라진 과거에 갇히지 않는다. 그들은 이제 윙윙거리고 찌르며 삼키는 무리이고, 인간들은 별개의 퇴비 더미 속에 있는 것이 아니다. 우리는 부식토humus이지, 호모나 인간이 아니다. 우리는 퇴비이지, 포스트휴먼이 아니다. 접미사 카이노스kainos, '-cene'이란 말은 두터운 현재의 새로운, 최근에 만들어진, 새로운 시대를 의미한다. 지구의 생물다양성의 힘을 회복하는 것은 이 쑬루세의 공-산적인 일이고 놀이이다. 인류세나 자본세와 달리, 세계가 아직 끝나지 않았고 아직은 하늘이 무너지지 않은 불안정한 시대에, 이 쑬루세는 여전히 위태로운 시대 안에서 진행 중인 복수종의 함께 되기 이야기와 실천들로 구성된다. 우리는 서로에게 중요하다. 인류세와 자본세 담론의 지배적인 각본들과 달리 인간은 쑬루세에서 단지 반응할 수 있을 뿐인 다른 모든 존재와 구별되는 유일하게 중요한 행위자가 아니다. 질서는 다시 만들어진다. 인간은 지구와 함께 있고 지구의 존재이며, 이 지구의 생물적이고 비생물적인 힘들이 가장 중요한 이야기이다.

그러나 구체적 상황에 처한 실제 인간들의 행위가 중요하다. 다른 삶과 죽음의 방식이 아닌 특정한 삶과 죽음의 방식들과 운명을 같이할 것인가가 중요하다. 그것은 인간들뿐만 아니라 우리로 인해 절멸, 멸종, 집단 학살 그리고 미래 실종이라는 전망을 떠안게 된 다양한 분류 군의 그 많은 크리터들에게도 중요하다. 좋든 싫든 우리는 인류세와 자본세의 탐닉 속에서 화석-태우는 인간에 의해 끔찍하게도 최대한 빨리 더욱더 불안정하게 되어버린 세계 만들기를 돌보고 함께하는 실뜨기 게임을 하고 있는 중이다. 다양한 인간과 비인간 플레이어들이, 긴급하게 필요한 쑬루세 이야기를 구성하는 섬유조직들의 모든 섬유질에 필요하다. 주된 행위자는 자본주의와 인간이라는 너무나 큰 이야기들 속의 너무나 큰 플레이어들에만 국한되지 않는다. 둘 다 생각, 사랑, 분노, 배려를 주의 깊게 실천하는 것이 아니라, 종말론적인 이상한 공황 상태와 더 기이하고 터무니없는 비난을 불러일으킨다.

인류세와 자본세는 오늘날 전문가 담론과 대중 담론 어디서나 듣게 되는 "게임 오버, 너무 늦었어" 식의 냉소주의와 패배주의, 그리고 자명하고 자기충족적인 예측에 너무나 쉽게 가담하는데, 기술지상주의의 지구공학적 해법과 비관주의를 동시에 감염시키는 것 같다. 진행 중인 무수한 크리터들의 삶과 죽음을 위한 요구와 함께 산호초가 보여주는 인간 이상의 세계 만들기와 조우하는 것은, 적어도 2억 5000만 명의 인간들이 오늘날 진행 중인 그들 자신의 잘 살고 잘 죽기를 위한 이 홀로바이옴들의 온전성에 직접 의존한다는 인식과 조우하는 것이기도 하다. 다양한 산호들, 다양한 사람들과 민족들이 서로에게 그리고 서로 함께 위태로운 지경에 있다. 번영은 천상의 신들과 추종자들의 오만함

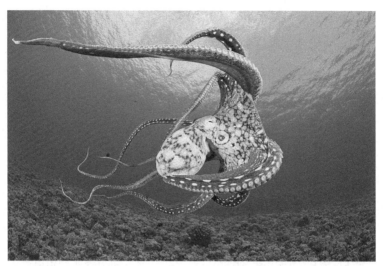

2.7. 하와이 라나이섬 근해에 사는 낮문어*Octopus cyanea*. 데이비드 플리텀David Fleethham 사진. © OceanwideImages.com.

없는 복수종의 응답-능력으로 배양될 것이다. 그렇지 않으면, 생물다양성의 땅은 계속 되풀이되는 모욕을 받아들인 나머지 능력의 한계에 다다라 과도하게 압박을 받는 복잡 적응계처럼 매우 질척하고 끈적끈적한 어떤 것 속으로 미쳐 들어갈 것이다.

우선 산호들이, 땅에 뿌리박은 것들이 인류세를 인식하도록 이끌었다. 인류세라는 용어를 사용한 이들은 처음부터 인간이 화석연료 사용으로 이산화탄소를 배출함으로써 빚어진 해양 온난화와 산성화를 강조했다. 온난화와 산성화는 알려진 스트레스 요인들로, 산호초를 병들게 하고 표백한다. 그리고 광합성을 하는 와편모충을 죽이고, 궁극적으로는 온전한 산호 시스템에 세계 만들기를 의존하는 자포동물 공생자들과 수많은 분류군을 망라하는 다른 모든 크리터들을 죽인다. 바다의 산호들과 육지의 지의류가 또한 우리가 자본세를 인식하도록 이끈다. 여기서는 심해 채굴과 천공, 그리고 연약한 지의류가 덮인 북쪽 지역에서 진행되는 수압파쇄와 파이프라인 건설이 국가주의자, 초국가주의자, 기업이 점점 속도를 내고 있는 세계 부수기의 기초다.

한편 산호와 지의류 공생자들은 두터운 현 쏠루세의 겹겹이 쌓인 이야기들 속으로 우리를 풍성하게 데려간다. 여기서는 뒤죽박죽된 모든 것들과 함께 오만 떨지 않고 협력하면서 여전히—간신히—훨씬 좋은 SF 게임을 할 수 있다. 우리는 모두 지의류다. 그래서 지구에 반하는 범죄에 보복하는 분노의 여신들이 우리를 바위에서 긁어내 버릴지도 모른다. 아니면, 우리는 잘 살고 잘 죽기 위해서 바위들과 크리터들 사이에서 일어나는 신진대사 변형에 가담할 수 있다. "식물언어학자가 예술비평가에게 이렇게 말할 것이다. '[옛날 옛적에] 그들이 가지Eggplant 라는 말을 읽을 수조차 없었다는 사실을 압니까?' 그러고는 배낭을 집어 들고 새로이 판독된 지의류의 서정시를 읽으러 파이크스피크산을 오르면서 우리의 무식함에 미소 지을 것이다.'"[71]

이 진행 중인 문제들에 집중하고 있으면 이 장을 시작한 물음으로 돌아가게 된다. 개별 학문과 학제적 연구 전반에서 가장 훌륭한 학문들이 인간예외주의와 고전 정치경제학의 공리주의적 개체주의를 상상도 할 수 없게 된다면 어떻게 될까? 정말 상상조차 할 수 없고 생각하는 데 이용할 수도 없게 된다면? 공생발생과 공-산에 관한, 그리고 그 내부에 있는 이해와 지식 실천들이 식민화되지 않은 예술, 과학, 정치를 포함한 모든 부식토성 속에서 정말 훌륭하게 이용 가능하고 생성적인 바로 이 시대에, 왜 인간Anthropos이라는 이름이 주제넘게 나서는가? 인류세의 악행과 자본세의 세계 부수기가, 끝장난 미래와 게임 오버의 보증인이 아니고 천상의 신들의 마지막 순간이라면 어떻게 될까? 어떤 생각들이 생각들을 생각하는지가 중요하다. 우리는 생각해야만 한다!

미완성의 쑬루세는 미친 정원사처럼, 인류세의 쓰레기, 자본세의 절멸주의를 그러모아 자르고 조각내고 켜켜로 쌓아, 여전히 가능한 과거들과 현재들 그리고 미래들을 위해 훨씬 더 뜨거운 퇴비 더미를 만들어야 한다.

3장 ———————— 공-산Sympoiesis:
공생발생과
트러블과 함께하기라는
활기찬 예술

공생발생

공-산共-産, sympoiesis은 단순한 낱말이다. '함께-만들기'라는 뜻이다. 어떤 것도 자기 자신을 스스로 만들지는 못한다. 어떤 것도 실제로 자율생산적autopoietic이거나 자기-조직적이지 않다. 이누피아트족의 컴퓨터 게임인 '월드 게임'에 나오듯이, 지구 생명체들은 **결코 혼자가 아니다** never alone.[1] 이것이 공-산의 근본적인 함의이다. 공-산은 복잡하고, 역동적이고, 재빨리 응답하고, 상황에 처한 역사적 시스템들에 적절한 용어이다. 그것은 함께-세계 만들기worlding-with를 위해 쓰이는 말이다. 공-산은 자율생산을 껴안고 생성적으로 펼치고 확장한다.

메사추세츠대학 지구과학과와 생물학과 사이, '라이프 앤드 어스 Life and Earth' 카페 근처의 홀에는 세로 1.2미터 가로 1.8미터 크기의 세포내공생Endosymbiosis이라는 강렬한 그림이 걸려 있다. 이 그림에서는

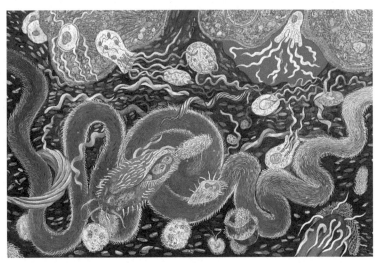

3.1. 쇼새나 더비너Shoshanah Dubiner, 〈세포내공생: 린 마굴리스에게 바치는 경의Endosymbiosis: Homage to Lynn Margulis〉, 2012. www.cybermuse.com.

크리터들이 어떻게 서로 함께 되는지에 대한 공간적 실마리를 분명하게 느낄 수 있다.[2] 어쩌면 관능적인 분자의 호기심으로, 그리고 분명 만족할 줄 모르는 갈망으로, 서로 껴안기를 향한 저항할 수 없는 이끌림이 지구에서 영위되는 삶과 죽음의 불가결한 동력인지 모른다. 크리터들은 서로 깊숙이 침투하고, 서로를 빙 돌아 관통해서 원을 그리며 움직이고, 서로를 먹고, 소화불량이 되고, 서로를 부분적으로 소화하고 부분적으로 동화시켜서 공-산의 채비를 갖춘다. 그렇지 않았다면 그것들은 세포, 기관, 생태학적 집합체로 알려져 있을 것이다. 이들 공-산적 실체를 가리키는 또 다른 말은 **홀로바이온트**holobiont, 혹은 어원학적 표현으로는 "전죨 존재" 혹은 "안전하고 온전한 존재"이다.[3]

    그것은 결코 하나도 아니고 개체도 아니다. 홀로바이온트들은 중

첩된 시간과 공간의 매듭 속에서 우발적·역동적으로 함께 뭉치고, 복잡한 패턴 만들기에 다른 홀로바이온트들을 관여시킨다. 크리터들은 관계 맺기 이전에는 생겨나지 않는다. 크리터들은 그러한 얽힘의 존재들로부터, 기호론적이고 물질적인 "안으로 말림involution"을 통해 서로를 만든다. 린 마굴리스는 "낯선 자들의 친밀성"에 관해 해박한 지식을 갖고 있다. 이는 지구 역사의 모든 내부-작용의 접속점에서 크리터들이 서로 함께 되는 가장 근본적인 실천들을 기술하기 위해 그녀가 제안한 어구이다. 나는 '단위unit' 혹은 '존재being'를 대체하기 위한 일반 용어로서 홀로언트holoent를 제안한다.

　나는 마굴리스와 마찬가지로, 그 공간과 시간의 규모가 어떠하든 공생적 집합체를 가리켜 홀로바이온트라고 한다. 이 공생적 집합체들은 경쟁하거나 협력한다고 생각할 수밖에 없는, 상호작용하는 기존의 경계 있는 단위들(유전자, 세포, 기관 등)로 구성되는 생물학의 실체들과 같다기보다는, 역동적인 복잡계에서 다양한 내부-작용을 하는 관계 맺기의 매듭들과 더 닮았다. 마굴리스처럼 나도 홀로바이온트를 '숙주 + 공생자'의 의미로 쓰지 않는다. 모든 플레이어들은 다양한 관계를 맺으며 다른 홀로바이온트들과 다양한 방식으로 모이고 결합하면서 서로 의지하는 공생자들이기 때문이다. 공생은 '상호 이득이 되는'이라는 말과 동의어가 아니다. 생물학자들이 설명을 위한 도구로서 소유욕 강한 개인주의와 제로섬 게임의 명령을 사용하는 것을 포기하면서 새로운 이름들이 나타나기 시작했다. 공생자/홀로바이온트와 관련해, 특정 상황에 놓인 역동적 딜레마들의 이질적인 그물망 패턴과 과정 및 이점을 가리킬 이름들이 필요해졌기 때문이다.

마굴리스는 언어, 예술, 이야기, 시스템 이론, 그리고 인간을 비롯해 놀랄 만큼 생성적인 크리터들을 사랑할 뿐만 아니라 미생물, 세포생물학, 화학, 지질학, 고지리학의 대가이자 급진적인 진화 이론가였다. 그녀가 가장 중요시하고 강렬히 사랑한 것은 땅의 박테리아와 고세균 그리고 그들의 모든 오만한 활동이었다. 생명에 관한 마굴리스 견해의 핵심은 새로운 종류의 세포, 조직, 기관, 종 들이 주로 낯선 것들 사이에서 오래 지속되는 친밀성을 통해 진화한다는 점이다. 공생에서의 게놈 융합에 이어, 시스템을 바꾸는 변화의 동력으로서 변이를 위해 매우 적절한 역할을 수행하는 자연선택이 뒤따름으로써 점점 더 복잡한 수준에서 충분한 준-개체성에 이르고, 하루 혹은 영겁을 헤쳐나가게 된다. 마굴리스는 이 기본적이고 죽어야 할 운명의 생명 만들기 과정을 공생발생symbiogenesis이라고 불렀다.

박테리아와 고세균이 맨 처음 공생발생을 했다. 마굴리스는 박테리아와 고세균이 모든 것을 다 해버렸고, 소위 고차원적인 생물학적 실체들이 해야 하거나 발명할 것은 그다지 많이 남아 있지 않다고 절실히 느꼈을 것이다. 결국 고세균과 박테리아가 안정적이고 지속적인 방식으로 서로 융합함으로써 오늘날의 복잡한 세포를 발명했다. 그 (세포)핵은 DNA와 단백질로 이루어진 밧줄 모양의 염색체들로 가득 차 있고, 핵외 세포기관들은 운동을 위해 물결치는 채찍과 회전하는 날개부터 수많은 기능에 특화된 소낭과 세관에 이르기까지 종류가 다양하며, 이들은 잘 작동할 수 있도록 서로 약간 분리되어 있다.[4] 마굴리스는 제임스 러브록과 함께 가이아 이론을 창시했는데, 지구 자체와 지구의 살아 있는 생명체들에 독특한 성격을 부여하는 비환원주의적 조직화와 그

유지가 서로 맞물리는 다층적 시스템의 과정을 알았고 이를 자율생산적이라고 불렀다.[5] 그녀가 지금이라면 공-산이라는 용어를 선택했을지도 모르지만, 당시는 이 개념이 나오기 전이었다.[6] 자율생산이 자급자족적 '자기 만들기'를 의미하지 않는 한, 자율생산과 공-산은 시스템에 담긴 복잡성의 상이한 양상들을 전경화하고 배경화하면서, 대립하기보다 생성적 마찰 혹은 생성적 껴안기를 하고 있다.

1998년, 환경을 공부하던 캐나다의 대학원생 베스 뎀스터M. Beth Dempster가 공-산sympoiesis이라는 용어를 처음 제안했는데, 이는 "자기 규정적 공간이나 시간적 경계 없이 집합적으로 생산하는 시스템들을 지칭한다. 정보와 통제는 구성 요소들 사이에 분배된다. 이 시스템들은 진화적이며 놀라운 변화를 일으킬 잠재력이 있다". 반면에 자율생산적인 시스템은 "중앙 집중적으로 통제되고, 항상성과 예측 가능한 경향이 있는 자기 규정적 공간 혹은 시간의 경계들이 있는 자기 생산적" 자율 단위들이다.[7] 공생은 자율생산에게 골칫거리이고, 공생발생은 자기 조직적인 개별 단위들에게 더 큰 말썽꾸러기이다. 살아 있는 생명체들의 역동적인 조직화 과정에서 공생발생이 더 많이 편재할수록 지구의 세계 만들기는 고리가 더 많이 만들어지고, 꼬이고, 범위가 넓어지고, 말려들고 공-산성을 띠게 된다.

믹소트리카 파라독사Mixotricha paradoxa는 복잡한 '개체성', 공생발생, 공생을 설명하기 위해 누구나 선호하는 크리터이다. 마굴리스는 게놈이 있고 분류학상으로 적어도 다섯 가지 상이한 **종류**의 세포들로 구성된 이 크리터를 이렇게 설명한다.

낮은 배율로 확대하면 믹스트리카 파라독사는 헤엄치는 단세포 섬모충처럼 보인다. 그러나 전자현미경으로 보면, 다섯 종류의 별개 생물들로 구성된 것으로 보인다. 겉으로 보아 분명히 원생생물로 분류되는 단세포 생명체 종류이다. 그러나 미토콘드리아가 있을 것으로 예상되는 각각의 핵 세포 안에는 구형 박테리아들이 있다. 섬모가 있어야 할 표면에는 25만 개에 이르는 큰 막대박테리아 무리뿐만 아니라, 약 25만 개의 머리카락 같은 (매독을 유발하는 타입을 닮은) 트레포네마 스피로케테*Treponema spirochete*가 있다. 이 밖에도 우리는 좀 더 큰 타입의 스피로케테 200개를 다시 기록하고 카날레파롤리나 다르비니엔시스*Canaleparolina darwiniensis*라고 이름 붙였다.[8]

바이러스들을 제외하고, 각각의 M. 파라독사는 하나가 아니고, 다섯이 아니고, 수십만 개도 아니다. 그것은 홀로바이온트들을 위한 상징적인 크리터이다. 이 홀로바이온트는 다윈개미*Mastotermes darwiniensis*라는 오스트레일리아 흰개미의 내장 속에 사는데, 이 흰개미는 복수의 개체와 복수의 다수, 혹은 다수의 홀로언트에 관한 자신의 SF 스토리를 가지고 있다. 버섯은 물론 사람들과 함께하는 흰개미들의 행동을 포함해 그들의 공생은 전설의 재료이자 요리법이다. 최근 과학 뉴스에서 마크로테르메스 나탈렌시스*Macrotermes natalensis*의 홀로바이옴과 그것이 배양한 흰개미버섯*Termitomyces*을 검색해보라.[9] M. 파라독사와 그들의 동족은 수십 년 동안 글쓰기와 사유에서 나의 반려들이었다.

1859년에 출간된 찰스 다윈의 《종의 기원》 이후, 생물학의 진화 이론은 우리가 잘 생각하고 느끼고 행동하기 위해서는 점점 더 빠뜨릴 수 없는 것이 되었다. 1930~50년대에 '현대종합설' 혹은 '신종합설New Synthesis'로 통합된 상호 연관된 다윈주의 과학들은 여전히 놀랍다. 우리가 진지한 사람이라면, 테오도시우스 도브잔스키Theodosius Dobzhansky의 《유전학과 종의 기원Genetics and the Origin of Species》(1937), 에른스트 마이어Ernst Mayr의 《계통학과 종의 기원 Systematics and the Origin of Species》(1942), 조지 게일로드 심프슨George Gaylord Simpson의 《진화의 속도와 유형Tempo and Mode in Evolution》 (1944), 리처드 도킨스Richard Dawkins의 (최근의 현대종합설에서 사회생물학을 공식화한) 《이기적 유전자The Selfish Gene》(1976) 같은 업적들을 어떻게 평가하지 않을 수 있겠는가? 그러나 경계 있는 단위들(코드 프래그먼트, 유전자, 세포, 기관, 개체군, 생태계)과 수학적인 경쟁 방정식으로 서술된 관계들이 현대종합설의 사실상 유일한 행위자이고 이야기 형식이다. 근대주의자의 진보 개념에 가까운 진화 모멘텀은 오래된 주제이다. 비록 엄밀한 의미에서 목적론이 그 주제는 아니라고 할지라도 말이다. 이 과학들이 인류세의 과학적 개념화를 위한 기반을 조성했다해도, 그것은 자율생산과 공-산이 함께 어우러진 분석을 요구하는 바로 그 인류세 시스템에 대한 사유 안에서 무효화된다.

단위와 관계, 특히 경쟁하는 관계들에 뿌리를 둔 현대종합설 관련 과학들, 가령 집단유전학은 네 가지 중요한 생물학 영역에서 고전하고 있다. 발생학, 발달, 공생과 홀로바이온트 및 홀로바이옴의 협력적 얽힘, 미생물들의 광대한 세계 만들기, 활기 넘치는 크리터들의 생물행동적인 상호작용 및 내부-작용 말이다.[10] "복수종의 함께 되기"에 맞춰진 접근법으로 우리는 땅 위에서 트러블과 함께하기를 더 잘할 수 있다. 학제적 생물학과 예술 분야에서 부상하고 있는 '신신종합설New New Synthesis'—확장종합설extended synthesis—은 인간과 비인간의 생태와 진화, 발생, 역사, 감응, 수행, 기술 등을 같이 묶는 실뜨기를 제안한다.

마굴리스에게 영향을 받은 나는 21세기 초에 전개되고 있는 '확장 진화종합설Extended Evolutionary Synthesis'의 몇 가지 양상을 스케치할 수 있을 뿐이다.[11] 마굴리스가 이 세계에 남긴 유산의 하나인 공생발생은 러시아의 콘스탄틴 메레시콥스키Konstantin Mereschkowsky 등 20세기 초의 연구자들이 그녀보다 앞서 정식화했다.[12] 마굴리스와 동료들과 계승자들은 20세기 말의 분자·초미세구조 생물학 혁명에 기여한 강력한 사이보그 도구들과 함께 공생발생적 상상력과 물질성을 한데 모은다. 전자현미경, 핵산서열 분석기, 면역 측정 기술, 게놈과 단백질군의 (비교 검색이 가능하고 규모가 방대한) 데이터베이스 등이 그것이다. 정확히 말해서 확장종합설의 강점은 새로운 모델 시스템과 구체적인 실험, 연구 협력, 언어적·수학적 설명 도구 개발을 가능하게 한 지적·문화적·기술적 융합에 있다. 이런 융합은 1970년대 무렵에는 사실상 불가능했다.

모델은 작업 대상물이다. 은유나 유비 같은 것이 아니다. 모델은 작동되고, 작동한다. 모델은 축소된 우주 모형을 닮았는데, 거기에서는 생물학적 호기심이 많은 이상한 나라의 앨리스가 충분히 복잡하고 충분히 단순한 세계에 의해 작동되는 순간에도 붉은 여왕과 차를 마시면서 이 세계가 어떻게 작동하는지를 물을 수 있다. 생물학적 연구의 모델들은 실험적·이론적 질문들을 연구 조사하기 위해 동료들 사이에 공유될 수 있는 안정된 시스템이다. 전통적으로 생물학에는 열심히 작동하는 소수의 살아 있는 모델들이 있었는데, 이들 모델은 몇 종류의 질문에만 적합하도록 실천의 매듭과 층 속에서 형성된 것이었다. 스콧 길버트Scott Gilbert는 발생생물학의 일곱 가지 기본 모델 시스템(노랑초파리 fruit flies · *Drosophila melanogaster*, 예쁜꼬마선충nematode · *Caenorhabditis elegans*, 생쥐mouse · *Mus musculis*, 아프리카발톱개구리frog · *Xenopus laevis*, 미포 자충zebrafish · *Danio rerio*, 닭chicken · *Gallus gallus*, 겨자mustard · *Arabidopsis thaliana*)을 열거하면서 이렇게 말한다.

> 우리 유기체가 하나의 모델 시스템이라는 인식은, 우리가 거기에 입각해
> 서 재원을 신청할 수 있는 기반을 제공하고, 중요하다고 생각하는 문제들
> 을 식별해온 마음 맞는 연구자들의 공동체를 보증한다. 지금까지 모델 시
> 스템의 지위를 얻기 위해 많은 로비가 이루어졌다. 만약 당신의 유기체가
> 인정받는 모델이 아니면, 당신은 연구의 변방으로 밀려날지도 모른다. 그
> 래서 '모델 유기체'들은 현대 발생생물학에서 과학적이고 정치적인 토론
> 의 중심이 되어왔다. [13]

이들 개체화된 일곱 가지 시스템은 잘 규정된 실체의 부분들(유전자, 세포, 조직 등)이 협력하면서도 경쟁하거나 협력과 경쟁 중 하나만 하는 단위들 속으로 어떻게 어울려 들어가는지를 연구하기에 탁월하다. 그러나 이들은 모두 이질적인 시간성과 공간성 속에서 그물망 같은 공생과 공-산의 상호작용 및 내부-작용들을 연구하는 연구자들을 실망시킨다. 홀로바이온트들은 구성적 관계 속에서 확장 가능한 수의 준-집단적/준-개체적 파트너들에 맞춰진 모델들을 요구한다. 이 관계성들이 연구 대상이다. 파트너들은 관계에 선행하지 않는다. 이런 모델

들이 생태진화발생생물학EcologicalEvolutionaryDevelopmental Biology의 변형 과정들을 위해 출현하고 있다.

마굴리스는 우리에게, 박테리아와 고세균의 내부-작용 및 상호작용에서 유래한 세포의 복잡한 진화적 발명을 연구하기 위해 믹소트리카 파라독사같이 역동적 복수 파트너로 된 실체들을 주었다. 나는 간단히 두 가지 모델을 더 소개하려고 한다. 이들은 살아 있는 세계에서 이루어지는 조직적 패턴화의 변형을 연구하기 위해 연구실에서 제안되고 다듬어졌는데, (1)동물 다세포성을 발명하기 위한 깃편모충류-박테리아choanoflagellate-bacteria 모델 (2)서로의 되기에 필요한 크리터들 사이에서 일어나는 발생공생을 정교하게 하기 위한 오징어-박테리아 모델이다. 복잡한 생태계 형성을 위한 세 번째 공생발생 모델이 산호초들의 홀로바이옴 속에서 즉각 떠오른다. 나는 실험실이 아닌 과학-예술의 세계 만들기를 통해서 이 모델에 접근할 것이다.

비록 다세포 식물들이 50만 년 먼저 지구상에 나타났지만, 나는 동물 다세포성의 출현을 설명하기 위해 제안된 모델 시스템에 초점을 맞출 것이다. 그것이 확고할 뿐 아니라 공-산적으로 풍부하기 때문이다. 살아 있는 모든 것은 박테리아와 고세균 속에 담기고 싸여서 출현했고 그리고 견뎌냈다(혹은 못 견뎌냈다). 어느 것도 불모가 아니다. 이 현실은 무서운 위험이고, 기본적인 삶의 실태이고, 크리터를 만드는 기회이다. 캘리포니아대학 버클리 캠퍼스에 있는 니콜 킹Nicole King의 연구소는 분자 게놈 접근법과 비교 게놈 접근법, 그리고 그들이 제안하는 전염—공생발생—프로세스를 사용하여 동물 다세포성의 가능성 있는 기원과 발생을 재구성하려 한다.[14] 이 과학자들은 종과 종 사이, 사실상계界와 계 사이의 만남과 껴안기가, 동물들이 그러는 것처럼 뭉치고 발달하고 소통하고 다층적인 조직layered tissues을 형성하는 실체들을 생산할 수 있다는 사실을 보여준다.

킹은 알레가도Rosanna Alegado와 함께 쓴 글에서 이렇게 말한다.

오늘날의 동물들과 그들의 가장 가까운 살아 있는 친척인 깃편모충류의 비교가 시사하는 것은, 최초의 동물들이 박테리아 먹이를 포획하기 위해 편모가 있는 깃세포들을 사용했다는 것이다. 포식자와 먹이 사이의 세포 점착과 같은, 먹이 포획과 관련된 세포생물학은 동물 다세포성의 진화 기간 동안 세포 간의 상호작용을 조정하기 위해 채택되었을지도 모르는 메커니즘들을 포함한다. 게다가 박테리아가 무언가를 섭취함으로써, 면역을 위한 유전적 통로들의 진화를 추동하고 수평적 유전자 이동을 촉진함으로써 동물 게놈들의 진화에 영향을 주었을지 모른다. 박테리아와 동물 조상들의 상호작용을 이해하면 박테리아가 어떻게 우리 자신들을 포함해서 오늘날 동물들의 생물학을 형성하는지를 설명하는 데 도움이 될 것이다.[15]

메릴린 스트래선이 말한 부분적인 연결은 많다. 배가 고파지기, 먹기, 부분적으로 소화하기, 부분적으로 동화하기, 부분적으로 변형하기. 이것들이 반려종의 행위다.

킹의 야심 찬 프로그램은 깃편모충류의 하나인 살핑고이카 로세타Salpingoeca rosetta와 알고리파구스Algoriphagus속屬의 박테리아 배양에 관한 안정적이고 게놈 해독이 잘 이루어진 모델 시스템을 만들어서 다세포 동물 형성의 중요한 양상들을 연구하고 있다. 깃편모충들은 단세포 혹은 다세포 개체군 어느 쪽으로든 살 수 있다. 무엇이 이 변이를 결정하는가? 깃편모충류와 동물의 밀접한 진화적 관계가 이 모델에 힘을 부여한다.[16] 다세포성의 기원에 관한 공생발생 이론을 두고 논쟁이 진행되고 있고, 훌륭한 대안적 설명들이 있다. 킹의 연구소가 특별한 것은 실험하기 쉽고, 원칙적으로 다른 장소로 이전 가능하고, 동물을 중심에 두고 시험 가능한 질문들을 생성하는 모델 시스템을 만든다는 사실이다. 동물이 된다 함은 박테리아(그리고 의심할 바 없이 바이러스와 다른 많은 종류의 크리터들. 공-산의 기본 양상은 확장 가능한 한 무리의 플레이어들이다)와 함께-되기이다. 최고의 과학 작가들과 함께하는 저녁 식사 자리에는 당연히 니콜 킹의 연구소 이야기가 빠지지 않는다.[17]

다음으로 나는 발달공생 연구를 위한 재미있는 모델 시스템을 제시하겠다. 여기서 던지는 물음은 어떻게 동물들이 단결하느냐가 아니고, 놀라운 형태발생morphogenesis 속에서 어떻게 동물들이 시간의 경과에 따라 발달하는 패턴들을 만드느냐이다. 내가 즐겨 쓰는 모델은 조그만 하와이짧은꼬리오징어Euprymna scolopes와 그것의 박테리아 공생자인 비브리오 피스케리Vibrio fischeri이다. 오징어가 복부의 주머니를 이용해 냉광冷光을 발하는 데 이 박테리아들이 필수적이다. 이렇게 해서 어두운 밤에는 사냥하는 오징어가 아래쪽에 있는 피식자들에게 별이 총총한 하늘처럼 보일 수 있고, 달 밝은 밤에는 그림자를 드리우지 않은 것처럼 보일 수 있다. 이 오징어-박테리아 공생은 "공생 시스템의 생태학과 진화에서 동맹의 수립, 발달, 장기 지속으로 이끄는 파트너 간 상호작용의 근본적인 분자 메커니즘에 이르기까지" 다양한 연구에 대단

히 생성적인 것으로 판명되었다.[18]

어린 오징어가 적당한 박테리아에 의해, 적당한 지점에서, 적당한 시기에 감염되지 않으면, 사냥하는 어른이 되었을 때 박테리아를 수용하는 구조를 만들지 못한다. 박테리아는 온전히 오징어 발생생물학의 일부이다. 게다가 이 박테리아는 어른 오징어의 24시간 생물학적 주기의 리듬을 조절하는 신호를 만들어낸다. 오징어는 박테리아 수를 조절하고, 불필요한 동료들을 배제하고, 비브리오속屬의 각종 세균의 서식지를 마련하기 위해 매력적인 표면을 제공한다. 해양의 무척추동물 생태학, 생화학, 생물리학 분야 연구자인 마거릿 맥폴-웅아이Margaret McFall-Ngai는 1988년에 자연 발생하는 오징어-박테리아 홀로바이온트에 관한 연구를 시작했다. 역시 공생에 관심이 있던 미생물학자 에드워드 루비Edward (Ned) Ruby와 협업을 시작한 것도 그 무렵이다. 나는 다른 비브리오 박테리아가 병원성 전달에 책임이 있다는 걸, 그러니까 비브리오 콜레라의 경우를 기억하기 때문에, 이런 종류의 박테리아들이 얼마나 다재다능한 전달자인지를 알고도 놀라지 않았다. 맥폴-웅아이가 말했듯이 "이 비브리오나세에과科는 종종 넓은 생리학적 범위와 다양한 생태학적 틈새들을 가지는 박테리아 집단이다".[19] 물질기호론은 정말 화학적이다. 분류군을 가로지르는 언어의 뿌리들이, 그것의 모든 이해나 오해와 더불어, 거기에 부착되어 있다.

오징어와 박테리아의 공-산적 협동은, 게놈 서열 분석과 영상 기술, 기능유전체학, 현장생물학을 포함한 학문과 방법론을 가로지르는 공-산적 실뜨기에 부합한다. 이것들이 공생발생을 21세기 생물학의 그토록 강력한 틀로 만든다. 진딧물공생세균과 함께하는 완두수염진딧물의 공생을 연구하는 낸시 모런Nancy Moran은 이 점을 강조한다. "수십 년 동안 주류 생물학의 주변부에 머물던 공생 관련 연구가 갑자기 활발하게 된 주된 이유는, DNA 기술과 유전체학이 우리에게 공생자 다양성을 발견할 수 있는, 그리고 더 중요하게는 미생물의 물질대사 능력이 어떻게 숙주와 생물학적 공동체의 기능에 공헌하는지를 밝힐 수 있는 엄청난 능력을 부여하기 때문이다."[20] 내가 추가하고 싶은 질문은 이것이다. 공생하는 다세포 파트너들은 어떻게 미생물 공생자들에게 영향을 미치는가? '숙주-공생자host-symbiont'는 일어나고 있는 일에 비추어보면 이상한 어법처럼 보인다. 규모야 어떻든, 홀로바이온트를 구성하는 모든 파트너들은 서로에게 공생자이다.

내가 보기에는, 혁신적인 논문 두 편이 현재 진행 중인 과학의 심오한 변화들을 구현하고 있다.[21] 길버트와 샙Jan Sapp, 타우버Alfred I. Tauber는 '우리는 개체였던 적이 없었다We Have Never Been Individuals'라는 부제를 붙인 논문에서 해부학과 생리학, 유전학, 진화학, 면역학, 발생학에 기초해 경계 있는 단위들에 반대하는 증거를 요약함으로써 생명의 공생과 홀로바이온트에 관한 주장을 편다. 그리고 〈박테리아 세계의 동물들: 생명과학의 새로운 책무Animals in a Bacterial World: A New Imperative for the Life Science〉에서 공동 필자 스물여섯 명은 생태계 및 친밀한 공생 규모에서 일어나는 동물-박테리아 상호작용에 관해 폭넓은 지식이 증가하고 있음을 보여준다. 그들은 이 사실이 다섯 가지 물음에 대한 접근법을 완전히 바꿀 것이라고 말한다. "어떻게 박테리아가 동물의 기원과 진화를 촉진해왔는가. 어떻게 동물과 박테리아는 서로의 게놈에 영향을 미치는가. 어떻게 정상적인 동물 발생은 박테리아 파트너에게 의존하는가. 어떻게 항상성이 동물과 공생자 사이에 유지되는가. 어떻게 생태학적 접근법이 여러 층위의 동물-박테리아 상호작용에 관한 우리의 이해를 깊게 할 수 있는가."[22]

학술회의에서 불안해하는 동료들, 하나의 글에서 제시되는 무수한 증거와 학문의 경계 넘기를 제대로 이해하지 못하는 논문 검토자들, 열정적으로 일에 착수했으나 의욕이 꺾여버리는 편집자들의 이야기가 두 논문을 둘러싸고 있다. 그런 이야기들은 보통 위험하고 생성적인 종합과 명제들을 둘러싸고 있다. 비판자들은 과학 만들기에 중요한 홀로바이옴의 일부이고, 나는 사심 없는 관찰자가 아니다.[23] 그럼에도 불구하고, 손상된 행성에서 살아가려면 공-산적 사유와 행동이 필요하다는 것을 생각하면, 인류세라 불리는 긴급한 시대에 복잡한 생물학 시스템에 관한 연구와 해석의 중요한 변곡점에서, 두 논문이 저명한 학술지에 실려 출판되었다는 사실은 중요하다.

'안으로 말림'의 모멘텀으로 과학과 예술을 엮어 짜기

나는 손상된 지구에서 살아가기 위한 공-산적 실천으로서 예술-과학 세계 만들기에 전념한다. 칼라 허스택Carla Hustak과 나스타샤 마이어스Nastasha Myers는 우리 모두에게 〈안으로 말림의 모멘텀Involutionary Momentum〉이라는 훌륭한 논문을 주었다. 나에게 이것은 공생발생과 이 장의 세 번째 절에서 제시할 예술-과학 세계 만들기를 연결하는 경첩이다. 두 사람은 다윈의 감각적인 글을 다시 읽는데, 다윈은 어이없을 정도로 성적인 난초와 그의 수분 곤충에게 세심한 주의를 기울인다. 허스택과 마이어스 또한 꿀벌, 말벌, 난초 그리고 과학자 사이의 감싸기와 소통에 주의를 기울인다. 두 사람이 시사하는 것은 "안으로 말림 involution"이 지구에서의 살기와 죽기의 "진화evolution"에 동력을 준다는 사실이다. 안으로 말기로 인해 밖으로 펼치기가 가능해진다. 살아 있는 것이 움직이는 모습은 쌍곡선 공간을 그리고, 양상추나 산호초 혹은 코바늘뜨기처럼 풍성한 주름과 홈을 만든다. 앞에서 본 생물학자들 그리고 허스택과 마이어스의 주장에 따르면, 서로 경합하는 방법론적 개체주의자들에 기반한 제로섬 게임은 감각적이고 흥미진진하고 화학적이고 생물학적이고 물질-기호론적인 세계, 과학을-만드는 세계의 캐리커처이다. 살아 있는 크리터들은 "똑 부러지게 말을 잘하는 식물들과 말하기를 좋아하는 다른 유기체들"을 자기네 무리에 포함하면서, 회계사의 냉혹한 제로섬 게임이 아니라 밀고 당기기를 반복하는 화려한 쌍곡선 기하학을 사랑한다.[24]

오히려 이 꿀벌난초와 그의 벌-수분 매개체는 상호 포획을 통해 구성되는데, 식물도 곤충도 이 상호 포획으로 인해 얽힘이 풀릴 수 없다. …… 우리는 난초와 곤충, 과학자의 조우에서 종간 친밀성과 미묘한 유혹의 생태학에 대한 개방성을 발견한다. 이 안으로 말림의 접근법에서 중요한 것은, 종과 종 사이의 삶과 세계를 만드는 유기체들의 실천, 발명, 실험을 진지하게 받아들이는 생태적 관계성의 이론이다. 이것은 "응답-능력 response-ability"이라는 페미니스트 윤리에 의해 고무된 생태학이다. 그 속에서 종차species difference에 관한 물음은 언제나 감응, 얽힘, 파열에 대한 관심과 짝이 된다. 이 감응의 생태학에서는 창의성과 호기심이, 인간뿐만 아니라 모든 종류의 실천자들의 실험적인 삶의 모습을 특징짓는다.[25]

난초들은 특정한 종의 곤충 암컷의 생식기를 닮은 것으로 유명한데, 이 곤충은 난초의 수분에 필요한 종이다. 자신들과 같은 종류의 암컷을 구하는 정상적인 수컷들이 특정 종의 난초의 색깔, 모양 그리고 곤충의 페로몬과 흡사한 매혹적인 물질에 이끌린다. 정통과 신-다윈주의자들은 이 상호작용이 곤충에 대한 꽃의 생물학적 기만과 착취—달리 말하면 활동 중인 이기적 유전자의 훌륭한 예—에 지나지 않는다고 해명해왔다. 하지만 허스택과 마이어스는 "비용과 수익"이 뚜렷이 비대칭인 이 어려운 경우에도, 신다윈주의를 비스듬히 기울여서 읽고, 식물 생태학을 위해 필요한 다른 모델을 찾는다. 변이, 적응, 자연선택의 이야기들은 침묵되지 않는다. 그러나 분야를 넘나드는 연구에서 점점 더 복잡한 어떤 것이 들릴 때, 마치 관련 증거가 요구라도 하는 것처럼, 자연선택 이야기는 과학자들의 귀를 멀게 할 정도로 그 소리가 높아지지는 않는다. "이것은 그렇지 않다면 소리가 거의 들리지 않았을 음역에서 말해진 이야기에 우리의 감각을 조율시켜 읽기를 요구한다. 생태과학의 기반이 되는 환원적이고 기계론적이며 적응주의적인 논리들과는 다르게, 우리는 그것을 통해 식물과 곤충이 서로의 삶에 참여하는 창의적이고 즉흥적이며 덧없는 실천의 의미를 증폭하는 읽기를 제안한다."[26]

하지만 다른 자의 삶에 참여한 너무나 중요한 파트너가 지구에서 사라진다면 어떻게 될까? 홀로바이온트들이 떨어져 갈라진다면 어떻게 될까? 만약 전체 홀로바이옴들이 산산이 부서져서 공생자들의 파편으로 흩어진다면 어떻게 될까? 우리가 손상된 행성에서 살아가기 위한 기술을 양육할 거라면, 인류세와 자본세의 긴급성 속에서 이런 질문을 던져야 한다. 과학소설 《사자死者의 대변인The Speaker for the Dead》에서 오슨 스콧 카드Orson Scott Card는, 존재 혹은 존재의 방식이 소멸했을 때 뒤에 남겨진 자들을 위한 이야기를 수집하기 위해 어떤 남자가 어떻게 해서 죽은 자를 위한 책임을 떠맡게 되는지 더듬어간다. 그는 한때 곤충 모양으로 무리를 이루는 종과 종 사이 전쟁에서 절멸주의적인 테크노사이언스에 뛰어난 소년이었다. 이 남자는 오로지 가상현실과 가상 전쟁에만 몰입했던 그 소년에게는 결코 허용되지 않았던 일을 해야만 했다. 그들의 모든 물질성 속에서 죽은 자와 산 자를 방문하고, 함께 살고, 대면해야 했던 것이다. 사자의 대변인의 과업은 아직 오지 않은 미래에 더 응답-가능한 삶과 죽음이 가능하도록 죽은 자를 현재로 데려오는 것이다. 과학-예술 세계 만들기에 부착된 나의 경첩은 멸종된 벌을 위해 난초가 벌이는 지속적인 기억 퍼포먼스를 중심으로 회전한다.

랜들 먼로Randall Munroe의 웹툰 〈꿀벌난초Bee Orchid〉는 살아 있는 꽃의 모양이 교미를 갈망하는 암컷 꿀벌의 생식기처럼 보이기 때문에 지금은 사라진 곤충이 한때 존재했다는 것을 알려준다. 그런데 이 만화는 매우 특별한 무언가를 한다. 미끼를 정체성으로 혼동하지 않는 것이다. 꽃이 사라진 곤충의 생식기를 정확히 닮았다고 말하지 않는다. 대신 꽃은 욕망과 필멸성에 휩싸여 간접적으로 꿀벌의 현존을 모은다. 이 꽃의 모양은 "수컷 꿀벌에게 암컷 꿀벌이 무엇처럼 보였는지에 관한 관념이야. 어떤 식물이 번역한…… 이 꿀벌에 관한 유일한 기억은 사라지는

꽃 모양이 암컷 꿀벌을 닮은 난초들이 있어. 수컷들이 짝짓기를 할 때 꽃가루를 옮기지.

이 난초 오프리스 아피페라*Ophrys apifera*는 꽃이 피었지만 꿀벌이 내려앉지 않아. 난초가 흉내 낸 그 꿀벌은 이미 오래전에 사라졌기 때문이지.

이 난초는 파트너 없이 자가수분에 의존해왔어. 필연적으로 도래할 사태를 죽을힘을 다해 지연시키는 유전 전략이지. 벌에 관한 정보는 남아 있지 않지만, 꽃의 모양으로 그것이 존재했던 걸 알 수 있어.

수컷 꿀벌에게 암컷 꿀벌이 무엇처럼 보였는지에 관한 관념이야. 어떤 식물이 번역한…

와, 정말…

이 꿀벌에 관한 유일한 기억은 사라지는 꽃이 그린 그림이다.

내가 너의 꿀벌을 기억할게 난초야. 내가 너를 기억할게.

3.2. 〈꿀벌난초〉 © xkcd.com
(랜들 먼로Randall Munroe).

꽃이 그린 그림이다".[27] 살아 윙윙거리는 꿀벌들에게 둘러싸이면, 이 꽃은 사자의 대변인이 된다. 만화 속 막대인간은 이 꿀벌의 꽃을 기억하겠노라 약속한다. 기억 예술의 실천이 지구의 모든 크리터들을 껴안는다. 가능성이 얼마나 되든, 그것은 분명 부활의 일부이다!

트러블과 함께하기를 위한 과학-예술 세계 만들기

나는 제국주의적인 인류세와 자본세의 이 어려운 시대에 부분적인 치유와 적절한 회복, 여전히 가능한 부활에 전념하고 있는 과학-예술 활동가들의 네 가지 세계 만들기로 이 장을 마치려 한다. 내가 생각하기에 이러한 세계 만들기는 쑬루세라 불리는 진행 중인 과거, 현재, 미래의, 잉크를 뿜고 변장하는 예술가이자 사냥하는 크리터들의 찌르고 펼치고 움켜잡는 촉수들이다.[28] 절망에 맞서 부활을 말하자면, 이 쑬루세는 공-지하적인symchthonic 것들, 공생발생적이고 공-산적인 지상의 것들의 시공간이다. 이제는 손상된 물과 공기와 땅의 터널, 동굴, 유물, 가장자리, 갈라진 틈 속에 매몰되어 짓눌린 것들의 시공간이다. 많은 언어와 무수한 이야기들 속에서 땅 밑에 있는 것들은 지구의 토착존재이다. 그리고 탈식민적인 토착민들과 프로젝트들이 나의 동맹 이야기들의 중심이다.

이 과학-예술 세계 만들기는 하나하나가 위험에 직면한 강력한 장소들과 존재자들을 위해 강건한 응답-능력을 배양한다. 또 특별히 민감한 지역에 위치한 공-산의, 복수 플레이어의, 복수종의 사고와 행동을 위한 모델 시스템이다. (1)로스앤젤레스의 실뜨기연구소Institute for Figuring(IFF)가 주도하고 조정하는 '산호초 코바늘뜨기 프로젝트Crochet Coral Reef Project'와 함께하는 대보초Great Barrier Reef*와 전 세계의 산호초들. (2)과학자들과 예술가들의 국경을 초월한 우정이 만들어낸 아코 프로젝트Ako Project(마다가스카르어와 영어를 함께 사용한 어린이 자연사 책 시리즈)와 함께하는 마다가스카르 공화국. (3)이누피아트Inupiat 에스키모들²⁹ 사이의 스토리-만들기 실천에 집중되어 있고 이라인 미디어E-Line Media와 쿡만 부족협의회Cook Inlet Tribal Council(CITC)의 공-산에 의해 태동된 네버 얼론Never Alone 컴퓨터 게임 프로젝트의 현장인 알래스카 이누피아트의 극지 부근 북쪽 지방. (4)애리조나의 블랙메사 Black Mesa에 얽혀 있는 나바호Navajo와 호피Hopi 지역—많은 실들이 얽힌 이 연합 작업의 참여자들은 블랙메사 토착민 지원BMIS, 블랙메사 신탁BMT, 나바호-추로 양들에 헌신하는 과학자들과 토착 목축민들, 삶과 땅을 위한 블랙메사 베 짜는 사람들BMWLL, 구성원 대부분이 디네족 활동가들인 블랙메사 물 연대BMWC, 디네 베이나Diné be'iiná(The Navajo Lifeway)의 사람들과 양들을 포함한다.³⁰

이들 프로젝트 하나하나는 순진무구하지 않고, 위험하고, 헌신적인 "서로의 삶에 참여하는 되기"의 사례이다.³¹ 진행 중인 생성적 쑬루세를 위해 꽉 붙잡고 찌르는 촉수 달린 것들과 함께 만들고 함께 얽히

---

* 오스트레일리아 북동부 해안을 따라 발달한 세계 최대의 산호초 군락. 수천 개의 산호초와 사주, 작은 섬들로 이루어진 거대한 떼로, 다양한 해양 생물의 서식지이다. 지구온난화로 인한 수온 상승과 산성화로 산호가 색을 잃고 하얀 골격을 드러내며 죽어가는 백화 현상과 생물종 멸종 위기 등 위험이 증가하고 있다.

는 복수종의 함께-되기라는 SF 실뜨기이다. 이들 과학-예술 세계 만들기는 곧 홀로바이옴 혹은 홀로언트인데, 여기서 과학자, 예술가, 공동체 구성원, 비인간 존재자 들이 서로의 프로젝트에, 그리고 서로의 삶에 감싸이게 된다. 그것들은 다양하고, 열정적이고, 육체적이고, 의미 있는 방식으로 서로를 필요로 한다. 하나하나가 위험한 시대에 생기를 불어넣는 프로젝트로, 공-산적이고 공생발생적이고 공영혼발생적syman-imagenic이다.

위급한 네 지역

산호 홀로바이옴들은 10년 단위로 더 산성화되고 더워지고 있는 뜨거운 산성 바다에 담겨 있기 때문에 어디서나 위기에 처해 있다. 산호초는 해양 생태계를 통틀어 가장 높은 생물다양성을 자랑한다. 자포동물의 폴립과 산호의 조직 속에 살며 황록공생조류zooanthellae라고 불리는 광합성을 하는 와편모충류, 그리고 미생물과 바이러스 무리의 공생이 산호 홀로바이옴의 중추이고, 무수한 다른 크리터들의 서식지가 된다. 또 대부분 매우 가난한 처지인 수억 명의 인간들이 건강한 산호 생태계에 직접 의존해 생계를 꾸려간다.[32] 이렇게 말하면, 인간 및 비인간 크리터들과 산호의 의존성을 크게 축소하는 것이다. 2000년에 인류세라는 개념을 주창하는 데 있어 그 핵심에는 온난화·산성화되고 있는 바다에서 죽어가는 산호초 생태계가 있었다. 지의류와 더불어 산호 또한 생물학자들이 가장 초기에 인지한 공생의 사례이다. 이 크리터들이 생물학자들로 하여금 개체와 집단에 관해 기존에 품었던 생각의 편협함을 깨닫게 했다. 이 크리터들이 나와 같은 사람들에게 우리가 모두 이끼이고 산호라고 가르쳐주었다. 게다가 몇몇 지역의 심해 산호초들은 얕은 물속에서 손상된 산호들을 되살리는 레퓨지아refugia* 역할을 할 수 있는 듯하다.[33] 애나 칭이 육지의 숲이라 칭한 레퓨지아처럼 산호초들은 바다의 숲이다. 모든 것을 떠나, 산호초의 세계는 가슴 저미도록 아름답다. 나는 그들의 육체에 깃든 아름다움을 아는 존재가 인간뿐이라고는 생각할 수 없다.

아프리카 대륙 동쪽 바다에 있는 큰 섬나라인 마다가스카르 공화국은 원숭이와 유인원의 가까운 친척인 여우원숭이lemur를 포함해 역사적인 구체적 상황에 처한 사람들과 다른 크리터들의 겹겹이 복잡하게 짜인 태피스트리의 본고장이다. 여우원숭이의 모든 종을 포함해서 마다가스카르의 비인간 크리터 중 열에 아홉은 지구의 다른 지역에서는 살지 않는다. 시골 사람들(마다가스카르 인간 시민의 대다수), 도시민들 그리고 무수한 비인간들에게 필수적인 마다가스카르의 숲과 강 유역들이 절멸되고 파괴되는 속도는 상상을 초월한다. 지역적으로나 지역의 차원을 넘어서나 논란이 없지는 않다. 사진으로 확인할 수 있는 증거에 따르면, 1950년에만 해도 울창했던 마다가스카르 숲의 40~50퍼센트가 그들의 크리터들과 함께 사라졌고, 거기에는 수 세기 동안 생계를 삼림에 의지해온 (그리고 숲을 돌본) 숲 사람들도 포함되어 있다. 숲의 안녕은 번성—사실은, 생존—을 위해 전 세계에 걸쳐 가장 시급한 우선순위의 하나이다. 논쟁은 중요하고, 선택이 아니라 필수이다.[34]

---

* 빙하기 등에 비교적 기후의 변화를 적게 겪어, 다른 곳에서는 멸종한 종이 살아남은 지역을 가리키는 지질학 용어이다.

북극 주변이 인류세와 자본세의 직격탄을 맞고 있다. 지구 전체의 평균보다 거의 두 배 속도로 온난화되고 있다. 바다의 얼음, 빙하, 영구 동토층이 녹는다. 사람, 동물, 미생물, 식물 들은 이제 더 이상 절기에 의존할 수 없다. 또 그들의 지각과 삶의 방식에 결정적으로 중요한 물질이 규칙적으로 고체 혹은 액체 형태로 바뀌는 현상에도 더는 의존할 수 없게 된다. 서로를 적절히 먹으려면 서로를 적절히 만나야 하고, 적합한 동시성이 갖추어져야 한다. 동시성은 정확히 지구 전체에 걸쳐 뒤집어지고 있는 시스템 속성 중의 하나이다. 지구에서 변화는 문제가 아니다. 변화의 속도와 분포가 진짜 문제이다. 게다가 갈수록 군비가 확장되고 있는 바다에서 북극 주변 제국주의 국가들이 최북단에 매장된 엄청난 양의 탄소 화석에 대해 소유권을 주장하고 채굴하기 위해 경쟁하면서 결코 허용될 수 없는 규모의 온실가스 추가 방출을 예고한다. 유례없는 지구물리학적, 지정학적 폭풍이 북극 전역에서 살기와 죽기의 실천들을 바꾸고 있다. 이 폭풍에 직면한 사람들과 크리터들의 연대는 지구 부활의 힘을 기르는 데 결정적으로 중요하다.

1만 제곱킬로미터 넓이의 콜로라도고원에 위치한 블랙메사 혹은 빅마운틴Big Mountain은 호피족과 디네족이 조상 대대로 살아온 땅이다. 또한 나바호인과 호피족들의 수입, 음식, 물, 교제, 의례에 필요한 당대의 장소이다. 플라이스토세에 큰 호수였던 블랙메사의 탄전은 미국에서 제일 큰 석탄층이다. 이 식민주의적이고 자본주의적인 채굴 국가는 1968년부터 이곳에 북미 최대 규모의 노천 채굴 사업을 유치했고, 현재 세계 최대 민간 석탄회사인 피바디 에너지Peabody Energy의 자회사 피바디 웨스턴 석탄회사가 이 사업을 운영하고 있다. 40년 동안 블랙메사 노천 광산에서 채굴된 석탄은 분쇄된 후 대체 불가한 원시 상태의 나바호 대수층의 엄청난 양의 물과 섞여 서던퍼시픽 소유의 거대한 슬러리 파이프라인을 통해 벡텔 사가 건설한 약 430킬로미터 떨어진 네바다의 모하비 발전소로 보내진다. 석탄을 때는 이 발전소는 심각한 오염을 일으키면서 로스앤젤레스를 포함한 사막 남서쪽의 지독하게 유독한 도시들에 에너지를 공급한다. 오늘날까지 블랙메사에 사는 사람들은 깨끗한 물도 안정된 전기도 사용하지 못했고, 나바호 대수층의 고갈로 다수의 우물이 없어졌다. 황산염이 많이 섞인 유독한 쓰레기 연못에서 물을 마신 양들이 죽고 지하수가 오염되었다.

토착민 환경주의자들과 정착민 환경주의자들이 힘을 합친 결과 가장 먼저 슬러리 파이프라인이, 그다음에는 블랙메사 광산이, 그리고 2005년에 모하비 발전소가 폐쇄되었다.[35] 피바디는 단일 건으로 2026년까지 재개발 허가를 받았다며 부근의 카이엔타 광산과 합병해 블랙메사 탄광을 다시 열고 확장할 계획을 세우고 있다. 그들은 다른 크리터들은 물론 양과 사람에게 필요한 땅을 노리고 있으며, 석탄 채굴 사업이 확장되면 코코니노 대수층의 물을 사용할 것이다.

카이엔타 노천 탄광의 석탄은 글렌캐니언 댐 부근, 애리조나주와 유타주 경계선에 있는 나바호 발전소까지 155킬로미터나 수송된다. 나바호 발전소는 미국 서부에서 가장 큰 발전소이다.[36] 발전소 이름의 아이러니는 누구나 알아챌 텐데, 왜냐하면 나바호 가정의 절반은 전기가 없고 이 발전소의 소유자는 나바호 네이션이 아니기 때문이다. 사람들과 다른 크리터들과 땅과 물의 장기적인 안녕은 차치하고, 석탄과 저렴한 에너지에서 만들어지는 이익조차 지역 주민들과 공유되지 않는다.

석탄 관련 일자리에 의존하는 상황이 호피족뿐만 아니라 나바호 네이션을 꼼짝 못 하게 한다. 나바호 네이션의 실업률은 45퍼센트에 이르고, 호피족과 디네족은 미국에서 제일 가난한 계층에 속한다. 나바호 네이션이 임대한 땅에 1970년대에 벡텔 사가 지은 시설물은 당시 미국에서 두 번째로 큰 유틸리티 사업체에 속했다. 나바호 발전소의 최대 주주는 연방정부 내무부의 개척국이다. 역시 내무부 소속인 인디언국이 원주민의 땅과 자원을 보호하는 책임을 진다. 양의 우리에 코요테가 들어 있는 꼴이다. 2010년에 피바디의 카이엔타 광산은 미국에서 가장 위험한 광산 목록에 올랐고, 연방 광산안전보건청의 집중 감시 대상이 되었다.[37] 나바호 발전소는 콜로라도강의 물을 550킬로미터 길이의 도수관을 통해 빠르게 성장하는 도시들인 투산과 피닉스까지 보내는 펌프장들에 동력을 공급한다. 발전소가 공기 질에 미치는 영향과 사막에서의 물 사용을 둘러싼 다툼 속에서도, 2014년 나바호 발전소는 전통적인 석탄 화력 발전소로서 2044년까지 계속 운영할 수 있는 허가를 얻었다.[38]

호피족의 조상들은 수 세기 동안 블랙메사 사암층에서 연료용으로 얇은 광층鑛層 석탄을 캐냈다. 반대되는 밈meme*—파괴적이지만 연료 채굴 산업에는 매우 유용한—에도 불구하고, 대기업이 블랙메사에서 대규모 채굴에 나서기 전, 디네족과 호피족의 농민들과 목동들은 때로 경쟁하고 때로 친목을 다지며 서로 가까이 섞여서 살았다. 그러나

---

* 밈meme은 영국의 생물학자 리처드 도킨스가 《이기적 유전자》에서 제시한 개념으로, "문화 전달의 단위, 모방의 단위"를 가리키는 일종의 문화적 유전자이다. 도킨스는 인간의 문화와 사회 관습도 유전자처럼 재현과 모방을 되풀이하며 복제되는 자기복제의 일종이라고 보았다. 블랙메사에서 호피족의 밈은 노천 광산의 석탄을 이용하지만 디네족의 밈은 그렇지 않았다.

탄광주들이 심한 갈등을 조장했고, 이것이 원래부터 있어온 오랜 부족 싸움의 하나로 호도되었다. 대다수 부족 구성원과 집합체(키버, 총회)의 토론이나 승낙 없이, 1966년 초국적기업들이 양쪽 부족 자문위원회가 서명한 임대차계약을 취득했다. 계약 조건은 근본적으로 불평등했고 교묘하게 법 절차를 침해한 비윤리적인 계약이었다. 변호사이자 모르 몬교 주교인 존 보이든John Boyden이 계약을 주도했는데, 그는 호피족 모르게, 피바디와 몇몇 호피족 지도자를 동시에 대리해 작업했다. 디네 족 가운데 가장 전통적인 삶의 방식을 고수해온 이들을 포함해서 수천 의 나바호인들이 블랙메사에 살았다. 처음에 나바호 부족 회의는 보이 든과 일하는 것을 거절했다. 그래서 보이든은 부족 통치 기구에 해당하 는 호피족 의회가 없었던 때부터, 부족 지도자들을 소위 전통주의자와 진보주의자로 편을 갈라놓았다. 보이든이 장기간에 걸쳐 효과적으로 공작을 한 결과, 나바호의 양 치는 사람들은 제거되었고 호피족에게 법 적 지배력을 넘기는 입법이 제정되었다. 당시 호피족은 노천 광산 일대 에는 살지 않았다. 호피 전통파가 격렬하게 보이든에게 저항했지만, 허 사였다. 보이든은 워싱턴에 연줄이 많아 블랙메사의 풍부한 석탄을 착 취하기 위한 법적, 정치적, 경제적 전략을 짜는 데 결정적으로 유리했 다. 아메리카 원주민 권리재단이 제기한 정보공개법 소송으로 드러난 바에 따르면, 보이든은 연방신탁기금으로부터 30년 동안 이 부족에 대 한 "무료 공익" 서비스의 대가로 270만 달러를 받았다.[39]

1974년 미국 의회는 존 매케인John McCain 상원의원이 제출한 나바 호-호피 토지정착법을 통과시켰다. 매케인은 애리조나주 출신으로 자 신은 물론 가족이 광업 및 에너지 산업과 밀접한 연관이 있는 인물이었다. 특정 지역과의 연관성은 고려하지 않았다 하더라도, 사람들과 동물들이 어디로 가야 할지를 두고 진지한 토의도 대비도 하지 않은 채 법안을 시행한 결과 15만에 달하는 디네족이 강제로 퇴거되었다. 그러나 양이건 사람이건, 자신들이 어디서 왔고 어디에 있으며 어디로 가는지 알고, 깊이 의식한다.[40] 1980년에 연방 정부는 쫓겨난 디네족을 위해 애리조나주 체임버스 부근의 우라늄으로 오염된 부지를 매입했다. 1996년에 상원 인디언문제위원회 위원장이던 매케인은 두 번째 강제이주법을 만들었다. 나바호인들은 유엔 인권고등판무관실에 도움을 청했다. 호피족과 나바호를 분열시킨 석탄으로 인한 상처를 치유하기 위해 젊은 활동가들이 각별한 노력을 기울이며 이 싸움을 계속하고 있다. 2005년 기준 호피족 연간 소득의 75퍼센트, 그리고 나바호인 소득의 40퍼센트가 블랙메사 채광 사업에서 나왔다. 만만찮게 복잡한 싸움이다.[41]

내가 블랙메사에 관해서 하려는 이야기는 콜로라도고원의 이 트러블 속의 세계에서 일어나는 집단 학살과 절멸에 직면한 이들의 부활, 양들, 베짜기, 예술-과학 활동가들의 세계 만들기, 나바호인이 말하는 호조hózhó—땅과 사람의 균형, 조화, 아름다움, 올바른 관계—를 위한 싸움의 연대에 관한 것이다.

한편으로는 인류세와 자본세 사이에서, 그리고 다른 한편으로는 쑬루세에 드잡이를 하고 있는 위급한 네 지역이 있다. 식민주의적인 인간의 행태가 전 지구를 황폐화하고 있는 가운데 연쇄적 재앙에 노출된 해양의 산호 숲, 섬나라의 다양한 열대 숲과 생태계, 급속도로 녹고 있는 북극의 땅과 바다, 원주민 땅의 석탄층과 대수층이 그것이다. 이제 각 지역에서 공-산적 세계 만들기, SF 패턴으로 만들어진 생명 유지에 필수적인 모델들에 눈을 돌릴 때이다. 여기서는 평범하고 일상적인 이야기들이, "서로의 삶에 개입하는" 평범한 되기가, 손상된 지구에서 안녕을 육성하기 위해 트러블과 함께하기 위한 길을 제시한다. 공-지하적인 이야기들은 영웅들의 이야기가 아니다. 진행 중인 것에 관한 이야기이다.

네 지역에서의 부활

산호초 코바늘뜨기

1997년, 코넬대학의 라트비아인 수학자 다이나 타이미나Daina Taimina가 쌍곡선 공간의 물리학적 모델을 만드는 방법을 해결했다. 수학자이자 예술가인 마거릿 베르트하임Margaret Wertheim은 이렇게 말한다. "덕분에 우리는 이 독특한 기하학의 속성을 느끼고 암암리에 탐구할 수 있게 되었다. 그녀가 사용한 방법은 코바늘뜨기였다."[42] 마거릿의 쌍둥이 자매로 공예가이자 시인인 크리스틴Christine은 2005년에 산호 백화 현상에 관한 논문을 읽은 후, 수학과 섬유예술의 결합을 염두에 두고 마거릿에게 산호초 코바늘뜨기를 제안했다.[43] 이 특이한 요청은 우리가 그런 방식으로 산호초를 위해 싸울 수 있음을 암시하고 있었다. 크리스틴과 마거릿은 〈여전사 지나Xena Warrior Princess〉라는 텔레비전 드라마를 보다가 지나와 친구 가브리엘의 멋진 전투 액션에서 영감을 받았다.[44] 로스앤젤레스에 있던 이 쌍둥이 자매가 처음 상상했던 것을 뛰어넘는 대단한 결실이 맺어졌다. 지금까지 27개국—아일랜드, 라트비아, 아랍에미리트, 오스트레일리아, 미국, 영국, 크로아티아 등—에서 대부분 여성인 8000여 명의 사람들이 코바늘뜨기를 위해 힘을 모았다. 털실, 면, 비닐봉지, 버려진 릴 테이프, 비닐젤리 편물용 실,

3.3. '산호초 코바늘뜨기' 프로젝트를 위해 본다 N. 매킨타이어Vonda N. McIntyre가 구슬로 만든 해파리. IFF 소장, 사진. © IFF.

식품 포장용 랩 등 코바늘로 고리와 소용돌이 모양을 만들 수 있는 거라면 온갖 재료가 다 사용되었다.

이 코바늘뜨기의 규칙은 매우 간단하다. 쌍곡평면 모델의 경우 각 열에서 코를 늘려감으로써 주름 모양이 만들어진다. 이 털실로 된 실험적인 생물 형상의 창발적인 생명력은, 공예가들이 자신이 어떤 모양을 만들어낼 수 있는지 보려고 한 열 한 열 불규칙적으로, 특이하게, 즉흥적으로, 그리고 정확히 콧수를 더해감에 따라 다양한 육체적 모양을 갖추게 된다. 그들이 만들어내는 모양은 취약한 산호초의 해양 크리터로서 생명을 얻게 되는 무딘 톱니 모양의 존재들이다.[45] 털실로 만든 모든 모양은 그것의 섬유 DNA를 가진다.[46] 그러나 털실이 유일한 재료는 아니다. 플라스틱 병에 잡동사니 쓰레기 덩굴손을 매단 아네모네와 《뉴욕 타임스》의 푸른색 비닐 포장지로 만든 아네모네가 모래톱 서식지를 찾는다. 우화화되고, 독창적이지만 가슴을 아프게 하는 산호초 생태계 또는 몇몇 크리터의 모델을 만드는 가운데 '산호초 코바늘뜨기'는 아마도 세계에서 가장 큰 협동 예술 프로젝트가 되었다.

산호초 코바늘뜨기의 안으로 말리는involutionary 모멘텀이 수학, 해양생물학, 환경 행동주의, 생태학적 인식 제고, 여성의 수공예, 섬유 공예, 박물관 전시, 그리고 공동체 예술 실천의 공-산적 매듭짓기에 동력을 공급한다. 일종의 쌍곡선으로 체현된 지식인 산호초 코바늘뜨기는 지구온난화와 유독 오염물의 물질성에 싸여 살아간다. 그리고 산호초를 만드는 자들은 응답-능력을 배양하기 위해 복수종의 함께 되기를 실천한다.[47] 이 산호초 코바늘뜨기는 "알고리즘 코드와 즉흥적 창의성, 공동체적 참여"의 열매이다.[48] 이 산호초는 모방이 아니라 끝이 열려 있는 탐험 과정에 의해 작동한다. "반복하다, 일탈하다, 정교화하다"가 이 탐험의 원리들이다.[49] DNA라도 이보다 그것을 더 잘 말해줄 수는 없었을 것이다.

'산호초 코바늘뜨기'에는 전 세계에서 여러 차례 열린 전시회에서 선보이기 위해 만든 핵심적인 산호초 세트가 있다. 2007년 피츠버그의 워홀 박물관과 시카고 문화센터에서 열린 첫 전시회의 작품, 2014년 아부다비에서 전시된 '산호 숲Coral Forest' 등이 대표적이다. 이 예술품들은 로스앤젤레스의 실뜨기연구소IFF에 보관되어 있고, 나머지는 베르트하임 자매의 집을 채우고 있다. IFF는 2003년에 베르트하임 가족이 설립한 비영리 조직으로, "수학, 과학, 공학의 미적 차원"에 전념하는 기관이다.[50] 핵심 개념은 물질적 놀이이고, IFF가 제안하고 구현하는 것은 싱크탱크나 워크탱크가 아니라 플레이탱크인데, 나는 이를 손상된 행성에서 살아가기 위한 예술로 이해한다. IFF와 '산호초 코바늘뜨기'는 예술-과학-활동가의 세계 만들기이고, 사람들을 한데 모아 인류세와 자본세 속에서의 부활에 중요할지 모를 적극적인 '부착'을 만들기 위해 수학, 과학, 예술로 실뜨기를 한다. 다시 말해 실뜨기들을 쏠루세 속에 얽히게 만든다. 지역 전시회를 열기 위해 전 세계에서 모인 공예가 집단이 만든 수많은 산호초들, 그리고 '생물다양성 산호초', '유독 산호초', '표백된 산호초', '산호 숲', '플라스틱 쓰레기 더미', '하얀 뾰족탑 정원', '표백된 뼈 모양의 산호초', '구슬 장식 산호 정원', '산호 숲 해파리'…… 이외에도 많은 것들이 육화되었다. 공예가들은 우화화된 건강한 산호초를 만들지만, 나는 대부분의 산호초가 플라스틱 쓰레기, 백화 현상, 유독한 오염물의 흔적을 보여준다고 생각한다. 나에게는 이 쓰레기들을 가지고 하는 코바늘뜨기가 사랑과 분노의 무한 반복처럼 느껴진다.

수천 명에 이르는 산호초 공예가들의 기술과 관심, 그리고 대보초 산호 군락 부근 브리즈번에서 태어난 마거릿과 크리스틴의 기술과 감각이 프로젝트의 핵심 토대이다. 수학과 물리학을 전공한 마거릿은 과학 작가이자 큐레이터, 예술가이다. 그녀는 이론물리학의 문화사를 폭넓게 다루는 글을 쓰고 있다. 2009년의 테드TED 강연 〈아름다운 산호의 수학The Beautiful Math of Coral〉은 100만 명 넘는 사람들이 보았다.[51] 페미니스트 유물론 시학에 기초한 저서 두 권을 출간한 크리스틴은 시인, 공연가, 비평가, 큐레이터, 공예가, 교사이다. 그녀는 자신의 작업을 "교묘한 언어학, 정신분석, 운문과 젠더 연구 사이에서 들끓는 비옥한 지대들"이라고 적절히 표현한다.[52] 이 쌍둥이 자매는 분명 공-산적 SF를 위해 준비되어 있었다.

수천 명의 공예가들이 서로에게, 또 자신들의 섬유 크리터와 만나는 모든 사람들에게 영향을 주면서 바다의 생물학적 산호초들에 대한 심리적, 물질적, 사회적 애착을 코바늘뜨기하지만, 그들은 해양의 현장 생물학을 실천하거나, 산호초 속으로 뛰어 들어가거나, 다른 어떤 직접 접촉을 하지는 않는다. 오히려 이 공예가들은 "근접성 없는 친밀"을 뜨개질한다. 다시 말해 이 프로젝트에 생기를 불어 넣어주는 크리터들을 방해하지 않으면서, 죄다 절멸하려 들고 쓰레기 같고 탐욕스러운 글로벌 산업 경제와 문화 행위에 대항하기 위한 일과 놀이의 일부가 될 잠재력으로, 현존을 뜨개질한다.[53] 근접성 없는 친밀은 "가상의" 현존이 아니다. 그것은 "현실의" 현존이지만, 고리가 많은 물질성 속에 있다. 코바늘뜨기 수학의 추상성은 섬유예술에서 뜨개질된 감응적·인지적 생태학으로 일종의 유혹을 하고 있다. 산호초 코바늘뜨기는 또 다른 발견의 항해에서 카메라나 손으로 접촉할 필요가 없는 보살피기의 실천이다. 물질적인 놀이는 돌보는 대중을 만든다. 그 결과 산호초의 홀로바이옴 속에 또 다른 질긴 실이 생긴다. 이제 우리는 모두 산호다.

산호초 세계 속 베르트하임 자매의 탄생 덩굴손들로 돌아가면서, 알을 낳으려고 바다에서 해변으로 나오는 우아한 바다거북의 사진을 가지고 나는 산호초 코바늘뜨기에 관한 이 짧은 절을 마치려 한다. 바다거북들은 약 80개국에서 그리고 멸종 위기에 내몰린 모든 곳에서 알을 낳는데, 열대와 아열대 지대에 걸쳐 분포되어 있다. 대보초의 바다를 돌아다니는 또 다른 바다거북 사진은 2015년에 퀸즐랜드 북쪽 끝에

3.4. 바다거북*Chelonia mydos*이 알을 낳기 위해 바다에서 해변으로 기어 나오고 있다. 마크 설리번Mark Sullivan, 미국 국립해양대기청, #10137-07.

서 열린 자연권재판소 지역 회의를 홍보하고 있다.[54] 약 1만 8000마리의 암컷 바다거북이 대보초의 레인섬에서 철마다 둥지를 튼다.[55] 이 개체군은 오늘날 지구상에서 대규모 둥지를 트는 단 두 그룹 중 하나이다. 언급한 재판소는 2015년 12월 파리 기후변화 정상회담이 열리는 동안 국제자연권재판소에 제출하기 위해 산호초의 적절한 관리에 관한 원주민 목격자들의 진술을 모았다. 바다거북들, 산호들, 탈식민화하고 있는 지역의 돌봄을 목격한 원주민들, 과학자들의 홀로바이옴들, 쑬루세의 주민들, 다양한 환경정의 활동가들, 국제적인 예술-과학 공예가들이 SF 속에, 번성을 위한 사변적 우화 속에 모여든다.

마다가스카르 아코 프로젝트

1962년에 예일대학 대학원생이었던 앨리슨 졸리Alison Jolly는 마다가스카르에 있는 지금의 베렌티 영장류 보호구역에서 여우원숭이를 연구하고 있었다. 그녀는 이 섬 남쪽의 가시덤불 숲과 건조지 갈레리 숲에서 암컷이 리드하고, 으스대며 걷고, 기회주의적이고, 꼬리에 둥근 점이 있는 여우원숭이들을 마주친 순간 무구하지 않은 사랑과 앎에 빠졌다. 키 1미터 80센티미터의 이 젊은 백인 여성은 자신도 모르게 마다가스카르의 존재자들, 특히 여우원숭이라는 놀라운 종과 이 섬 전체에 걸쳐 있는 근본적으로 다른 숲 생태계, 그리고 이 섬의 복잡한 사람들과 종족들과 더불어 그들을 위한 지식과 웰빙의 애호가이자 탐구자가 되었다. 졸리는 많은 책과 과학 논문을 썼고 수많은 연구와 보존 팀에 참여했으며 2014년에 세상을 떠났다. 그녀는 영장류학과 생물다양성 보존에 크게 공헌했고, 보존의 필요성과 갈등에 관한 역사적으로 정통한 열정적 연구로 중요한 궤적을 남겼다. 그러나 그녀가 무엇보다 자부심을 느낀 일은 '아코Ako 프로젝트'라는 공-산적 선물에 참여한 것이다.[56] 이 프로젝트는 취약한 마다가스카르의 세계들에서 부활을 위한 실천을 엮어냈다. 나도 그녀가 한 일 중에서 이것을 가장 사랑한다.[57]

졸리는 타비tavy라고 불리는 조그만 농지를 일구기 위해 숲을 베어내고 불태우는 시골 사람들과, 숲속의 모든 파트너와 함께 그녀가 사랑하는 원원류prosimian* 양쪽이 다 연루된 상황의 끔찍한 모순과 마찰을 뼛

---

* 원원류原猿類란 원숭이와 유인원을 제외한 영장류를 말한다. 여우원숭이는 이 원원류에 속하는 영장류로, 전 세계에서 오직 마다가스카르에서만 발견되며, 현재 멸종 위기에 처해 있다.

속 깊이 이해했다.[58] 물론 자신이 마다가스카르 사람이 아니고, 기껏해야 적절히 답례를 할 수 있을 한 사람의 손님이고, 최악의 경우 언제나 그럴듯한 이유를 내세워 땅을 빼앗고 충고를 하는 무수한 식민지 개척자의 일원일 수 있음을 알았다. 그녀는 이동하는 경작자들이 숲을 파괴했는지 아니면 양육하고 관리했는지를 둘러싼 논란을 보면서, 숲과 숲의 모든 크리터들의 미래에 치명적인, 확대일로에 있는 타비 화전에 관해서 열심히 공부하고 배웠다. 숲을 태워 농지를 일구는 사람들은 생산물(식량으로서의 여우원숭이를 포함한)을 얻기 위해서뿐만 아니라, 인이 부족한 열대 토양의 비옥도를 유지하기 위해서 그렇게 하고 있었다. 졸리는 라노마파나 공원의 오래된 수목 분포를 통해, 화전을 만드는 일이 숲의 계승과 생물다양성 유지 사이클의 일부였다는 사실을 알게 되었다.

그러나 그녀는 더 이상 주장하지 않았다. 이제 더는 시간이 없었다. 졸리는 다양한 토지 강탈, 이주, 폭력적인 억압, 사유재산 체제 도입, 불안정한 시장, 실패한 중앙정부, 엄청난 규모로 요구되고 강요된 국가 부채, 개발 공약 미이행이라는 현실에서 급속도로 증가하는 인구의 중압이 숲에게 무엇을 의미하는지 자세히 알게 되었다. 그녀는 지역민들이 자신들을 방문한 전문가들에 대해 내리는 정확한 평가를 생생하게 기록했다. 전문가들과 방문 연구 과학자들은 토지 강탈의 끔찍한 역사, 식민 시대와 독립 이후 실시된 수색 소탕 작전, 탐욕스러운 자원 약탈 책략, 그리고 대체로 선의를 품고 있으나 종종 무지한 외국 과학자들과 지역 및 외국 NGO들의 실패한 프로젝트가 주민들에게 끼치는 영향에 관해서 거의 혹은 전혀 알지 못했다. 졸리는 또한 동료들과 친구들의 지속적인 헌신이 온갖 터무니없는 문제들에 맞서서, 그리고 차

HENOY AHO-OO-Oo-oo!

3.5. 《틱틱 호랑이꼬리여우원숭이Tik–Tik the Ringtailed Lemur/Tikitiki Ilay Maky》의 본문. 유니세프 마다가스카르 여우원숭이 보호재단. 앨리슨 졸리와 한타니리나 라사미마나나Hantanirina Rasamimanana 글. 데버라 로스Deborah Ross 그림. 마거레타 졸리Margaretta Jolly 제공.

이를 뛰어넘어 마다가스카르에서 무엇을 성취할 수 있을지를 알았다. 수많은 사례가 있지만, 여기서는 공-산을 위한 모델이 될 수 있는 작은 프로젝트에 관해 이야기하겠다.

　　영어와 마다가스카르어가 같이 나오는 아코 프로젝트의 책들은, 조그만 쥐원숭이 혹은 니 치디디ny tsididy부터 손가락 모양이 기묘한 아이아이원숭이(다람쥐원숭이) 혹은 니 아이아이ny aiay, 노래 부르는 인드리원숭이 혹은 일레이 바바코토ilay babakoto까지, 여섯 종의 여우원숭이들을 책별로 각각 등장시켜 어린 마다가스카르 여우원숭이의 모험을 생생하게 들려준다. 이 이야기들은 감각적인 호기심과 현실감이 넘치는 구체화된 자연사이다. 또 서식지와 집단의 사회적 삶의 즐거움과 위험을 안고 살아가는, 원기 왕성한 어린 여우원숭이들의 오만한 모험담이기도 하다. 이 프로젝트는 마다가스카르어로 된 교사용 안내서와, 이야기의 무대인 마다가스카르의 특이한 지역들을 보여주는 아름다운 포스터를 제공하는데, 여기서 여러 여우원숭이종은 서식지에 적합한 다양한 식물과 동물 크리터들로 에워싸여 있다. 이 책들은 교과서가 아니다. 이야기책이다. 자신이 사는 나라나 지역의 크리터들조차 볼 수 있는 여건이 안 되는 어린이들(그리고 성인들)을 위한 이야기이고, 정신과 마음과 몸을 위한 향연이다.

대부분의 마다가스카르 사람들은 땅이나 텔레비전, 책에서 여우원숭이를 보지 못한다. 학교에 갈 정도로 혜택 받은 어린이들은 교과서에서 프랑스 토끼 그림을 본다는데, 이것은 내가《영장류의 시각Primate Visions》이라는 책을 쓰느라 졸리를 인터뷰했던 1980년대에 그녀가 넌더리를 내며 들려준 이야기다. 아직도 학교가 없는 마을이 많다. 그리고 어린이들을 위한 정규 교과 과정은 옛날 프랑스식 모델이든 새로운 학습자 중심 접근법이든, 대부분의 사람들과는 무관하다. 시골 학교들을 지원하는 국가 재정은 극도로 빈약하고, 극빈 가정들에서 받는 사례금 외에는 수입이 없는 지역 사회의 교사들이 대부분 연수를 받지 못한 채 아이들을 가르친다. 자기 고장의 크리터나 생태에 관한 교육은 생각하기 어렵다.

아코 프로젝트는 가난한 학교들과 무관심한 관료들을 우회하는 작전을 썼다. 졸리는 데버라 로스Deborah Ross의 매혹적인 동식물 수채화를 보고는 이 예술가에게 여우원숭이에 관한 아동 도서에 삽화를 그려줄 수 있는지 물었다. 로스는 그러겠다고 했다.[59] 졸리는 오랜 친구이자 여우원숭이 생물학자인 한타니리나 라사미마나나Hantanirina Rasami-manana와 함께 기금을 모았다. 프로젝트가 시작되고 운영되었다. 학교 관료주의 바깥에서 배포된, 흥미진진하고 아름답고 재미있고, 그리고 무서운 이야기들로 아코 프로젝트는 **마다가스카르 사람들을** 위해 마다가스카르의 특별한 생물다양성에 관한 공감과 지식을 키워나간다.

아코 프로젝트는 수십 년에 걸친 동료애와 우정이 일구어낸 열매이다.[60] 1983년에 앨리슨 졸리는 17세 연하의 마다가스카르 과학자 한타니리나 라사미마나나를 만났다. 두 사람은 서로 다른 상황에서 각자 어려움을 겪으며 권위를 얻었고, 까다로운 조건에서 현장 연구를 하는 어머니로서, 호랑이꼬리여우원숭이에 마음을 빼앗긴 영장류 동물학자로서, 마다가스카르의 사람들과 자연을 사랑하는 사람으로서, 세계와 지역의 정치 참여자로서 긴밀하게 협력했다. 라사미마나나는 수도에서 태어났고 디디에 라치라카Didier Ratsiraka의 사회주의 체제에서 소련의 후원을 받은 세대로 모스크바의 수의학교에서 축산학을 공부했다. 이후 프랑스 국립자연사박물관에서 박사학위를 받았으며, 영장류 보존 관련 석사학위도 있다. 그녀는 안타나나리보의 고등사범학교에서 동물학과 과학교육학 교수로 일하고 있다. 호랑이꼬리여우원숭이를 연구하면서, 라사미마나나는 여우원숭이 사회의 부양 행위, 에너지 소비, 암컷 우선권과 최고 권위('지배')에 관한 논문을 썼다. 마다가스카르의 과학계에서 다양한 일을 했고, 마하장가와 코모로스에서 영장류 보존 석사학위 과정을 지도했다. 또 마다가스카르 공립학교 교육 과정 고문으로서 아코 프로젝트 교사 지원 프로그램을 이끌고 있으며 시골 지역에서 진행했던 워크숍을 토대로 마다가스카르어로 된 교사용 안내서를 썼다.[61]

3.6. 《뛰어오르는 흰 시파카Tsambiki Ilamba Fotsy/Bounce the White Sifaka》에 수록된 그림. 유니세프 마다가스카르 여우원숭이 보호재단. 앨리슨 졸리와 한타니리나 라사미마나나 글. 데버라 로스 그림. 마거레타 졸리와 데버라 로스 제공.

2013년 여름, 라사미마나나는 라노마파나 국립공원의 상트 발비오 연구소에서 열린 제5차 국제원원류회의에서 프로그램 의장을 맡았다. 졸리의 친구이자 동료인 퍼트리샤 라이트Partricia Wright를 비롯한 많은 사람들이 이 연구소에서 수십 년간 일하면서 마다가스카르에서의 마다가스카르 과학자들에 의한 생물다양성과 영장류 연구를 발전시켰다.[62] 2013년 회의에는 참가자 200명 중 80명이 마다가스카르에서 왔다. 참가자의 절반은 숲의 얽힌 그물망 속에서 여우원숭이와 그 동료들의 열린 시공간을 지켜내는 데 헌신할 차세대 과학자군의 핵심이 될 학생들이었다. 죽기 직전에 졸리는 보존 일지에 남긴 기록에서 이 회의가 의미하는 바를 이렇게 짚었다. "커다란 변화가 있었다. 대부분의 논문이 마다가스카르의 생물다양성을 다루고, 보존 분야에서 경력을 쌓고 싶어 하는 마다가스카르인들에 의해 쓰였다. 왜 사람들이 숲을 찾고 싶어 하는지를 두고 다른 마다가스카르 사람들이 여전히 어리둥절해하는 것과는 대조적이다! 과거 모든 회의를 외국인들이 지배하던 것과 비교하면 엄청난 변화이다."[63]

졸리와 라사미마나나는 도서 및 포스터 예술가, 과학자, 작가 들과 협력해 아코 프로젝트를 탄생시켰다. 이 프로젝트를 통해서, 그리고 마다가스카르와 그 보존사에 점철된 수많은 위기 가운데 실행한 일과 놀이를 통해서 그들은 어린아이들, 현장 가이드들, 각급 학교와 대학의 학생들을 비롯해 새로운 세대의 마다가스카르 자연주의자들과 과학자들을 육성했다. 졸리와 라사미마나나는 순진무구하지 않게, 가차 없이 헌신하고 연대하는 가운데 손상된 지구에서 삶의 예술을 실천했다. 그것이 중요하다.

네버 얼론NEVER ALONE(KISIMA INGITCHUNA)

손상된 행성에서 살기 위한 과학-예술 세계 만들기, 세 번째 사례는 '월드 게임' 만들기이다. 월드 게임은 원주민들의 이야기와 실천을 재료로 만들어진다. "그렇지만 옛날이야기들에 담긴 지혜가 공유되지 않는다면 무슨 소용이 있는가?"[64] 이 게임들은 위험한 시대에 세계들을 기억하고 창조한다. 그것은 세계 만들기의 실천이다. 전 세계적으로 토착민들은 인류세와 자본세의 멸종과 절멸에 관한 온갖 담론에 대해 특별한 의견을 갖고 있다.[65] 재앙이 닥칠 거라는 생각은 새로운 것이 아니다. 실제로 집단 학살과 근거지의 황폐화는 수십 수백 년 전에 이미 일어났고, 아직도 멈추지 않았다. 사람들과 장소들은 그러한 상실, 애도, 기억, 복원력, 토착민이 의미하는 것을 재발명하고, 돌이킬 수 없는 파괴가 아니라고 강변하는 자들을 거부하고, 현재와 미래에 잘 살고 잘 죽기로부터 벗어나기를 거부하는 가운데 누더기가 되어버린 생명력으로 부활의 꿈을 키운다. 월드 게임은 컴퓨터 게임 플랫폼들과 디자이너들, 토착민 스토리텔러들, 시각 예술가들, 조각가들과 인형 만드는 사람들, 디지털에 정통한 젊은이들, 지역 사회 활동가들을 불러 모으는 창의성이 풍부하고 공-산적인 협업이 필요하다. 내가 이 글을 쓰는 지금 이 순간 컴퓨터 월드 게임의 수는 많지 않다. 하나 있다. 하지만 협업 중이거나 디자인 단계에 있는 작업들은 있다.[66]

그러나 어떤 상황에 처한 토착민 이야기들이 공-산의 모델로 확장 가능할지라도, 토착민을 식민화하거나 사람들의 비애를 불러일으키는 자원으로, 다시 말해 영원히 죽지 않을 것 같은 실체들로 또다시 급습하지 않는 것이 매우 중요하다. 네버 얼론은 보편적 합일을 위한 뉴에이지

게임이 아니고, 인식론적 위기에 대한 포스트휴머니즘 솔루션도 아니다. 협업을 위한 일반적 모델도 아니고, 원주민의 기후 관련 지혜로 교묘하게 인류세를 처리하는 방법도 아니다. 또 쑬루세를 위한 입문서도 아니다. 만약 이누피아트족Inupiat인 "실라Sila"가 SF 게임에서 촉수가 있는 쑬루세를 만난다면, 그것은 위험을 감수해야 하는 제안이지, 순진무구한 번역은 아닐 것이다.[67] 네버 얼론은 상이한 관심을 필요로 한다. 그리고 게임을 하면서 내가 일찍, 자주 죽는 것은 나의 형편없는 게임 실력 탓이라기보다는 월드 게임이 구체적인 역사적 상황에 처한 원주민의 스토리텔링이라는 사실을 적절히 상기시키는 것인지도 모른다. 이 게임이 이누피아트어로 진행되고 영어 자막이 있다는 사실은, 여기서 세계 만들기의 권한이 어디 있는지를 상기시켜주는 또 다른 방식이다. 이 야기들은 인터넷에 팔려고 내놓은 것조차 스토리텔러들 것인데, 그들이 어떤 상황에 처한 세계 만들기의 실천들 속에서 이야기를 공유하든 아니든 그렇다. 이야기를 공유하기 위한 조건을, 학구적이건 그렇지 않건, 침략자가 설정해서는 안 된다.[68] 그렇다고 이 게임이 보호라는 명목하에 삐딱하게 희화화되어 원주민 청중을 위한 원주민의 장소에서 원주민 논평가들에게 한정된 것이라는 말은 아니다. 그것은 이야기하기, 듣기, 플레이하기의 조건들이 결정적으로 재배치되었음을 의미한다.

"네버 얼론kisima Ingitchuna은 알래스카 원주민인 이누피아트족과 협업하여 개발한 첫 번째 게임이다. 어린 이누피아트 소녀와 북극여우가 그들이 예전부터 알고 있던 모든 것의 생존을 위협하는 끝없는 눈보라의 근원을 찾아 나서는 과정을 담은 플레이다."[69] 아무도 혼자 행동하지 않는다. 게임은 우화적이고, 영어 사용자들이 무시하는 경향이 있는 영혼의 세계에 위치해 있다 해도 연결과 이동 통로는 현실적이고 물질적이다. 누나Nuna라는 소녀의 용기와 기술도 매우 중요하다. 이것들이 (애나 칭이 말하는) 손상된 행성에서 살아가기 위한 기술이다. 네버 얼론이 어슐러 K. 르 귄의 《언제나 집으로Always Coming Home》와 함께 실뜨기 패턴으로 플레이될 수 있을지도 모른다.

게임 제작자들은 새로운 장르인 '월드 게임'을 진행 중인 원주민의 이야기 속에서 일어나는 것으로 규정한다. 네버 얼론의 제작에 참여한 사람들은 쿡만 부족협의회CITC 대표인 글로리아 오닐Gloria O'Neill, 다수의 알래스카 원주민 공동체의 고문들과 장로들, 이라인 미디어의 공동 창업자 앨런 거센펠드Alan Gershenfeld와 제작감독 숀 베스Sean Vesce, 시애틀에 있는 디자인 스튜디오, 나이에 상관없이 이 게임을 하는 모든 사람들이다. 인간과 비인간 존재자들과 함께하는 땅과 물에 대한, 이 시대에 누구나 공유하는 위기의식도 빠뜨릴 수 없다. "오닐은 이 비디오 게임에 참여할 기회를 얻어 기쁘다고 했는데, 쿡만 부족협의회가 이 과정을 통해 공동 개발자가 될 수 있었기 때문이고, 비디오 게임 산업 역사에서 어떤 아메리카 토착민도 이전에 그런 역할을 한 적이 없기 때문이라고 했다."[70]

네버 얼론의 공-산은 많은 맥락을 품고 있다. 그중 하나는 대부분의 근대주의자들은 이해하기 어려울, 바로 이 이야기들과 게임의 공영혼발생적symanimagenic 풍부성이다. 소녀 누나와 반려인 그녀의 북극여우는 마을을 나서서 유례없이 엄청난 눈보라에 직면하고, 무엇이 눈보라를 일으키는지 알아내고, 사람들과 땅을 구한다. 소녀와 여우는 서로 도우면서, 수많은 장애를 극복하며 고래 배 속에서 헤엄치는 것까지 배

3.7. 네버 얼론 게임의 표지 그림. 이라인 미디어·어퍼원 게임·CITC 제공.

우고 마지막에는 고래 머리의 분수공을 통과해 하늘로 탈출한다. 이런 종류의 결합과 우화적인 여행은 존재론적이거나 인식론적인 문제가 아니며, 적어도 대단한 문제는 못 된다. 하지만 다양한 영혼의 조력자들이 있고 이들의 힘은 이 세계 만들기에서, 이 이야기들에서, 인류세를 맞은 북극의 공-산에서 절대적으로 중심이 된다. 디지털 정보 시스템 존재론, 영혼의 조력자, 그리고 생명문화적 소녀와 여우는 "절대 혼자가 아니야never alone"라는 말이 명실상부하도록 진지하고 민첩하게 실뜨기 게임을 해야 한다.

브라질의 아메리칸 인디언 사냥꾼들과 함께 작업하면서 에두아르두 비베이루스 지 카스트루는 자신이 다자연주의multinaturalism와 관점주의perspectivism라고 부른 근본적인 개념의 재편성을 이론화하는 것을 배웠다. 그는 "애니미즘이야말로 유물론의 유일하게 **합리적인 버전**"이라고 썼다.[71] 나는 영혼의 세계를 '믿는' 나—혹은 누나 같은 아이들—에 관해 이야기하고 있는 것이 아니다. 믿음은 토착민적 범주도 쑬루세적 범주도 아니다. 학술적이거나 민간의 세속적인 형태들을 포함해 믿음이라는 범주는 서로를 파괴하고 식민화하는 기독교 논쟁의 수렁에 깊이 빠져 있고, 교리, 직업, 고해, 오류의 분류학과 관련되어 있다. 즉 믿음은 합리적이지 않다.[72] 나는 지금 물질기호론에 관해서, 세계 만들기의 실천에 관해서, 공생발생적일 뿐만 아니라 언제나 **합리적 유물론**의 성격을 띠는 공-산에 관해서 이야기하고 있다. 안으로 말림의 모멘텀의 합리적 유물론은 비종교적 모더니즘이 허락하는 것보다 훨씬 더 혁신적이다. 쑬루세에서 살기 위한 이야기들은, 더 대담하고 실험적인 자연의 역사에 유리하도록 존재론과 인식론을 보류하고 경시하라고 말한다. 그것의 모든 밀기, 당기기, 영향, 애착과 함께 공영혼발생적인 합리적 유물론에 살아야만 **네버 얼론**을 플레이할 수 있다. 이 세계 그리고 다른 세계의 부활은 플레이하는 법을 배우기에 달려 있을지도 모른다.

그러나 나는 네버 **얼론**에서 일찍 그리고 자주 죽기를 되풀이하면서, 영혼 조력자들이 그들의 친척 편을 든다는 사실을 잊지 않고 있었다. 애니미즘이 마법의 망토처럼 방문자들 어깨에 내려앉을 수는 없다. 진행 중인 쑬루세에서 친척 만들기는 그보다 더 어려울 테고, 식민지 개척자들의 내키지 않는 후예들조차 친척 관계 인정의 조건들을 설정할 자격을 갖추지 못했다. 게다가 문화 재건에 헌신하는 사람들을 포함해 현대의 많은 이누이트족은 자신들의 문화유산에 속하는 애니미즘을 경계한다. 트러블과 함께하기와 부활을 갈망하기는 모든 사람에게 힘든 역사를 이어받으라고 요구하지만, 그 방식과 열망의 정도는 각기 다르다.

나바호 베짜기: 우주론적 퍼포먼스,
수학적 리듬, 나바호-추로 양, 호조Hózhó

블랙메사, 거기 삶이 있다.

거기 다시 삶이 있게 될 것이다. 이렇게 그들은 말한다.

이것이 그들이 베짜기를 계속하고 있는 이유이다.[73]

공-산을 위한 마지막 모델 시스템을 위해 나는 모험적인 제안을 하려 한다. 즉 섬유로 돌아가서, 산호초 코바늘뜨기와 나바호의 베짜기를 이을 것이다. 나바호 베짜기는 나바호 네이션 전역에서 실천되고 있지만, 나는 그중 블랙메사의 베 짜는 사람들, 그들의 양들 그리고 그들의 동맹들을 강조하려 한다.[74] 나바호 베짜기를 '예술-과학 행동주의'라고 부른다면(산호초 코바늘뜨기의 경우에는 충분히 가능한 명명이었지만) 심각한 범주 오류가 될 것이다. 확고하고 정확한 디네Diné라는 명명을 우회할 뿐만 아니라 '예술'과 '과학'이라는 두 가지 범주는 이 상황에서 계속 식민화 작업을 한다. 그러나 '전통적'이라는 개념에 대한 식민주의적 규정에는 결코 적합하지 않을 나바호 베짜기를, 수학적이고 우주론적이고 창의적이며 지금도 진행 중인 실천들에 포함시키지 않는다면 그 또한 심각한 범주 오류이다. 산호초 코바늘뜨기와 마찬가지로, 특히 추로 양의 털을 사용하는 나바호 베짜기는, 도가 지나친 죽음과 지속성이 위

3.8. 나바호 양탄자. 제작자 미상. 도나 해러웨이 사진. 러스틴 호그니스의 아버지 존 호그니스 John Hogness가 1960년대에 나바호 네이션에서 구입했다.

협받는 망가진 땅에서 배려와 응답-능력의 패턴으로 사람과 동물을 묶는다. 산호초 코바늘뜨기에서처럼, 집단적 만들기와 개인적 발명의 놀이는 나바호 섬유 작업 어디에나 있다. 산호초 코바늘뜨기와 나바호 베짜기는 둘 다 예술을 공예보다 우위에 두는 젠더화되고 상품화된 현대적 구조의 생태 속에 존재한다. 둘 다 주로 여성들이 하지만, 남성들도 사상가/제작자의 그물망에 참여한다.[75] 산호초 코바늘뜨기와 나바호 베짜기는 수학적 생명력으로 세계들을 실행하는데, 식민지 개척자든 토착민이든 생산 영역에서 여성들이 수행하는 섬유 작업은 학문적인 조명을 받지 못하고 있다. 결국, 산호초 코바늘뜨기와 나바호 베짜기는 실질적인 연대의 공-산에 맞추어져서, 인류세와 자본세라고 불리는, 불태우고 이익을 쥐어짜는 이 시대에 더 살 만한 정치와 생태를 위한 사유하기/만들기의 중심에 있다. 마주 대면하고 손에 손을 잡은 얽힘 속에서, 대보초와 블랙메사는 촉수를 가진 무수한 이름의 쑬루세에 생기를 불어넣는 우주론적 퍼포먼스 속에서 함께 코바늘뜨기 되고, 짜인다.

베짜기에는 종종 나바호 기도문의 후렴이 곁들여진다. "호조가 나와 함께하고shil hózhó", "내 안에 호조가 있고shii' hózhó", "나에게서 호조가 빛난다shits' áá d óó hózhó".[76] 호조는 나바호 우주론과 일상의 실천에서 중심 개념이다. 흔히 '아름다움', '조화', '질서'로 옮긴다. 그러나 인간과 비인간 존재자를 포함해서 이 세계의 올바른 관계들을 돋보이게 할 수 있는 더 좋은 번역이 필요한 것 같다. 여기서 인간과 비인간 존재자들이 속한 세계는 이야기되는 역동적 실체이지, 컨테이너가 아니다. 종종 코요테의 행동으로 형상화되는 무질서는 올바른 관계를 방해한다. 적절한 삶을 다시 일구기 위해, 그 사람이 호조 속에서 그 부족으로 회복되기 위해, 의례와 일상에서 올바른 관계들을 회복해야 한다. 디네족에게 욕심은 가장 큰 무질서의 원천이다. 그것은 근본에서부터 올바른 관계를 파괴한다.

베짜기는 정말로 유용하고 경제적인 실천이다. 또 근본적으로 우주론적 퍼포먼스이고, 적절한 관계성과 연결성을 매듭지어 직물의 날실과 씨실로 만든다.[77] 베짜기에 나타나는 반복과 발명의 기하학적 패턴은 디네족의 이야기와 지식의 퍼포먼스다. 이 패턴들이 세계를 만들고 유지하는 관계를 제안하고 구현한다. 역동적인 패턴화는 현대의 베짜기에서도 이어지는데, 이 중 많은 것들이 계승된 것뿐만 아니라 새로운 주제와 색깔, 섬유를 탐구한다.[78] 베짜기는 개별적인 것이다. 특정한 여성이 자신의 스타일과 감각을 구현하며, 안목 있는 공동체 구성원들이 이를 인식하게 된다.[79] 베 짜는 사람들의 이름과 혈통은 중요하지만, 베짜기는 재산으로 소유하기 위해 하는 일이 아니다. 이러한 베짜기와 창의성 있는 개인적인 것과 우주적인 것의 얽힘 모두 모순이 아니다. 변화하는 여자, 신성한 쌍둥이, 거미 여인을 비롯해 세계를 만드는 신성한 사람들 이야기가 담긴 코스모스에 내재된 합리적 질서는 올바른 삶을 위한 패턴이다. 베짜기는 세속적이지도 종교적이지도 않다. 그것은 **합리적**이다. 인간과 비인간을 위해, 친척 관계와 행위와 관계 작용을 계속 유지하기 위해—**호조**를 위해—중요한 살아 있는 연결들을 실행하고 드러낸다. 상황에 처한 세계 만들기는 지금도 계속되고 있으며, 전통적인 것도 현대적인 것도 아니다.

나바호 베짜기는, 16세기에 스페인 사람들이 아메리카로 들여온 뒤 나바호 목동들이 장기간에 걸쳐 독특한 품종으로 개량한 '타아 디베이T'aa Dibei' 혹은 '나바호-추로 양Nabajo-Churro'이라고 불리는 거친 양들에 의존하는데, 이 양들은 콜로라도고원의 디네 비케야Diné bikéyah 지역에 맞춤한 종이 되었다.[80] 서구 역사의 시간성 속에서, 모계 중심인 나바호의 목축과 농업은 **호조**에서의 삶과 죽음에 매우 중요한 반려인 양들과 함께 18~19세기에 발전했다. 베짜기 예술과 추로 양 돌보기가 디네족의 자연과 우주 질서의 관계를 서로 재연한다.

디네족은 미국 공무원들이 추로 양을 절멸시키려고 하는 바람에 두 번의 혹독한 시련을 겪었다. '훼일티Hwéeldi'라 불리는 첫 번째 대량학살은 1863년 미 육군성 소속 킷 카슨Kit Carson의 주도로 이루어졌는데,

나바호인의 본거지 디네타에서 강제로 끌려나와 뉴멕시코의 보스크 레돈도까지 수백 킬로미터를 행군해야 했던 모든 사람들의 '머나먼 여정 Long Walk'에 녹아들어 있다. 나바호인에게 적대적이었던 카슨의 지휘 아래 초토화 작전과 휄티가 이어졌다. 당국은 무엇보다 나바호인의 동물을 죽이려 했다. 근대화주의자들이 보기에 미국 남서부와 서부에 스페인 사람들이 도입한 가축은 야생의 것, 개량이 필요한 것이었다. 요컨대 양떼 절멸, 복숭아 과수원 베어내기, 그리고 포트 섬너/보스크 레돈도로 사람들을 강제 이주시키는 짓은, 제멋대로 행동할 위험이 있는 집단들을 평정하고 문명화하는, 미국의 식민지 건설에 복무하는 공무원들이 매일 하는 일이었다. 정확한 명칭은 대학살 미수라 할 것이다. 나바호인들은 고통과 죽음으로 점철된 강제 행군에 이어 4년간의 수용소 생활 후 다시 자신들의 땅으로 걸어서 돌아가는 대장정에 나서야 했다. 이 휄티는 땅과 사람들의 피부 속 깊이 아로새겨져 있다. 그것은 토니 모리슨Toni Morrison이 소설 《파라다이스Paradise》에서 이해한 "근원적 트라우마" 같은 것이다.[81]

디네족은 콜로라도고원의 나바호 보호구역으로 돌아왔다. 킷 카슨 휘하 군인들에게서 도망친 사람들은 빅마운틴/드질 니 스타아Dzil ni Staa/블랙메사를 포함한 디네타의 깊은 협곡과 멀리 떨어진 곳에서 추로 양들을 세심하게 돌보았다. 보호구역의 경계는 1930년대까지 점차 확대되었다. 디네족이 보스크 레돈도에서 돌아온 후 미국 정부가 약속했던 가축들을 제공하지 않았음에도 양떼는 인구수보다 훨씬 빨리 불어났다. 어느 정도는 교역장 제도가 추동한 결과였다. 이 제도는 가치를 실현하기 위해 양모를 담요로 만들고, 영구 부채 시스템 속에서 이 담요를 파운드 단위로 구매하게 했다. 이 부채 시스템에서 나바호인은 기초 생필품을 얻으려면 더 많은 양을 키우고 더 많은 양모를 생산해야 했다. 상인들은 형편없는 원자재 가격으로 여성들에게서 양모 직조품을 사서는 이것을 예술 작품과 관광 상품으로 시장에 내다 팔았다. 연방정부의 노력에도 불구하고, 대부분의 디네족은 메리노나 다른 '개량된' 품종보다 쓰임새 많고 튼튼한 추로 양을 여전히 선호한다. 양, 염소, 말, 소 들은 모두 복잡한 씨족과 젠더 관계에 따라 배열된 나바호 목축 패턴의 일부이다. 이 동물들과 사람들이 친척을 이룬다.[82] 양과 염소는 씨족 사회 여성들의 권력뿐만 아니라 가족을 부양하고 양식을 제공하는 그들의 능력을 위해서도 특히 중요하다.

심화되는 토양 침식, 과도한 방목, 지속되는 가뭄으로, 1930년대에는 이 시스템이 점차 불안정해졌고, 백인과 나바호인 모두 이를 인정했다. 이런 상황에서 나바호-추로 양들을 절멸하기 위해 미국 정부가 또다시 집중적인 노력을 기울였다. 첫 번째 작전이 안겨준 근원적 트라우마가 그랬듯 이 치명적인 사건은 잊힐 수도, 제대로 애도될 수도 없다. 그것은 오늘날까지 악의 열매를 낳고 있다. 땅과 동물과 사람들을 호조 상태로 회복시키는 것은, 계속해서 연속 짜기가 필요한 과정이다. 두 절멸 사건을 일으킨 식민주의적이고 자본주의적인 구조들은 해체되지 않았다. 첫 번째 추로 양 박멸은 미군이 저질렀다. 두 번째 사건 또한 힘으로 밀어붙였는데, 이번에는 뉴딜의 이데올로기와 장치 아래 진보적인 농업 당국이 자행했다. 이 당국자들은 수용력이라는 생태학적 개념과 남성 주도 가계라는 가부장적 식민주의 개념, 그리고 진보라는 근대화주의자들의 개념을 머릿속에 담고 일했다. 그들은 불평등한 양모 교역

같은 식민주의적 경제 구조가 어떻게 빈곤과 생태 파괴의 주요 원인이 될 수 있는지를 따져 묻지 않았다. 또 나바호 땅의 침식이 일종의 생물학적 사실로서 지나친 가축 사육에서 비롯되었다는 판단도 하지 않았다. 1934년에 농무부 소속 과학자들은, 가정의 기본 생활에 필요한 육류의 주 공급원으로 여성들이 키우던 염소를 대부분 죽였다. 백인 이주자들은 세계를 자연과 문화로 나누었고, 나바호인의 생활방식을 식민주의 생태학 장치와 경제학으로 갈라놓았다. 이런 일들을 실행한 과학 전문가들은 자기들끼리도 체계적으로 생각할 수 없었고, 나바호 목동들과 베 짜는 사람들과는 더더욱 그렇게 할 수 없었다. 1935년에 당국자들은 엄청난 숫자의 양들을 죽였다. 추로 양들, 양과 함께하는 사람들이 하나하나 알고 있던 친숙한 양들이 우선 죽임을 당했는데, 종종 그들의 인간 가족이 보는 앞에서 그렇게 되었다. 이 동물 살해에서 나온 유골 더미와 관련 사진들이 1970년대에도 사건을 생생히 증언했다. 사람들은 트라우마를 안겨준 이 사건을 세세하게 기억하고 이야기했다.

(오늘날까지 의미 있는 보상도 없이) 약 1백만 두의 양과 염소가 죽임을 당한 데 이어 목축 할당제가 강제로 도입되었고, 땅에 대한 나바호인의 집단 소유권도 인정되지 않고 있다. 가축 할당과 허가의 근거가 되는 인구조사에서는 세대주만 인정했는데, 결혼한 여성은 세대주로 인정받지 못했다. 이것은 땅과 동물, 그리고 서로에 대한 관계를 규정하는 디네족의 모계중심주의 삶의 방식에 중대한 타격을 입혔다. 땅의 경계가 토지 관리 단위로 다시 그어짐에 따라 가축의 이동 방목이 혼란에 빠졌다. 그동안 방목을 위해 그런 경계를 가로지르면서 계절에 따른 역동적 강우 패턴에 맞추어 이동했는데 이제 그럴 수 없게 되면서 상황이 악화

되었다. 1930년대의 이 동물 학살은 식민주의의 과학적 오만과 비난받아 마땅한 무지가 빚은 참극이었다. 이는 또 모든 사람들의 근본적인 자본 박탈을 초래했고, 제1차 휠티의 결과로 생긴 빈곤이 구조적으로 더욱 심해졌다. 호조 속에서 땅과 물과 동물과 사람을 회복시키지 못함에 따라, 균형 잡힌 목축중심주의 재건이 불가능하게 되었다. 콜로라도 고원 위의 부활은 상처를 입었다. 가축의 규모와 침식은 여전히 큰 문제로 남아 있고, 나바호 네이션 내부의 식민주의적 개념 장치들을 비롯해 강압적 통제가 깊은 분노를 불러일으키면서 더 심화되고 있다.

1930년대의 가뭄과 복수종 생활방식의 균형 파괴라는 위기 속에서, 나바호인의 호조 개념 및 실천과의 대화로 환경수용력 같은 과학적 생태학적 아이디어를 구현할 기회는 사라지고 말았다. 환경수용력도 호조도 고정된 결정적 개념이 아니다. 둘 다 관계와 정황에 달렸고 어떤 살기와 죽기의 방식들에 조율되어 있을 뿐이다. 어떤 개념들이 개념들을 생각하느냐가 중요하고, 그 반대도 마찬가지다. 그러나 디네족의 경우, 식민주의적 구조 아래서는 중요한 개념들이 서로를 생각하는 것이 허용되지 않았고, 어느 한쪽 사람들을 위한 사유에는 아직 존재하지 않지만 양쪽 모두에게 필요할 수도 있는 무언가를 드러내는 것도 허용되지 않았다. 식민주의 정책이 지속되는 가운데 사유와 실천이라는 하나의 시스템이 다른 것을 폄하하고 무효화한다면, 공-산과 호조는 있을 수 없다. 탈식민주의적 대화들을 발명해야 했지만 그러지 못했고, 그 결과 현실은 더욱 어려워졌다. 이 시기 이후 목축 중심 경제로 디네족을 부양할 수 없게 되었다. 그리고 극도의 불완전 고용과 실업, 연방정부의 보조금, 관광, 우라늄·석탄 채굴을 통한 수익 창출이라는 상황에

서 2차대전 이후의 임금 기반 경제에 의해 빈곤이 영속화된다.[83]

그러나 부활과 부분적 치유에 관한 특별한 이야기도 있다. 바로 진행 중인 쑬루세와 디네족 기원 신화/부족 이야기/나바호 창조 이야기 속 디네족과 그들의 동맹자들의 이야기이다. 1970년까지 살아남은 나바호-추로 양은 430여 마리에 불과했고, 이들은 보호구역에 흩어져 살았다. 블랙메사의 전통적인 디네족을 비롯한 사람들이 자신들이 할 수 있는 만큼 양들을 보호했다. 1934~67년에 뉴멕시코의 남서부 양사육연구소SRSBL에 있었던 연구용 개체군에서 살아남은 추로 양들도 있었다. 연구 프로젝트가 종료될 때 165마리의 추로 양들이 캘리포니아 곤잘러스에 있는 어느 목장주에게 경매로 넘어갔는데, 그는 할리우드 명사들을 대상으로 하는 사파리 사업에 이 양들을 이용했다. 추로 양들의 이중모, 긴 섬유, 라놀린이 풍부한 양모, 관목이 우거진 목초지에서 살아남는 능력, 암양들의 새끼를 보살피는 기술 외에도, 종종 두 쌍의 뿔이 난 추로 숫양들은 그것을 전리품으로 삼으려는 사냥꾼들의 욕망을 자극해서 돈을 쓰게 한다. 나바호-추로 부활의 이야기에는 많은 이들이 함께한다. 나바호 목동들과 베 짜는 사람들, 추로 양들과 그들과 함께 사는 사람들에게 헌신하는 백인 과학자, 히스패닉과 백인 목장주들, 유전적 다양성 회복을 위해 자신들의 거친 양들과 나바호 양 프로젝트의 추로 양들을 이종 교배시킨 멕시코 북부 시에라 마드레 옥시덴탈의 타라우마라/라라무리 인디언들, 블랙메사의 활동가들……. 나바호-추로 부활의 이야기는 이들의 교차로에서 시작된다. 디네 목동들은 수십 년 동안 여러 시련에도 불구하고 남은 가축들을 키웠다. 얼룩말을 기르기 위해 1970년 곤잘러스에 있는 목장을 인수한 버스터 내글Buster

Naegle은 당시 캘리포니아 주립공과대학에서 연구하던 동물학자 라일 맥닐Lyle McNeal에게 암양 여섯 마리와 뿔이 네 개 달린 숫양 두 마리를 종자 동물로 기증했다. 이들은 평생 협력했으며 맥닐은 1977년에 '나바호 양 프로젝트'를 설립했다.[84]

나바호-추로 복구 이야기는 복잡할 정도로 촉수적이고 섬유적이다. 많은 행위자들이 참여했으며 성공뿐만 아니라 장애로 가득하다. 맥닐은 가축들을 복구하기 위해서 디네족의 협조를 받아 보호구역으로 양들을 모았고, 1980년대에 종자 가축에게서 처음 태어난 숫양 몇 마리를 블랙메사의 '저항하는 여성들'에 기증했다. 맥닐은 핵심 가축들과 이들을 복원하는 활동을 계속하기 위해 법률, 특히 사유재산법과 관련해 온갖 우여곡절을 겪는다. 그는 25년 동안 네 개 주에서 열세 번을 옮겨 다녔다. 메사추세츠에서 온 시인이자 운동가, 양모 애호가인 캐럴 핼버스탯Carol Halberstadt은 글레너 비게이Glenna Begay, 리나 네즈Lena Nez 같은 디네족 추로 목동들과 베 짜는 사람들과 함께 '삶과 땅을 위한 블랙메사 베 짜는 사람들Black Mesa Weavers for Life and Land(BMWLL)'이라는 공정거래 협동조합을 공동 설립했다. 목양, 양모 구매, 베짜기를 지원함으로써 블랙메사 디네족의 경제적 사회적 조건을 개선하는 것이 조합의 주된 활동이었다.[85] 한 무리의 나바호-추로 양떼가 교육을 목적으로 애리조나 트세일에 있는 디네 칼리지에 자리 잡았다. 1991년에는 '디네 베이나Diné be'iiná(The Navajo Lifeway)'라는 비영리단체가 경제와 문화 복원에 기여하는 공동체 기반 파트너십을 육성하기 위해 설립되었다. 디네 칼리지는 매년 여름 디네 베이나와 함께 '디베 베이나/양은 삶이다 Dibé be'iína/Sheep Is Life'라는 축하 행사를 주관한다.[86] 추로 양들은 베짜기와 양 돌보기를 통한 문화 재건의 중심에 있다. 기숙학교와 강제 가축 절멸로 단절된 세대들을 다시 연결하는 일, 젊은 세대에게 나바호 언어 사용을 권장하는 일 또한 이 양들과 연결되어 있다.[87] 정결한 나바호-추로 양 육포, 양과 염소를 보호하는 라마, '미국 가축품종 보호협회', '나바호-추로 양협회', '국립 유전자원보존농업연구센터', '생물다양성을 위한 슬로푸드 재단', '투 그레이 힐스 교역장', '티크노스포스 지부 양모처리장', '가나도스 델 바예 히스패닉 농업개발조합', '티에라 양모·로스오조 베짜기', '크라운포인트 경매', '하이퍼 인터내셔널' 등이 모두 손을 잡았다.[88]

무엇보다, 양들이 이 서로 얽힌 관계적 세계에 적극 참여하고 있다. 양들이 본래 그렇듯이 그들은 수많은 얼굴을 알아본다. 자신들의 사람과 자신들의 땅을 안다.[89] 베짜기는 성스러운 사람들, 보통의 인간들, 식물, 흙, 물, 그리고 양들에게서 나온 인간 및 비인간의 섬유로 수행하는 우주론적 퍼포먼스이고 관계적인 세계 만들기이다. 시골 돌보기, 환경정의, 인간과 비인간을 위한 강건한 생태계, **호조**에는 크리터들이 결정적으로 중요하다. 어떤 존재자들이 존재자들을 알아보느냐가 중요하다.

그래서 이 양들이 블랙메사로, 그리고 '블랙메사 물 연대Black Mesa Water Coalition(BMWC)'의 활동가(사상가이자 제작자)들과 함께 공-산으로 돌아간다. BMWC는 베 짜는 사람들과 목동들, 양들을 지원하면서 디네 베이나와 협력하고 계속 양모를 구매한다. 피스 플리스Peace Fleece라는 메인주에 있는 목양 관련 회사와도 협력한다.[90] BMWC는 손상된 땅과 저주받은 전 역사에 걸쳐서 양들과 그들의 사람들과 철저히 얽혀 있다. 그러나 내가 BMWC를 통해 우주론적 퍼포먼스와 지속되는 베짜기실을 함께 묶으려고 하는 이유는 석탄, 물, 토착민 환경정의운동에, 그리고 위급한 시대에 여전히 가능한 세계를 향한 '정의로운 전환Just Transition'을 위해 밀려드는 연대에 기반하고 있기 때문이다. 아마 여전히 가능할 것이다. 간신히 아직도 가능할 것이다. 만약 우리가 번성을 위해서 세계 만들기와 다시 세계 만들기를 할 수 있도록 서로를 변신시킨다면 여전히 가능할 것이다. 나는 호조를 위해 트러블과 함께하기를 배우기 위한 공-산적 모델로서 BMWC를 제안한다.

BMWC는 나바호와 호피 공동체의 수자원 고갈, 천연자원 착취, 건강 문제에 문제의식을 느낀, 당시 대부분 학생이었던 다양한 부족과 인종의 젊은이들이 2001년에 설립한 단체이다.[91] 피바디 에너지 사에 민첩하게 초점을 맞춘 그들은 2006년 행동에 나서 블랙메사 탄광과 모하비 발전소를 폐쇄하게 만들었다. 이것은 끝이 아니라 시작이었다. 이들이 보기에 블랙메사는 복수종 환경정의 구현에 필요한 실천이었으며, 땅을 손상시킨 석탄 기반 경제 및 생태에서 풍부한 태양열 발전과 재생에너지 발전으로의 전환을 배우는 결정적 장소였다. 블랙메사 자체가 그저 그런 장소가 아니다. 나바호 우주론에서 네 개의 신성한 산으로 둘러싸인 어머니이다. 물은 어머니의 피이고, 석탄은 어머니의 간이다. 이 간결한 디네 지리-해부학은, 피바디 에너지는 물론 좀 더 광범위하게 말하면 오늘날까지 정착민 식민주의가 결코 알아볼 수 없는 장소의 육체적 관계성의 우주론을 가리키는 것이다. 내 동료인 애나 칭은 "싸울 가치가 있는 세계들"에 관해서 이야기한다. 블랙메사는 그런 세계이다.[92]

2005년에 시작된 BMWC의 '정의로운 전환 계획Just Transition Initia-tive'은, 블랙메사와 이를 넘어선 부활을 실현하기 위해 많은 파트너들과 동맹한 가운데 지역의 사람, 문화, 땅의 힘을 기반으로 삼으려는 집단적 비전과 실천이다. 지역의 강 유역 복원과 경제 개발을 위한 실험들, '블랙메사 태양열 프로젝트', '식품 안전 프로젝트', '나바호 양모 시장 프로젝트', '녹색경제 프로젝트', '기후정의 솔루션 프로젝트' 등이 모두 BMWC 활동의 일부이다. 이곳 활동가들은 세계적 단체인 '기후정의 연대Climate Justice Alliance'와 연합할 뿐만 아니라, 토착민 공동체와 조직들의 주도로 지역에 굳건히 뿌리내린 환경정의운동과 사회정의운동을 펼치는 것을 목표로 한다.[93] 이는 크고 중요한 아이디어이며 행동이다. 이런 종류의 연속적 베짜기들이 손상된 세계에서 트러블과 함께하기의 중심에 있다. BMWC는 여러 세대로 짜인 그물망 속에서 젊은 세대가 계속 주도하며, 부인하거나 냉소하거나 절망하지 않고, 되풀이되는 역사의 근원적 트라우마를 직면할 수 있는 부활을 제안한다. 나의 언어로 말하자면, BMWC는 밀려오는 쑬루세의 강한 촉수이다.

맺으며: 실들을 묶기

우리는 다른 이야기, 다른 세계, 다른 지식, 다른 사고, 다른 갈망을 통해서, 그리고 그것들과 함께 관계하고, 알고, 생각하고, 세계를 만들고, 이야기를 한다. 우리의 모든 오만한 다양성과 범주 파괴적인 종 분화와 매듭 속에서 지구의 모든 크리터들도 그렇게 한다. 다른 말로 하면 유물론, 진화, 생태, 공-산, 역사, 상황에 처한 지식, 우주론적 퍼포먼스, 과학-예술 세계 만들기, 혹은 애니미즘일 수 있는데, 이런 용어들은 저마다 그것이 환기하는 오염과 감염을 모두 갖추고 있다. 지구의 모든 퇴비 더미의 섞기와 뒤집기에서 크리터들은 서로에게 위태롭다. 우리는 퇴비이지 포스트휴먼이 아니다. 우리가 사는 곳은 인간성humanities이 아닌 부식토성humusities을 띠고 있다. 철학적으로 그리고 물질적으로, 나는 퇴비주의자이지 포스트휴머니스트가 아니다. 인간이든 아니든, 크리터들은 공-산적 얽힘의 시간과 물질의 모든 규모와 목록 속에서, 생태-진화-발생의 현실적인 세계 만들기와 해체하기 속에서 서로 함께-되고, 구성하고 분해한다.

　이 장은 린 마굴리스의 공생발생에 관한 명제로 시작해서, 시공간의 모든 척도에서 지구에 있는 복수종의 살기와 죽기를 잘 사유하는 데 필요한 확장진화종합설을 만드는 생물학들이 뒤를 이었다. 사라지는 꿀벌과 그의 충실한 난초의 안으로 말림의 모멘텀은 이 에코이보디보 생물학EcoEvoDevo Biology*을 손상된 지구의 네 가지 자연사회적 생태 속으로 감싸 넣었다. 실제 현장들, 이것은 싸울 만한 가치가 있는 세계들이다. 그리고 이들 하나하나는 예술가들/과학자들/위험한 역사적 분열을 가로지른 활동가들의 용감하고, 똑똑하고, 생성적인 연대를 육성해 왔다. 생물학, 예술, 정치학은 서로가 서로에게 필요하다. 이것들은 안

---

* 발생생물학과 생태학이 진화론과 통합되면서 생태진화발생생물학ecological evolutionary developmental biology(약칭 에코이보디보생물학)이라는 새로운 분야가 탄생했다. 이 분야는 유전자 혹은 개체 중심 생물학이 아니라 주변과의 관계성을 중시하는 발생생물학, 공생생물학, 생태학 등의 주요 개념들을 진화론과 통합하고 재조직화하여 유전자 중심 생물학의 대항이론을 만들고 있다.

으로 말림의 모멘텀을 가지고, 내가 쑬루세라고 부르는 더 살 만한 세계들을 위한 공-산 속 사유하기/만들기로 서로를 유혹한다.[94]

나는 이자벨 스탕제르의 코스모폴리틱스에서 용기를 얻는다.[95] 인간 거주자를 포함해 크리터들은 서로의 현존 속에 있고, 그보다는 서로의 튜브, 주름, 갈라진 틈, 몸의 내부와 외부 속에 있고, 또 한편으로는 이 중 어디에도 없을지도 모른다. 어떻게 우리는 덜 치명적이 되고, 더 응답-가능하게 되고, 더 조율되고, 더 놀랄 수 있게 되고, 손상된 지구에서 복수종의 공생, 공-산, 공영혼발생 속에서 잘 살기와 죽기의 예술을 더 잘 실천할 수 있을까? 이를 다시 배우기 위해 우리 시대에 시급한 결정과 변화는 어떠한 보증 없이, 혹은 자기 자신이 아닌—그리고 안전하게 타자도 아닌—자들과의 조화에 대한 기대 없이 이루어져야 한다. 자신도 아니고 타자도 아닌 그것이 언제나 그래왔듯 우리 모두의 모습이다. 가이아라고 불리든 천 가지 다른 이름으로 불리든, 오만한 홀로바이옴으로 드러난 지구에서 우리는 모두 존재론적으로 더 창의적이되고 더 현명해져야 한다.

4장 ——————— 친척 만들기:
인류세, 자본세,
플랜테이션세, 쑬루세

인류의 존재가 확인되는 수만 년 동안, 자연에 대한 인간의 개조 과정이 다른 과정 및 다른 종species들과 상호작용 및 내부-작용을 하는 가운데 우리 행성에 영향을 미쳤다는 것은 의문의 여지가 없다. 농업은 역사가 수천 년에 불과하지만, 미친 영향은 엄청났다. 물론 시초부터, 과거에도 그랬고 지금도 가장 중요한 지구 대지의 형성자와 개조자는 박테리아와 그들의 친척이다. 이들 또한 사람들과 그들의 실천—기술적이든 그렇지 않든—을 포함해서 무수한 종류의 상호작용 및 내부-작용 가운데 있다.[1] 인간이 농사를 짓기 수백만 년 전부터 있었던 씨를 퍼뜨리는 식물들의 확산이 지구를 변화 발전시켰고, 많은 혁명적 진화적 생태적 발생적 역사적 사건들도 그러했다.

사람들은 일찍이 역동적으로 이 오만한 싸움에 참여했다. 그것은 그들이/우리가 그 이후에 호모 사피엔스라고 불리는 크리터가 되기도 전이었다. 내 생각에 인류세, 플랜테이션세, 자본세를 둘러싼 이름 짓기에 관한 문제들은 규모, 비율/속도, 동시성, 복잡성과 관계가 있다. 시스템 현상들을 고려할 때 지속적으로 던져야 할 물음은 이런 것이어야 한다. 정도의 변화가 언제 종류의 변화가 되는가? 다른 종의 무리와 다른 생물/비생물적 힘들과 비교할 때 그리고 그것들과 결합할 때, 생명문화적·생명기술적·생명정치적·역사적으로 상황에 처한 (Man이 아닌) 거주자들people이 미친 영향은 무엇인가? 어떤 종도, 심지어 소위 현대 서부극에서 좋은 인간인 척하는 오만하기 그지없는 우리 자신도 혼자 행동하지 않는다. 유기체 종들의 무리와 비생물 행위자들의 무리가 역사를 만들고, 진화적인 종류들과 다른 종류들도 만든다. 하지만 지구상의 모든 사람과 모든 사물을 위한 삶에서 가장 중요한 것을 변화시키는 중요한 변곡점이 있을까? 그것은 기후변화에 국한되지 않는다. 유독성 화학물질, 채굴, 핵 오염, 지표면 위아래의 호수와 강의 고갈, 생태계 단순화, 사람들 및 다른 크리터들의 대규모 집단 학살 등등이 부과하는 부담 또한 엄청나다. 주요 시스템이 무너지고, 이어서 다시 무너지고, 이어서 또다시 무너지는, 시스템으로 연결된 패턴들 속에서 이런 일들이 일어난다. 재귀적 반복은 문제가 될 수 있다.

애나 칭은 〈야생생물학Feral Biology〉이라는 최근 논문에서, 홀로세와 인류세 사이의 변곡점은 주요 사건들(사막화나 나무를 모두 베어내는 것, 또는, 또는……) 이후에 사람들이 함께하든 아니든 다양한 종의 무리가 재구성될 수 있는 대부분의 레퓨지아가 몰락한 것일 수도 있다고 제안했다.[2] 이것은 값싸게 자연을 이용하던 시대는 끝났다고 선언한 '세계-생태 연구 네트워크'의 코디네이터인 제이슨 무어Jason Moore의 주장과 유사하다. 값싼 자연은 현대 세계의 추출과 생산을 유지할 만큼 오래 작동할 수 없다. 매장된 자원 대부분이 불타고, 고갈되고, 중독되고, 절멸되고, 그렇지 않으면 다 소모되었기 때문이다.[3] 막대한 투자와 엄청나게 창의적이고 파괴적인 기술이 시기를 조금 지연시킬 수는 있지만, 값싼 자연은 정말 끝났다. 애나 칭에 따르면, 홀로세는 풍부한 문화적, 생물학적 다양성 속에서 다시 세계 만들기를 지속할 수 있는 레퓨지아, 즉 피난의 장소들이 여전히, 심지어 풍부하게 존재했던 긴 기간이다. 어쩌면 인류세라고 불릴 만한 폭력 행위는, 사람들과 다른 크리터들을 위한 피난의 장소와 시간을 파괴한 것일지 모른다. 나를 비롯하여 많은 사람들이 인류세는 시대epoch라기보다는 백악기와 팔레오기 사이의 K-Pg 경계 같은 경계적 사건이라고 생각한다.[4] 인류세는 심각한 불연속성의 시대이다. 뒤에 오는 것은 이전에 왔던 것과 같지 않을 것이다. 우리는 인류세를 가능한 한 짧고/얇게 만들고 가능한 모든 방법으로 피난처를 되살릴 수 있는 시대를 함께 육성해야 한다. 이것이 우리의 과제이다.

바로 지금, 지구는, 인간이든 아니든, 피난처 없는 난민으로 가득하다.

그래서 나는 새로운 이름, 사실은 둘 이상의 이름이 타당하다고 생각한다—인류세, 플랜테이션세,[5] 자본세(안드레아스 말름Andreas Malm과 제이슨 무어가 나 이전에 먼저 사용한 용어이다).[6] 그리고 나는 또 하나의 새로운 이름이 필요하다고 주장한다. 사람들이 그것의 일부이고, 그 속에서 지속성이 위기에 처한, 역동적이고 지속적인 공-지하적symchthonic 힘과 권력을 위한 이름. 어쩌면, 단지 어쩌면, 다른 지구인들과 함께하는 진지한 헌신과 협동적인 일과 놀이가 동반돼야만, 사람들을 포함한 풍부한 복수종 무리를 위한 번성이 이루어질 것이다. 나는 이 모든 것을 (과거, 현재, 그리고 다가올 것으로서) 쑬루세Chthulucene라고 부르겠다.[7] 이 현실의 시공간 그리고 있을 수 있는 시공간은, SF 작가 러브크래프트의 여성 혐오적이고 인종주의적인 악몽 같은 괴물 크툴루Cthulhu(철자가 다름을 주의하라)*가 아니라, 나가Naga, 가이아Gaia, 탕가로아Tangaroa(땅의 여신 파파Papa에서 나온 뉴질랜드 마오리족의 바다의 신), 테라Terra, 하니야수-히메Haniyasu-hime, 스파이더우먼, 파차마마Pachamama, 오야Oya, 고르고 Gorgo, 레이븐Raven, 아쿨루주시A'akuluujjusi 같은, 그밖에도 많은 이름을 가진 전 지구적 촉수가 있는 다양한 권력과 힘, 집합적인 것들을 따서 이름 지어진다.

'나의' 쑬루세는, 문제 있는 그리스어 어근이라는 부담이 있을지라도, 무수한 시간성과 공간성 그리고 무수한 내부-작용이 일어나는 집합체 속의 실체들—인간 이상의 것, 인간 이외의 것, 비인간적인 것, 부식토로서의 인간을 포함한—을 얽히게 한다. 미국식 영어 텍스트에도 나오는 이름들인 나가, 가이아, 탕가로아, 메두사, 스파이더우먼, 그리고 다른 모든 친척들도 러브크래프트는 상상도 못 하고 받아들일 수도 없었을 SF의 성격에 걸맞은 수천 가지 이름 중 일부이다.[8] 즉 사변적 우화화의 그물망들, 사변적 페미니즘, 사이언스 픽션, 사이언스 팩트이

---

* H. P. 러브크래프트는 단편 〈크툴루의 부름The Call of Cthulhu〉 등의 작품에서 해저에서 부활을 기다리는 사악한 신적 존재 '크툴루'를 등장시켜, 인류가 출현하기 이전 지구를 지배했던 기괴한 외계 종족과 미지의 초월적 존재에 대한 공포를 묘사했다. 러브크래프트가 창조하고 후대 작가들이 확장한 이 우주적 공포의 세계는 '크툴루 신화'라 불리며 다양한 장르에 영향을 미쳤다. 최근에는 러브크래프트의 작품에 담긴 남성 중심주의와 인종 차별주의에 대한 비판이 제기되면서 그의 세계를 재창조하는 작업들이 시도되고 있다.

다. 어떤 이야기들이 이야기들을 이야기하는지, 어떤 개념들이 개념들을 생각하는지가 중요하다. 수학적으로, 시각적으로, 서사적으로 어떤 모양들이 모양들을 그리는지, 어떤 시스템들이 시스템들을 시스템화하는지가 중요하다.

그 많은 모든 이름이 너무 크고 너무 작다. 모든 이야기가 너무 크고 너무 작다. 제임스 클리퍼드James Clifford가 나에게 가르쳐준 것처럼, 우리는 복잡성들을 한데 모으고, 놀랄 만큼 새롭고 오래된 연결들을 위해 그 가장자리들을 탐욕스러운 상태로 열어둘 충분히 큰 이야기들(그리고 이론들)이 필요하다.[9]

쑬루세의 죽어야 할 운명을 타고난 크리터로서 잘 살고 잘 죽기 위한 하나의 방법은, 피난처들을 재구성할, 부분적이고 강건한 생물학적-문화적-정치적-기술적 회복과 재구성을 가능하게 할 힘들에 참여하는 것인데, 이는 돌이킬 수 없는 상실을 애도하는 것을 포함해야 한다. 솜 반 두렌과 뱅시안 데스프레가 나에게 그것을 가르쳐주었다.[10] 이미 너무나 많은 것을 상실했고, 더 많이 상실할 것이다. 다시 시작된 생성적 번성은 불사의 신화나 사자死者, 소멸된 것과 함께-되기에 실패해서는 성장할 수 없다. 오슨 스콧 카드의 《사자의 대변인》을 위해 할 수 있는 일들이 많이 있다.[11] 그리고 《언제나 집으로》의 어슐러 K. 르 귄의 세계 만들기를 위해 할 수 있는 일은 더 많다.

나는 퇴비주의자이지, 포스트휴머니스트가 아니다. 우리는 모두 퇴비compost이지, 포스트휴먼posthuman이 아니다. 인류세/자본세라는 경계는, 21세기 말에 지구상에 거주할 110억 명가량의 사람들 그리고 무수한 크리터들에게 돌이킬 수 없는 엄청난 파괴가 정말로 진행되고 있다는 것을 포함해서 많은 것을 의미한다. (불가해하지만 냉정한 110억이라는 숫자는 현재 인간 아기들의 출생률이 계속 낮게 유지될 경우에만 유효하다. 출생률이 다시 오르면, 모든 것은 백지화된다.) 멸종의 위기는 그저 은유에 불과한 게 아니다. 시스템 붕괴는 스릴러가 아니다. 어떤 종의 어떤 난민에게든 물어보라.

쑬루세는 적어도 하나의 슬로건(물론, 하나 이상)이 필요하다. 나는 "현실적 생존을 위해 사이보그를", "빨리 달려, 꽉 물어", "닥치고 훈련해"*라고 여전히 외치면서, "자식이 아니라 친척kin을 만들자"고 제안하겠다. 친척 만들기—그리고 인정하기—는 어쩌면 가장 어렵고 가장 시급한 일인지 모른다.[12] 우리 시대의 페미니스트들은 성과 젠더, 인종과 성, 인종과 국가, 계급과 인종, 젠더와 기관이나 유기체의 형태, 성과 생식, 인간의 재생산과 개인들의 구성 사이에 소위 자연적 필요라는 매듭을 풀어버리는 데 있어서 선도자였다(여기서 우리는 특별히, 메릴린 스트래선과 그녀의 민족지학자 친척과 동맹하여, 멜라네시아인들에게 빚졌다).[13] 만약 다양한 인간 거주자들을 포함하는 복수종 환경정의가 실현된다면 혈통과 친척, 그리고 친척과 종 양쪽의 매듭을 모두 풀기 위해 페미니스트들이 창의성과 이론을 갖추고 행동에 나서 지도력을 발휘해야 할 것이다.

우리에게 은유를 주기에 충분할 정도로 박테리아와 곰팡이는 많다. 그러나 은유는 제쳐놓고(행운이 함께하기를!), 우리에게는 생물학적·

---

* "현실적 생존을 위해 사이보그를"은 해러웨이가 사이보그의 재형상화를 통해 파괴적 테크노사이언스의 내파를 기획했던 《사이보그 선언The Cyborg Manifesto》(1985)의 슬로건이다. 그리고 "빨리 달려, 꽉 물어", "닥치고 훈련해"는 공진화하는 반려 친척인 서로 다른 종이 훈련을 통해 상호 유능하게 될 것을 주장한 《반려종 선언The Companion Species Manifesto》(2003)의 슬로건이다.

비생물학적 공-산의 협력자들과 함께, 같이 일하는 자들과 함께 포유류 동물로서 해야 할 일이 있다. 우리는 공-지하적으로, 공-산적으로 친척을 만들어야 한다. 우리가 누구이고 무엇이든, 우리는 땅에 붙박인 것(영어 사용자 모드의 브뤼노 라투르에게, 이 용어에게 감사한다)[14]과 함께-만들어야—함께-되어야, 함께-구성해야—한다.

도처에 있는 우리 인간 거주자들은 심각한 시스템적 긴급성에 관심을 기울여야 한다. 그렇지만 지금까지는 킴 스탠리 로빈슨Kim Stanley Robinson이 《2312》에서 이야기한 것처럼, 우리는 "머뭇거림The Dithering" (2005년부터 2060년까지 지속되는—너무 낙관적인가?—이 SF 이야기 속에서), 즉 "흐릿한 불안 상태"가 지속되는 시대에 살고 있다.[15] 어쩌면 머뭇거림이 인류세나 자본세보다 더 적절한 이름일지 모른다. 이 머뭇거림은 바위가 많은 지구의 지층에 새겨질 텐데, 사실은 이미 지구의 광물층 속에 새겨져 있다. 공-지하적인 것들은 머뭇거리는 일이 없다. 그들은 구성하고 분해하는데, 이는 위험하기도 하고 유망하기도 한 실천들이다. 적어도 인간의 헤게모니는 공-지하적인 문제가 아니다. 에코섹슈얼 아티스트 베스 스티븐스와 애니 스프링클이 나에게 만들어준 범퍼 스티커에는 이렇게 쓰여 있다. "퇴비 만들기는 끝내줘요!"

나의 목적은 '친척kin'이란 말이 혈통이나 계보에 묶인 실체가 아니라 그 이상의 무엇을 의미하게 만드는 것이다. 서서히 낯설게 하는 움직임은 한동안은 그저 실수로 보일 수 있지만, 그다음부터는 (운이 좋으면) 쭉 계속해서 옳은 것으로 나타난다. 친척 만들기는 사람들persons 만들기인데, 대상이 반드시 개체이거나 인간인 것은 아니다. 나는 대학 시절에 친척kin과 종류kind라는 말을 두고 하는 셰익스피어의 재담*에 감동했다—가장 다정한 것들이 반드시 핏줄로 엮인 친척은 아니었다. (범주, 돌보기, 태생에 의한 연결이 없는 친척들, 방계의 친척들, 다른 수많은 메아리들로서) 친척 만들기와 종류 만들기는 상상을 늘리고 이야기를 바꿀 수 있다. 스트래선은 나에게 영국 영어에서 '친척relative'이라는 말은 원래 '논리적 관계logical relation'라는 뜻이었는데 17세기에 '가족 구성원'이 되었다고 가르쳐주었다. 나는 확실히 이런 이야기를 좋아한다.[16] 영어 밖으로 나가라, 그러면 새로운 것들이 늘어난다.

내가 생각하기에, 친척의 확대와 재구성은 지구에 사는 모든 것이 가장 깊은 의미에서 친척이라는 사실에 의해 가능해지고, 우리는 진작 집합체인 '종류'들을(한 번에 하나씩의 '종'이 아니라) 더 잘 돌보았어야 했다. 친척은 집합이라는 종류에 해당하는 말이다. 모든 크리터들은 수평적으로, 기호론적으로, 계보상으로 공통의 '육신'을 공유한다. 조상들은 매우 재미있는 이방인이라는 사실이 드러난다. 친척은 (우리가 가족 혹은 씨족이라고 생각했던 존재의 바깥에서) 낯설고, 불가사의하고, 끊임없이 출몰하는, 활동적인 무엇이다.[17]

조그마한 슬로건에 비해 너무 과하다. 나도 안다! 그래도 계속 해보겠다. 지금부터 몇백 년 후에 어쩌면 이 지구상의 인간 거주자들은 다시 20억이나 30억 명 정도가 될지 모르는데, 목적일 뿐만 아니라 수

---

* 《햄릿》에 나오는 유명한 대사 "A little more than kin, and less than kind"를 말한다. "나의 조카 햄릿, 이젠 나의 아들"이라는 클로디어스의 대사에 이어지는 햄릿의 방백이다. 당시에는 발음이 같았던 'kin'과 'kind'를 사용한 셰익스피어의 말장난을 운율까지 맞춰 우리말로 옮기기는 쉽지 않다. 역자에 따라 "동족보단 좀 가깝고 동류라긴 좀 멀구나", "조카보다야 가깝겠지만 부자 취급은 어림없어", "친척보단 조금 더 친하고, 자식보단 조금 덜 친한" 등으로 옮기고 있다. 해러웨이는 햄릿의 이 대사로부터 가족이 아닌 친척kin이 특정한 종류kind로 묶일 수 있음을 이야기한다. 가령 개와 인간은 가족은 아니지만 공진화해온 친척이고, 목축경제의 반려들이라는 종류로 묶일 수 있다.

단이기도 한 다양한 인간 존재들과 크리터들의 행복을 두터이 하기 위해서라도 말이다.

자, 자식이 아니라 친척을 만들자! 친척이 어떻게 친척을 만드느냐가 중요하다.[18]

5장 ——— 카밀 이야기: 퇴비의 아이들

카밀Camille이 우리의 삶에 들어와 공진화하는 취약한 종들이 십자수로 놓인, 아직 태어나지 않았고 아직 부화되지 않은 세대들을 등장시킨다. 나는 불확실한 미래 속으로 릴레이하기를 제안하면서, 하나의 이야기, 말하자면 하나의 사변적 우화를 마지막 장의 주제로 삼아 이 책을 끝내려 한다. 이 이야기는 이자벨 스탕제르가 주관한 사변적 몸짓들gestes spéculatifs에 관한 콜로퀴움의 일부로서, 2013년 여름에 열린 창작 워크숍에서 시작되었다. SF 글쓰기 실천에서 잉태된 카밀은 다시 거주할 수 있게 될지도 모를 세계의 육신에 있는 기억을 지키는 존재이다. 카밀은 지구에서 자라서, 모든 시대의 포스트휴먼에게 "아니요"라고 말할 수 있는 퇴비의 아이들Children of Compost 중 한 명이다.

　나는 이 워크숍에서 '사변적 이야기Narration Spéculative'라는 프로그램을 신청했다. 첫째 날 주최 측은 우리를 두세 명씩 글쓰기 그룹으로 나누고 과제를 주었다. 어떤 아기를 주인공으로 우화를 만들고, 어떻게든 다섯 세대를 이어가게 하라. 개체와 종류 양쪽에서 죽음이 넘쳐나는 우리 시대에, 회복된 복수종의 세계를 가지고, 또 그 세계를 위해 번성을 상상하기에는, 다섯 인간 세대도 터무니없이 길어 보일 수 있다. 한 주 동안 이 그룹들은 문학이라는 형식의 떠들썩한 유희를 벌이며 여러 종류의 가능한 미래를 썼다. 풍성한 버전들이 탄생했다. 우리 그룹에는 영화감독인 파브리지오 테라노바Fabrizio Terranova와 심리학자이자 철학자이자 동물행동학자인 뱅시안 데스프레가 있었다. 여기서 내가 이야기하는 버전은 하나의 사변적 몸짓인데, 어느 여름 노르망디에서 어떤 이야기를 우화로 함께 만듦으로써 태어나게 된 "우리"를 위한 기억이자 유혹이다. 우리 그룹의 공동 집필자들이 제안하거나 기억할 수 있는 이야기들이 있을지도 모르지만, 내가 정확히 같은 이야기를 할 수는 없을 것이다. 여기서 풀어놓는 나의 이야기는 진행 중인 하나의 사변적 우화이지 기록을 위한 학술대회 보고서가 아니다. 우리는 함께 쓰기 시작해서 그 후 각자 따로 카밀 이야기를 써왔으며, 퇴고 과정에서 원고를 돌려 보기도 하고 그렇게 하지 않은 경우도 있었다. 우리는 나중에 다른 공동 창작 작업을 하면서도 카밀과 퇴비의 아이들과 조우했다.[1] 그 모든 버전이 카밀에게 필요하다. 돌이켜 보면 그 워크숍은 진행 중인 공유된 이야기들에서 유래한, 그리고 그 이야기들을 향한 적극적인 실 던지기였다. 카밀, 도나, 뱅시안, 파브리지오는 서로 공존하게 만들었다. 우리는 서로를 유능하게 만든다.

퇴비의 아이들은, 특히 사납게 돌진하는 파괴와 빈곤에 맞서서, 우리가 번성과 풍요를 위한 이야기들을 써야 한다고 주장한다. 애나 칭은 손상된 행성에서 살아가는 기술을 함께 만들어가야 한다고 재촉한

5.1. 마리포사Mariposa 가면. 멕시코 게레로, 1990년 이전. 새뮤얼 프리드Samuel Frid 소장. 2013~14년 브리티시컬럼비아대학 인류학박물관에서 열린 멕시코 예술 전시회 당시 제임스 클리퍼드가 촬영한 사진.

다. 그 기술들 가운데는 부膚를 다시 생각하고, 완전성보다는 실질적인 치유를 배우고, 관습적인 존재론적 종류들을 과도하게 염려하지 않으면서 일어날 법하지 않은 협력들을 함께 잇는 능력을 배양하는 것이 있다.[2] 이 카밀 이야기들은 가까운 미래들, 가능한 미래들, 그리고 믿기 어렵지만 현실인 현재를 제안하는 방식을 열정적으로 강화하는 일종의 장르 소설에 참여하라는 초대이다. 내가 쓰는 모든 카밀 이야기는 정치적으로 또 생태적으로 끔찍한 오류를 범할지 모른다. 그리고 모든 이야기는 독자들에게 퇴비의 아이들의 오만한 작물을 잇달아 발명하는 분투에 참여함으로써 관대한 의혹을 실천하도록 요청한다.[3] 과학소설 독자들은 생생하고 불경한 팬픽션 예술에 익숙하다. 이야기 구성과 세계는, 돌연변이 같은 변형 혹은 애정은 있으나 비뚤어진 확장을 위해서만 쓸모 있는 것이다. 퇴비의 아이들은 팬픽션보다는 세속적인 것들의 결합, 공-산과 공-지하계共-地下界, symchthonia의 장르인 공-소설symfiction을 요청한다. 퇴비의 아이들은 카밀 이야기가 상상에서뿐만 아니라 실제 이야기 창작에 있어서도 집단적 프로젝트들을 구성하기 위한 실험 프로젝트, 모델, 그리고 일과 놀이의 대상이 되기를 원한다. 땅 위와 땅속에서.

뱅시안과 파브리지오와 나는 우리 아기에게 이름 하나와, 아직은 아니지만 그렇게 될 수도 있는 상태로 향하는 통로를 만들어줘야 한다는 부담을 느꼈다. 우리는 또한 21세기 말에는 110억 명을 넘어서게 될 상황으로 치닫고 있는 인구 증가의 압박을 근본적으로 줄이기 위해, 다섯 세대 동안 이어지는 우리 아기가 배움의 일부가 되어야 한다는 커다란 압박감을 느꼈다. 우리는 (추하지만 적절한 미국 페미니스트의 용어를 사용하자면) 이성애 규범적인 생식 이야기를 통해서는 다섯 세대를 다룰 방법을 찾기 어려웠다! 1년 넘게 지난 후에야 나는 "자식이 아니라 친척을 만들자"라는 말을 어떻게 해야 하는지를 카밀에게 배웠다는 사실을 깨닫게 되었다.[4]

하지만 카밀이라는 이름을 서로에게 제안하자마자 우리는 전통적인 젠더나 인간예외주의와는 관계가 없는, 꿈틀대는 어린아이를 안고 있다는 사실을 깨닫게 되었다. 공-산을 위해, 한배에서 난 잡다한motley 지구상의 타자들과 함께-되기와 함께-만들기를 위해 태어난 아이.[5]

카밀의 세계를 상상하기

예기치 못한 일이지만, 운 좋게도 카밀은 강력하고 서로 얽혀 있으며 구성원이 각각 수백 명씩 되는 다양한 공동체들이 지구적인 규모로 분출하는 시점에 태어났다. 이들은 자발적으로 폐허의 장소로 이주하고 그곳을 치유하기 위해 인간과 비인간 파트너들과 일하면서, 새로 살기에 적합한 세계의 그리고 그런 세계를 위한 네트워크와 통로, 연결 마디, 그물망을 만들었다.[6]

좋은 삶을 지향하는, 전 지구에 걸쳐 놀랍고 전염성 있는 행동의 단지 일부만이 카밀의 공동체와 같은 의도적인 이주 공동체에서 나왔다. 사람들은 가장 나쁜 상황에서도 창의적인 저항과 생성적인 삶의 역사가 어떻게 출현했는지 잘 알고 있었다. 그래서 자신들이 국지적이거나 전체적인 문제들과 관련해 결코 구체화되지 않는 외부의 해법을 기다리는 데 정말 싫증이 났다는 것을 깨달았다. 인류세, 자본세, 플랜테이션세의 치명적 단절 이후 도래할 수 있는 시대에 지구에서 가능한 삶을 다시 만들기 위해 개인, 조직, 공동체 들이 함께했고, 그들은 카밀의 공동체 같은 이주 공동체와도 함께했다. 시스템을 바꾸는 동시적인 파동과 진동 속에서, 다양한 토착 민족과 노동하는 모든 여성과 남성, 어린이들—이들은 자신들의 땅, 물, 거처에서 그리고 이동하면서도 뽑아내고 생산하는 열악한 조건에 오랫동안 놓여 있었다—은 현재와 다가올 시대의 번성을 가능하게 하는 살기와 죽기의 환경을 다시 만들기 위해 연대를 혁신하고 강화했다. 이러한 치유 에너지와 행동주의는 지구와 지구의 인간 및 비인간 존재자들에 대한 사랑에 의해 분출되었다.

또 모두의 지속성을 위협하는 복수종의 살기와 죽기의 강제된 패턴들 속에서 벌어지는 멸종, 절멸, 집단 학살, 궁핍화에 대한 분노에 의해 분출되었다. 앞뒤 헤아리지 않고 내닫는 파괴에 직면해서조차 사랑과 분노에는 부분적 치유의 싹이 깃들어 있다.

어떤 퇴비 공동체도 "아무것도 없는 땅"에 살거나 그리로 옮겨 간다는 것은 상상할 수 없었다. 정착민 식민주의와 종교부흥운동의 여전히 강력하고 파괴적인 픽션들은, 세속적이든 아니든 격렬한 저항에 부딪혔다. 퇴비 공동체들은 모든 장소와 통로에 스며들어 층층이 쌓여 있는 살기와 죽기를 계승하는 방법을 이해하기 위해 열심히 일하고 놀았다. 이 퇴비의 아이들은 지구 역사에 나타난 많은 유토피아운동과 이야기, 혹은 문헌 속 거주자들과는 달리 맨 처음부터 시작할 수 있다는 식으로 자신을 기만할 수 없음을 알았다. 정반대의 통찰이 그들을 움직였다. 그들은 죽은 자들의 혼과 살아 있는 자들이 여전히 함께 살고 있는 이 폐허 속에 사는 방법에 관해 묻고 응답했다. 지구 전역에 걸쳐서 근래 생겨나고 있는 다양한 정착지의 구성원들은 원래 경제적 계급, 피부색, 신분, 종교, 세속주의, 출신 지역이 서로 달랐다. 그들은 몇 가지 단순하지만 변화를 만들어내는 실천을 했는데, 결과적으로 이것이—강력한 전염성을 발휘해—이주 공동체뿐만 아니라 안정된 많은 민족과 공동체를 유인했다. 이 공동체들은 공-산적 창의성에 힘입어 도중에 갈라져 나갔지만, 끈끈한 실들로 계속 서로 묶여 있었다.

폐허가 된 장소들에서 치유하고 계속성을 유지하려면 혁신적인 방식의 친척 만들기가 요구되었기에 이런 식으로 계속 연결되었다. 전염성 있는 새로운 정착지에서 새로 태어나는 아이는 모두 적어도 세 사람의 부모를 가져야 하는데, 이 부모들은 새로운 젠더나 옛날의 젠더를 수행하든 수행하지 않든 상관없다. 문제투성이의 역사와 더불어 육신상의 차이가 소중하게 여겨진다. 새로운 아이들은 희귀하고 귀중한 존재로 취급되어야 하며, 강건하고 다양한 남녀노소 친구들이 있어야 한다. 친척 관계는 생전에 언제든 형성될 수 있다. 그래서 부모나 다른 친척들이 중요한 변곡점에 더해지거나 발명될 수 있다. 이런 관계 속에서 일생 동안 지켜야 할 다양한 종류의 강력한 약속과 의무가 생겨난다. 인간 및 다른 크리터들의 번성을 증진시키는 동시에 지구에서 살아가는 인간의 수와 요구를 줄이는 수단인 친척 만들기는, 분산되어 새롭게 생겨나는 다양한 세계에 강한 에너지와 열정을 불어넣었다. 그러나 친척 만들기와 인간 숫자의 재조정은 장소와 통로, 역사, 그리고 탈식민적이고 포스트-식민적이며 현재 진행 중인 투쟁들과 구체적으로 위험한 연결을 맺는 가운데 일어나야 하는 일이지, 추상적으로 이루어지는 것도, 외부 법령이 만들어주는 것도 아니었다. 여러 실패한 인구 조절 모델들이 교훈을 제공했다.

그래서 이들 공동체의 작업은 깊은 손상과 중요한 차이를 가로지르는 의도적인 친척 만들기였고 친척 만들기이다. 21세기 초에 역사적·사회적 행위와 문화적·과학적 지식들이—그것의 많은 부분은 반식민주의, 반인종주의, 친퀴어, 페미니즘 운동에 의해 활성화된 것이다—성과 젠더, 인종과 국가에 대해 한때 상정했던 자연적 연결은 상당히 느슨해졌지만, 친척 만들기와 수목형樹木型 생물발생적 생식 계보* 사

---

* 찰스 다윈의 '생명의 나무Tree of Life' 개념을 말하는 것으로 생물의 진화 계통을 보여주므로 '진화

5.2. "자식이 아니라 친척을 만들자" 스티커. 컨 토이Kern Toy, 베스 스티븐스, 애니 스프링클, 도나 해러웨이 제작.

이의 끈이라는, 여전히 남아 있는 자연적 필요성에 대한 광범위하고 파괴적인 몰입을 깨는 것이 퇴비의 아이들에게 핵심 과업이 되었다.

　새로운 인간 아기를 태어나게 하는 일은 새로 생겨나는 공동체들에서는 집단적이고 조직적으로 결정하게 되어 있다. 게다가 누구도 출산을 강요당하지 않고, 공동체의 보호 밖에서 아기를 낳았다고 처벌받지 않는다.[7] 퇴비의 아이들은 태어난 아기들을 가능한 모든 방법으로 양육하는 동시에 친척 만들기의 장치들을 변화시키고 지구 전체에 걸

　계통수phylogenetic tree'라고도 불린다. 다윈은 공동의 조상에서 생식을 통해 자식 세대로 분기가 거듭되는 방식으로 종의 분화와 진화를 설명했다.

처 인구 부담을 근본적으로 줄이기 위해 일하고 유희를 즐긴다. 각자의 생식 자유는, 비록 새로운 아기를 만들기 위한 개인적 결정이라는 방식으로는 권장되지 않지만, 매우 소중히 여겨진다.

이 자유의 가장 소중한 힘은 태어날 아이를 위해 동물 공생자sym-biont를 선택하는 임신 중인 인간 거주자의 권리와 의무이다.[8] 여기서 임신은 젠더와는 상관이 없다. 공동체의 의사결정 아래 태어나는 모든 새로운 인간 구성원들은 심각한 위협 속에 있는 종들의 크리터들과 함께한다. 그래서 그들은 특정 존재자들과 동료들—이들에게 미래라는 가능성은 매우 취약하다—의 살기와 죽기 전체 모양이 들어간 직물과 함께할 공생자로 태어난다. 개별적인 생식 선택으로 태어난 인간 아기들은 생물학적 공생자가 되지 못하지만, 인간 및 비인간 크리터들과 함께 많은 종류의 공-산 속에 산다. 공생자로 태어난 아이들과 전통적인 인간 개체로 태어난 아이들 사이에는 위계적인 계급이 형성되고 때때로 폭력적인 충돌이 벌어진다. 퇴비의 공동체들은 이런 문제로 인해 여러 세대에 걸쳐서 복잡한 어려움을 겪었다. 공생자로 태어난 아이들과 그렇지 않은 아이들은 때때로 의견이 일치하지 않았다.

동물 공생자들은 대개 이주 성향이 있는 종의 구성원들이다. 이들이 모든 공생 파트너들을 위해 방문하기, 일하기, 놀기의 방식과 방향을 결정한다. 인간이든 비인간이든, 퇴비의 아이들의 공생 구성원들은 이동하거나 혹은 이동하는 동료들에 의지한다. 이동 통로는 그들의 존재에 필수적이다. 통로를 회복하고 돌보기, 연결을 회복하고 돌보기는 이 공동체들의 중심 과업이다. 이는 그들이 폐허가 된 땅과 물, 그들 인간과 비인간 크리터들의 회복을 생각하고 실천하는 방법이다.[9] 퇴비의 아이들은 인간이나 비인간이 아니라 부식토로서, 자신들이 공유하는 종류를 보게 되었다. 새로운 어린이 교육의 핵심은, 동물 공생자와 그에게 필요한 모든 존재자들이 적어도 다섯 인간 세대 동안 지속되도록 양육하기 위해서, 공생하며 사는 방법을 배우는 것이다. 동물 공생자를 양육한다는 것은, 여러 갈래의 공생적 자기 돌보기 실천을 발명하는 것뿐만 아니라, 결과적으로 양육받게 된다는 것을 의미한다. 이 인간과 동물 공생자들은 회복, 생존, 번성의 실천들을 계승하고 발명하면서 유한한 생명의 릴레이를 계속 진행한다.

공생 관계에 있는 동물 파트너들이 이주 성향을 띠기 때문에, 각각의 인간 어린이는 다른 사람들과 그들의 공생자들과 더불어 지속성을 구현하는 데 필요한 동맹과 협력을 맺으면서 연결 마디와 이동 통로에서 배우며 살아간다. 방문하기 위해 마음을 훈련하는 것은 이들 공동체에서는 문자 그대로, 그리고 비유적으로 평생에 걸친 교육이다. 돌이킬 수 없는 기후변화와 가속화하는 멸종과 다른 트러블들이 점철된 위험한 여러 세기를 거치면서, 잘 살고 잘 죽기 위해서, 그리고 사람들을 포함해 급속히 진화하는 생태적 자연문화 공동체들을 적응시키기 위한 수단으로서 과학과 예술이 동시에 그리고 저마다 열렬히 실천되고 확대되었다.

새로운 아이를 위한 개인적 자유의 소중한 힘은, 혹시라도 살기와 죽기의 패턴들이 그 욕구를 유발한다면, 그리고 실제로 유발할 때 젠더를 선택하는—혹은 선택하지 않는—것으로 행사된다. 신체를 변형하는 것은 카밀의 사람들 사이에서는 정상적인 일이다. 그리고 태어날 때 동물 공생자의 약간의 유전자와 약간의 미생물이 이 공생 아기의 신체상의 유산에 더해진다. 덕분에 공생 팀의 인간 구성원은 동물이 경험하는 세계에 대한 감수성과 반응이 더욱 생생하고 정확해질 수 있다. 동물 파트너들은 이런 방식으로 변형되지 않는다. 비록 진행 중인 생태진화발생생물학적 변화를 포함해 땅, 물, 사람과 민족, 크리터, 장치 들과 현재 진행 중인 관계들이 동물 파트너들 또한 놀랄 만한 방식으로 새로이 유능하게 만들 수 있을지라도 말이다.[10] 인간 거주자들은 일생에 걸쳐서 신체의 변형을 추가로 선택해도 되는데, 양쪽 공생자 모두의 공생의 부식토 안에서 좋은 삶에 도움이 되는 한, 즐거움과 미학을 위해서 혹은 일을 위해서 그렇게 한다.

카밀의 사람들은 애팔래치아산맥에 있는 웨스트버지니아로 옮겨 갔는데, 골리산 근처 캐너와강 유역의 이 지역은 산꼭대기를 깎아내 탄광을 만든 탓에 황폐화되어 있었다. 강과 지류의 물에는 독성이 있었고, 계곡은 탄광 폐기물로 넘쳤으며, 사람들은 석탄 회사들에게 이용당하고 버려졌다. 카밀의 사람들은 험악한 산과 계곡에서 고군분투하는 복수종 공동체들—그 지방의 사람들 및 여타의 크리터들—과 동맹했다.[11] 카밀의 무리와 가장 가깝게 연결된 퇴비의 공동체들은 대부분 화석연료 채취나 금과 우라늄을 비롯한 광물 채굴로 파괴된 장소에서 살았다. 삼림 벌채 혹은 물과 양분을 고갈시키고 단일작물을 재배하는 농업에 의해 알맹이가 빠져버린 공간들 또한 카밀의 확장된 세계에서 두드러졌다.

왕나비들은 여름에는 늘 카밀의 웨스트버지니아 공동체에서 지내고, 가을이 되면 미초아칸주와 멕시코주의 경계에 걸쳐 있는 중부 멕시코의 특정한 소나무와 오야멜전나무 숲에서 겨울을 나기 위해 수천 마일을 비행하는 이주에 나선다.[12] 20세기에는 왕나비가 웨스트버지니아의 주 곤충으로 지정되기도 했다. 그리고 멕시코 화산대의 삼림지대에 잇닿아 있는 생태구역에 왕나비 생물권 보호구역이 만들어졌는데, 이곳은 2008년에 유네스코 세계문화유산 보호지역으로 지정되었다.

왕나비들은 복잡한 이동 과정 내내 도시, 공유 토지인 에히도ejido, 원주민의 땅, 농장, 숲, 초원 등에서 먹고, 번식하고, 쉬어야 한다. 왕나비들이 거치는 이 광범위한 장소들은 손상된 곳이며, 생태적으로 또 경제적으로 온갖 경쟁이 벌어지는 가운데 삶과 죽음을 영위하는 사람들과 민족들이 거주하는 곳이다. 봄에 남에서 북으로 이동하는 대부분의 경로에서, 왕나비 유충들은 대규모 산업형 농업이 야기한 유전적·화학적 기술의 결과들에 직면한다. 유충에게 꼭 필요한 먹거리인 유액을 분비하는 각 지방의 토종 밀크위드 잎들을 먹을 수 없게 된 것이다. 왕나비 유충의 몸속에는 모든 밀크위드의 현존뿐 아니라 멕시코에서 캐나다에 걸쳐 제철이면 나타나는 각 지방의 다양한 밀크위드의 모습이 응축되어 있다. 어떤 밀크위드 종들은 거친 땅에서 번성한다. 그들은 좋은 선구 식물이다. 북아메리카 중동부에서 흔히 볼 수 있는 밀크위드인 아스클레피아스 쉬리아카Asclepias syriaca가 그런 초기 천이遷移 식물이다. 밀크위드는 길가나 농작물 밭고랑에서 잘 자라는데, 글리포세이트를 함유한 몬산토의 라운드업 같은 제초제들에 특히 취약하다. 왕나비들이 동쪽으로 이동할 때는 다른 밀크위드, 즉 후기 천이 단계에 있는 목초지들에 고유한 이른바 극상 평원종climax prairie species이 중요하다. 그런데 북아메리카 전역에서 극상 평원이 철저히 파괴되어, 이 아스클레피아스 메아디이Asclepias meadii 밀크위드는 심각한 위험에 처해

있다.[13]

밀크위드를 포함한 매우 다양한 식물들이 봄에서 가을까지 계속 꽃을 피우면서 왕나비 성체들이 양껏 빠는 꽃물을 생산한다. 비번식 성체들은 산악 삼림지대의 좋아하는 보금자리 나무에서 겨울을 나기 위해 멕시코를 향해 남쪽으로 날아가는데, 이 여정에서 그들의 먹이가 되어줄 과즙을 생산하는 식물들의 서식지가 상실되면 북아메리카 동쪽으로 이동하게 될 이들의 장래가 위협받는다. 이 삼림지대들은 결국 마사우아Mazahuas나 오토미Otomi 같은 이 지역의 원주민과 농장 노동자들에 대한 국가적, 계급적, 인종적 탄압의 복잡한 역사 속에서 자연문화적 쇠퇴에 직면한다.[14]

공간과 시간이 모두 불안정해지고 먹을거리가 부족해지면서 유충은 굶주리고, 배고픈 성체들은 성장이 부진해서 겨울 거처에 도달하지 못한다. 이동은 아메리카 대륙 전역에 걸쳐서 실패한다. 중부 멕시코의 나무들은 겨울날 날갯짓하며 춤추던 무리를 잃고 슬퍼하며, 미국과 남부 캐나다의 목초지, 농장, 도시 정원 들은 오렌지색과 검은색이 너울너울 반짝이던 모습이 사라져서 썰렁하다.

카밀 1의 생부모는 아이의 공생자들을 위해 북아메리카 왕나비를 선택했다. 이 왕나비들은 캐나다에서 멕시코에 이르는, 그리고 워싱턴 주에서 시작해 캘리포니아를 따라가며 로키산맥을 가로지르는, 아름답지만 심각하게 손상을 입은 두 가지 경로 위에 있었다. 카밀을 임신한 부모는 들뜬 희망을 품고 생식의 자유를 행사했는데, 곧 태어날 아이를 이 나비의 움직임과 엮인 동서 양쪽의 흐름과 연결하기로 결정했다. 이것은 1세대 카밀과 뒤이어 올 적어도 네 세대의 카밀들이, 언제 어디서나 그런 것은 아니지만, 이러한 장소들과 통로들에 있는 이동과 거주의 경로와 연결점들을 따라서, 멸종 위기에 처한 아름다운 곤충들과 그들의 인간 및 비인간 공동체의 지속성을 위해 지식과 노하우를 쌓는 가운데 성장할 것임을 의미한다. 카밀 공동체는, 전 세계에 퍼져 있는 종 전체로 보면 왕나비가 멸종 위기에 처해 있지는 않다는 것을 알았다. 그러나 대륙 이동의 두 가지 큰 흐름, 함께 살고 죽는 무수한 크리터들의 거대한 연결 고리는 사라지기 직전에 있었다.

카밀의 공생자로 왕나비를 선택한 부모는 다섯 세대에 걸쳐 갈라져 나가게 될 세계들을 잉태한, 강력하고 무구하지 않고 생성적인 자유를 행사하는 응답-능력을 가진 독신이었다. 그 환원 불가능한 독특성, 특별한 생식 선택은 이주하는 모든 크리터들이 대륙들을 가로질러 그리고 대륙들을 따라 계속 이동을 실천하도록 많은 행위자들을 참여시키면서 수백 년의 책략을 준비했다. 퇴비의 공동체들은 자신들의 아이들을 '멸종 위기종'과 연결하지 않았다. 이 용어는 20세기에 보호 단체들이 개발한 것이기 때문이다. 오히려 퇴비의 공동체들은 자신들의 과업을 현재 작동 중인 손상된 세계들과 함께, 그리고 그 세계들을 위해 살아가는 기술을 배양하고 발명하는 것이라고 이해했다. 그것은 어떤 추상 관념이나 양식이 아니라, 파멸된 장소들에서의 살기와 죽기로서, 그리고 살기와 죽기를 위해 그렇다는 것이다. 나비들과 함께하는, 그리고 나비들을 위한 일과 놀이가 사람들을 비롯한 다수의 크리터들과 함께하는 밀도 높은 체류와 활발한 이동에 도움이 되었다. 모든 카밀들은 평생 현실 세계에 밀착한 공동체 안에서 풍요롭게 자랐다. 한 명의 카밀이 죽음에 가까워지면 때맞춰 다른 한 명의 카밀이 공동체에 태어

나고, 앞의 연장자는 공생의 멘토로서 어린것을 가르쳐 준비할 수 있게 했다.[15]

카밀들은 이 일이 언제라도 실패할 수 있다는 것을 알았다. 심각한 위험이 여전히 남아 있었다. 수 세기에 걸쳐 사람들과 여러 존재자들이 경제적, 문화적, 생태적 착취를 자행한 결과, 멸종과 절멸이 계속해서 지구에 퍼져 나갔다. 그러나 여전히 다른 크리터들과 그들의 헌신적인 사람들을 위한 공간이 성공적으로 유지되었고, 어려운 시대가 이어지는 가운데서도 다양한 복수종 파트너들의 협력과 유대가 지구를 살기 적합하게 만드는 데 기여했다.

카밀 이야기들

이제 내가 하는 이야기는 2025년 카밀 1의 탄생과 2425년 카밀 5의 죽음 사이 단지 몇 가닥의 실과 매듭을 따라 다섯 카밀의 삶의 궤적을 쫓아가는 것이다. 내가 여기서 하는 이야기는, 디지털, 조각 등등 가능한 모든 형태의 물질성으로 구현되는 내러티브, 오디오, 시각적 퍼포먼스와 텍스트로, 이런 이야기를 위해서는 함께하면서도 갈라져 나가는 '이야기-만들기' 실천들이 꼭 있어야 한다. 나의 이야기들은 기껏해야 암시적인 실뜨기일 뿐이다. 그 이야기들은 아직 오지 않은 이야기꾼들을 위해 갈라져 나갈 결합 부위들을 가지고서 패턴들을 여전히 열린 채로 두는 더 완전한 베짜기를 열망한다. 나는 독자들이 이 이야기의 일부를 바꾸고, 다른 곳에서 활용하고, 확장하고, 반대하고, 살을 붙이기를, 그리고 카밀들의 삶의 방식을 다시 상상하기를 바란다.

카밀 이야기들은 다섯 세대까지만 이어지는데, 호우더노쇼우니 연맹 Haudenosaunee Confederacy*이 그들 자신에게 부과했고, 그 이야기에 영향을 받은 모든 사람들에게 부과한 의무들은 아직 이행할 수가 없다. 승인되지 않은 전용 행위들, 즉 다가올 일곱 번째 세대의 사람들에 대해서 그리고 그 사람들을 위해 응답-가능하게 되려고 하는 행위에서조차 말이다.[16] 카밀 이야기가 닿지 않는 범위에 있는 퇴비의 아이들이 그런 세계를 만들게 될 수 있을지도 모르는데, 어쨌든 자본세의 거대한 가속과 거대한 머뭇거림Great Dithering 이전에는 그것이 가능한 듯 보였다.

카밀이 다섯 세대를 거치는 동안, 지구상 인간의 총수는 자신들의 생부모가 선택한 취약한 동물들과 공생 관계에 있는 사람들syms과 공생 관계에 있지 않은 사람들non-syms을 포함하여, 2100년경 100억 명으로 정점에 이르렀다가 2400년경에는 30억 명 수준으로 안정되었다. 다른 인간 거주자들과 민족들 사이에서 퇴비의 공동체들이 일찍부터 그렇게 성공적이고 전염성 있는 것으로 입증되지 않았다면, 지구 인구는 2100년경에 110억 명을 넘어섰을 것이다. 그 10억 명이라는 인간 거주자 수의 차이로 숨 쉴 틈이 생겨났고, 이것이 인간 및 비인간 존재자들에게 위협받고 있는 많은 살기와 죽기의 방식들에 지속성을 위한 가능성을 열어주었다.[17]

---

* 뉴욕 북부의 광범위한 지역을 점유하고 있는 북아메리카 원주민 부족 연합체. 모호크Mohawk, 오네이다Oneida, 오논다가Onondaga, 카유가Cayuga, 세네카Seneca의 다섯 부족으로 구성되어 있다. 이로쿼이 연맹Iroquois Confederacy, 롱하우스 사람들People of the Longhouse이라고도 불린다. https://www.haudenosauneeconfederacy.com/ 참고.

5.3. 밀크위드 꼬투리 위의 왕나비 유충 다나우스 플렉시푸스*Danaus plexippus*

카밀 1

2025년 출생. 인간의 수는 80억 명.

2100년 사망. 인간의 수는 100억 명.

2020년, 다양한 계급, 인종, 종교, 지역에 기반한 300여 명의 사람들이 뉴강과 골리강이 흘러들어 웨스트버지니아의 캐너와강을 이루는 곳에 마을을 만들었다. 성인 200여 명과 18세 이하 100여 명이 포함된 공동체였는데, 성인의 경우에는 당시에 관행으로 인식되던 네 가지 주요 젠더[18]로 이루어져 있었다. 이들은 산꼭대기를 파헤치는 석탄 채굴로 황폐화된 땅과 물을 기리기 위해 새로운 정착지를 '뉴골리'라고 이름 붙였다. 이 시대의 역사가들은 2000~2050년의 기간을 '거대한 머뭇거림'이라고 부르자고 제안했다.[19] 거대한 머뭇거림이란 환경 파괴, 대규모 멸종, 격심한 기후변화, 사회 분열, 전쟁, (대부분의 지역에서 출생률이 사망률 이하로 떨어졌음에도) 이미 너무 많이 태어난 아이들에 기인한 지속적 인구 증가, 피난처 없는 인간과 비인간 난민들의 방대한 이동으로 인해 무력하고 불안이 만연한 시대를 말하는 것이었다.

이 끔찍한 시기에 그럼에도 일치된 행동으로 변화를 도모할 수 있었을 때, 지구 전역에서 수많은 공동체가 출현했다. 이들을 위한 이름은 퇴비 공동체Communities of Compost이고, 구성원들은 자신들을 퇴비주의자compostist라고 불렀다. 다양한 언어로 지은 다양한 이름의 소유자들이 집단적 부활의 실뜨기 게임을 제안했다. 이 공동체들은 거대한 머뭇거림이 파국을 불러올 수 있음을 알았다. 또는 급진적 집단행동이 사태의 반전과 봉기, 혁명, 부활이라는 험난하지만 생성적인 시대를 발효시킬 수 있다는 것도 알았다.

초기 몇 년 동안, 뉴골리의 성인들은 아이를 낳지 않고 문화, 경제, 의례, 정치를 만드는 데 집중했다. 이런 환경에서는 기이한 친척oddkin이 풍부하고, 아이들은 희귀하고 소중한 존재였을 것이다.[20] 이 공동체의 친척-만들기의 일과 놀이는 부활과 복수종의 번성을 위해 결정적으로 중요한 능력들을 길렀다. 특히 일생에 걸친 친척-만들기 실천으로서의 우정이 고양되고 찬양되었다. 2025년에 이 공동체는 동물 공생자들과 결합할 첫 번째 아기들을 낳을 준비가 되었다고 느꼈다. 공동체 설립을 도왔던 기존의 아이들 대부분이 도래할 공생자 어린것들의 나이든 형제자매가 될 준비가 되었고, 그렇게 하고 싶어 한다고 성인들이 판단한 것이다. 구성원들 모두 이런 종류의 공-산이 이전에는 지구상

어디에서도 실천된 적이 없다고 믿었다. 사람들은 손상된 공간을 수리하고 복수종의 번성을 위한 미래를 만드는 실천, 즉 다른 동물과 함께하는 친밀하고 현실적인 돌봄이라는 공생을 실천하면서 집단적으로 사는 법을 배우기가 간단치 않으리라는 것을 알고 있었다.

카밀 1이 다섯 아이로 구성된 소그룹에서 태어났다. 그per*[21]는 곤충과 결부된 유일한 아이였다. 이 첫 번째 무리의 다른 아이들은 물고기(아메리카뱀장어*Anguilla rostrata*), 새(아메리카황조롱이*Falco sparverius*), 갑각류(큰모래가재*Cambarus veteranus*), 양서류(개울가도롱뇽*Ambystoma barbourin*)와 공생자가 되었다.[22] 취약한 박쥐에서부터 시작해 포유류 공생은 약 5년 후 제2의 출생 급증기를 맞게 되었다. 새로운 아이들을 위한 잠재적 공생자로는 파충류, 양서류, 갑각류보다 위기에 처한 이주성 곤충, 물고기, 포유류, 조류를 찾는 것이 때로는 더 쉬웠다. 이주성 공생자에 대한 선호는 때로 약화되기도 했는데, 특히 기후변화로 인한 기온 상승 탓에 평소 이주성을 띠지 않던 많은 종들이 기존의 영역 밖으로 내몰리는 과정에서 모든 종류의 이동 통로 보존이 더욱더 시급해졌기 때문에 더 그러했다. 그들 작은 인간 공동체들은 자신들의 공생 파트너들을 돌보기 위한 연결들을 키움으로써 지리적으로, 문화적으로 더 세속적이게 되었다. 그런 이유로 그들의 첫사랑이 여전히 이동하는 크리터들과 멀리 떨어진 경로들이었지만, 퇴비의 공동체들의 일부 구성원들은 작은 자투리 서식지에 있는 크리터들, 그리고 까다로운 생태 환경의 요구

---

* 해러웨이는 카밀을 가리킬 때 성별을 드러내는 인칭대명사 she/he 대신 person을 뜻하는 것으로 보이는 per를 쓴다. 젠더 중립적인 의미를 담아 '그'로 옮겼다.

와 거주지에 대한 애정 때문에 특정 장소에 단단히 묶인 크리터들에게
도 헌신했다.[23]

뉴골리에서는 처음 100년 동안 동물 공생자와 결합한 100명의 아
기가 태어났다. 세 부모 모델을 거부하고 자식에게 공생자를 받아들이
게 하지 않은 한 부모 혹은 커플에게서 태어난 아이도 10명 있었다. 200
명이 죽고, 175명이 전입해 왔으며, 50명이 전출해 나갔다. 퇴비 공동체
의 과학자들은 성인의 경우는 동물-인간 공생이 성공할 수 없음을 발
견했다. 인간들에게 결정적으로 감수성이 풍부한 시기는 태아 발육기,
수유기, 청소년기였다. 동물 파트너들은 세포나 분자 성분을 통해 인간
파트너의 변형을 도우면서 자신들도 부화, 유충의 허물벗기, 변태 같은
변형의 기간을 거쳐야 했다. 이들의 변형은 인간의 성분과 상관없었다.
위험하고 손상된 시대에 가능한 모든 방법으로 가르치고 번성하는 것
이 공생에서 이들이 맡은 역할이었다.

퇴비 공동체들은 거의 모든 곳에서, 궁극적으로 3분의 2로 줄어들
지구 전체 인구와 양립 가능한 수준으로 신생아 출산을 조정하면서 공
동체의 규모를 유지하고 이민을 받아들여 성장하는 데 전념했다. 새로
운 전입자들은 퇴비 공동체의 기본적인 실천들을 받아들일 경우, 요청
하는 즉시 창의적이고 대개는 시끌벅적한 친척-만들기 의식을 통해 영
주권과 시민권을 받았다. 비거주 방문자들은 언제나 환영받았다. 환대
는 기본적인 의무이자 상호 부활의 원천으로 간주되었다. 방문자들의
체류 기간은 논쟁의 소지가 있었는데, 때로 친척 관계나 전체 퇴비 공
동체에 분열을 일으킨다고 알려지기도 했다.

수용 인원보다 더 많은 전입자들이 퇴비 공동체에 참여하기를 원

하면, 종자 마을에서 온 멘토들과 함께 새로운 정착지가 형성되었다. 초기 몇 세기의 전입자들은 종종 폐허가 된 어딘가에서 왔고, 퇴비 공동체에서 피난처와 소속감을 찾는 행위는—그들은 손상된 장소에서 살아가는 기술에 전념하고 있었다—절망과 믿음이 뒤엉킨 행위였다. 퇴비 공동체의 설립자들은 절망적인 상황에서 탈출한 전입자들이 트라우마뿐만 아니라 해야 할 일들을 위한 특별한 통찰력과 기술도 가져왔음을 간파했다. 폐허가 된 다른 장소에 다시 정착하고 여기서 사람들 및 다른 크리터들과 연대 협력하기 위해서는 멘토들과 전입자들의 탁월한 능력이 필요했다. 식물들과의 풍부한 공-산인 세계 만들기를 인정하는 것이 모든 퇴비주의자들에게 중요했지만, 퇴비 공동체에서 몇 세대 동안은 아기들과 식물 공생자의 결합은 일어나지 않았다.

뉴골리는 처음 3세대 동안은 새로운 출생보다는 사람들의 전입을 더 중시했다. 이후에는 좀 더 융통성이 있었고 출생과 사망을 조정할 필요가 있었다. 더 많은 장소들이 부활에 적절한 조건들을 회복했고, 전쟁, 착취, 집단 학살, 생태계 파괴 탓에 새로운 거주지를 찾아야 하는 일은 훨씬 줄어들었다. 대신 모험, 호기심, 새로운 종류의 풍요와 기술에 대한 욕망이, 그리고 수렵채집인, 목축인, 농부를 포함한 인간들의 어딘가로 떠나려는 오래된 습관이 더 중요한 계기가 되었다. 기회주의적인 사회적 종들은 많이 돌아다니는 경향이 있다. 속박당하지 않은 인간들은 언제나 특별한 생태사회적 기회주의자이고, 여행자이고, 길을 만드는 자였다. 2300년경, 지구상에서 10억 명이 넘는 인간들이 다른 크리터들과 새로운 공생적 관계를 맺어 태어났다. 이는 생태, 진화, 발생, 역사, 기술의 변천사 전반에서 온갖 종류의 살아 있는 존재자들뿐만 아니라 인간 거주자들을 특징지었던 훨씬 오래된 복수종의 결합들에 더해서 나타났다.

카밀 1은 태아 단계에서, 애벌레가 성체로 탈바꿈하는 시기에 왕나비의 피부에 나타나는 패턴-형성 유전자 한 세트를 받았다. 바람 속에서 희미한 화학적 신호를 감지할 수 있는 유전자들도 받았는데, 이것은 성체 왕나비가 꽃물이 풍부하고 알을 낳기에 가장 적합한 밀크위드 잎을 고르는 데 결정적으로 중요하다. 카밀 1의 내장과 입에 있는 미생물은 독성 알칼로이드를 함유한 밀크위드를 안전하게 만끽할 수 있게 해주었다. 왕나비들은 알칼로이드 성분을 몸속에 축적해 포식자들의 공격을 저지한다. 카밀 1이 유아기에 느끼는 향기로운 포유류의 젖에 대한 구강 만족도에는 강심배당체cardiac glycoside의 쓴맛이 관련돼 있었는데, 젖을 먹이는 인간 부모는 맛볼 엄두를 내지 못하는 것이었다. 카밀 1은 성장 중의 깨어 있는 신체로, 날개 달린 성체로 탈바꿈하기 전 5령齡*을 지내는 곤충과 공생하는 것을 배워야 했다. 결과적으로 그는 계절에 따라 성적 흥분기와 휴면기를 번갈아 경험하게 되었다. 공생발생적으로 결합한 카밀과 왕나비들은 이동하는 집단들의 유전적 특징에 주의를 기울일 뿐만 아니라, 나비 홀로바이온트에게 기생하거나 이로움을 주는 다양한 동료들을 수용해야 했다.[24]

퇴비주의자들은 공생적 재구성으로 이미 복잡해져 있는 카밀 1의 몸에 나비들이 날개 달린 성충이 되기 전 번데기 속에서 자신의 전 존

---

* 곤충류에서 애벌레의 탈피를 기준으로 나이를 세는 단위. 태어나서 첫 탈피까지의 기간을 1령, 다음 탈피까지를 2령으로 부르는 방식으로 구분한다.

재를 완전히 해체하고 재구성하는 데 사용하는 유전자와 주기 패턴을 도입하려 하지 않았다. 부모들도 카밀이 나비의 색깔 스펙트럼을 그대로 인식하거나 곤충의 겹눈을 가진 것처럼 보게 하려고 그의 시각적 능력과 신경 배열을 바꾸려고 시도하지 않았다. 변경의 핵심은 모방이 아니다. 인간과 비인간의 손상된 삶과 장소를 치유하는 데 전념하는 다섯 인간 세대 내내 이 공생이 번성하도록 도울 수 있는 자연사회적 함께-되기의 혁신적인 교육 실천들로 짜인 신체의 제안들이 핵심이다. 간단히 말해서 중요한 것은 나비들과 그들의 사람들이 대량멸종의 시대에 미래를 가질 수 있도록 기회를 주는—이동성을 확보하는—것이었다.

다섯 살쯤에는 카밀 1의 피부에 말기 왕나비 애벌레처럼 밝은 노랑과 검정 줄무늬가 생기고, 열 살 때까지 점점 더 선명해졌다. 그러다 열다섯 살에 성인의 책임을 떠안게 될 무렵에는 왕나비 번데기처럼 흐릿한 색과 패턴으로 바뀌었다. 하나의 성체로서 카밀 1은 점차 생생한 오렌지색과 검은색이 섞인 성체 나비의 무늬와 색깔을 얻게 되는데, 성체가 된 카밀 1의 외모는 성적으로 동종이형인 왕나비에 비해 더 두드러지게 남녀 양성의 특징을 모두 띠게 되었다.

모든 공생자 어린이들은 아주 어릴 때부터 동물 파트너들의 눈에 띄는 특징과 미묘한 감각적 유사성을 발현했다. 뉴골리에서 첫 번째 심각한 갈등이 어린이들의 학습 모임에서 분출하면서, 이러한 발달의 결과가 성인 퇴비주의자들을 불시에 기습한 꼴이 되었다. 동물 공생자와 결합한 다섯 명의 어린이, 이에 반대하는 부모에게서 태어나 그런 결합을 하지 않은 두 명의 어린이, 공생자가 없는 다섯 명의 전입한 어린이가 첫 번째 어린이 집단을 구성했다. 공생하는 어린이들은 그들의 부모는 상상도 하지 못할 민감한 신체들을 통합하려고 애쓰고 있었다. 게다가 이 초기 세대에게 각각의 공생은 유일무이한 것이었다.

카밀 1은 아메리카황조롱이와 결합한 어린이인 케스Kess와 열렬하게 교제했다. 공생자 어린이 한 사람 한 사람은 자신들의 환원 불가능한 차이를 예민하게 인식하고 있었다. 케스와 카밀이 서로에게 끌린 것은 황조롱이가 나비를 먹는다는 점, 그리고 생존 위협을 받고 있는 이들 두 동물 공생자들이 들판, 초원, 길가, 목초지, 수많은 꽃식물로 가득한 혼합 삼림지대에서 가장 잘 번성한다는 점이 주효했다. 처음부터 이 공생자 어린이들은 고독, 강한 사회성, 비인간 타자들과의 친밀함, 특수성, 선택 결여, 의미의 충만함, 미래 목표의 확실성으로 이루어진 복합적인 주체성을 개발했다. 이처럼 다양하게 교차하는 감정들의 지형은 비공생 어린이들을, 심지어 그들의 부모와 뉴골리의 다른 비공생자 성인들을 오만하게 대하고 차별하는 경향이 있었다. 첫 번째 퇴비의 공동체들이 설립되고 나서 초기 세대의 경우에는 지역 전체에서 공생자가 아직은 드물었기 때문에, 위기의 순간에는 비공생자 아이들과 성인들이 공생자들을 인간 이상이면서 인간과 다른, 그리고 심각하게 위협적인 괴짜라고 느낄 수 있었고 실제로 그렇게 느꼈다. 인간성humanity이란 부식토를 의미하는 것이지 안트로포스Anthropos나 호모Homo인 인간을 의미하는 것이 아니었다. 하지만 이 사실은 뉴골리에서 우세한 서양 문화의 그물망 속으로 쉽게 들어오지는 않았다. 아이들이 자기 몰입, 사회적 열정, 장난기, 서로에 대한 자부심, 두려움, 경쟁, 학교에서 직면하는 따돌림이 뒤섞인 혼란한 환경을 헤쳐 나가도록 헌신했던 뉴골리의 성인들과 아이들은 새로 출현하는 공생자 어린이들과 비공생자 어린이들의 공동체에서 각기 다른 도전에 직면했다.

뉴골리 퇴비주의자들은 위로하기, 고무하기, 기억하기, 경고하기, 열정을 배양하기, 애도하기를 위해, 그리고 차이, 희망, 두려움 속에서 서로 함께-되기 위해 스토리텔링이 가장 강력한 실천이라는 것을 곧 알게 되었다. 물론 퇴비 공동체들은 남녀노소를 모두 교육하기 위한 깊고 광범위한 접근법들을 강조했고, 여러 과학과 예술을 특히 공들여 다듬고 소중히 여겼다. 공동체들에서 대부분 종들의 어린것들과 성체들에게는 놀이가 중요했다. 놀이는 옛것을 재배열하고, 새로운 것과 새로운 느낌과 행동 양식을 제안하고, 갈등하고 협력하면서 함께 얽힐 수 있는 안전한 방식을 고안하는 가장 강력하고 다양한 활동이었다.[25] 우정의 실천과 놀이의 실천은 둘 다 크고 작은 방식들로 의례화되었고 찬양받았으며, 친척-형성의 핵심 장치였다. 다양한 유형의 도서관도 많이 있었다. 도서관은 호기심을 불러일으키고, 손상된 장소와 자기 자신과 다른 존재자들을 치유하면서 잘 살고 죽는 것을 배우는 지식 프로젝트를 뒷받침했다. (다양한 그리고 다중 모드의 인간과 비인간의 언어들을 포함해서) 탈식민적 복수종 연구들, 그리고 '에코이보디보히스토에스노테크노사이코EcoEvoDevoHistoEthnoTechnoPsycho'(생태·진화·발생·역사·민족지·기술·심리학적 연구)라고 불리는 무한히 확장 가능한 지식 횡단적 접근법이 퇴비주의자들에게는 겹겹으로 매듭이 얽힌 중요한 탐구였다.[26]

퇴비주의자들은 시공간을 가로질러 실험적이고 의도적이며 유토피아적이고 디스토피아적이고 혁명적인 공동체와 운동에 관한 모든 것을 열성을 다해 찾았다. 그런데 이런 이야기들은 많은 경우 손상된 세계들의 트러블을 부정하지 않고 계승하면서 그것과 함께하기를 배우는 대신, 다시 새롭게 시작한다는 전제에서 출발하고 있었기 때문에 크게 실망을 안겨주었다. 종말이나 구원으로 이 세계를 닦아내는 살균 이야기에서 자유로울 수는 없었지만, 그들의 탐구를 위한 가장 풍부한 부식토는 SF—사이언스 픽션과 사이언스 판타지, 사변적 우화, 사변적 페미니즘, 실뜨기—임이 판명되었다. SF는 유토피아의 상실을 방지함으로써 정치가 죽지 않게 지켜냈다.

그래서 스토리텔링이 퇴비주의자들의 번성을 위한 씨앗 주머니였고, 카밀 1은 이야기를 먹고 자랐다. 카밀이 좋아하는 이야기는 〈바람계곡의 나우시카〉였다. 이 용감한 어린 공주가 독성이 있는 숲속의 존재자들, 특히 오무라고 불리는 멸시받는 무서운 곤충들을 사랑했기 때문이다. 나우시카는 한 마리 터보나비처럼 숲과 들판과 마을을 민첩한 제트 추진식 글라이더를 타고 날아다닐 수 있었다. 어린 카밀 1은 그 생생한 느낌에 완전히 매료되었다. 미야자키 하야오의 만화와 애니메이션 이야기는 독성을 품은 숲의 크리터들에게 위협받고 있는 종말 이후의 지구에서 펼쳐진다. 이 크리터들은 자신을 방어하면서, 무장하고 권력과 기술지상주의에 취한 인간들 손에 가혹하게 파괴된 자연 세계의 복수를 하고 있었다. 특권과 예외의 벽으로 둘러싼 도시들을 위해 사악한 통치자들이 독성이 있는 숲을 절멸하고 자원의 마지막 한 방울까지 짜내려는 욕망에 취해 궁극적인 파괴를 계속할 작정이었다. 나우시카는 숲의 생태에 관한 연구, 버섯처럼 생긴 감염된 독성 나무들의 생리에 관한 이해, 그리고 위험한 돌연변이종인 거대한 곤충들과 그들의 유충에 대한 사랑으로 사람들과 숲을 구하기 위해 노력했다. 그녀는 나무들이 독성 물질을 정화하고, 한 방울 한 방울이 생물다양성을 회복시켜 지구를 재생할 수 있는 깨끗한 물로 된 거대한 지하 대수층을 만들고 있다는 사실을 발견했다. 나우시카는 식물과 균, 동물의 언어에 익숙해져서 불안한 숲이 발산한 독성에 중독된 사람들의 몰이해와 두려움을 진정시킬 수 있었다. 독성의 숲과 친구가 되었기에 인간과 인간이 아닌 것들 사이에 평화를 제안할 수 있었다. 나우시카의 이 실천들이 어린 카밀 1의 정신 깊숙이 도달했다. 극적인 마지막 장면들에서, 나우시카는 엄청난 위험을 감수하면서까지 위기에 처한 유충 오무를 구해낸다. 그래서 인간들이 유충들을 포획하고 상처를 입히는 데 분노한 오무 성체들의 대대적인 공격을 중지시킨다.

카밀 1은 호메로스의 《오디세이아》에 나오는 파에아키아의 공주 나우시카를 비롯해 미야자키에게 영감을 준 것들이 많이 있음을 알게 되었다.[27] 호메로스의 나우시카는 자연과 음악을 사랑하고, 열정적인 상상력을 키우고, 소유를 경멸한다. 바람을 지배하는 중세 유럽의 마녀 이야기들과 어슐러 K. 르 귄의 '어스시Earthsea 연대기'에 나오는 마스터 윈드키Master Windkey도 나우시카 이야기에 스며 있었다. 그러나 성인 카밀 1이 생각하기에, 미야자키에게 가장 생성적인 영감을 준 것은 〈곤충을 사랑한 공주〉라는 헤이안 시대의 일본 이야기였다.[28] 이 공주는 아름답게 보이기 위해서 이를 검게 칠하거나 눈썹을 뽑지 않았고, 남편이라는 개념을 경멸했다. 그녀는 타자들에게 경멸받는 애벌레들과 엉금엉금 기어 다니는 크리터들에게 열정을 쏟았다.[29]

나우시카에게는 반려동물이 있는데, 실제 공생자이기도 한 사나우면서도 점잖은 작은 여우다람쥐다. 노인이 된 카밀 1은 〈바람계곡의 나우시카〉를 대단한 위험과 대단한 우정의 우화라고 표현했다. 전통적인 영웅들과는 달리 동물들을 동반한 나우시카는 여자아이이고 치유자로서, 다른 사람들과 다양한 종류의 타자들과 두터운 관계를 맺으며 용기를 키워나간다. 나우시카는 혼자서 행동할 수 없다. 또한 그녀의 응답-능력과 행동은 자신뿐만 아니라 무수한 인간과 비인간 존재자들을 위해 대단히 중요하다. 나우시카의 관계들과 통로들은 오만한 애니미스트의 방식에서 영감을 받았으며 우화적이고 현실적이고 물질적이다. 그녀가 가진 것은 손상된 지구에서의 삶의 기술이다. 이 20세기 일본 애니메이션의 어린이가 왕나비들과 평생 공생하는 카밀 1을 지탱해준다.

카밀 2
2085년 출생. 인간의 수는 95억 명.
2185년 사망, 인간의 수는 80억 명.

두 번째 카밀은 열다섯 살 되던 해의 의례에서 성년 기념 선물로 일종의 촉수 턱수염인 나비 더듬이를 아래턱에 심어줄 것을 요청하기로 했다.[30] 날아다니는 곤충의 세계를 더욱 생생히 맛보는 것이 일에 도움이 되고, 함께-되기의 신체적 즐거움을 더할 수 있기 때문이다. 또 인간 파트너들의 전통으로 삼으려는 의도도 있었다. 제2세대의 이 살아 있는 공생의 생생한 징표에 자부심을 느끼는 청년 카밀 2는 절차가 완료되자 여행을 시작했다. 멕시코주와 미초아칸주 사이 멕시코 화산대에 연해 있는 손상된 땅과 물을 재건 중인 원주민들과 농장 노동자들을 만나기 위해서였다.

카밀 1은 카밀 2의 멘토였고, 이 새로운 어린이 생애의 초기 15년

5.4. 피스모비치 주립공원 근처 나비 숲의 회향에 앉아 있는 왕나비. 2008년 11월 15일. docentjoyce/ Wikimedia Commons 사진.

동안 뉴골리의 제2세대 인간-나비 공생자들이 미초아칸의 다양한 공동체들을 계속 방문하게 하려고 노력했다. 그러나 카밀 1의 필생의 작업은 대부분 이동 통로를 따라서, 그리고 동쪽과 서쪽의 대규모 왕나비 이주지에 있는 마을, 들판, 탄광, 숲, 해안, 산, 사막, 도시 들에서 이루어졌다. 멕시코 북부, 동쪽으로는 남부 캐나다, 서쪽으로는 워싱턴과 북부 로키산맥에 걸친 지역이었다. 카밀 1은 비인간 크리터들과 함께, 또 그들을 위해 공연하는 예술가들뿐만 아니라 주로 중서부와 남부의 농부, 농산업 과학자, 에너지 기업과 그들의 냉혹한 법률가, 탄광 노동자, 실업자, 자연 애호가, 정원사, 이동 통로를 살피는 생태학자, 곤충 전문가, 기후 과학자 들과 함께 일하고, 놀고, 투쟁했다. 카밀 1은 뉴골리에 근거를 두고, 특히 그곳과 대륙 전역에 걸친 탄광촌의 황폐화된 지형과 민족들에 적응되어 있었지만,[31] 캘리포니아 중부 몬터레이만에 연한 왕나비들의 서쪽 겨울 거주지에서도 곤충들과 그들의 사람들과 함께 머물렀다. 그래서 몬터레이소나무와 (생태보호주의자들은 절대 받아들이지 않더라도) 아주 멋진 오스트레일리아고무나무에 매달려 있는 왕나비 무리의 생물학적, 문화적, 역사적 세계를 이해했다.

이 광활한 땅에서 동물들과 공생 관계에 있는 사람들과 그렇지 않은 사람들 모두, 주로 자신들의 **생물학적 기호론적 물질성**을 통해 퇴비 아이들의 공-산을 경험했다. 물론 카밀 1은 어린이와 성인 시기의 교육과 작업 동맹의 중요한 구성 요소로서, 아메리카 원주민, 캐나다 원주민 공동체, 프랑스계 캐나다인과 북미 인디언 혼혈 교사들과 함께 공부했다. 이들은 결합된 인간과 인간 아닌 존재들의 되기와 교환을 위해 다양한 실천과 지식을 설명하고 실행했다. 그러나 카밀 1은 자신과 왕나비의 변형적 공-산을 이해할 수 있게 해준 정착민 실천이나 자연과 문화, 생물학의 범주들을 깊이 의문시하지는 않았다. 존재론적·인식론적 이유뿐만 아니라 실제적·정치적 이유에서 카밀 1은 왕나비들이 서쪽으로 이동하고 멕시코에 체류함에 있어서 사람들, 민족들, 인간 아닌 것들과 함께하는 교환과 협력의 조건들을 시급히 심화하고 바꿔야 할 필요가 있음을 인식했다.

카밀 1은 탈식민·포스트식민 문헌에 정통했고 평생 멕시코의 동지들—이들 중 일부는 퇴비 공동체를 만나기 위해 뉴골리와 캘리포니아의 산타크루즈로 개인 여행을 했다—과 부지런히 서신을 주고받았지만, 공생발생과는 다른 물질기호론적 형태의 왕나비 공-산을 접하기 전에 죽었다. 카밀 2는 성년이 되어 멕시코에 체류할 때 맞은 첫 '사자死者의 날Día de los Muertos'에, 마사우아족 죽은 자들의 영혼으로서 11월에 그들의 겨울 거주지로 돌아오는 모나르카Monarca들을 소개받았다. 모나르카는 죽은 사람들의 영혼을 재현한 것이 아니라, 살아 있는 나비와 죽은 인간의 공생체였다. 이 공생은 다자연주의자 세계 만들기multinaturalist worldings에서 이루어졌는데, 카밀 2는 이것을 공부했지만 제대로 이해할 수 없었고 어떻게 받아들여야 하는지 알지 못했다.

파괴된 땅과 물을 재건하기 위해 공생발생적인 아이들을 낳은 퇴비 공동체들이 여러 세대에 걸쳐서 미초아칸주와 멕시코주 전역에 산재해 있었다. 멕시코인들은 북쪽 동지들만큼이나 자연문화의 생물학적 지식과 실천의 광범한 장치들에 익숙했다. 그러나 멕시코의 어떤 퇴비 공동체도, 그들의 정착민 전통이나 토착 전통 혹은 혼합된 전통이 어떻든 간에, 방문하는 조상들인 이동하는 멸종 위기의 크리터들과 인간 아기를 결합하지는 않았다. 카밀 2가 월동을 하는 날개 달린 곤충들과 방문하는 조상들을 결합한 모나르카의 공-산을 열정적으로 소개한 결과, 다가올 300년 동안 뉴골리와 멕시코 화산대의 공동체들을 잇는 생태정의를 위한 작업의 직물이 다시 짜였다. 카밀 2와 그의 마사우아족 호스트들은 공유할 수 있는 용어를 찾다가 이런 종류의 함께-되기를 '공영혼발생symanimagenesis'이라 부르기로 결정했다. 이 왕나비들의 이동 통로, 이동, 접촉 지대가 아메리카 대륙 전역에서 다양한 죽기와 살기의 방식들을 모았다.

그래서 멕시코 중부(멕시코주, 미초아칸주, 케레타로주)의 마사우아족들은 두 번째 세대 이후 계속 카밀 이야기에 결정적으로 중요하게 되었다. 경계의 모든 쪽에서 행해지는 탈식민 작업은 왕나비들과 함께하는 모든 형태의 공-산에 고유한 것이어야 했다.[32] 앵글로계와 스페인계의 정착민 식민주의에서 계승한 보존과 회복 작업, 멕시코와 미국 정부가 토착민들에게 지금도 가하는 억압과 착취의 관행이 퇴비 공동체들에 미치는 영향을 고심하면서, 카밀 2는 마침내 알게 되었다. 마사우아 족의 땅과 물을 둘러싼 투쟁, 얼마 안 되는 노임을 위해서라도 가깝거나 먼 도시들로 향하는 이동, 관행적인 불법 벌목, 숯 만들기, 나비의 이동이 국제 이슈가 되기 전에 있었던 나무와 삼림지대 보호를 위한 행동의 역사뿐 아니라 토착민과 외부인이 자행한 과거와 현재의 숲과 강 유역 착취의 역사, 그리고 세계문화유산이 된 나비 보호구역에서의 지역민의 생계 활동을 범죄로 간주하는 미국을 비롯한 외국 과학자들과 멕시코 정부 및 관료들에 대한 저항을 이제는 모를 수가 없게 된 것이다.

2100년 가을 카밀 2가 마사우아 왕나비 지역에 갔을 때 처음 몇 주 동안, 나비 보호구역 주변 공동체의 여자들이 그를 맡아주었다.[33] 당시 이 급진적인 마사우아 여성들은 자신들의 운동 창립 96주년을 기념하고 있었다. 2004년에 그들은 "농기구와 목총으로 상징적으로 무장한 채 '물을 지키는 사파티스타 여성 조직'을 창설하고 비폭력 전략을 실행하기로 공약했다".[34] 사파티스타운동은 1994년 1월 1일 치아파스주에서 변화를 모색하는 무장봉기로 시작되었지만, 마사우아 공동체들이 실행하는 전략에 사파티스타가 가장 중요하게 공헌한 바는 여러 세대에 걸쳐 광범위한 저항 전선에서 활발하게 펼친 비폭력 투쟁이었다.[35] 전 세계의 퇴비 공동체들은 **카라콜**(달팽이 껍질)이라고 불리는 사파티스타의 자치 제도를 연구했다.

마사우아 여성들은 뉴골리의 공생자가 살아 있는 죽은 자 모나르카와 진지한 관계를 맺게 하는 데 우선순위를 두었다. 그들은 기묘하게 턱수염이 난 방문자의 민감한 촉수 기관들 사이로 자꾸 손가락을 넣어 보고 싶은 유혹에 예의 바르게 저항하면서, 카밀 2의 턱에 있는 나비 더듬이와 그가 더 어린아이였을 때 나타났던 애벌레의 인상적인 줄무늬를 서서히 대체하고 있는 생생한 빛깔의 성체 피부 패턴에 매혹되었다. 마사우아족이 보기에 카밀 2의 무늬는, 자신들의 인간-나비 세계 만들기에서 이 청년이 적절한 학생이 될 수 있고 그래서 쓸모 있는 동맹이 맺어질 것임을 의미하는 확실한 징표였다. 원주민 지역에서 인간 및 비인간의 재건과 복수종의 환경정의를 실현하는 일—수 세기 동안 정부와 외부 세력이 이를 주도했으나 허사가 되었다—에 가담하기 위해 카밀 2는 21세기 초에 일어난 민족 부활을 공부해야 했다.

2100년 11월 모나르카들이 돌아온 날 밤에, 마사우아의 여성들은 카밀 2에게 훌리오 가르두뇨 세르반테스Julio Garduño Cervantes의 〈나는 마사우아다Soy Mazahua〉라는 시를 가르쳤다. 이 시는 죽은 자들과 살아 있는 자들을 위한 그들의 일에 언제나 꼭 필요한 작품이었다. 축제에서 아름답게 차려입은 사람들이 화려한 불꽃놀이와 음식을 즐기고, 돌아오는 친척을 환영하면서 시를 읊고 있었다. 이 시는 1980년 사자의 날 묘지에서 집으로 돌아오는 길에 살해당한 어느 마사우아 지도자를 기념하는 작품이었다. 그의 죽음에 멕시코 전역에서 토착 푸에블로족들이 분노했고, 카밀 2가 방문한 무렵에는 어느 때보다 강렬한 저항운동이 일어났다. '물을 지키는 사파티스타 여성 조직'의 구성원들은 나비들이, 방방곡곡에서 살해당하고 강간당하고 실종된 사람들을 애도하는

자들의 눈물을 마신다고 가르쳐주었다.[36]

나는 마사우아다

당신은 나의 존재를 부정하고 싶어 했지만

그러나 나는 당신의 존재를 부정하지 않는다.

하지만 나는 존재한다. 나는 마사우아다.

……

나는 이 땅, 공기, 물 태양으로 만들어졌다.

그리고 함께 우리는 되풀이한다, 우리는 마사우아다

……

당신은 나의 조상들을 노예로 만들고 그들의 땅을 훔쳤다.

당신은 그들을 살해했다.

……

집은 내가 지었는데 그 속에 사는 것은 당신이다.

죄는 당신이 지었는데 감옥에는 내가 있다.

혁명은 우리가 했는데 그것을 이용하는 자는 당신이다.

내 목소리는 드높아지고 수많은 타자들과 함께한다.

그리고 함께 우리는 되풀이한다, 우리는 마사우아다.

우리 손으로 모두를 위해 씨를 뿌렸다.

우리 손으로 모두를 위해 싸울 것이다.

나는 마사우아다.

―훌리오 가르두뇨 세르반테스

카밀 2는 이 죽은 자들이 지역 전체에서 얼마나 적극적으로 투쟁했는지, 손상된 땅과 인간과 비인간 존재자들을 회복하기 위한 퇴비주의자들의 일에 얼마나 중요한지 바로 파악하기는 어렵다는 것을 알게 되었다.[37] 카밀 2는 먼저 살다 간 자들의 완전한 기호론적 물질성을 이해하기 위해 식민주의적인 종교와 세속주의의 개념들을 떠나보내는 것을 배워야 했다. 죽은 자들과의 공-산이 인정되기 전에는, 살아 있는 것들과의 공-산은 근본적으로 불완전했다. 멕시코시티에서 온 도시 사람들은 토착민 코스모폴리틱스의 이런 양상에 관한 인식론적, 존재론적, 실제적 요구를 진지하게 받아들이는 데 있어서 카밀 2보다 나을 게 없었다. 20세기 말과 21세기 초에 수행된 통렬한 비판 이후 수백 년 동안 끔찍할 정도로 내구성이 입증된 근대성과 그 범주화 작업은, 과학자들과 예술가들을 비롯해 진지한 사람들로서는 상상할 수 없는 철학적, 정치적 근대성의 교의들에 노골적으로 집착했다. 근대성은 지하로 내몰렸지만, 죽지 않은 채로 계속 살아 있었다. 이 뱀파이어 조상과 화해하는 일이 퇴비 공동체들로서는 시급한 과제였다.[38]

카밀 2가 머물고 나서 몇 주 동안 '물을 지키는 사파티스타 여성 조직'의 10대 여성들이 이 지역의 물과 숲의 생태 정의를 위한 투쟁을 이 공생자에게 가르쳤다. 20세기 말과 21세기 초 내내 진행된 대규모 물이송 프로젝트에서 멕시코시티는 북쪽과 서쪽으로 산맥을 가로지르고 분지에 걸쳐 있던 호수와 강, 대수층으로부터 이 귀중한 액체를 뽑아냈는데, 여기는 토착민들과 다른 크리터들이 살던 곳이었다.[39] 이 일은 엄청난 파괴를 몰고 왔고, '사회에 헌신하는 과학자 연맹'은 2015년 보고서에서 이 문제를 집중 조명했다. 과학자들의 주장에 따르면, "물을 옮

5.5. 콜롬비아 남서부 푸투마요에 있는 벽화. 어린이가 그린 것으로, 미국과 콜롬비아의 '마약과의 전쟁' 시기 제초제 공중 살포 이전과 이후의 풍경을 묘사했다. 크리스티나 라이언스Kristina Lyons 사진.

기는 것, 하나의 유역에서 다른 곳으로 많은 양의 물을 옮기는 것은 지속 불가능하고 중장기적으로 환경에 영향을 미칠 뿐만 아니라 도시와 공동체를 파괴하고 사람들을 사회적으로 소외시키며 하찮은 존재로 만드는 강제 이동을 일으키게 된다. 이주민들은 하는 수 없이 대도시의 빈민가로 옮겨 가게 된다".[40] 카밀 1이 태어날 무렵까지 이 물 이송 프로젝트, 즉 쿠트사말라 시스템Cutzamala System은 이미 1년에 1270억 갤런씩의 물을 퍼내 멕시코시티와 27개 지방 자치체로 보낸 반면 마사우아 공동체들은 마실 물도 없었다. '물을 지키는 사파티스타 여성 조직'은 멕시코시티와 여타 지역에서 시위를 비롯한 직접 행동에 나섰고, 여러 차례 부분적인 승리를 거두었다. 이 투쟁은 카밀 2의 생애를 넘어 오랫동안 계속되었다. 공-산 속에서, 이 왕나비 크리터들, 인간과 비인간들은 살아 있는 자들과 죽은 자들이 흘리는 치유의 눈물을 마신다.[41]

카밀 3
2170년 출생. 인간의 수는 85억 명.
2270년 사망. 인간의 수는 60억 명.

이 무렵에는 전 세계 퇴비 공동체들 주민의 3분의 2가 공생자였다. 지구의 위기와 인간과 비인간들이 겪는 극심한 어려움이 만연한 수세기 동안, 이들은 취약해진 존재자들을 유지하기 위해 열정적으로 일과 놀이에 관여했다. 상당수 공생자들은 퇴비주의자 공동체를 떠나기로 했고, 다른 정치적 시민권을 위해서 거주권을 포기했다. 전입자들과 새로운 마을에서 태어난 비공생자 자손 중 일부 인간들은 공생발생적 친척 만들기에 관여하지 않으려 하면서도 철저한 퇴비주의자가 되었다. 다양한 비-공생 사람들과 연합하면서 도처에서 퇴비주의자의 살기와 죽기의 실천들이 번성했다. 새롭게 출현한 부분적 치유의 시대에 사는 사람들은 현재 진행 중인 촉수적 쑬루세와 깊이 얽혀 있음을 느꼈다. 급속한 기후변화와 맞물린 생태계 붕괴가 지구를 휩쓸면서, 엄청나게 많은 종류의 살아 있는 존재자들을 잃었다. 그리고 자본세와 인류세의 대량멸종 사건은 종식되지 않았다.

카밀 3이 쉰 살이 될 무렵까지, 지구의 손상된 자연, 사회, 기술 시스템이 유지되기에는 대부분의 지역에서 인간의 수가 여전히 너무 많았다. 하지만 점점 성숙해가는 환경정의의 사려 깊은 패턴 안에서 인구가 감소하고 있는 것은 분명했다. 이 패턴은 인간들 가운데서는 빈곤한 자에게 우선권을, 생물다양성의 자연사회적 생태계에 우선권을, 여타 크리터들과 서식지 가운데서는 가장 취약한 것에 우선권을 부여해야 한다고 강조했다. 최초의 퇴비주의자 공동체가 출현한 이후 150년 동안 가장 창의적인 일은 많은 부분 이 패턴을 연결하는 것이었다. 그러기 위해서는 자본세와 인류세에도 완전히 사라지지 않고 지속된 쑬루세의 실천들을 충분히 인정하고 강화해야 했으며, 세 가지 우선권을 서로 연결하는 방식을 새롭게 고안해야 했다. 가장 부유하고 가장 소비성향이 높은 인간 집단들이 퇴비 공동체의 지원을 받아 출산율을 가장 많이 줄였다. 자연과 문화의 종점이 아니라 부식토로서의 광범위하고 다양한 인간성을 위해, 인간의 수를 타당한 수준으로 서서히 그리고 효과적으로 맞추기 위해 모든 곳에서 출생률을 사망률 아래로 낮추었다. '자식이 아니라 친척 만들기'의 실천은 퇴비 공동체들 안팎에서 자리를 잡았다.

21세기 초의 모든 예상과는 달리 불과 150년 후에 공생발생적이고 공영혼발생적인 공-산이, 왕나비들과 그들의 다양한 인간 거주자들과 민족들을 포함해 지구의 가장 취약한 것들을 위한 시간과 공간을 유지하는 데 있어서 변화를 가져오는 듯했다. 멕시코 화산대의 숲들은 회복되었고, 약탈당했던 대수층에 물이 다시 흘렀다. 환경정의를 위한 농민과 토착민 조직들이 더 많은 통제권을 넘겨받으면서, 사람들은 생태계 보호 지역의 크리터들과 과학자들과 함께 굳건한 평화를 만들어냈다. 단일경작이 아닌 유기농업이 확대되고 도처에 정원이 조성되고 길가마다 다양한 종의 식물이 자라면서 멕시코 북쪽 이주자 무리는 이제 유충과 성체의 먹이를 기대할 수 있게 되었다. 거대 에너지 산업과 거대 자본이 사람들과 다른 크리터들의 거주지를 황폐하게 만든 사태는 아직 끝나지 않았지만, 흐름은 분명히 바뀌었다.

부식토 친화적인 기술 혁신, 창의적인 의례와 기념행사, 깊이 있는 경제 혁신, 정치적 통제의 재편, 비무장화, 이동 통로의 복구와 생태적·문화적·정치적 회복을 위한 지속적인 작업이 모두 영향을 미쳤고 더욱 더 기세를 올리고 있었다. 왕나비들을 잊지 못하고 있던 카밀 3은 공생자들이 자신들을 집단적 차원에서 근본적으로 점검해야 한다는 사실에 관심이 갔다.

카밀 3의 생애에서 중요한 사건은, 퇴비주의자들의 실천에 힘입어 인간다움과 동물다움의 의미가 근본적으로 변화했다는 인식이 널리 퍼진 가운데 세계 곳곳에서 열린 공생자와 비공생자 인간들의 모임에 참여한 것이었다. 물론, 지구상의 많은 민족은 살아 있는 존재자들을 결코 인간과 동물로 나누지 않았다. 그럼에도 그들은 2200년경 도처에서 분명히 일어나고 있던 것과는 다르게 사물들을 배치했고, 이런 변화 양상은 각기 다르게 나타났다. 공생자의 세계 만들기는 하나가 아니었다. 에코이보디보히스토에스노테크노사이코EcoEvoDevoHistoEthnoTechnoPsyco의 방식으로 원기 왕성하게 갈라져 나가면서 적응하고 있었다. 이를 받아들이는 것은 혼란스럽고 짜릿하면서도 위험했다. 카밀 1의 세대 어린이들 사이에서 일어난 왕따 위기는 3세대 퇴비 공동체들의 이행에 대한 공포에 비하면 아무것도 아니었다. 몇 세대 더 지나면 이들이 지구상에 있는 사람들 대다수를 차지할 터였다. 공생자와 비공생자 간의 지구적 코스모폴리틱스를 발명하는 것이 카밀 3 세대의 힘든 과업이었다.

지구 곳곳의 민족들은 오랫동안 이야기, 신화, 공연, 권력 그리고 대부분의 전통적인 서양 철학과 정치학이 인정하는 범주들로 나누어지지 않는 실체들을 체현함으로써 생성되고 성장해왔다. 그런 이야기들과 체현들은 한때 서양이라고 불린 세계 전역에서 최근 세대와 오래된 세대를 막론하고 사람들의 삶의 실천과 이야기 속에 깊이 새겨져 있었다. 카밀 3의 세대는 생물학과 스토리텔링이야말로 공생자와 비공생자의 결합에 필요한 직물들을 짜는 데 가장 풍부한 광맥임을 깨달았다.

조애나 러스Joanna Russ의 《앨릭스의 모험The Adventures of Alyx》에 나오는 앨릭스, 줄리 체르네다Julie Czerneda의 '웹 시프터즈Web Shifters' 시리즈의 주인공으로 분명 휴머노이드는 아닌 젊은 여성 실체 에센-얼릿-쿠아 등 SF 속의 성년 이야기들은 카밀 3 세대의 많은 이들을 매혹했다. 이 이야기들은 퇴비주의자 기록보관소에 잘 보존되고 있었다. 특히 카밀 3은 어린 소녀 리라 벨라쿠아와 그녀의 다이몬인 판탈라이몬이

5.6. 케노우아크 아셰바크Kenojuak Ashevak, 〈육지와 바다 동물들Animals of Land and Sea〉, 1991. 스톤 컷 스텐실, 종이. 도싯 파인아트Dorset Fine Arts 제공.

등장하는 필립 풀먼Philip Pullman의 21세기 이야기들에 끌렸다.[42] 인간 들의 동물 다이몬은 여러 형상으로 변신하다가 인간의 청년기에 이르 러 하나의 모습으로 굳어졌다. 풀먼은 다이몬을 독립된 존재자가 아니 라 영혼/신체/정신 3자로 이루어진 인간 거주자의 표현으로 생각했다. 그러나 퇴비주의자 공생자들은 이 결합을 이해하기에 더 좋은 자원을 가지고 있었는데, 그것은 일신교와 그 권위에 맞서는 싸움에서 풀먼이 사용한 영혼/신체/정신의 유산에 의존하지 않았다. 퇴비주의자들은 다 이몬을 존재론적으로 정화된 방식이 아니라 현대와 전통의 다양한 세 계, 과거와 현재의 세계들에서 상황에 처한 애니미즘과 얽힌 쪽으로 이해했다. 인간과 다이몬의 결속은 퇴비주의자 공동체의 어린것들을 위해 만들어진 공생발생적 결합과 매우 비슷했다. 이를 절단하는 것은 존재의 가장 깊은 핵심에서 사람들을 위태롭게 했다. 함께-살기는 잘-살기 위해 유일하게 가능한 길이었다. 옥신각신하고 가끔 서로를 염려하는 공생자들과 비공생자들의 끝없는 만남으로 생겨난 이야기들에 고무되면서, 크리터들은 친척 만들기를 위해 지구 전역에서 존재론적 혁명을 일으키고 있었다.

카밀 4
2255년 출생. 인간의 수는 65억 명.
2355년 사망. 인간의 수는 35억 명.

왕나비아과亞科에 속하는 많은 종들은 원충 기생생물을 퇴치하기 위해 먹이 식물들의 토양 기반 균질菌質 공생자가 필요하다. 그런데 수십 년 동안 고무적인 진전을 이룬 후에, 균질 공생자들을 괴롭히는 새로운 바이러스성 질병들이 적절히 대응하기 어려울 만큼 급속히 전 지구로 퍼져 나갔다.[43] 플랜테이션세, 인류세, 자본세에 의해 고삐 풀린 대규모 멸종들이 진행 중인 와중에 왕나비들은 사라져버린 무수한 종류의 존재자들과 결합했다. 카밀 4가 생의 막바지에 이를 무렵, 그는 아메리카 대륙 전역에서 왕나비의 대규모 이동이 사라진 것을 보았고, 그들이 지속했던 살기와 죽기의 패턴들이 함께 사라진 것을 보았다. 그래서 카밀 5를 멘토링하기 위해서는 카밀 3이 자신을 가르칠 때와는 다른 방침들을 채택해야 한다는 점을 알게 되었다.

5.7. 전염병과 기생의 관계는 지구 크리터들의 적이 아니다. 이중의 죽음을 야기하는 계속성을 죽이기가 범죄이다. "왕나비들이 원충 기생생물에 심하게 감염되면 때로는 자신의 번데기에 붙어버릴 수 있다. 이럴 경우 쌍살벌이 이 상황을 이용한다." 사진과 설명은 에머리대학 야프 드 루드Jaap de Roode.

2340년 카밀 4가 여든다섯이 되었을 때 카밀 5는 열다섯 살이 되어 공생자의 완전한 책임 속으로 들어섰다. 카밀 5의 입문을 기념하는 축하 행사를 보면서 카밀 4는 가슴이 미어지는 듯했고, 이 느낌을 수첩에다 적었다. 카밀 4는 수십 년 동안 인간과 비인간 홀로바이옴 내 곤충 생태 연구에 참여했는데, 특히 왕나비아과의 나방과 나비의 급속한 개체군 붕괴에 관한 지구 전역의 보고서들을 연구하고 있었다. 왕나비들은 널리 퍼져 있고 다양하지만, 아마도 제일 먼저 사라질 종이었다. 어느 누구도 아직 그 이유를 알지 못했다. 총체적 멸종으로 귀착될 것인지는 분명하지 않았지만, 이주가 사라질 운명에 처했다는 점은 분명했

5.8. "자식이 아니라 친척을 만들자." 2015년 쿤스트할 오르후스 미술관의 '쓰레기더미!' 전시회. 일레인 갠Elaine Gan 디자인.

다. 카밀 5의 경우, 열린 공간을 유지하는 데 이전 세대들과는 완전히 다른 작업이 필요했다. 2355년에 죽음을 맞기까지 어린 공생자들이 또 다른 유형의 입문을 익히도록 돕는 것이 카밀 4의 과제인데 이는 힘든 일이었다. 물론 카밀 4는 자신들의 크리터를 상실해버린 다른 공생자들과 함께 지혜와 교훈을 끌어낼 수 있을 만큼 경험이 많았다.

　　2300년 무렵 지구 곳곳에는 사자死者의 대변인들이 아주 많았다. 여전히 다양한 지구의 견고하고 부분적인 회복을 위해 계속해서 일하는 모든 자들에게 지식과 용기를 주기 위해 사자의 대변인들은 돌이킬 수 없게 소멸한 크리터들을 강력한 현존 속으로 데려오는 임무를 부여받았다.[44] 300년에 걸쳐서 퇴비 공동체들은 자연문화적 다양성이 소생하는 레퓨지아와 중심지들을 연결하는 강력한 지구적 네트워크를 구축했다. 사자의 대변인들은 이중 죽음의 족쇄를 잘라내는 진행 중인 일에 사라진 인간과 비인간 크리터들을 끌어들이는, 기억하기와 애도하기의 실천을 가르친다. 이중 죽음은 플랜테이션세, 인류세, 자본세에서의 살기와 죽기의 방식들 대부분을 교살했다.[45]

사자의 대변인의 과업을 시작할 준비를 하는 카밀 5에게 도움을 주기 위해 고심하던 카밀 4는 캐나다 누나부트의 젊은 이누이트 여성으로 스롯throat* 가수인 타냐 타가크Tanya Tagaq와 그녀가 2014년에 발표한 앨범 〈애니미즘Animism〉에 생각이 미쳤다. 이 앨범은 이누이트뿐만 아니라 21세기의 다른 상황에 처한 회복을 강화하는 데 굉장히 유효했다. 타가크는 21세기 인류학자 수전 하딩Susan Harding이 잠정적으로 명명한 "실험적 애니미즘experimental animism"을 실천했다.[46] 〈애니미즘〉에서 타가크와 동료들, 즉 바이올리니스트 제시 주봇Jesse Zubot, 드러머 진 마틴Jean Martin과 DZ 마이클 레드DZ Michael Red는 상황에 처한 세계의 지속성, 변형, 모순, 인간과 동물 존재자의 SF 시청각 운동의 상호 전환을 위한, 그리고 그것들에 관한 음악적 주장을 연주했다. 상황에 처한 지구의 격렬한 용틀임과 소용돌이 속에서 사냥하기, 먹기, 함께-살기, 함께-죽기, 함께-움직이기. 이것이 타가크의 노래와 웹사이트에 올린 글과 인터뷰에서 긍정하고 논쟁하는 것이었다. 타가크는 대립과 갈등을 포용했는데, 그것을 정화하려는 게 아니라 공유된 신체의 복잡성 속에서 살기 위해서였고, 선별된 몇몇 특정 세계를 위해 투신했다. 2014년 9월 타가크의 폴라리스 음악상 수상 기념 공연에서는 살해당하고 실종된 원주민 여성들의 이름이 무대 뒤편 스크린에 하나씩 떠올랐다.

---

* '스롯'은 폐와 성대를 통과하는 공기의 공명을 입술로 조절하면서 멜로디를 만들어내는 노래로, 이누이트뿐 아니라 티벳, 몽고, 카자흐스탄, 사르디니아 등지의 토착민들이 부르는 양식이다.

〈애니미즘〉의 마지막 트랙 제목은 "수압파쇄Fracking", 첫째 트랙 제목은 "순록Caribou"이다. 타가크는 폴라리스 공연을 하는 동안 물개 모피로 만든 커프스를 착용했다. 그녀는 자연 세계와 자기 민족의 사냥을 긍정했다. 위험을 감수하는 그녀의 애니미즘은 유물론자의 세계—가버린 것, 여기 있는 것, 다가올 것—를 노래하고 연주했다. "나는 어떠해서는 안 되는 그런 세계들에 살고 싶다." 타가크는 이렇게 선언하면서 그런 세계들이 이미 존재하고, 존재해왔고, 앞으로 존재할 것이라고 확언했다.[47] 이 음악은 완전히 현대적이었고, 변하기 쉬운 많은 정체성이 살아 작동했으며 위기에 처해 있었다. 타가크의 작업은 독창적인 기법을 낳았고 청중들에게 가 닿았다. 그리고 특정 장소, 민족, 크리터에 당당하게 뿌리를 두고 있었다.

소리, 육신, 종류를 변형시키는 타가크의 실천은 신구를 망라하는 이누이트의 관점에서, 그리고 인류학자 에두아르두 비베이루스 지 카스트루가 제안한 맥락에서 애니미스트의 일이었다. 카스트루는 브라질의 아메리칸 인디언들과 공부하면서 그들과 함께 자신이 다자연주의 및 관점주의라고 부른 근본적인 개념의 재편성을 이론화하는 것을 배웠다. "애니미즘이야말로 유물론의 유일하게 합리적인 버전이다."[48] 어떤 개념들이 개념들을 개념화하는지가 중요하다. 유물론, 실험적 애니미즘은 뉴에이지의 소원이나 신식민주의적 환상이 아니다. 그것은 현대적/전통적 혹은 종교적/세속적이라는 대립 범주가 안겨주는 수상쩍은 위안 없이 관계성, 관점, 과정, 현실성을 다시 생각하기 위한 강력한 제안이다. 인간-동물 매듭은 이 세계에서 뭔가 다른 것을 한다.

어떤 세계들이 세계들을 세계 만들기 하느냐가 중요하다. 누가 누구를 그리고 어떻게 먹는지가 중요하다. 그것은 이 퇴비 공동체들에서 코스모폴리틱스에 임하는 크리터들에게 계속 물질적인 물음으로 남는다. 이런 이유에서 카밀 4는 타가크가 죽은 지 200년도 더 지난 시점에, 힘을 나눠주기를 바라면서 그녀를 불러냈다.

카밀 5

2340년 출생. 인간의 수는 40억 명.

2425년 사망. 인간의 수는 30억 명.

2425년에 10억의 인간-크리터 공생자들이 지구에 산다.

20억의 인간은 공생자가 아니다.

2015년에 살던 모든 크리터종의 50퍼센트 이상이 2425년까지 사라졌다.

수백만 종류의 크리터가 인간과 공생하는 자들이다.

동물 공생자 파트너들은 인간 유전자에 의해 변경되지 않은 채 남아 있다.

인간 공생자들은 동물 파트너의 특성을 더욱더 많이 띤다.

많은 인간들이 멸종된 파트너들과 공생자이다.

사자의 대변인들이 가르친 '스타호크의 노래'

숨을 깊이 쉬어라.

고통을 느껴라

우리들 속 깊숙이 그것이 살고 있는 곳에서

왜냐하면 우리는 살고 있다, 아직,

벌겋게 드러난 상처 속에서

그리고 고통은 우리 안에서 소금이다, 타고 있는.

그것을 흘려보내라.

고통이 소리가 되게 하라,

호흡에서 살아 있는 강.

목소리를 드높여라.

외쳐라. 절규하라. 울부짖어라.

곡하고 애도하라

이 세계의 해체를 위해.[49]

그래서 다섯째 카밀은 자신의 멘토에게서 강력한 과제, 즉 다른 공생적이고 공-산적인 헌신들이 용기를 잃지 않도록 풍부한 기억의 힘으로 사자의 대변인이 되고, 잃어버린 삶의 방식들을 현재로 가져오는 일을 계승했다. 이 일에서 결정적으로 중요한 것은, 마녀들이 불태워지면서 공기 속에 실려오는 악취와 플랜테이션세, 인류세, 자본세라 부르는 대재앙 속에서 인간과 비인간의 죽이기를 잊지 않고 "세계의 해체에 애가를 부르고 애도하는 것"이었다. 애도를 통해서 재현존화로, 가장 중요한 것을 기억하기로 나아가는 것이 사자의 대변인의 일이었다. 그들의 과제는 지구 전역에서 확산 중이던 치유를 강화하는 것이었다. 넷째와 다섯째 카밀은 계속되는 손상과 부분적 회복의 폭풍 속에서 치유와 지속성을 실천하는 방법을 가르치고 배우기 위해 멀리 여행을 하고, 자신들의 왕나비 공생의 유산에서 유용한 교훈을 끌어냈다.

사자의 대변인으로서 맡은 과제에 착수하기 전에, 카밀 5는 200년 넘게 이어진 결속을 기억하면서 24세기 마사우아족들에게 다시 도움을

5.9. 왕나비는 협죽도진딧물과 그들의 먹이인 밀크위드를 자주 공유해야 했다. ⓒ 야프 드 루드

구했다. 진화하는, 구체적인 역사적 상황에 처한 마사우아족의 공영혼
발생적인 친척-만들기 실천에 기댄 것이다. 카밀 5는 손상된 삶과 땅을
계속해서 치유하는 토착-과학-행동주의자 공동체들과 함께 연구하면
서 미초아칸주에서 1년 동안 거주하기로 하고 자신의 일을 시작했다.
마사우아족은 살아 있는 왕나비들의 멸종을 슬퍼했고, 자신들이 죽은
자와 맺는 공영혼발생적 관계를 이 사라진 왕나비들과 어떻게 다시 형
성할 수 있을지 깊이 염려했다. 카밀 5의 세대가 등장할 무렵에는, 수백
만 종의 인간과 비인간 크리터들이 사라진 상태였다. 그래서 사자의 대
변인들은, 계속해서 트러블과 함께하는 자들을 위해 그리고 그들과 함
께하는 마음과 정신을 다시 채우기 위해 할 일이 너무나 많았다. 2400

년을 넘어 그 이후에도, 평범한 살기와 죽기의 녹초가 된 기쁨과 함께하기 위해서도 그랬다. 왕나비의 사람들은 이 사자의 대변인이 새로운 종류의 공생자가 되어야 한다고 결론을 내리고, 이 공생발생적인 카밀 5를 멕시코 화산대에서 온 공영혼발생적인 사람들과 결합했다. 그들은 이전에 친구였고 공동 작업자였다. 이제 그들은 펼쳐지는 새로운 시대를 위해 또 다른 실험적이고 모험적인 공-산에 착수할 터였다.

사자의 대변인들은 또한 마음과 정신에 지구의 새로운 것들을, 말하자면 공생자와 공영혼발생적 존재 및 이들 공동체와 그 이동 통로를, 뿐만 아니라 언제나 진화하고 있는 우리 세계에서 새로 출현하는 존재자들과 삶의 방식을 가져오는 과제를 맡는다. 사자의 대변인들은 그 무수한 기회주의적이고 위험하고 생성적인 공-산의 촉수들로 과거, 현재, 미래의 쑬루세의 에너지를 얻고 방출한다. 살 만한 세계, 번성하는 세계를 위해, 퇴비의 아이들은 타자들과 함께-되기라는 여러 겹의 기이한 실천을 중단하지 않을 것이다.

서론

1 크리터Critter는 미국에서 온갖 종류의 성가신 동물을 가리키는 일상적인 관용
어이다. 과학자들은 늘 자신의 크리터에 대해 이야기하고 일반인들도 이 용
어를 사용하는데, 아마도 서부 지역에서 특히 더 그럴 것이다. '크리터'라는
말에는 '창조물creature'이나 '창조creation' 같은 얼룩이 붙지 않는다. 만약 당
신이 그런 기호론적 딱지를 본다면, 벗겨버려라. 이 책에서 크리터라는 말은
미생물, 식물, 동물, 인간과 비인간, 그리고 때로는 기계까지 포함해 잡다한
것들을 의미한다.

2 쑬루세Chthulucene의 철자를 결정하는 일은 간단치 않았다. 이 용어로 쑬루
Chthulhu나 크툴루Cthulhu 혹은 단독 개체로서의 괴물이나 신성神性이 아니
라, 다양하고 오만한 땅속의 분할 가능한 것들과 힘들을 표현하고 싶었기 때
문이다. 그리스어 철자에 예민한 사람이라면 마지막 l과 u 사이에 h가 있어
야 한다고 주장할지도 모른다. 그러나 영어 발음을 수월하게 하기 위해서 그
리고 러브크래프트H. P. Lovecraft의 크툴루Cthulhu로 오해받는 것을 피하기
위해 'h'를 빼버렸다. 이것은 일종의 메타플라즘metaplasm이다.

1장 반려종과 실뜨기하기

1 실뜨기는 영어로 string figures 외에 cat's cradle이라고도 하고, 프랑스어로는 jeux de ficelle, 나바호어로는 na'atl'o'라고 부른다. Haraway, "SF: Science Fiction, Speculative Fabulation, String Figures, So Far" 참고.

2 테라폴리스Terrapolis를 수학적 농담으로 설명한 것에 관해서는 Haraway, *SF: Speculative Fabulation and String Figures* 참고.

3 게르만 조어祖語와 고대 영어에서 온 guman은 후에 human이 되었지만, 둘 다 지구와 그 크리터들로 오염되고 신에 대립하는 부식토humus, 인간 humaine, 세속적 존재들로 풍부하게 된다. 히브리어에서 Adam은 땅adamah 혹은 '땅ground'에서 유래했다. human이나 man처럼, guman의 역사언어학적 성별 어조는 남성적/보편적이다. 그러나 SF 세계 만들기에서 adam, guman, adamah는 다양한 젠더와 다양한 종류의 발효하는 크리터들의 마이크로바이옴microbiome, 말하자면 반려종, 함께 식탁에서 먹고 먹히는 식사 동료들, 퇴비가 된다. 마리아 푸이그 데 라 베야카사María Puig de la Bellacasa의 글 〈자연문화의 윤리적 행동Ethical Doings in Naturecultures〉은 변형의 생명정치, 즉 영속농업 운동에서의 토양 보살핌을 통한 지구와 인간을 포함한 지구의 많은 종들의 돌봄을 논의한다.

4 Strathern, *Reproducing the Future*, 10; Strathern, *The Gender of the Gift*.

5 Whitehead, *Adventures*.

6 Stengers, *Cosmopolitics I* and *Cosmopolitics II*.

7 Despret, "The Body We Care For"; Despret, "The Becoming of Subjectivity in Animal Worlds." 뱅시안 데스프레Vinciane Despret는 나에게 "가능하게 만들기"를 비롯해 많은 것을 가르쳐주었다. "함께-되기"에 관해서는 Haraway, *When Species Meet*, 16~17, 287에서 설명했다.

8 행위적 실재Agential realis와 내부-작용intra-action에 관해서는 Barad, *Meeting the Universe Halfway* 참고.

9 옛날식 민족학에 관해서는 Jayne, *String Figures* 참고.

10 Hogness, "California Bird Talk."

11 나비호 비나하드조Naabeehó Bináhásdzo(나바호 네이션Navajo Nation. 법

234

률적, 지리적으로 준자치국으로 규정되어 있다) 혹은 디네 비케야Diné Bikéyah(나바호 사람들이 나바호랜드Navajoland를 부르는 이름)는 미국 남서부 포코너즈 지역에 있는데 콜로라도주, 애리조나주, 유타주, 뉴멕시코주로 둘러싸여 있다. 디네 창조 설화와 역사학 관련 인터넷 자료, 나바호의 역사학에 대해서는 Denetdale, *Reclaiming Diné History* 참고. 나바호의 실로 하는 게임과 실뜨기에 관해서는 인터넷에서 다양한 자료를 찾을 수 있는데, "디네 실뜨기 게임Diné String Games", "나바호 실뜨기 게임 도서관Library of Navajo String Games" 등이 있다. 나바호 여인 마거릿 레이 보친클로니Margaret Ray Bochinclonny가 끈으로 하는 게임을 담은 영상 "마거릿 할머니의 나바호 실뜨기 게임" 참고. 마거릿 레이의 손자 테리 텔러Terry Teller는 "소 날 카So Naal Kaah, 나바호 천문학Navajo Astronomy"에서 실뜨기로 만든 별자리들을 설명한다. 나바호의 실로 하는 게임은 주로 거미 여인의 스토리텔링 계절인 겨울에 한다.

12 Anderson, *Creatures of Empire*.

13 바위비둘기는 약 1만 년 동안 인간들과 상호 길들이기 관계를 맺어온 듯하고, 그 모습이 5000년 전 메소포타미아 설형문자 명판에 새겨져 있다. 이 장 전체에서 특별한 경우가 아니면 비둘기pigeon와 바위비둘기rock dove를 구분하지 않고 사용한다. 집비둘기*Columba livia domestica*를 포함한 비둘기과에는 수십 가지의 살아 있는 종과 화석 종이 있는데, 여기에는 서른 가지가 넘는 구대륙의 살아 있는 비둘기종들도 포함된다. 어떤 종들은 서식지가 아주 넓게 분포돼 있고 어떤 것들은 좁은 지역에 국한돼 있다. 가장 다양한 비둘기종은 동양구와 오세아니아구에 분포되어 있다. 집비둘기들은 수십 가지 공식, 비공식 종류와 품종으로 갈라졌고, 야생 비둘기들은 이스탄불에서 도쿄, 런던, 로스앤젤레스, 베를린, 타이로, 케이프타운, 부에노스아이레스에 이르기까지 세계 곳곳에서 생계를 꾸려가고 있다. 최신 비둘기 품종 리스트에 관해서는 참고문헌에 기재된 위키피디아 내용을 참고하기 바란다. 구글에서 비둘기 품종 이미지를 찾아보면 눈요기의 향연이 펼쳐진다. 집비둘기 품종의 원산지는 서아시아와 중앙아시아로 추정된다. 텀블러, 스피너, 롤러 등 이 지역에서 유래한 일부 품종에 대해서는 "Turkish

Tumblers.com" 참고. BBC는 2003년 이후 이라크전쟁 동안 바그다드의 비둘기 애호가들이 어떻게 자신들의 새와 스포츠를 보존했는지 취재해 프로그램을 제작했다. 비둘기를 아끼고 돌보는 세심하고 구체적인 노력을 실감할 수 있다. Muir, "The Pigeon Fanciers of Baghdad" 참고. 비둘기 경주 세계의 사회학적 민족지에 관해서는 Jerolmack, "Primary Groups and Cosmopolitan Ties"; Jerolmack, "Animal Practices, Ethnicity and Community"; Jerolmack, *The Global Pigeon* 참고. 여러 세기 동안 이란은 비둘기 경주가 가장 번성한 중심지였다. 현 정권은 도박에 이용된다는 이유로 비둘기 경주를 법률로 금지하고 있지만, 사회적으로 용인되는 가운데 지금도 경주가 계속되고 있다. 이 흥미로운 이야기를 페르시아어와 프랑스어 두 언어를 사용해 민족지학적으로 다룬 Goushegir, *Le combat du colombophile* 참고. "World Market in Pigeons"도 같이 참고. 주로 애호가들이 쓴 경주용 비둘기 관련 기사와 여타 정보에 관한 매우 특별한 목록은 "Racing Pigeon-Post" 참고.

14 Walcott, "Pigeon Homing" 참고.

15 경주용 비둘기 세계를 소재로 한 범죄 스릴러로는 Scottoline, *The Vendetta Defense*가 있다. 말런 브랜도가 주연한 영화 〈워터프런트〉(1954)에는 노동자계급인 뉴욕 부두 노동자들이 경주용 비둘기 애호가로 등장한다. 1차대전 시기 노스캐롤라이나를 배경으로 전서구들을 사랑하고 보호하고 기르는 열두 살짜리 농촌 소녀 이야기를 다룬 감동적인 역사 미스터리 스릴러도 있다. 소녀는 미국 군대의 메시지 전달을 위해 비둘기들을 훈련시키는 데 동의한다. Elizabeth Jones, *Night Flyers* 참고. 새들은 이야기를 풍성하게 하는 생생하고 구체적인 행위자들이다.

16 U.S. Coast Guard, "Pigeon Search and Rescue Project."

17 Prior, Schwarz, and Güntürkün, "Mirror-Induced Behavior in the Magpie" 참고. 거울 테스트는 1970년에 고든 갤럽 주니어Gordon Gallop Jr.가 개발했다.

18 Epstein, Lanza, and Skinner, "'Self-awareness' in the Pigeon"; Allen, DeLabar, and Drossel, "Mirror Use in Pigeons."

19 Keio University, "Pigeons Show Superior Self-recognition Abilities"; Toda and Watanabe, "Discrimination of Moving Video Images of Self by Pigeons" 참고.

20 Watanabe, Sakamoto, and Wakita, "Pigeons' Discrimination of Paintings by Monet and Picasso."

21 Berokoff, "Attachment" and "Love." 타냐 베로코프는 여러 대륙 비둘기 경주 애호가의 아내들이 이 스포츠, 비둘기, 남편, 시간 운용, 그리고 비둘기를 돌보는 데 따르는 노동과 즐거움을 어떻게 생각하는지 조사함으로써 이들의 결혼 생활 내 젠더 구조를 투명하게 드러냈다.

22 Berokoff, "Love."

23 베아트리츠 다 코스타Beatriz da Costa는 2012년 12월 27일에 사망했다. 피전블로그PigeonBlog를 포함해서 그녀의 업적을 보려면 "Beatriz da Costa's Blog and Project Hub"와 da Costa, "Interspecies Coproduction" 참고. 다 코스타의 활동, 특히 그녀의 마지막 프로젝트인 '타자를 위한 죽음Dying for the Other'에 관한 해설은 Haraway, Lord, and Juhasz, "Feminism, Technology, Transformation" 참고. da Costa, *Dying for the Other* 참고.

24 Da Costa, "PigeonBlog", 31. 모든 인용의 출처는 이 에세이다. 이 종합 프로젝트에 필요한 기술적 도움을 주기 위해 참여한 인간 팀 구성원은 다음과 같다. Beatriz da Costa(예술가·연구자), Richard Desroisiers(비둘기 소유주), Rufus Edwards(과학 자문), Cina Hazegh(예술가·연구자), Kevin Ponto(예술가·연구자), Bob Matsuyama(비둘기 소유주), Robert Nideffer(편집자), Peter Osterholm(비둘기 소유주), Jamie Schulte(전자공학 자문), Ward Smith(영상 제작자). da Costa and Philips, *Tactical Biopolitics* 도 참고. 훌륭한 SF 작가인 귀네스 존스Gwyneth Jones도 나의 스토리텔링에 영감을 준 에세이 〈진정한 생명과학 픽션True Life Science Fiction〉을 이 책에 실었다.

25 Da Costa, "PigeonBlog", 32.

26 Da Costa, "PigeonBlog", 35.

27 나는 일과 놀이에서 협력하는 크리터들과 사람들에 관한 이야기에 너무 욕

심을 낸 나머지 힘든 상황과 계속되는 트러블을 항상 알아차리지는 못한다. 피전블로그 팀 구성원 한 사람이 내게 해준 이야기가 있다. 그는 비둘기들이 팩을 지고 나는 것을 배우고 몸에 팩을 장착할 때 괴로워서 깃털을 곤두세우는 모습을 보기가 힘들었다고 했다. 그는 비둘기들이 자신의 역할을 자랑스러워하기를 바랐다. 하지만 일과 놀이가 무구한 활동은 아니며, 부담이 균등하게 돌아가지는 않는다는 사실을 그는 내게 상기시켜주었다. 그것이 예술을 위한 것이든 과학 또는 정치를 위한 것이든 또는 세 가지 모두를 위한 것이든 말이다.

28 최근의 이란을 배경으로 하는 비둘기 스파이 이야기는 Hambling, "Spy Pigeons Circle the World" 참고. 적어도 다 코스타의 피전블로그 프로젝트와 이란 핵 시설에 쓰이는 비둘기 스파이가 서로 연관돼 있다는 햄블링의 추측은 역설적이다. 하지만 이란 상공에서 미국은 최첨단 로봇 기술로 만든 원격 조종 스파이 드론들과 스파이 비둘기들을 잃어버리고 있을지도 모른다. 이는 이슬람 율법학자들의 의심을 사기에 충분하다. 나도 의심스럽다. Denega, *The Cold War Pigeon Patrols*도 참고.

29 Da Costa, "PigeonBlog", 36.

30 동물-인간 세계 만들기 옹호자와 구분되는 동물권리운동가들의 견해와 투쟁을 단순하고 배타적인 것으로 생각하기 쉽지만, 실상은 그렇지 않다. 이 사안에 관한 동물 애호 페미니스트들의 논의는 Potts and Haraway, "Kiwi Chicken Advocate Talks with Californian Dog Companion" 참고.

31 1990년대 후반에 워싱턴 DC의 여러 학교를 위해 워크숍을 진행한 코넬대학의 마거릿 바커Margaret Barker가 낙관적인 보고를 제공했다. Youth, "Pigeons" 참고.

32 Despret, "Ceux qui insistent." 마탈리 크라세Matali Crasset가 디자인한 비둘기집에 관한 이야기와 사진을 보려면 Crasset, "Capsule" 참고.

33 대륙 중에서는 오스트레일리아에서 처음으로 유럽인들이 실뜨기에 관한 기록을 남겼다. 이라칼라어의 '마츠카우마matjka-wuma'를 비롯해 실뜨기를 가리키는 여러 토착 언어 이름들이 있다. Davidson, "Aboriginal Australian String Figures" 참고. "Survival and Revival of the String Figures of

Yirrkala"도 함께 참고.

34 "Batman's Treaty", "Batman Park", "Wurundjeri", Wikipedia. 나는 위키피디아에서 참고한 것을 그대로 밝힌다. 나의 무지를 감추지 않기 위해서이기도 하고, 또 결함이 있지만 훌륭한 도구에 감사를 표하기 위해서이기도 하다.

35 Downing, "Wild Harvest—Bird Poo."

2장 촉수 사유: 인류세, 자본세, 쑬루세

인용구 1 : Gilbert, "We Are All Lichens Now." Gilbert, Sapp, and Tauber, "A Symbiotic View of Life" 참고. 스콧 길버트Scott Gilbert는 자신의 슬로건에서 "now"를 지웠다. 우리는 언제나 공생자들이었다. 유전상으로, 발생적으로, 해부학적으로, 생리학적으로, 신경학적으로, 생태적으로.

인용구 2 : 이자벨 스탕제르와 뱅시안 데스프레의 책《야단법석을 떠는 여자들》뒤표지에 있는 문장이다. "생각하세요think we must"라는 말의 긴급성은 버지니아 울프의《3기니》에서 푸이그 데 라 베야카사의《우리는 생각해야 한다Penser nous devons》그리고《야단법석을 떠는 여자들》에 이르기까지 페미니즘에 기초한 집단적 함께-생각하기에 서로 연결되어 있다.

1 Hormiga, "A Revision and Cladistic Analysis of the Spider Family Pimoidae." "Pimoa cthulhu", Wikipedia; "Hormiga Laboratory" 참고.

2 "'모든 것은 모든 것과 연결되어 있다'고 강조하는 전체론적 생태철학의 브랜드는 여기서 도움이 되지 않을 것이다. 오히려 모든 것은 무언가와 연결되어 있고, 이는 다시 다른 무엇과 연결되어 있다. 우리가 궁극적으로 모두 연결되어 있다면, 연결의 종별성specificity과 인접성은 중요하다. 우리가 누구와 어떤 방식으로 밀접하게 엮여 있는지가 중요하다. 삶과 죽음은 이 관계들 속에서 일어난다. 그래서 우리는 다른 생명체들의 공동체뿐만 아니라 특정한 인간 공동체들의 얽힘을, 이 얽힘들이 멸종과 확산되는 죽음의 패턴에 연루되는 정황을 이해할 필요가 있다." Van Dooren, *Flight Ways*, 60.

3 캘리포니아대학 산타크루즈 캠퍼스 의식사학과에서 30여 년 동안 재직하면

서, 내 형제 같은 동료가 쓴 글쓰기 도서에서 많은 도움을 받았다. Clifford, *Routes* and *Returns.*

4 chthonic이라는 말은 고대 그리스어에서 '땅의of the earth'에 해당하는 크토니오스khthonios와 '땅earth'에 해당하는 크톤khthôn에서 나왔다. 그리스 신화는 chthonic을 지하세계, 즉 땅 아래로 묘사하지만, 지하의 것들은 이 그리스어들보다 훨씬 오래된(그리고 덜 오래된) 것들이다. 수메르 문명은 아마도 자기 자신의 꼬리를 먹는 거대한 원형 뱀, 다의적인 오우로보로스Ouroboros(생명의 연속성에 관한 형상으로 BCE 1600년경의 이집트 그림. 수메르의 SF 세계 만들기는 BCE 3500년경 혹은 그 이전의 일로 추정된다)를 포함해서 위대한 지하세계 이야기들이 출현한 강변 문명화의 한 가지 사례이다. 이 장 전반에서 이 땅 밑의 것들이 여러 차례 공명할 것이다. Jacobsen, *The Treasures of Darkness* 참고. 캘리포니아대학 산타크루즈 캠퍼스에서 고대 서아시아 지역을 연구하는 학자인 길더스 해멀Gildas Hamel이 강의와 대화, 이메일을 통해 "우두머리 신들과 그들에게 길들여진 위원회들에 의해 신비화되기 이전 지하세계에 있었던 원소적 힘들"에 대해 알려주었다. 러브크래프트의 사이언스 픽션에서 위력을 자랑하는 크툴루Cthulhu(철자에 주의하시라)는 나를 위해서는 하는 일이 없지만, 그것은/그는 구스타보 오르미가Gustavo Hormiga를 위해서는 어떤 역할을 한다. 오르미가는 내 거미 데몬의 이름을 지어준 과학자이다. 무시무시하고 나이 든 남자 신(크툴루)에 관해서는 Lovecraft, *The Call of Cthulhu* 참고.

다른 이야기들을 위해, 나는 과감하게 러브크래프트로부터 나의 거미를 구조하고, 땅 밑의 것들을 좀 더 일반적인 철자법으로 적어 이를 기념한다. 러브크래프트의 무시무시한 지하세계 뱀들은 가부장적 모드에서만 무서운 것이었다. 쑬루세에는 다른 공포들이 있고, 젠더가 지배하지 않는 그런 세계들이 더 위험하고 생식력이 있다. 미끄러운 에로스와 임신한 카오스로 출렁이면서 서로 뒤얽힌 뱀들과 진행 중인 촉수적 힘들이 21세기 내내 똬리를 튼다. 다음의 것들을 생각해보자. 고대 영어의 oearth, 독일어 Erde, 그리스어 Gaïa, 로마어 terra, 네덜란드어 aarde. '인류의 시대'를 뜻하는 게르만 합성어 wer에서 온 고대영어 w(e)oruld(잡다한 인생사, 긴 세월, 익히 알고 있는 삶 혹은 내세에 대립하는 이 땅에서의 삶), 고대 노르웨이어 heimr(문자 그대로의 의미는 주거). 이어서 계속 생각해보자. 터키어 dünya와 dunyā(세속세계). 이 아라비아어는 수많은 다른 언어권으로 전파되었는데, 페르시아어, 다리어, 파슈토어, 벵골어, 펀잡어, 우르두어, 힌디어, 쿠르드어, 네팔어, 터키어, 루마니아어, 북캅카스의 언어가 있다. dunyā는 또 그리스어 δουνιας뿐만 아니라 말레이어와 인도네시아어가 차용한 말이기도 하다. 우리는 우리 자신을 인도-유럽어의 얽힘에 한정하지만, 너무나 많은 단어, 너무나 많은 어근, 너무나 많은 경로, 너무나 많은 균근의 공생이 있다. 위태로운 이 인류세의 시대를 명명했으면 좋았을 너무나 많은 친척이 있다. 인간Anthropos은 너무나 편협한 상대이다. 그는 대부분의 필요한 이야기들에는 너무 크고 동시에 너무 작다.

5 에바 헤이워드Eva Hayward가 촉수성tentacularity이라는 용어를 제안해주었다. 거미 같고 산호 같은 세계에서 이루어지는 그녀의 횡단적 사고와 행동은 SF 패턴으로 나의 글쓰기와 합쳐져 엮여 있다. Hayward, "FingeryEyes"; "SpiderCitySex"; "Sensational Jellyfish" 참고. Morgan, "Sticky Tales"도 참고. 영국의 실험예술가 엘리너 모건Eleanor Morgan의 거미줄 예술은 동물(특히 거미류와 해면동물류)과 인간의 상호작용에 조응하면서 이 장과 공명하는 많은 실을 자아낸다. Morgan, "Website."

6 케이티 킹Katie King은 헤이워드의 "손가락 같은 눈"과 "촉수성"을 "네트워크화된 재연" 혹은 "횡단적 지식"과 같은 선상에 놓는다. "여러 학문과 학제간 연구 및 다학제 연구가 펼쳐지는 학문의 다중 우주에서 작업을 하면, 이러한 학제적 탐구가 여러 세부사항, 제안, 열정, 언어, 사물 들의 다양한 풍미를 즐기는 것이 된다. 학제적 작업의 평가 지표는 영향이나 움직임을 받아들이는 방식을 어떻게 잘 배우고 만드는가, 활기차고 다시 감각하게 하는 세계들 속에서 예기치 못한 우리 자신의 체현 요소들을 어떻게 잘 열어주는가 하는 것이다." King, *Networked Reenactments*, 19. King, "A Naturalcultural Collection of Affections"도 참고. 우리는 생각해야 한다.

7 muddle(뒤죽박죽)은 물을 진흙투성이로 만든다는 뜻의 옛 네덜란드어에서 왔다. 나는 필멸의 사유를 위한 유일한 감각과 감응으로서, 시각적 명료성의 수

사에 트러블을 일으키려고 이론상의 수사와 부드러운 덩굴기로서 muddle을 사용한다. 뒤죽박죽은 무리와 한 팀을 이룬다. 빈 공간과 명료한 시야는 사고하기에는 나쁜 픽션이고, SF나 현대 생물학에 어울리지 않는다. 나의 사변적 페미니스트로서의 용기는 푸이그 데 라 베야카사의 "기술 만지기Touching Technologies, 시각 만지기Touching Visions"에 힘입어 키워졌다. 세포들을 작동하게 하기 위한 그 불규칙한 길을 단백질들이 이럭저럭 나아가는, 살아 있는 뉴런의 화려하고 활기찬 모델에 관해서는 "Protein Packing: Inner Life of a Cell"; Zimmer, "Watch Proteins Do the Jitterbug" 참고.

8 Ingold, *Lines*, 116~119.

9 Puig de la Bellacasa, "Encountering Bioinfrastructure"는 이 더미를 매우 매력적인 것으로 만들었다.

10 예술-과학 행동주의가 이 책에 스며 있다. 캘리포니아대학 산타크루즈 캠퍼스의 예술가 베스 스티븐스Beth Stephens는 자신의 고향 웨스트버지니아에서 석탄 회사가 산꼭대기를 무너뜨리자 복수종 환경정의를 위한 투쟁에 나섰다. 그녀는 아내인 애니 스프링클Annie Sprinkle(환경운동가, 급진적 성인영화 감독이자 연기자, 전직 성 노동자)과 함께 "전례 없이 섹시한 자연 다큐멘터리" 〈잘가요 갤리산: 에코섹슈얼 러브 스토리Goodbye Gauley Mountain: An Ecosexual Love Story〉를 만들었다. 인용은 러스 맥스패든Russ McSpadden의 리뷰 〈세계의 단결을 이끄는 에코섹슈얼Ecosexuals of the World Unite!〉에서 가져왔다. 사랑과 분노(엠마 골드만) 속에서, 살 만한 지구를 위해 우리는 생각해야만 한다(버지니아 울프).

11 물질-기호론적 가이아 이야기와 브뤼노 라투르의 "가이아 이야기/지구 이야기"를 포함해 그리스 이름들과 이야기들 속에서 허우적대면서도, 나는 이 글 전체에서 라틴어 테란terran과 테라terra를 사용한다. 테라는 특히 SF에서 많이 등장하지만, 가이아도 SF에서 중요하다. 나는 존 발리John Varley의 가이아 3부작 《티탄Titan》(1979), 《마법사Wizard》(1980), 《데몬Demon》(1984)을 좋아한다. 발리의 가이아는 늙은 여자로, 살아 있는 존재이고, 토성 주위 궤도에 위치해 서로 다른 많은 종들이 서식하는 직경 1300킬로미터의 스탠퍼드 원환체 모양을 하고 있다. 팬 사이트 "Gaea, the Mad Titan"

참고. 라투르의 땅에 뿌리박은 것(그의 프랑스어로 "terriens")과 스탕제르의 침입적 가이아는 성미 급하고 예측 불허인 발리의 가이아를 알아볼 것이다. 가이아는 뉴에이지 문화뿐만 아니라 시스템 이론에서 테라보다 더 잘 드러난다. 가이아는 인류세에서 제대로 인정을 받지만, 내게는 테라가 좀 더 현세적인 느낌이다. 그러나 테라와 가이아는 대립적인 것이 아니고, 땅에 뿌리박은 것들도 마찬가지다. 라투르가 위험을 감수하면서 애정을 담아 쓴 강렬한 글에서 이것들은 테란에 대립한다. 가이아인과 테란은 우리가 긴급하게 다시 멤버가 되어야re-membered 할 땅 밑의 것들과 마찬가지로 지구적 규모에서 봤을 때 기이하게 한배에서 난 새끼들이다. 그런 의미에서 나는 스탕제르의 "코스모폴리틱스"와 나의 이종 혼교적 "테라폴리스"를 함께 듣는다. 우리는 실뜨기를 함께 하고 있다.

12 이런 종류의 주장과 동맹하고 있는 것이 캐런 배러드Karen Barad의 《우주와 타협하기Meeting the Universe Halfway》이다. 서양이라고 부르는 이상한 것의 외부(그리고 내부)에는 수많은 역사와 철학, 실천 들이 있는데—문명 사회적인 것이 있고 도시적인 것도 있으며 어느 쪽도 아닌 것도 있다—이것들은 고립된, 더군다나 이원론은 아닌 통일성과 양극성을 전제로 하지 않는 다른 매듭들과 패턴들 속에서 살기와 죽기를 제안한다. 그렇다면 서로 연결되어야 한다. 다양하게, 위험스럽게 형성된 관계성이 바로 그것이다. 흠은 있지만 강력한 시스템 이론은 가이아적 관계들을 형성하는 데 지금까지 우리가 보유한 최선의 테크노사이언스 모델이다.

미국의 진화생물학자 데이비드 배러시David Barash는 연결성을 강조하는 생태과학과 다양한 불교의 흐름, 학파, 전통 사이의 융합(서양적인 병을 치유하기 위해 강탈당하는 정체성이나 자원이 아닌)에 관해서 설득력 있는 글을 쓰고 있다. 살기와 죽기, 행동하기, 응답-능력response-ability 배양하기의 방법들이 이러한 사유(불교생물학)에 내재되어 있다고 배러시는 강조한다. 만약 세계 만들기의 방식에 있어서 서양의 진화과학과 생태과학이 처음부터 개신교가 아니라 불교에서 펼쳐져 나왔으면 어땠을까? 배러시가 열렬한 신다윈주의자라는 사실에서 나는 왜 부조화를 발견할까? Barash, *Natural Selections* 참고. 패러독스에 맞춘 복잡성 이론은 분명 필요하다!

조지프 니덤Joseph Needham은 중국의 학문과 과학에 관한 폭넓은 연구를 토대로《위대한 적정滴定: 동양과 서양의 과학과 사회The Grand Titration: Science and Society in East and West》에서 발생학과 생화학에 관해 배러시와 비슷한 질문을 했다. 이 이야기에서 니덤의 유기체론과 마르크스주의는 매우 중요하고, 내가 자본세라는 기호 아래 이 장에서 탐구하는 내용을 구성하는 방식에서 염두에 둬야 할 것들이다. 니덤에 관해서는 Haraway, *Crystals, Fabrics, and Fields* 참고. 우리가 만약 공-산, 불교, 생태진화발생생물학, 마르크스주의, 스탕제르의 코스모폴리틱스, 그리고 몇몇 자본주의 분석이 저지르는 근대적 어리석음에 맞서는 강력한 영향력들의 망태기 속에서 자본세를 위한 응답-능력을 배양한다면 어떻게 될까? 신다윈주의의 가차 없는 제로섬 게임이 확장진화종합설extended revolutionary synthesis에 길을 양보한다면 어떻게 될까?

13 Dempster, "A Self-Organizing Systems Perspective on Planning for Sustainability." 자율생산적 시스템과 공-산적 시스템의 명료한 비교에 관해서는 이 논문의 27~32쪽 참고. 30쪽 표 1에서 뎀스터는 두 가지 시스템의 특징을 규정하면서 다음과 같이 병치시킨다. 자기-생산적 경계들/경계 없음; 조직적으로 닫혀 있음/조직적으로 약간 열려 있음; 외부적인 구조적 커플링/내부적인 그리고 외부적인 구조적 커플링; 자율적 단위들/복잡한 무정형 실체들; 중앙 제어/분산 제어; 시스템 사이의 진화/시스템 내의 진화; 성장과 발전 지향/진화적 지향; (안정된) 정상 상태/잠재적으로 극적이고 놀라운 변화; 예측 가능/예측 불가능. 우리가 자율생산과 공-산을 두고 중복되지만 동일하지는 않은 즐거움과 저항을 분류하려고 애쓰는 도중에, 케이티 킹이 나에게 뎀스터의 논문을 소개해주었다. King, "Toward a Feminist Boundary Object-Oriented Ontology…or Should It Be a Boundary Object-Oriented Feminism?" 참고.

14 Stengers, "Relaying a War Machine?", 134.

15 Strathern, *The Relation*; *Partial Connections*; *Kinship, Law and the Unexpected*.

16 Strathern, *Reproducing the Future*, 10.

17 베일라 골든샐Baila Goldenthal(1925~2011)은 1995~96년에 '실뜨기'라는 제목으로 매우 특별한 목판 유화 연작 네 점을, 2008년에는 캔버스 유화를 하나 그렸다. 그녀에게 그리고 나에게도 실뜨기는 끝이 열려 있는 연속 베짜기이자 결말이 열려 있는 실천이다(골든샐의 1989~94년 작품 '베 짜는 사람Weavers' 시리즈 참고). "그림의 밑그림과 광택을 내는 기술은 역사적 시간을 상기시킨다. 게임의 수수께끼 자체는 인간관계의 복잡성을 반영한다." Goldenthal, "Painting/Cats Cradle." 골든샐은 실뜨기 게임을 삶의 게임에 대한 비유로 이해하는데, 열정적으로 참여하면서 움직이는 손들은 촉수가 있는 다른 존재들과 친척 관계가 되고 싶어 한다. 그녀의 2008년 작품 〈실뜨기/끈이론Cat's Cradle/String Theory〉은 '핵 억제를 넘어 핵무기 없는 세계로'라는 제목을 달았던 《핵 폐지 포럼Nuclear Abolition Forum》 제2호(2013)의 표지 그림이다. 변성, 연약함, 일시성(시간성), 해체, 폭로. 이런 것들이 그녀의 작업 도처에 있다. 신비주의와 남아시아·인도 문화 및 철학에 심취한 골든샐은 오일, 청동, 납유리, 종이, 사진, 판화, 도자기 등을 재료로 사용해 작품 활동을 했다. 그녀는 조각과 2차원 형식에서 강렬한 작품 세계를 구축했다. Goldenthal, "Resumé." 그녀의 작품 중에서 나는 1980년대 중반에 작업한 〈사막의 벽들desert walls〉을 좋아한다. 이 작품에서 그녀는 미국 남서부 사막의 절벽과 암벽의 시각적 수수께끼를 환기하기 위해 타일, 벽돌, 지푸라기, 석고, 금속, 유리를 사용해 사진과 콜라주로 작업했다.

18 Arendt, *Eichmann in Jerusalem*; Hartouni, *Visualizing Atrocity*, 특히 제3장 "사유 무능력과 악마Thoughtlessness and Evil." 아렌트 프로젝트의 엄격한 휴머니즘과 특정 유형의 인식 주체, 그리고 사유의 본질적 고독에 관한 그녀의 주장은 여기서는 다루지 않겠다. 내가 이 글에서 시도하는 SF 퇴비 더미에서 함께-생각하기는, 한나 아렌트의 역사의 구체적 상황에 처한 인간 형상의 심원하게 세속적인 자기-점검에 적대적인 것이 아니다. 이 논점은 다음 기회로 미루겠다.

19 아렌트는 생각하기라는 것을 "방문에 대해 마음(의식)을 수련하는 것"으로 규정했다. "이러한 사물들의 거리 두기와 다른 것들의 다리 놓기는 이해에 관한 대화의 일부이다. 이런 목적을 달성하기 위해 직접 경험에 나서면 너

무 가깝게 접촉하게 되고 단순하게 이해하면 인위적 장벽을 쌓는다." Hartouni, *Visualizing Atrocity*, 75에 인용된 Arendt, "Truth and Politics", 241.

20 Puig de la Bellacasa, "Matters of Care in Technoscience"; Puig de la Bellacasa, *Matters of Care*.

21 캘리포니아대학 산타크루즈 캠퍼스에서 2014년 5월 8~10일에 애나 칭 Anna Tsing과 동료들이 연 콘퍼런스의 제목은 이렇다. "인류세: 손상된 행성에서 살아가는 법Anthropocene: Arts of Living on a Damaged Planet."

22 모든 인용의 출처는 Tsing, *The Mushroom at the End of the World*, 34, 2, 4 이다.

23 Van Dooren, *Flight Ways*.

24 솜 반 두렌Thom van Dooren의 동료인 데버라 버드 로즈Deborah Bird Rose 는 이런 관점이 주류인 곳에서는 어디서나 존재감을 보이는데, 계속성의 세포조직을 무력화하기와 여러 세대를 죽이기에 관한 논의에서 특히 더 그렇다. 그녀는 이것을 "이중의 죽음"이라 불렀다. Rose, *Reports from a Wild Country: Ethics for Decolonisation*. van Dooren and Rose, "Unloved Others"; "Storied-Places in a Multispecies City" 참고. 오스트레일리아에 닻을 내린 멸종 연구 워킹그룹Extinction Studies Working Group은 다양한 공-산 관련 자원이 모인 곳이다. 남아프리카공화국 케이프타운에 뿌리내린 환경 인문학Environmental Humanities South도 참고.

25 Van Dooren, "Keeping Faith with Death"; *Flight Ways*, 제5장 "Mourning Crows: Grief in a Shared World." 이 글은 영향받기를 배운다는 것을 두고 뱅시안 데스프레와 생각을 나누기 위해 쓴 것이다.

26 Van Dooren, *Flight Ways*, 63~86. 근대 인문주의 독트린의 전제 바깥에 있는 사유와 기호론을 파악하는 데 있어서도 매우 중요하다. Kohn, *How Forests Think* 참고.

27 Le Guin, "The Carrier Bag Theory," 166. 나는 어슐러 K. 르 귄의 에세이 (1986)에서 도움을 받아 진화론의 내러티브에 대한 생각과《영장류의 시각 Primate Vision》에서 형상화한 채집자 여성에 대한 생각의 틀을 갖출 수 있었다. 르 귄은 진화의 캐리어백 이론을 엘리자베스 피셔Elizabeth Fisher의

《여성들의 창조Women's Creation》에서 배웠는데, 두 사람의 저작이 출간된 1970~80년대는 광범위하고 용감하고 사변적인 세속의 이야기들이 페미니즘 이론에서 불타오르던 시대였다. 사변적 우화가 그렇듯 사변적 페미니즘도 과거와 현재에서 하나의 SF 실천이다.

28 Le Guin, "The Carrier Bag Theory", 169.

29 과학과 정치에서의 "신의 속임수god trick"에 관한 설명은 Haraway, "Situated Knowledges" 참고.

30 Latour, Gifford Lectures, Lecture 3, "The Puzzling Face of a Secular Gaïa" 강의 원고에서 인용함.

31 Latour, "War and Peace in an Age of Ecological Conflicts" 강의 원고에서 인용함. 라투르가 강의에서 보인 비례의 원칙은 신선하다.

인간 : 평상시와 다름없음 :: 땅에 뿌리박은 것들 : 총체적 전복.

〈야생생물학Feral Biologies〉에서 애나 칭은 라투르와는 근본적으로 다른 무언가를 뜻하기 위해 홀로세Holocene라는 말을 사용한다. 하지만 두 사람의 기본 주장은 때때로 불안한 일치 속에서 서로 어긋나고, 어떤 흥미로운 마찰을 일으킨다. 칭은 격변 이후의 가능한 재기의 시공간을 홀로세라고 한다. 인류세는 홀로세의 레퓨지아가 근본적으로 축소되고, 근본적으로 간소화되고, 근본적으로 소멸하는 시공간인데, 이 레퓨지아가 있어야 종들의 배치가 부활할 수 있을 것이다. 이 중요하고 똑같은 말을 라투르와 칭이 달리 사용하는 것을 보면 엄격하고 면밀하게 검토되는 언어 영역에서도 어떻게 의미가 고정되지 않고 여러 가지로 바뀔 수 있는지를 엿볼 수 있다. 말에 대해서 서로 다르게 공들인 결과로 불필요한 대립이 쉽게 생겨나고, 지질학자의 전문 지식은 언어의 생식성을 북돋울 뿐이다. 내 생각에는, 라투르와 칭 사이에서 생기는 뜨거운 마찰의 일부는 라투르의 카를 슈미트Carl Schmitt에 대한 믿음과 칭의 르 귄에 대한 애정에서 비롯되는 것 같다.

32 라투르의 〈왜 비평은 갑자기 힘을 잃는가? 사실의 문제에서 관심의 문제로 Why Has Critique Run Out of Steam? From Matters of Fact to Matters of Concern〉는 '오직 비평뿐'이라는 부식성의, 자기 확신적인, 자족적인 올가미에 관한 우리의 집단적 이해에서 중요한 획기적 사건이다. 응답-능력을 배양

하기 위해서는 우리에게 훨씬 많은 것이 필요하다. 특정한 세계들을 위해 존재하고 타자들과 함께 이 세계들을 구성하기 위해 위험을 감수해야 한다. 여러 가닥으로 꼬인 SF 세계 만들기에서, 마리아 푸이그 데 라 베야카사는 라투르의 "관심의 문제들"을 다시 퇴비로 만들고, 자신의 "테크노사이언스에서의 배려의 문제들"에서 더없이 비옥한 토양을 발효시킨다.

33 Latour, "War and Peace in an Age of Ecological Conflicts." (강의 원고.)

34 '믿음'이라는 근대적 범주가 종교와 사회과학을 포함한 미국의 법률, 정치, 교육에서 어떻게 작동하는지를 이해하려면 수전 하딩Susan Harding의 글 〈세속적 트러블Secular Trouble〉 참고. 결코 어디에 속하지 않고, 언제나 떠나고 다시 돌아오는 "방탕한 딸"의 형상은 캐런 드브리스Karen deVries의 "방탕한 지식"에서 더 나아가서 능력을 부여하고 빼앗는 "믿음"의 작업을 실행한다. 지식 실천을 종교와 과학에 대한 믿음에 종사하는 이들과 결부시키는 것은 아마도 현대인들에게는, 적어도 미국에서는 가장 벗어나기 어려운 사고방식일 것이다. 믿음이 요구되는 곳에는 언제나 종교재판이 가까이 있다. 테라/가이아의 뒤죽박죽 가운데 있는 SF는 믿음을 요구할 수는 없지만, 전념하여 생각하는 동료들은 만들 수 있다. 이런 실천 생태에서 함께-생각하기를 위한 형상은 "의사 결정"이라기보다는 공-산적 "돌보기"와 "분별"이다. 방탕한 딸은 계속 나그네로 남는다. 이 험난한 시대의 오솔길은 향후 언제까지나 순종할 돌아온 탕자, 법적 상속인을 위해 준비된 잔치로 향하는 포장도로보다 훨씬 더 장래성이 있다.

35 Latour, "War and Peace in an Age of Ecological Conflicts"(강의 원고); Schmitt, *The Nomos of the Earth*. 슈미트의 호스티스hostis(적)와 정치신학에 대한 라투르의 의존에 관해 더 충실히 이해하려면 Latour, Gifford Lectures, Lecture 5 "War of Humans and Earthbound": "If Humans are at war with It [Gaia], what about those whom I have proposed to call the Earthbound? Can they be 'artisans of peace'?"(출간되지 않은 강의 원고) 참고. 이런 장인들은 라투르가 여기서 그리고 어딘가 다른 곳에서 양육하려고 작업하는 존재들이다.

여기서 그의 물음을 자세히 다룰 수는 없지만, 호스티스에 관해서는 몇 마디

해둘 필요가 있다. 라투르와 나는 둘 다 제물 성찬에서 "성찬식 빵"을 먹었고, 그래서 의미 있는 육신 속에서 기호와 기표가 내파한 물질-기호론적 세계에 있다는 것이 무엇을 의미하는지를 알고 있다. 대학과 과학에서 지배적이며 과학 연구 등에 대한 우리의 접근법을 형성하는 세속적 프로테스탄트 기호론에 우리 둘 다 그다지 잘 들어맞지 않는다. 그러나 우리가 먹은 "성찬식 빵"—우리의 코뮌—이 하느님이 받을 수 있는 희생 제물 이야기 속에 확고히 자리 잡고 있다는 점에 주목하자. 라투르와 나는 이걸 너무 많이 먹었고 너무 적게 먹었다. 그리고 이를 부인하기를 거부했다(그리고 여전히 거부한다). 나는 즐거움에, 그리고 은유와 세계의 내파에 꼭 매달리면서도 항상 극심한 소화불량에 시달린다. 라투르는 소화하기 편한지 어떤지 좀 더 알 필요가 있는데, 왜냐하면 나는 그것들이 땅에 뿌리박은 것들을 위한 이야기를 바꿀, 우리에게 상이하게 다가오는 유혹의 근원이라고 생각하기 때문이다. 희생 제물 성만찬의 세계 만들기는 어원학적으로나 역사적으로 슈미트의 성찬식 빵과 친척 관계로 강하게 연결돼 있다. 여기서 우리가 발견하는 것은 손님, 인질, 다른 자를 위한 보증인으로 잡혀 있는 자, 부채를 발생시키는 자와 징수하는 자, 손님인 여행자를 먹이는 자인 호스트, 죽임을 당할지라도 존경받아야 할 낯선 사람, 적, 힘의 대결에서의 전투를 위해 무장하고 배치된 호스트이다. 이들은 해로운 동물도, 쓰레기도, [물고기] 쓰기미도 아닌, 전쟁 참여를 공동생산하고 어쩌면 절멸보다는 새로운 평화를 공동생산하는 자들이다. 그러나 호스트란 말에는 다른 어조들도 있다. 땅속의 촉수 달린 것들에게로 난 작은 길들로 안내하는 캐리어백 이야기 속에 있는 것들이다. 저녁거리를 모으는 노파를 통해 라투르와 내가 운 좋게도 여기 모여서 변화될 가능성이 아직 있을지 모른다. 특별히 우리가 메뉴에 올라 있다면, 우리는 손님으로, 반려종으로 머무는 것이 허용될지 모른다. 숙주host는 기생생물의 서식지이고, 기생생물에게 그것은 삶과 계속성의 조건이다. 이 호스트(숙주)가 공생발생과 공-산의 위험한 세계 만들기의 접촉 지대에 있다. 여기서 새롭게 급히 꿰어 맞춰진 만족스러운 질서가 호스트(숙주)와 기생생물의 난잡하고 기회주의적인 제휴로부터 출현할 수도 있고 그렇지 않을지도 모른다. 어쩌면 가이아의 기독교도답지 못한 심해의 내장이, 땅속의 힘들을 위한 서식지가, 계속성이 여전히 위태로운 지경에 있는 SF의 뒤죽박죽일지 모른다. 이것이 이 장의 인용구 "우리는 모두 이끼다"라는 말을 환기시켜주는 세계이다. (기독교도답지 못하게 되기의 어려움에 관해서는 Anidjar, *Blood* 참고. 아니자르는 슈미트와 함께 매우 흥미로운 일들을 하기도 한다.)

그러나 잠깐만, 나의 지의류, 나의 동료들이여! 먼저 우리는 평판이 나쁜 인류세와 맞붙어 싸워야 한다. 나는 모든 힘의 대결에 반대하는 것은 아니다. 어쨌든, 나는 여자 농구를 좋아한다. 나는 그냥 힘의 대결이 낡은 이야기라고 생각한다. 과대평가된 그것들은 필요하지만 끝이 없는, 끝이 없는 화장실 청소 작업을 조금 닮았다. 다른 한편으로는, 퇴비를 만드는 훌륭한 화장실들이 있다……. 우리는 다른 뒤죽박죽들 속의 SF를 위해 더 많은 시간과 공간을 마련하기 위해, 언제나 열심인 미생물들에게 힘을 대결하는 작업 일부를 외주 줄 수 있다.

36 Stengers, *Au temps des catastrophes.* 가이아는 이 책 48쪽에서부터 침입한다. 스탕제르는 수많은 글, 인터뷰, 강의에서 "가이아의 침입"을 논한다. 과학과 정치, 문화의 안팎에서 인류세라는 피할 수 없는 꼬리표가 초래하는 불편함 탓에 우리는 다른 말을 창안하기 위해 고투하고 있는데, 라투르를 비롯한 연구자들과 마찬가지로 스탕제르의 사유에도 이런 문제가 스며 있다. 스탕제르가 헤더 데이비스Heather Davis와 에티엔 터핀Etienne Turpin과 함께한 대화 "코스모폴리틱스의 문제들matters of Cosmopolitics" 참고.

러브록-마굴리스의 가이아 가설 전개에 관한 스탕제르의 생각은 처음부터 일리야 프리고진Ilya Prigogine과 함께한 작업과 얽혀 있었다. 이 해석에 따르면 복잡계 이론에서 강력한 선형적 결합은 붕괴를 포함해 글로벌 시스템의 근본적 변화를 수반한다. 프리고진과 스탕제르의 《혼돈으로부터의 질서Order Out of Chaos》참고. 카오스와 가이아의 관계는 과학과 철학에서는 오래된 주제이다. 나는 그 창발을 진행 중인 땅속 힘들의 세계 만들기에 공-산적인 매듭으로 묶어 넣고 싶은데, 그것은 인류세나 자본세가 아니라 쑬루세의 물질-기호론적 시-공간이다. 이것은 스탕제르가 침입적인 가이아는 처음부터 "까다로웠다"고 말할 때 여기에 얽힌 의미의 일부이다. "가이아의 '자율생산적' 작용은 그녀의 진짜 모습이 아니고, '우리'[인간들]가 직면해야 하는 것이며, 우리의 컴퓨터 모델에서, 즉 그녀가 '우리'에게 보여주는 얼굴에서 읽어낼 수 있는 것이다." 2014년 5월 9일 스탕제르가 헤러웨이에게 보낸 이메일.

37 과학자들의 추정에 따르면 이 멸종 "사건", 우리 종들이 존속할 동안에 일어날 첫 번째 멸종 사건은 이전의 대멸종 사건들처럼, 그러나 그보다 훨씬 빠르게, 현존하는 종 다양성의 50~95퍼센트를 없애버릴 것이다. 2100년경까지 현존하는 조류 종의 절반이 사라질 수 있다고 한다. 아무리 생각해보아도 엄청난 이중 죽음이다. 여섯 번째 대멸종에 대한 알기 쉬운 설명으로는 '생물다양성을 위한 목소리Voices for Biodiversity'의 〈여섯 번째 대멸종The Sixth Great Extinction〉과 수상 경력이 화려한 과학 저술가 엘리자베스 콜버트Elizabeth Kolbert의 《여섯 번째 대멸종The Sixth Extinction》 참고. '생물다양성협약The Convention on Biological Diversity'이 내놓은 보고서는 무척 조심스럽게 예측하고, 신뢰할 만한 정보를 얻는 데는 이론적·실제적 어려움이 따른다고 말하지만, 그 내용을 보면 정신이 번쩍 든다. 2015년 여름에 나온 충격적인 보고서로 Ceballos et al., "Accelerated Modern Human-Induced Species Losses" 참고.

38 Lovelock, "Gaia as Seen through the Atmosphere"; Lovelock and Margulis, "Atmospheric Homeostasis by and for the Biosphere." 1984년 NASA 근무자들에게 한 강연 영상인 Margulis, "Gaia Hypothesis" 참고. 자율생산은 마굴리스의 공생발생 변형 이론에 매우 중요하지만, 만약 그녀가 살아 있어서 관련 질문을 받는다면 공-산이라는 용어와 그것이 갖는 형상적-개념적 힘을 때로 선호했을 것이다. 내가 이야기하려는 것은, 가이아가 자율생산적 시스템으로 잘못 인식되고 있으며 실제로는 공-산적이라는 사실이다. 이 책의 3장 참고. 가이아의 이야기는, 비옥한 퇴비를 만들고 이를 지속하기 위해 유망하고 촉수 있는 공-산적인 것들과 매듭을 짓는 침입적 변모가 필요하다는 말이다. 게Ge라고도 하는 가이아Gaia는 헤시오도스(BCE 750~650년경, 호메로스 시대의 그리스 시인)보다 훨씬 오래되고 널리 전해지는 이야기지만, 헤시오도스는 《신통기》에서 자기 방식대로 정리했

다. 카오스 이후 "넓은 가슴을 한" 가이아(지구)가 나와서, 위로는 올림포스를(*Theogony*, 116~118), 아래로는 깊은 타르타로스를(*Theogony*, 119) 가지게 되는 필멸의 존재들이 영구히 거주하는 자리가 되었다고. 땅 밑의 존재들이 대답한다. 허튼소리! 가이아는 그들의 자리 중 하나이고, 올림피아의 신들에게 촉수 있는 것들이 지속적으로 가하는 위협이지, 모두가 적당한 계보 아래 배열되는 다음 세대 신들의 터전이나 토대가 아니다. 헤시오도스는 오래된 음경 이야기를 한 것이고, BCE 8세기에 이미 규범을 세운 것이다.

39 비록 내가 온갖 종류의 더 합리적인 환경 정책과 사회문화 정책이 도움이 될 것이라고 생각할 수밖에 없더라도!

40 이자벨 스탕제르, 2014년 1월 14일 이메일로 보낸 가이아 관련 글의 영어 편집본.

41 나는 서로 부딪치게 되는 두 가지 의미에서 "사물thing"이라는 말을 사용한다. (1)브뤼노 라투르가 우리의 주의를 환기시킨 "사물의 의회"에 모인 무리. (2)분류하기 어려운 어떤 것. 여기서는 악취가 날 수 있다. Latour, *We Have Never Been Modern*.

42 Crutzen and Stoermer, "The 'Anthropocene'"; Crutzen, "Geology of Mankind"; Zalasiewicz et al., "Are We Now Living in the Anthropocene?" 인류세의 시작점을 훨씬 더 이전 시기로 제안하는 경우도 있으나, 대부분의 과학자와 환경운동가들은 전 지구적 인위 개변 현상은 18세기 말부터 지속되었다고 강조하는 경향이 있다. 더 극심한 인간예외주의(자연과 문화의 깊은 분열)는 가장 이른 시기를 제안하는데, 그것은 지금은 멸종된 큰 먹이를 사냥하고 이후에 농업을 발명하고 동물을 가축으로 만든 호모 사피엔스와 동일한 시간대에 걸쳐 있다. 몇몇 학자들은 1950년대 이후 지구 시스템 및 사회변화 지표에 나타난 복수의 "거대한 가속great accelerations"을 토대로 인류세의 연대를 추정하는 설득력 있는 시각을 제시한다. 이들이 보기에 그 첫 번째 궤적은 대기권 핵실험이다. Steffen et al., "The Trajectory of the Anthropocene" 참고. 얀 잘라시에비츠Jan Zalasiewicz 등은, 미국과 국제적인 과학 단체들이 지질시대로 채택한 인류세가 층서학적 인정을 받게 될 것이라고 주장한다. 그러나 인류세의 울림은 그 이상으로 널

리 퍼질 것이다. 인류세의 흔적에 관한 내가 좋아하는 예술 연구 중 하나는 라이언 듀이Ryan Dewey의 〈가상의 장소: 실시간 인류세 코아어 시추Virtual Places: Core Logging the Anthropocene in Real-Time〉인데, 여기서 그는 "소매점 선반에서 즉석 지질학 핵심 표본"을 채취한다.

43 1990년대의 기후변화 모델링과 민족지학의 강렬한 조우에 대해서는 Tsing, *Fiction*, "Natural Universals and the Global Scale", 88~112, 특히 "Global Climate as a Model", 101~106 참고. 칭은 "무엇이 글로벌한 지식을 내놓을 수 있게" 하는지 묻고는 "공동 작업 지우기"라고 답한다. 그러나 칭은 이 역사적 상황 속의 비판에 머무르지 않는다. 그렇기는커녕 라투르와 스탕제르와 마찬가지로 우리에게 정말 중요한 물음을 제시한다. "글로벌 도달 능력의 이점을 잃지 않고 자연의 협업적 기원에 참여할 수 있을까?"(95) "어떻게 학자들이 신자유주의적 정복의 망령으로부터 비판적 상상력을 해방시키는 도전을 떠맡을 수 있을까? 특수하든, 보편적이든, 글로벌하든 말이다. 우발적인 절합의 마찰에 주의를 기울이면 우리 시대의 다종다양한 자본주의자—그리고 글로벌주의자—들의 유효성과 취약성을 묘사하는 데 도움이 될 수 있다. 이 종잡을 수 없는 이질성에는 새로운 희망의 원천이 있고, 물론 악몽도 있다."(77) 1995년에 열린 첫 기후 모델링 콘퍼런스에서 칭은 깨달았다. "통찰을 얻었다. 글로벌한 척도가 우선권이 있다—왜냐하면 그것은 모델의 척도이기 때문이다."(103) 이것 그리고 관련 속성들은 특별한 효과가 있으니 협상가들을 국제적이고 이질적인 테이블로 데리고 온다. 충분히 이질적이지는 않을지 모르나, 동질적인 집단과 플레이어로 가득 차 있는 것은 결코 아니다. "더 작은 척도들을 글로벌한 것에 박아 넣기. 모든 것을 포함하도록 모델을 확대하기. 정책 중심으로 모델을 구축하기. 이런 특징들이 합쳐져서 모델들이 외교관들을 협상 테이블로 데려올 수 있게 한다."(105) 그것을 경시해서는 안 된다.

기후변화에 관한 정부간 협의체IPCC의 보고서들은 칭의 이야기와 관련해서 필요한 자료이고 탁월한 설명이다. Climate Change 2014: Mitigation of Climate Change and Climate Change 2014: Impacts, Adaptation, and Vulnerability.

친밀한 거래와 삶들이 폭넓게 엮여 있는데, 이것의 가차 없는 민족지적 특수성을 상세히 추적하면서 칭이 중요하게 여긴 것은 사물의 척도를 만드는 권력을 생산적이고 비유토피아적인 마찰 속에 유지하는 것이다. 이 권력은 최선의 것과 가장 필요한 보편적인 것까지도 언제나 우둘투둘한 것으로 만들어버리는 장소-여행 기반의 세계 만들기가 빚어내는 삶-과-죽음의 너저분함과 더불어 기후-변화 모델이 행사하는 것이다. 칭은 글로벌리즘과 연관 짓기 위해 여러 상황에 처한 세계들과 여러 종류의 해석들을 구하고 묘사한다. "마찰에 주의를 기울임으로써 글로벌 상호 접속을 민족지적으로 설명할 수 있을 것이다."(6) 그녀가 말하는 "잡초 우거짐"에 공감하는 것은 필수적이다. "그들의 지식과 즐거움이 다른 원천에서 생겨나는 자들과 조심스럽게 연대할 필요성을 알아차리는 것이야말로 비제국주의적 환경보호주의의 시작이다."(170) 적hostis은 이 실뜨기에는 나타나지 않겠지만, 이 폐허 속에서 영위하는 삶의 안내자로서 버섯들은 틀림없이 얼굴을 보일 것이다. Tsing, *The Mushroom at the End of the World* 참고.

44 '인류세 워킹그룹'은 지질학적 연대표에 올릴 새로운 시대(세)를 명명할 것인지에 관해서 국제지질과학연합IUGS과 국제층서위원회ICS에 보고하기 위해 2008년 설립되었고, 2016년에 최종 보고서를 내놓는 것을 목표로 했다. *Newsletter of the Anthropocene Working Group*, vol. 4, 5 참고.

45 '버닝 맨Burning Man 페스티벌' 마지막의 불타는 인간의 이미지를 담은 사진들에 대해서는 "Burning Man Festival 2012" 참고. '버닝 맨'은 매년 일주일 동안 열리는 예술과 (상업적) 무정부주의 페스티벌로, 1986년부터 1989년까지는 샌프란시스코의 베이커비치에서, 1990년부터는 네바다주 블랙록 사막에서 열리고 있다. 이 행사의 기원은 하지에 열리는 샌프란시스코 예술가들의 기념행사와 관련이 있다. "이 행사는 공동체와 예술, 급진적 자기 표현, 급진적 자기 신뢰의 실험이다."("Burning Man", Wikipedia) 글로벌화되고 있는 인류세의 이 화려한 오락물은 약물과 예술로 장식된 버닝 맨의 세계 만들기가 아니다. 하지만 페스티벌 기간에 점화되는 이 엄청난 불타는 '인간'의 도상은 너무나 유혹적이다. 샌프란시스코 해변에 맨 처음 나타난 불타는 모형은 높이 약 2미터 70센티미터의 나무로 만든 인간과 그보다

작은 나무로 만든 개였다. 1988년 무렵에는 약 12미터 높이의 인간이 나왔고 개는 없었다. 2011년 네바다주의 말라붙은 호수 바닥에 세워진 인간 모형은 높이가 31미터나 되었다. 이것이 미국이다. 가장 중요한 것, 인간들에게 어울리는 서식지는 초대형이다.

'Anthropos'(그리스어로 ἄνθρωπος, 인간이라는 뜻)라는 말은 어원이 분명치 않다. Anthropos가 결코 생각하지 못하는 것은 복수종의 지구라는 풍성하고 생성적인 서식지이다. 온라인 어원 사전을 찾아보면 이 말은 "여자, 신, 소년에 대립하는 것"으로서 그리스어 aner(남자)에서 유래한다. 바로 내가 수상쩍어했던 것! 또는 "Anthropos는 때로 aner와 ops(눈, 얼굴/소유격 opos)의 합성어로 설명된다. 그래서 문자 그대로 '어떤 남자의 얼굴을 한 그'이다." 또는, 때로는, 어떤 남자의 모습이다. 성서학자들은 그리스어 ἄνθρωπος가 여자를 포함하기 어렵다는 것을 알게 되고, 이로써 해석이 굉장히 흥미로운 양상으로 복잡해진다. http://www.bible-researcher.com/anthropos.html(2015년 7월 검색) 참고. 다른 자료들에 따르면, 이 합성어에는 "아래에 있는 것, 그러므로 세속적인 인간" 또는 "위쪽을 향해 보는 것" 그래서 아래(애통하게도 지상)에 있다는 의미가 있다고 한다. 동물과는 달리, anthropos로서 인간은 "그가 보는 것을 쳐다본다". http://www.science-bbs.com/114-lang/0e74f4484bff3fe0.htm(2015년 7월 검색). Anthropos는 라투르가 말하는 땅에 뿌리박은 것이 아니다.

이런 모호성 탓에 스토머와 크뤼천이 심하게 짜증을 내지는 않았다고 말하는 편이 안전할 것 같다. 감사하게도, 여전히 쳐다보고 있는 인간들은 지구의 대기가 짊어지는 탄소 부담을 주시했다. 또는 너무나 뜨거운 바다에서 촉수 달린 것들과 함께 수영을 할 때, 그들의 눈은 병들어 죽어가고 있는 산호와 공생 관계에 있는 해양 크리터들의 시각적-촉각적 손가락 같은 눈이었다. Hayward, "FingeryEyes" 참고.

46 〈제3 탄소 시대The Third Carbon Age〉에서 마이클 클레어는 이렇게 쓰고 있다. "파리 소재 국제 연구기관인 국제에너지기구IEA 따르면, 2012~2035년 동안 새로운 화석연료 추출과 가공에 투입될 전 세계 누적 투자액 총계가 22.87조 달러로 추산된다. 반면에 재생에너지와 수력에너지, 핵에너지에

대한 투자는 겨우 7.32조 달러 정도일 것으로 추산된다." 핵이라니, 후쿠시마 사고를 보고도! 말할 필요도 없이, 이들은 지구의 모든 크리터들과 함께, 지구상의 훨씬 가벼운, 더 작은, 더 겸손한 인간을 우선순위에 두지 않는다. 그것의 '지속 가능성' 담론에서조차 자본세는 땅에 뿌리박은 것들의 복수종 세계를 견뎌낼 수 없다. 환경 규제가 취약한 나라들에 대한 대규모 에너지 성장 전략의 변경에 관해서는 Klare, "What's Big Energy Smoking?"; Klare, *The Race for What's Left* 참고.

47 중질 타르샌드 오염은 모든 땅과 가이아 그리고 땅에 뿌리박은 크리터들의 가슴을 찢고 아가미를 산산이 부순다. 캐나다 북앨버타의 타르샌드 오일 추출로 나오는 유독성 폐수 연못들이 일종의 거대 호수 지역을 만들어내고, 매일 더 큰 '연못'들이 생겨나고 있다. 현재 호수로 덮여 있는 이 지역의 면적은 국제도시 밴쿠버 면적의 쉰 배가 넘는다. 타르샌드 사업은 엄청난 양의 물을 쓰지만, 자연 순환으로 돌아가는 물은 전혀 없다. 추출 찌꺼기로 가득 차 혼탁해진 물가에서 자라는 것들을 정착시키려고 노력하는 사람들은 말한다. 다양한 생물의 공-산적 생태계를 다시 정착시키려면 수십 년에서 수백 년이 걸릴 거라고. Pembina Institute, "Alberta's Oil Sands"; Weber, "Rebuilding Land Destroyed by Oil Sands May Not Restore It" 참고. 앨버타의 석유 매장량은 베네수엘라와 사우디아라비아 다음이다. 이 모든 것을 고려할 때 땅에 뿌리박은 것, 땅의 것들은 현재나 미래를 양보하지 않는다. 하늘이 내려오고 있지만, 아직 무너지지는 않았다. Pembina Institute, "Oil Sands Solutions." 퍼스트 네이션First Nation과 메티스Métis 그리고 원주민들은 이 끝나지 않은 이야기의 모든 측면에서 결정적인 행위자들이다(퍼스트 네이션은 북극 이남에 사는 캐나다의 토착민 그룹으로 여러 부족으로 구성되어 있다. 메티스는 캐나다의 여러 토착민과 유럽인, 특히 프랑스인의 혼혈 자손들을 말한다—옮긴이). Tar Sands Solutions Network 웹사이트 참고. 북극 해빙에 관해서는 이 책의 87쪽 사진 2.4. 참고.

48 NASA Earth Observatory, 2015의 사진. 화염이 인류세의 아이콘이라면, 녹고 있는 얼음과 뚫린 이 북서항로가 자본세를 상징한다. 정부 기관과 다국적 조직에 안보 관련 정보를 제공하는 수판 그룹의 보고서 〈TSG 정보 보

고: 북극에서의 전략지정학적 경쟁TSG IntelBrief: Geostrategic Competition in the Arctic〉에는 다음과 같은 내용이 있다. "《가디언》이 추정한 바에 따르면, 지구상에서 아직 발견되지 않은 천연가스 매장량의 30퍼센트와 석유의 15퍼센트가 북극에 있다." "2월 말에 러시아는 북극에서의 자국 이익을 보호하기 위해 전략 군 사령부를 설치할 거라고 발표했다." "러시아, 캐나다, 노르웨이, 덴마크, 미국은 북극해의 공해 수역과 대륙붕에 대한 나름의 권리를 주장한다." "북서항로로 인해 러시아는 국제무대에서 아시아와 유럽 간 해상 교역에 의존하는 모든 나라에 커다란 영향력을 행사할 수 있게 된다." 전 세계 석유 매장량 3위인 캐나다 앨버타 석유의 거의 전부가 이 주의 북쪽 지역 타르샌드 속에 있다. 이곳은 북아메리카의 석유 관련 유독성 호수 지대이다. Alberta Energy, "Facts and Statistics" 참고. 자본세 작동 중! Indigenous Environmental Network, "Canadian Indigenous Tar Sands Campaign" 참고. 타르샌드 지역 중 토착민들이 사는 곳에는 스무 개가 넘는 회사가 사업 중이다. 이곳을 주거지로 하는 토착민들은 퍼스트 네이션인 미키소 크리족Mikisew Cree, 아타바스카 치페와이언족Athabasca Chipewyan, 포트 맥머리족Fort McMurray, 포트 매케이 크리족Fort McKay Cree, 비버 레이크 크리족Beaver Lake Cree, 치페와이언 프레이리족Chipewyan Prairie이고, 메티스도 포함된다.

49 Klein, "How Science Is Telling Us All to Revolt"; Klein, *The Shock Doctrine*.

50 자본세Capitalocene는 공—산sympoiesis과 같은 말 중 하나이다. 만약 당신이 이를 발명한 자라면, 그냥 주위를 둘러보고 얼마나 많은 사람들이 동시에 이 용어를 발명하고 있는지 알아보라. 그런 일이 분명 나한테 일어났다. 누구에게서 자본세라는 용어를 얻었느냐는 질문을 받고 나는 약간 개인(이기)주의적인 불쾌감이 일었다. 그것을 극복하고 나서—내가 이 말을 만들지 않았던가? 왜 학자들은 유독 여성 작가들에게만 어떤 남성 작가에게 당신의 아이디어를 빚고 있느냐고 물을까?—내가 알게 된 사실은 내가 발명의 실뜨기 게임의 일부였다는 것, 제이슨 무어Jason Moore가 함께 생각할 만한 흥미진진한 주장을 이미 썼고, 나의 대화 상대가 무어의 작업을 알고 나에게 릴레이해주고 있었다는 것이다. 무어는 자본세라는 용어를 2009년

스웨덴 룬드에서 열린 세미나에서 처음 들었는데, 당시 대학원생이었던 안드레아스 말름Andreas Malm이 그것을 제안했다. 위급한 역사적 국면에서는 생각에 사용할 말들이 부글거리는 수많은 가마솥에서 튀어나온다. 우리 모두, 관심 받기를 간절히 바라는 잡동사니들을 그러모을 더 나은 망태기가 필요하다고 느끼기 때문이다. 문제가 있음에도 불구하고 인류세라는 용어는 과거에도 그리고 지금도 받아들여지고 있다. 사실, 관심, 돌봄에 관한 많은 문제들을 모아들이기 때문이다. 나는 머잖아 자본세라는 말이 수많은 사람들의 입에서 쉽게 나오게 되길 희망한다. 특별히, 빙엄턴 뉴욕주립대학에 재직 중인 독창적인 마르크스주의 사회학자 제이슨 무어의 업적을 참고하기 바란다. 무어는 '세계-생태 연구 네트워크World-Ecology Research Network'의 운영자이다. 그가 처음 제기한 자본세 관련 주장은 Moore, "Anthropocene, Capitalocene, and the Myth of Industrialization"; Moore, *Capitalism in the Web of Life* 참고.

51 지난 수 세기에 걸친 글로벌화의 경로와 중심에 관한 역사를 생각해보면서 유럽중심주의를 극복하기 위해서는 Flynn and Giráldez, *China and the Birth of Globalisation in the 16th Century* 참고. 식민주의와 제국주의, 글로벌화하는 교역의 형성, 그리고 자본주의에 주목한 분석으로는 Ho, "Empire through Diasporic Eyes"와 *The Graves of Tarem* 참고.

52 제이슨 무어는 이렇게 말한다. "이것은 자본과 권력—그리고 셀 수 없이 많은 다른 전략적 관계들—은 자연에 의거해서 행동하는 것이 아니라 삶의 그물망을 통해 펼쳐진다는 뜻이다. 여기서 '자연'은 전체라는 관계로 주어진다. 인간들은 자연 속에서 그 종에 특정한 (그러나 특별하지는 않은) 환경을 만드는 종으로서 산다. 둘째, 1800년의 자본주의는 석탄기라는 제우스의 머리에서 갑자기 튀어나와 완전하게 자란 무장한 아테나가 아니었다. 문명은 빅뱅 같은 사건에서 형성되는 것이 아니다. 문명은 삶의 그물망 속에서 인간 행위의 연속되는 변화와 분기를 통해 창발하는 것이다. …… [예를 들면] 폴란드 비슬라강 유역과 브라질의 대서양 우림에서 17세기에 길게 이어진 삼림 벌채는 중세 유럽보다 5~10배는 더 큰 규모와 속도로 일어났다." Moore, "Anthropocene or Capitalocene, Part III."

53 Crist, "On the Poverty of Our Nomenclature", 144. 아일린 크리스트는 더 창의적인 세계 만들기를 위한 제안과 트러블과 함께하기 위한 방법들을 줄 뿐만 아니라, 인류세 담론의 함정들에 대해 훌륭한 비평을 한다. 인류세라는 용어를 거부하고 또 받아들이는 뒤얽힌 반대 입장들을 보려면 '인류세 페미 니즘Anthropocene Feminism' 콘퍼런스의 영상 참고. 인류세라는 기호 아래 애나 칭과 닐스 올레 부반트Nils Ole Bubandt가 조직하고 많은 인류학자, 생 물학자, 예술가 들이 참여하는 다채로운 학제적 연구로 '오르후스대학 인류 세 연구AURA: Aarhus University Research on the Anthropocene' 참고.

54 내가 "충분히 큰 이야기들"에 대한 주장을 고집할 수 있는 것은 제임스 클리 퍼드James Clifford의 《귀환: 21세기의 토착민 되기Returns: Becoming Indige-nous in the Twenty-First Century》덕분이다. "나는 이것들에 대해 많은 것을 설명할 수 있지만, 모든 것을 정치적 미덕에 대한 보증 없이 설명할 수 있는 것은 아닌 '충분히 큰' 역사로 생각한다."(201) 하나의 종합적 설명이나 이론 을 거부하는 클리퍼드는 "끝이 정해지지 않은 (그 선형적인 역사적 시간이 존재론적으로 끝나지 않았기 때문에) '충분히 큰 이야기들', 접촉의 현장들, 고투들, 그리고 대화와 함께 작동하는" 리얼리즘을 만들기 위해 노력한다 (85~86).

55 Pignarre and Stengers, *La sorcellerie capitaliste*. 라투르와 스탕제르는 비 난의 담론들을 맹렬히 거부하는 데 있어서 굳게 손잡고 동맹한다. 두 사람 다 내가 이 문제를 이해하고 다시 배울 수 있도록 인내심을 갖고 가르쳐주 었다. 나는 타당한 비난을 좋아한다! 그것은 버리기가 어려운 습관이다.

56 비록 그들의 확고한 세속주의가 이를 방해하긴 하지만, 막스 호르크하이머 와 테오도어 아도르노의 《계몽의 변증법》을 진보와 근대화에 대한 연합 비 평으로 읽을 수 있다. 세속주의자가 오징어와 박테리아에게, 그리고 테라/ 가이아의 성난 늙은 여자들에게 진정으로 귀를 기울이기란 매우 어렵다. 마르크스 이외에, 자본세의 배 속에서 쑬루세를 양육할 만한 가능성이 있 어 보이는 서양 마르크스주의자의 저서는 안토니오 그람시Antonio Gramsci 의 《옥중수고》와 스튜어트 홀Stuart Hall의 저작이다. 홀의 너무나 생성적 인 에세이들은 1960년대부터 1990년대까지 이어진다. Morley and Chen,

Stuart Hall 참고.

57 미국 거대 자본의 약탈 행위를 묘사하는 두족류 동물들의 흥미로운 역사 (예를 들면, 20세기 초의 존 록펠러/스탠더드 오일이라는 문어의 거대한 촉수에 목 졸린 노동자들, 농민들, 일반 시민들)에 대해서는 Gilson, "Octopi Wall Street!" 참고. 땅 밑에 사는 것들의 동맹으로서 문어와 오징어에게 새롭게 의미를 부여하는 것은 아주 좋은 소식이다. 그들은 하늘 신들의 기술을 맹신하는 시각화 장치에 새까만 먹물을 찍 내뿜을지도 모른다.

58 가슴 저미도록 아름다운 언어로 쓰인 헤시오도스의 《신통기》는 가이아/지구가 카오스에서 나와서 위쪽으로는 올림피아의 불멸의 존재들의 자리, 그리고 저 깊은 곳 아래쪽으로는 타르타로스를 위한 자리가 되는 이야기를 들려준다. 그녀/그것은 매우 오래된 데다 여러 모양을 하고 그리스 시대의 이야기를 넘어선다. 하지만 정말 어떻게 하는지는 여전히 논란의 여지가 많고 사변적으로 계속된다. 적어도, 가이아의 일이 올림피아의 신들을 받쳐주는 데 국한되지 않는다! 정통에서는 벗어나 있지만 영향력 있는 고고학자인 마리야 김부타스Marija Gimbutas의 주장에 따르면, 대지Mother Earth로서의 가이아는 인도-유럽 이전 구유럽의 후기 형상, 신석기 시대의 위대한 어머니다. 2004년에 영화 제작자 도나 리드Donna Reed와 신이교주의新異敎主義 작가이자 활동가인 스타호크Starhawk는 김부타스의 삶과 저작에 관한 다큐멘터리 영화 〈시간으로부터의 흔적Signs out of Times〉을 공동 제작하여 발표했다. Belili Productions, "About Signs out of Time"; Gimbutas, *The Living Goddesses* 참고.

59 "비-유클리드적인" 스토리텔링에서 무엇이 위태로운 지경에 있는지를 이해하려면 Le Guin, *Always Coming Home*; "A Non-Euclidean View of California as a Cold Place to Be" 참고.

60 "The Thousand Names of Gaia: From the Anthropocene to the Age of the Earth," International Colloquium, Rio de Janeiro, September 15~19, 2014.

61 벌은 포트니아 테론의 여러 상징 중 하나로, 이 동물의 여왕은 포트니아 멜리사, 벌들의 여왕이라고도 불린다. 근대의 마술 숭배자들은 의례와 시가

속에서 이들 땅 밑의 것들과 다시 멤버가 된다re-member. 불이 인류세를 상징하고, 얼음이 자본세를 표현하는 것이라면, 사람들을 포함한 크리터들의 손길에 조율된 불과 물, 그리고 대지의 시대인 쑬루세를 위해서는 붉은 점토 도기가 좋겠다. 라이사 데스멧Raissa DeSmet(Trumbull)은 강의 여신 라투 키둘Ratu Kidul에 대한 자신의 박사학위 논문과 발리에서 공연 중인 춤을 통해, 나에게 힌두의 신성한 뱀 나가Naga에서 나와 동남아시아의 바다를 두루 돌아다니며 멀리 여행하는, 복잡하게 얽힌 땅 밑의 촉수 있는 존재들을 소개해주었다. DeSmet, *A Liquid World*.

62 포트니아 테론과 고르곤/메두사의 관련성은 BCE 600년 훨씬 후에도 신전 건축과 건물의 장식에서 나타난다. 이것은 땅 밑 존재들의 힘이 실천과 상상, 의례에 끈질기게 유지되고 있음을 보여준다. BCE 5~3세기 동안의 이탈리아반도는 좋은 사례다. 끔찍한 모습의 고르곤은 얼굴이 밖을 향해 있어서 외부의 위험을 방어하고, 마찬가지로 무섭게 생긴 포트니아 테론은 얼굴이 안쪽을 향해 있어서 복잡하게 얽힌 생명체들을 양육한다. Busby, *The Temple Terracottas of Etruscan Orvieto* 참고. 그리스도교의 동정녀 마리아는 스스로 서아시아와 지중해 지역에서 분출해 세계를 두루 여행하는 가운데 이런 속성들과 여러 땅 밑 존재들의 힘을 이용한다. 불행히도 마리아의 도상 연구는 그녀가 대지의 힘들과 동맹을 맺기보다는 별들에 에워싸이고 뱀의 머리를 으스러뜨리는 모습(예를 들면, 19세기 초 동정녀의 출현을 계기로 만들어진 기적의 메달 속 그림)을 보여준다. "별들에 에워싸인 숙녀"는 그리스도교 성서의 종말론적 형상이다. 터무니없는 생각이다. 어린 시절 내내, 나는 기적의 메달이 달린 금목걸이를 하고 다녔다. 다행히도 아직 남아 있던 그녀의 땅의 감염증이 결국 나를 장악하고, 나로 하여금 세속적인 것뿐만 아니라 성스러운 것에도 등을 돌리게 했고, 부식토와 퇴비를 향하게 해주었다.

63 히브리어로 '벌'을 의미하는 드보라Deborah는 성서에 나오는 유일한 여성 판관이다. 그녀는 군주제 이전의 이스라엘에서 전사이자 조언자였다. 〈드보라의 노래〉는 기원전 12세기까지 거슬러 올라갈지 모른다. 드보라는 군사 영웅이고, 조애나 러스Joanna Russ의 조형적 페미니즘 SF 《여자인 남자The

Female Man》에 나오는 4J 가운데 하나인 야엘의 동맹이다.

2014년 4월, 빌리 탤런Billy Talen 목사와 스톱 쇼핑 교회Church of Stop Shopping는 하버드대학의 마이크로 로보틱스 실험실에서 로보비Robobee를 몰아냈다. 로보비는 최첨단 드론 벌로, 벌들이 과로와 독성 물질로 병이 깊어지고 멸종 위기에 빠지자 이들을 대체하기 위해 만들어진 것이다. Talen, "Beware of the Robobee"; Finnegan, "Protestors Sing Honeybee-lujahs against Robobees" 참고. 혹은, 브래드 웨너Brad Werner가 미국 지구물리학연맹 회의에서 말한 것처럼, 저항하라! 아직도 우리에게 윙윙거리는 소리가 들리는가? 쏠 때가 됐다. 이제 땅 밑 존재들을 위한 때가 됐다. 벌들을 보살펴야 할 때가 됐다.

64 "Erinyes 1."

65 마사 케니Martha Kenney가 나에게 알려준 것이 있다. 장기 방영된 영국의 SF 텔레비전 시리즈 〈닥터 후Doctor Who〉에서, 우드Ood의 이야기는 오징어 얼굴을 한 존재들이 신체가 잘리고 공–지하적인symchthonic 무리 의식에서 단절되고 노예가 된 후에야 어떻게 인간에게 치명적인 존재가 되었는지를 보여준다는 것이다. 공감 능력이 있는 인간에 가까운 우드는 접히고 굴곡진 이상한 모양의 얼굴 아래 부위에 구불구불한 촉수가 많다. 그리고 제대로 갖추어진 몸통에는 손안에 후뇌가 있고, 이 상처받기 쉬운 살아 있는 외부 감각 기관들을 통해 텔레파시로 소통한다. (절대 땅에 뿌리박은 존재가 아닌) 인간들이 그들의 후뇌를 잘라내 과학기술을 이용한 커뮤니케이션 번역기로 대체했다. 이렇게 고립된 우드는 자신들을 노예로 만든 자들을 통해서만 소통할 수 있게 되었다. 나는 우드의 테크노–커뮤니케이터가 아이폰의 미래 모델이 될 거라는 생각을 억누르고 있지만, 거리에서나 식탁에서조차 휴대폰에만 접속되어 있는 21세기 인간들의 얼굴을 보면 틀린 생각이 아닌 것 같다. "우드의 행성" 편에서 이 촉수를 가진 것들이 우드 시그마의 행동 덕에 해방되어서 단일하지 않은 자신들로 회복된다는 SF적 사실이 나를 이 비열한 판타지에서 구제해주었다. 함께 계속해나가기에는 〈닥터 후〉가 〈스타 트렉〉보다 훨씬 좋은 이야기이다.

과학과 여타의 지식 실천에서 우화에 대한 재작업이 중요한데 이에 대해서는 Kenney, "Fables of Attention" 참고. 다양한 장르의 우화를 탐구하는 가운데 케니는 지식 주장의 힘을 제안하고 시험하는 것과 관련 지어 자신이 말하는 불안정한 "야생의 사실들wild facts"을 적절히 위치시킨다. 그녀는 불확실한 지형을 항해하기 위한 전략들을 조사하는데, 여기서는 실제 실천에서의 사실과 픽션 사이의 생산적 긴장이 필요하다.

66 "Medousa and Gorgones."

67 1974년 《세계의 끝으로 걸어가다Walk to the End of the World》를 발표하며 시작된 수지 매키 채너스Suzy McKee Charnas의 '홀드패스트' 연대기는 페미니스트들과 그들의 말들을 생각하는 훌륭한 SF다. 규칙에는 정말 맞지 않지만, 그 섹스는 흥미진진하며, 정치는 상쾌하다.

68 내가 메두사의 몸에서 페가수스가 나오고 그녀의 핏방울에서 산호가 출현한 것에 관심을 갖게 해준 사람은 에바 헤이워드였다. 헤이워드는 〈산호초 코바늘뜨기 프로젝트The Crochet Coral Reef Project〉에서 이렇게 말했다. "만약 산호가 우리에게 삶의 상호성을 가르쳐준다면 우리는 환경에 대해, 우리가 그 많은 영역을 살 수 없게 만들었고 이제는 우리를 병들게 하는 환경에 대해 어떤 의무감을 가져야 할까? 어쩌면 지구는 금성과 마찬가지로, 엄청난 온실효과 탓에 거주할 수 없는 곳이 될지 모른다. 아니면, 어쩌면, 우리는 암초를 다시 만들거나, 해양 난민들을 위한 대체 서식지를 건설해야 할지 모른다. 우리의 미래가 어떻게 되든, 우리는 바다와 결코 뗄 수 없는 관계를 이어나갈 것이다." Wertheim and Wertheim, *Crochet Coral Reef* 참고.

69 나는 2014~15년에 열린 몬터레이만 수족관 전시 '촉수: 문어, 오징어, 갑오징어의 놀라운 삶Tentacles: The Astounding Lives of Octopuses, Squids, and Cuttlefish'에서 영감을 받았다. 중요한 역할을 하는 갑오징어와 문어, 오징어의 활동이 담긴 자료를 소개해준 크리스 코너리Chris Connery에게 감사한다. Detienne and Vernant, *Cunning Intelligence in Greek Culture and Society* 참고. 다형성多形性, 그물이나 끈으로 그물망을 만들 수 있는 능력, 교활한 지능은 그리스 작가들이 중시한 특성들이다. "갑오징어와 문어는 순수한 아포라이áporai이고, 그들이 뿜어내는 뚫고 나갈 수 없는 길 없는 밤은 그들 메티스의 가장 완벽한 이미지이다."(38) 제5장 〈오르페우스의 메티

스와 테티스의 오징어The Orphic Metis and the Cuttle-Fish of Thetis〉는 계속 진행 중인 고리 만들기, 함께-되기, 그리고 다형성이라는 쑬루세 자체의 테마에 있어서 매우 흥미롭다. "촉수 덩어리polúplokoi로 나타나는 연체동물들의 유연함은 그들의 신체를 서로 얽힌 네트워크, 활기차게 움직이는 끈들의 살아 있는 매듭으로 만든다."(159) 그리스인들에게 다형적이고 유연한 갑오징어는 바다의 원초적인 멀티섹슈얼 신에 가깝다. 애매모호하고, 움직이면서 계속 바뀌고, 구불구불 오르락내리락 물결치며, 존재하게 될 것을 관장하고, 강렬한 색채의 파동으로 진동하고, 수수께끼 같고, 시커먼 구름을 내뿜고, 어려움에서 빠져나오는 데 능숙하고, 정상적인 남자들이면 턱수염이 있어야 할 곳에 촉수가 있는 존재이다.

70 Haraway and Kenney, "Anthropocene, Capitalocene, Chthulucene" 참고.

71 Le Guin, "'The Author of Acacia Seeds' and Other Extracts from the Journal of the Association of Therolinguistics", 175 참고.

3장 공-산: 공생발생과 트러블과 함께하기라는 활기찬 예술

이 장은 린 마굴리스Lynn Margulis(1938~2011)와 앨리슨 졸리Alison Jolly (1937~2014)를 기리기 위해 쓰였다.

1 '네버 얼론Never Alone(Kisima Ingitchuna)' 참고.

2 이 고해상도의 대형 인쇄물은 캔버스 천에 바래지 않는 잉크로 인쇄한 것이다. 린 마굴리스와 도리언 세이건Dorian Sagan의 저작 《끝없는 경이Dazzle Gradually》에서 영감을 받은 쇼새나 더비너Shoshanah Dubiner의 원본 구아슈화는 58×89센티미터 크기다. 더비너는 이렇게 쓰고 있다. "붉고 커다란 원생동물은 대미주하모충Urostyla grandis인데, 라이프치히에 있는 슈타인Stein의 1959년 작품을 토대로 그린 것이다. 두 줄의 섬모가 있는 보라색 원생동물은 강섬모충속Didinium이다. 가운데 있는 푸른 깃털 달린 용같이 생긴 생명체는 데이비드 디머David Deamer가 촬영한 인지질 실린더의 현미경 이미지에서 영감을 받은 것이다. 생물학자가 봤을 때 식별할 수 있도록 개별 생명체들을 정확히 그리고 싶었지만, 결국 그림 전체가 완전히 상상의 생물 경관이 되

도록 그냥 두었다."(Dubiner, "New Painting") 그림에 관한 글이 있는 블로그를 보려면 Dubiner, "Endosymbiosis'" 참고. 존 펠드먼John Feldman은 〈공생적 지구: 린 마굴리스는 어떻게 배를 흔들고 과학혁명을 출발시켰나Symbiotic Earth: How Lynn Margulis Rocked the Boat and Started a Scientific Revolution〉라는 다큐멘터리 영화를 만들고 있다. 마굴리스는 1938년에 태어나 2011년에 죽었다. 메사추세츠대학 애머스트 캠퍼스 웹사이트에서 그녀는 자신을 미생물 진화·세포소기관 유전학 교수로 소개했다. Mazur, "Intimacy of Strangers and Natural Selection"; Margulis, *Symbiotic Planet*; Margulis and Sagan, *Microcosmos*; Margulis and Sagan, *Acquiring Genomes* 참고. 마굴리스 연구실의 민족지적 사회학에 뿌리를 두고 있는 중요한 연구에 관해서는 Hird, *The Origins of Sociable Life* 참고.

3 1991년 "마굴리스가 제안한 내용에 따르면, 종이 다른 개체들 사이에서 그들 일생의 상당 기간 동안 일어나는 신체적 결합은 그것이 무엇이든 '공생'을 이루고, 거기 참여하는 모든 존재는 바이온트이며, 그 결과로 나타나는 연합은 홀로바이온트holobiont"이다. (Walters, "Holobionts and the Hologenome Theory") Margulis, "Symbiogenesis and Symbionticism" 참고. 1992년에는 데이비드 민델David Mindell이 숙주와 주된 공생자를 묘사하기 위해 홀로바이온트라는 용어를 사용했다. Mindell, "Phylogenetic Consequences of Symbioses." 민델의 글과 같은 학술지에 실린 Margulis, "Biodiversity"도 참고. 그 후 포리스트 로어Forest Rohwer 등이 숙주와 이 숙주의 바이러스를 포함해 모든 공생 관계에 놓인 미생물들을 가리키기 위해 홀로바이온트를 썼다. Rohwer et al., "Diversity and Distribution of Coral-Associated Bacteria." 홀로바이온트와 홀로게놈의 원리에 관한 최근의 탁월한 설명으로는(그렇더라도 "숙주+나머지"라는 말은 유지되고 있다) Bordenstein and Theis, "Host Biology in Light of the Microbiome" 참고. 'holo-'의 의미를 "안전하고 온전한safe and sound"이라고 했는데, 이는 2016년 3월 17일 접속한 온라인 어원사전에서 인용한 것이다.

4 마굴리스는 1967년에—당시에는 린 세이건Lynn Sagan이라는 이름으로—진핵세포의 기원에 관한 급진적 이론을 발표했다. 과학의 패러다임을 바꾼 레

이먼드 린드먼Raymond Lindeman의 〈생태계의 영양-동태적 측면Trophic-Dynamic Aspect of Ecology〉처럼 혁명적인 저작들이 흔히 그렇듯, 마굴리스의 논문은 여러 차례 출판 거절이라는 우여곡절을 겪은 다음에야 출간되었다. Sagan, "On the Origin of Mitosing Cells"; Margulis, "ArchaealEubacterial Mergers in the Origin of Eukarya" 참고. 마굴리스의 자율생산에 대한 설명과 2차 가이아 시스템 이론에 관한 마굴리스의 중요한 연구를 위해 그 개념을 계속 사용해야 한다는 주장에 대해서는 Clarke, "Autopoiesis and the Planet" 참고.

5 Lovelock, "Gaia as Seen through the Atmosphere"; Lovelock and Margulis, "Atmospheric Homeostasis by and for the Biosphere."

6 자율생산Autopoietic 시스템 이론과 가이아의 형상은 인류세라는 개념을 만드는 데 결정적이었음이 증명되었다. 양육하는 어머니가 아닌 가이아는 계속되는 시스템 붕괴로 인해 분노할 수 있다. 항상성의 시스템적 과정의 힘과 더없이 복잡한 수준의 카오스에서 나온 질서를 재정립하는 데는 한계가 있다. 복잡성은 풀릴 수 있고 지구는 죽을 수 있다. 응답-능력을 갖추는 것이 중요하다.

7 Dempster, "A Self-Organizing Systems Perspective on Planning for Sustainability." 1998년에 뎀스터는 생물학에서는 개별 단위로서의 생명체라는 개념이 일반적이며, 공-산적인 것은 생태계와 문화에 국한된다고 말했다. 나는 생물학적인 이유에서 더 이상 그렇게 생각할 수 없다고 주장하는 바이다.

8 Margulis and Sagan, "The Beast with Five Genomes."

9 Poulsen et al., "Complementary Symbiont Contributions to Plant Decomposition in a Fungus Farming Termite." 흰개미-박테리아-버섯 공생에 관한 뛰어난 과학 작가의 글로는 Yong, "The Guts That Scrape the Skies" 참고.

10 진화, 생태, 행동 분야의 모험적인 생물학자들 사이에서 점점 더 많이 사용되고 있는 더 적절한 설명 관행에 관한 구체적인 서술, 그리고 경쟁/협력이라는 이분법의 막다른 골목과 생물학의 최종 설명은 경쟁적이고 개인주의적이어야 한다는 가차 없는 가정에 관한 면밀한 분석으로는 van Dooren and Despret, "Evolution" 참고.

11 스콧 길버트Scott Gilbert와 데이비드 에펠David Epel은 《생태발생생물학 Ecological Developmental Biology》에서 현대종합설, 에코-디보eco-devo, 에코-이보-디보eco-evo-devo를 아우르는, 이른바 '확장진화종합설'과 관련된 증거들을 기록하고 있다.

12 Mereschkowsky, "Theorie der zwei Plasmaarten als Grundlage der Symbiogenesis." Anonymous, "History"도 참고.

13 Gilbert, "The Adequacy of Model Systems for Evo-Devo", 57. Black, *Models and Metaphors*; Frigg and Hartman, "Models in Science"; Haraway, *Crystals, Fabrics, and Fields* 참고.

14 "King Lab: Choanoflagellates and the Origin of Animals."

15 Alegado and King, "Bacterial Influences on Animal Origins."

16 깃편모충류Choanoflagellates와 박테리아 동료들은 매력적인 모델을 만든다. 해면동물이 동물과 가장 밀접하게 관련된 "가장 원시적인" 크리터라는 자리를 오랫동안 지켜왔고, 먹이(박테리아와 거기서 나오는 유기물 쓰레기)를 포획하는 종류의 일을 하는 그들의 신체 속에 깃편모충류를 닮은 세포를 가지고 있기 때문이다. 그러나 최근의 연구에 따르면, 유즐동물 ctenophores이 해면동물보다 유전적으로 동물과 더 밀접하게 관련되어 있다. Halanych, "The Ctenophore Lineage Is Older Than Sponges?" 에드 영Ed Young의 아름다운 글 "Consider the Sponge" 참고. 우리 모두가 그러는 것처럼, 유즐동물이 감염을 관리하고 미생물 막 형성에 반응하면서 박테리아와 고세균류에 조응하고 있지만, 나는 유즐동물-박테리아 상호작용을 탐구하는 연구에 대해서는 알지 못한다. 어쨌든, 계통발생적 관계가 좋은 모델의 유일한 표준은 아니다. 해면동물 생물량의 60퍼센트 정도는 미생물이다. Hill, Lopez, and Harriott, "Sponge-Specific Bacterial Symbionts in the Caribbean Sponge" 참고. 홀로바이온트를 연구하는 데는 더없이 좋은 노다지다! 당연히 니콜 킹Nicole King은 해면동물 속의 깃편모충 모양 세포들과 독립 생활형 깃편모충들, 그들의 식사, 감염, 장미 모양의 군집을 만드는 습관을 연결할지도 모르는 모든 부착 부위와 활동을 들여다보기 시작했다. 뭔가 있다면, 먹기야말로 "진화에 대한 최종 설명"이다. 먹기는 분명 감

염성이 있고 사회적이다. 생물학적으로 말하면, 혁신력 측면에서 먹기는 섹스를 능가한다. 우선 먹어야 섹스를 할 수 있다.

17 McGowan, "Where Animals Come From"; Yong, "Bacteria Transform the Closest Living Relatives of Animals from Single Cells into Colonies."

18 McFall-Ngai, "Divining the Essence of Symbiosis", 2. 마거릿 맥폴-응아이의 위스콘신대학 웹사이트 참고. 그녀는 나중에 하와이대학의 태평양 생명과학 연구센터로 옮겼다. 에코이보디보에 맞춰진 공생을 위한 최근의 다른 모델 시스템으로는, 특정한 내장(장내) 박테리아의 신호에 맞게 조정된 면역 시스템 발달(Sarkis Mazmanian's lab at CalTech), 박테리아 공생자들과 함께하는 생쥐의 내장 발달(Jeffrey Gordon's lab at Washington University in St. Louis)과 생쥐 두뇌 발달이 있다. 쟁기발두꺼비에 관한 에코이보디보 연구(David Pfennig's lab at unc Chapel Hill) 참고. 완두수염진딧물과 진딧물공생세균의 공생을 연구하는 텍사스대학 낸시 모런Nancy Moran 연구실은 진딧물과 공생자들의 공진화에 관한 훌륭한 연구를 했지만, 발생을 강조하지는 않았다. 2015년 6월 10일 사적인 연락을 주고받은 스콧 길버트에게 감사한다.

범미주진화발생생물학협회의 창립총회가 2015년 8월 캘리포니아대학 버클리 캠퍼스에서 열렸다. 열 명의 운영진은 관심을 표명한 에코디보 관련 과학자 300여 명 중에서 광범위한 과학적 배경과 접근법을 망라하는 스물다섯 명의 참석자를 초빙하고 다른 에코디보 참가자들을 위한 온라인 사이트를 준비했다. 유럽진화발생생물학협회는 2006년 프라하에서 결성되었다. 에코이보디보뿐만 아니라 에코디보와 이보디보 분야의 국제적 연구 공동체는 규모가 상당히 크고 점점 성장하고 있다. 2011년에는 관련 저널《진화와 발생Evolution and Development》이 창간되었고, 현재 루돌프 라프Rudolf Raff가 편집을 맡고 있다. Abouheif et al., "Eco-Evo-Devo" 참고. 19세기 말~20세기 초에 형성된 강력한 러시아의 전통이 개념 형성에 큰 공헌을 했고, 그것이 발전해 에코디보와 에코이보가 되었다. Olsson, Levit, and Hossfeld, "Evolutionary Developmental Biology"; Tauber, "Reframing Developmental Biology and Building Evolutionary Theory's New Synthesis" 참고.

19 McFall-Ngai, "Divining the Essence of Symbiosis."

20 Moran, "Research in the Moran Lab," website for "Nancy Moran's Lab."

21 Gilbert, Sapp, and Tauber, "A Symbiotic View of Life"; McFall-Ngai et al., "Animals in a Bacterial World" 참고. 이들이 함께 쓴 논문은 국립진화종합센터NESC가 지원한 워크숍의 결과물이다. 마이클 해드필드Michael Hadfield가 2010년에 나를 하와이대학의 맥폴-응아이에게 소개해주었고, 그들이 함께하는 사유와 출판물은 내 연구에 깊은 영향을 미쳤다. 발생생물학자이자 생물학 역사가인 길버트는 샙Jan Saap(신다윈주의 틀을 넘어 진화생물학을 연구하는 생물학 역사가)과 타우버Alfred Tauber(면역학을 연구하는 생화학자이자 철학자, 과학사가)에게 협업을 요청해서 논문을 함께 썼다. 하나의 선택 단위로서의 홀로바이온트에 관한 길버트의 이론에 내재한 신다윈주의 진화이론("최종적인 경쟁"과 진화게임이론에서의 사기꾼의 힘)으로 인해 편차의 범위를 둘러싸고 NESC 워크숍에서 의견이 갈렸기 때문이다. 길버트의 생각에 따르면, 면역 시스템은 홀로바이온트 내에서 협력을 파괴하는 사기꾼을 (절멸시키는 것이 아니라) 어떻게든 관리해나가는 데 매우 능숙하다. Gilbert et al., "Symbiosis as a Source of Selectable Epigenetic Variation." 길버트는 우리는 언제나 지의류였다는 점을 강조한다. Guerrero, Margulis, and Berlanga, "Symbiogenesis"도 참고.

22 McFall-Ngai et al., "Animals in a Bacterial World", 3229.

23 해드필드와 맥폴-응아이의 요청으로 나는 그들이 논문 도입부와 결론을 수정하는 작업에 작은 도움을 주었다. McFall-Ngai et al., "Animals in a Bacterial World" 참고. 1970년대 초에 우리가 호놀룰루의 한 공동체에 같이 참여했을 때, 해드필드는 무척추동물의 해양발생생물학과 생태생물학에 관해서 나에게 가르쳐주기 시작했다. 길버트와 나는 가까운 친구이자 논문과 아이디어를 교환하는 동료로 지냈다. 그가 존스홉킨스대학 생물학 박사과정에서 공부할 무렵, 그리고 내가 과학사학과의 조교수로 길버트가 같은 시기에 이수한 과학사 석사과정 지도교수였을 때부터의 일이다.

24 Wertheim, *A Field Guide to Hyperbolic Space*. 쌍곡선 공간은 이 책의 첫째

절 제목인 "표면의 과잉"이라고 정의할 수 있을지도 모른다. 바로 이런 것이 존재한다는 사실이 유클리드적으로 사고하는 이들에게는 솔직히 비정상으로 보였다. 세계 만들기worlding의 곡선들을 수학자들이 부인할 수 없게 되기 이전에는 말이다. 다른 크리터들에게 있어 이런 골짜기 모양의 현실은 새롭지 않다. 남편, 아들과 함께 화려한 경주용 비둘기에 관한 다윈의 이야기를 들으면서 우유 항아리 뚜껑에 씌울 멋진 주름 장식을 코바늘로 뜨던, 19세기 스피탈필즈 지역 견방직업 가문의 어떤 오만한 여자도 그중 하나일 수 있다.

25 Hustak and Myers, "Involutionary Momentum", 79, 97, 106.

26 Hustak and Myers, "Involutionary Momentum", 77.

27 xkcd, Bee Orchid, https://xkcd.com/1259/. 2015년 8월 10일 접속. 한 지역을 제외하고 모든 곳에서 사라졌지만 완전 멸종 상태는 아닌 이 고독한 벌은 수염줄벌속에서 유래한다. 난초는 꿀벌난초이다. "Bee Orchid" 참고.

28 '부활'에 관해서는 Tsing, "A Threat to Holocene Resurgence Is a Threat to Livability" 참고. 애나 칭에 따르면 홀로세는 레퓨지아, 즉 피난처가 여전히 존재할 뿐 아니라 아주 많기까지 해서 엄청난 재난 이후에도 풍부한 문화적 생물학적 다양성 속에서 '다시 세계 만들기'가 지속되었던 오랜 기간이었고 일부 지역에서는 지금도 진행 중이다. 인류세 같은 이름을 얻게 된 잔혹 행위는 아마도 인간과 다른 크리터들을 위한 피난의 시공간에 관한 것일지 모른다. 내가 말하는 쑬루세는, 그리스어에 뿌리를 둔 문제적 덩굴손이라는 부담을 지고서도, 수많은 시간성과 공간성, 그리고 다양한 내부-작용을 하는 군집 속의 실체들과 뒤얽힌다. 여기에는 인간 이상의 것, 인간 이외의 것, 비인간적인 것, 부식토로서의 인간이 포함된다. 공-지하적인 것들은 죽을 운명이긴 하지만 멸종하지 않는다. 이 쑬루세에 죽어야 할 운명의 크리터로서 잘 살고 잘 죽는 한 가지 방법은 피난처를 회복하고, 부분적이고 견고한 생물학적-문화적-정치적-기술적인 회복과 재구성을 가능하게 할 힘에 참여하는 것이다. 여기에는 돌이킬 수 없는 상실에 대한 애도가 반드시 포함되어야 한다.

29 '실제 혹은 진짜 사람'을 의미하는 이누피아크Inupiaq는 사람과 언어 둘 다

를 일컫는데, 캐나다의 이누이트Inuit와 그린란드 방언과 밀접한 관련이 있고, 알래스카 서부의 유피크Yupik와는 완전히 별개이다. 부족 전체를 일컫는 이누피아트inupiat는 이누피아크의 복수이다. University of Alaska Fairbanks, "Alaska Native Language Center" 참고.

30 "Crochet Coral Reef"; "Ako Project"; "Never Alone"; "Black Mesa Water Coalition"; "Black Mesa Trust" (founded by Hopi activists); "Black Mesa Weavers for Life and Land"; "Navajo Sheep Project"; "Diné be'iiná/The Navajo Lifeway"; "Black Mesa Indigenous Support."

31 Hustak and Myers, "Involutionary Momentum", 77.

32 마이클 클레어Michael Klare는 2015년 9월에 발간된 세계야생생물기금 보고서에서 이 수치를 인용했다. Klare, "Welcome to a New Planet." 기금의 보고서는 식량 확보를 위해 산호초 생태계에 의존하는 8억 5000만 명의 사람들에 관한 것이다. 이 보고서에 따르면 이른바 산호 삼각지대에 있는 산호초 가운데 약 85퍼센트가 공식적으로 "멸종 위기"로 분류되어 있다. 이 수역에는 인도네시아, 말레이시아, 필리핀, 파푸아뉴기니, 솔로몬제도, 서파푸아 해역의 라자 암팟을 포함한 동티모르의 바다가 포함되는데, 전 세계 해양 생물다양성의 중심지로 간주되는 곳이다. 돌이킬 수 없는 산호초의 죽음. 이르면 2050년경에는 현실이 될 이 사태는 비인간의 고통과 이중의 죽음은 물론이고 전례 없는 규모의 인간의 고통과 대규모 이동을 일으킬 수 있다. 기후정의와 환경정의는 정말 복수종의 문제이다. 라자 암팟도 부활을 위한 혁신적 연대 작업이 계속되고 있는 중심지이다. World Wildlife Fund, "Living Blue Planet" 참고.

33 심해 산호초 레퓨지아는 테스트하기가 쉽지 않다. 그러나 Greenwood, "Hope from the Deep" 참고.

34 "다시 우거지고 있는 숲은 내가 말하는 **부활**의 한 예이다. 다시 우거지는 숲에서 숲을 이루게 하는 종횡단적 관계들은 새롭게 구성된다. 부활은, 고난의 한가운데서 복수종 군집들이 살기 적합한 환경을 만들기 위해 차이들 가운데서 협상하는 수많은 생명체들의 작업이다. 이것 없이 인간은 생활을 이어갈 수 없다."(Tsing, "A Threat to Holocene Resurgence Is a Threat to Livability") 숲 다시 만들기가 모두 동일하지 않고, 폐해를 입은 땅에서 자라는 모든 것이 계속 부활할 수도 없다. 마다가스카르에서 토착종들과 함께하는 숲 다시 만들기는 매우 어려운데, 숲이 파괴된 지역의 토양이 심각하게 손상을 입었기 때문이다. 외래종으로 하는 숲 다시 만들기에 포함되는 수종은 유칼립투스, 소나무, 꽃아카시아, 비단참나무, 넓은 잎단풍이며, 일부는 급속히 퍼져 나간다. "Deforestation in Madagascar" 참고. 예를 들어, 기름야자나무로 하는 플랜테이션 시스템 "숲 다시 만들기"는 최근까지 마다가스카르에서는 흔치 않았다.

35 나바호와 호피, 그리고 정착민 환경 연대의 사례로는 "Sierra Club Sponsors 'Water Is Life' Forum with Tribal Partners" 참고. 시에라 클럽은 2005년 모하비 발전소와 블랙메사 탄광을 폐쇄시킨 블랙메사 나바호와 호피 활동가들의 주된 동맹이다. Francis, *Voices from Dzil'ijiin*(*Black Mesa*) 참고. 시에라 클럽은 자연보호, 우생학, 토지에서의 토착민 배제에 관여하는 백인 정착민 식민지 단체로 19세기 말에 설립되었다. 오늘날 토착 민족들과 함께하는 탈식민 동맹이 되려는 시에라 클럽의 노력은 고무적이다.

36 Lustgarten, "End of the Miracle Machines." 인터넷 언론 '프로퍼블리카 ProPublica'에 총 12회 연재한 에이브러햄 러스트가튼Abraham Lustgarten의 기사 〈콜로라도 죽이기Killing the Colorado〉는 끊임없이 화석연료를 태워 화석연료를 만드는 인류세의 행태 한가운데서 쑬루세를 어떻게 배양하면 좋을지 생각하는 사람이라면 반드시 읽어야 할 자료이다.

37 피바디 에너지의 웹사이트는 전혀 다른 모습을 보여준다. 회복된 토착 식물들, 생산력을 회복한 초원, 안전 관련 수상 기록, 모두를 위한 경제적 이득, 행복해 보이는 사람들의 모습이 올라와 있다. 2006년에 "피바디가 블랙메사에서 행한 환경과 공동체를 위한 실천은 벨기에 브뤼셀에서 열린 에너지 글로브 어워드Energy Globe Awards에서 지속가능성을 위한 세계 모델로 인정받았다"(Peabody Energy, "Powder River Basin and Southwest"). Peabody Energy, "Factsheet: Kayenta"도 참고.
1990년대 초에 프레드 파머Fred Palmer는 지구녹화협회Greening Earth Society를 설립해 기후변화가 식물과 공중보건에 이롭다는 관점을 적극 홍보했는데, 파머는 2015년에 피바디의 대정부 로비스트로 활동했다. 오바마 2기 정부가 환경보호국을 통해 석탄 가스 배출을 강력하게 규제하려 했을 때 피바디 에너지는 정부 정책에 대항하는 움직임을 주도했다. 2000년대 들어 피바디는 수석 환경 담당 임원으로 크레이그 이드소Craig Idso를 영입했는데, 이 사람은 주류 기후과학을 공격하는 싱크탱크인 '이산화탄소와 지구변화 연구센터'의 공동 설립자이자 전임 대표였다. 2015년에 피바디 CEO였던 그레그 보이스Greg Boyce는 "결함 있는 컴퓨터 모델"이 "기후 이론"의 기반이 되고 있다고 주기적으로 비판했다. Goldenberg, "The Truth behind Peabody Energy's Campaign to Rebrand Coal as a Poverty Cure" 참고. 피바디는 석탄 화력 발전이 세계 빈곤층을 위한 해법인 양 이미지를 바꾸려고 노력하는 산업계의 주요 기구인 '삶을 위한 첨단 에너지'의 배후에서 커다란 영향력을 발휘한다. 이 기구는 석탄 사용을 옹호하는 번드르르한 웹사이트를 만들었는데, 석탄에 대한 투자가 전례 없이 정교하고 값비싼 기술과 결합해 전 세계의 웰빙에 크게 기여할 것이라고 주장하고 있다. 피바디 에너지는 세계 1위 석탄 기업인 중국 신화석탄그룹의 유일한 비중국계 파트너이다. Peabody Energy, "Peabody in China" 참고. 그러나 수압파쇄로 생산된 풍부한 천연가스와의 경쟁에 직면해 전 세계 석탄 산업이 점점 쇠퇴하면서 피바디는 심각한 경제적 손실을 피할 수 없게 되었다. '민중의 기후운동People's Climate Movement'과 '토착 환경운동Indigenous Environmental Movement'을 포함해 화석연료를 땅속에 남겨두려는 전 세계적 움직임이 상당한 효과를 발휘했을 수 있다. "Leave It in the Ground," http://leave-it-in-the-ground.org/ 참고(2016년 3월 17일 검색). 피바디 에너지는 2016년 파산을 선언했다.

38 나바호 발전소 모습을 비롯해 많은 사진을 보려면 Friberg, "Picturing the Drought" 참고. 블랙메사 탄광 지역의 모습은 "Paatuaqatsi/Water Is Life"의 샘 민클러Sam Minkler 사진 참고.

39 블랙메사의 나바호, 호피, 피바디가 얽힌 문제에 관해서는 Nies, "The Black Mesa Syndrome: Indian Lands, Black Gold" 참고. 이것은 존 보이든에게 270만 달러가 건네진 사실을 뒷받침하는 자료이다. Nies, *Unreal City*; *Ali*,

Mining, the Environment, and Indigenous Development Conflicts, 77~85 참고. 나바호인들의 증언과 토론은 Benally, *Bitter Water* 참고.

40 마리아 플로리아Maria Floria와 빅토리아 머드Victoria Mudd가 제작한 다큐 멘터리 영화 〈부러진 무지개Broken Rainbow〉 참고. 1986년 아카데미상 수 상작으로, 탄광 투기를 돕기 위해 1864년부터 블랙메사에서 나바호인을 이 주시킨 이야기와 석탄 채굴 스캔들을 다루었다.

41 여러 활동가들에게서 얻은 다음의 자료들에 힘입어 블랙메사 관련 이슈들 을 파악할 수 있었다. Lacerenza, "An Historical Overview of the Navajo Relocation"; "Short History of Big Mountain-Black Mesa"; Begaye, "The Black Mesa Controversy"; Rowe, "Coal Mining on Navajo Nation in Arizona Takes Heavy Toll"; Black Mesa Water Coalition, "Our Work."

42 Wertheim, *A Field Guide to Hyperbolic Space*, 35.

43 Wertheim and Wertheim, *Crochet Coral Reef*, 17. 화려한 사진과 정교한 에세이로 구성된 200페이지가 넘는 책으로, 이 실험적인 예술-과학 모델 생태계를 위해 코바늘뜨기를 한 모든 이들의 이름을 수록하고 있다.

44 〈여전사 지나〉는 1995~2001년에 방영한 미국과 뉴질랜드 합작 텔레비전 드라마이다. "드림워커Dreamworker"는 1995년 9월에 방영된 시리즈 1의 에피소드인데, 나는 이걸 보면서 자신들의 물질계에서 꿈의 통로를 만들며 화면에서 눈을 떼지 못하는 크리스틴과 마거릿을 상상해본다. "가브리엘이 꿈의 신 모르페우스의 신붓감으로 납치된다. 그래서 제나는 친구를 구하기 위해 꿈의 통로를 통과해야만 했다." Xena Warrior Princess, "Dreamworker" 참고.

45 인공생명ALife 세계와 유사하지만 매우 다른 서사, 물질, 정치, 그리고 인간 과 비인간의 사회적 생태가 담긴 실험적 생명 형태로서의 산호초 코바늘뜨 기에 관해서는 Roosth, "Evolutionary Yarns in Seahorse Valley" 참고.

46 Wertheim and Wertheim, *Crochet Coral Reef*, 21.

47 Hayward, "The Crochet Coral Reef Project" 참고.

48 Wertheim and Wertheim, *Crochet Coral Reef*, 23.

49 Wertheim and Wertheim, *Crochet Coral Reef*, 17.

50 Wertheim and Wertheim, *Crochet Coral Reef*, 202.

51 Margaret Wertheim, "The Beautiful Math of Coral."

52 Christine Wertheim, "CalArts Faculty Staff Directory."

53 Metcalf, "Intimacy without Proximity."

54 오스트레일리아 지구법 연합Australian Earth Laws Alliance 웹사이트 참고. 제목이 달려 있지 않은 이 사진은 인터넷에서 쉽게 찾아볼 수 있는데, http://www.earthlaws.org.au/wp-content/uploads/2014/09/turtle-and-reef.jpg에서도 볼 수 있다. 2015년 8월 11일 접속. 시각 문화의 지오-에코-테크노geo-eco-techno 물질성은 제자리에 있는 크리터들을 위해 열린 공간을 유지하는 데 중요하다.

55 National Oceanic and Atmospheric Administration, "Green Turtles."

56 "Ako Project: The Books" 참고. 아코 프로젝트의 책들은 2005~12년에 앨리슨 졸리가 글을 썼고, 삽화는 데버라 로스Deborah Ross가 그렸으며, 한타니리나 라사미마나나Hantanirina Rasamimanana가 마다가스카르어로 번역했다. 이 책들은 여우원숭이 보호재단이 미국과 캐나다에서, 유니세프가 마다가스카르에서 출판했다(책 1만 5000부씩, 포스터 6000부씩). 이외에 영어와 중국어로 된 책들이 있고, 앞으로 계속 번역될 예정이다. 아이아이원숭이, 호랑이꼬리여우원숭이, 시파카, 인드리, 붉은목도리여우원숭이, 쥐여우원숭이 등 책별로 서식지가 다른 여우원숭이종을 다룬다.

57 20세기 말~21세기 초에 마다가스카르와 서양이 함께한 보존 프로젝트의 중요한 얽힘을 다룬 때로는 비극적인 이야기에 관해서는, 재미있고 날카롭고 별나고, 풍부한 견문과 눈부신 필력이 돋보이는 Jolly, *Thank You, Madagascar* 참고. 앨리슨 졸리는 이 모든 것에 참여했다. 그녀의 딸인 마거레타 졸리가 아코 프로젝트에 관한 자료 사본을 보내주고 나와 편지를 주고받았다. 마거레타에게 감사한다.

58 앨리슨 졸리의 친구이자 동료인 퍼트리샤 라이트Patricia Wright의 지식과 작업도 중요하다. 그녀가 없었다면, 마다가스카르 및 외국의 과학자들과 야생생물과 지역 사람들을 위한 프로젝트는 물론이고 라노마파나 국립공원도 존재하지 않았을 것이다. "Centre ValBio: Ranomafana National

Park"; "Patricia Wright"; Wright and Andriamihaja, "Making a Rain Forest National Park Work in Madagascar" 참고. 국가 차원의 체계적인 식민주의적 행위들이 계속되는 가운데 공원을 만들고 경계를 두르는 일들이 벌어진다. 공원 주변 지역 사람들은 정부가 조상의 무덤을 비롯해 자신들의 땅을 불법 수탈하고 있다고 생각하는데, 나는—혹은 졸리나 라이트는—무슨 일이 있어도 이 사실을 기록할 것이다. 마찬가지로 만약 공원이 실패한다면 이 특정 지역의 나무들과 크리터들이 사라질 거라고 판단할 수밖에 없다. 이 모든 트러블과 함께하기 위한 이상적이고 간단한 방법은 없다. Jolly, *Thank You, Madagascar*, 214~228 참고.

언덕배기의 작은 땅을 개간하고 쌀농사를 위해 물을 댈 수 있는 논을 이용하는 마다가스카르인과 같은 이동 경작자들은, 땅과 미래의 생산성을 파괴한다고 비난받는다. 하지만 진실은 종종 그 반대였다. 이 문제는 논란의 여지가 있다. Survival International, "Shifting Cultivation"; Cairns, *Shifting Cultivation and Environmental Change* 참고. 크리스천 컬Christian Kull은 마다가스카르에서 화전과 숲을 불태우는 것을 금지하는 방식으로 자연을 보존해온 역사를 혹독하게 비판한다. 그는 불태우는 사태를 범죄시하는 것은 효과가 없다고 보고 공동체 기반의 화재 관리를 옹호한다. Kull, *Isle of Fire*. 이동 경작자들이 이용한 뒤 휴한지로 남아 있는 작은 땅의 재생은 오랜 기간 대부분의 열대 지역에서 숲의 생물종 다양성과 풍부함을 지키는 데 매우 중요했다. 단 휴한 기간이 너무 짧지 않아야 하고, 새로운 농경지에 대한 압박이 너무 크지 않아야 한다는 조건이 붙는다. 사유재산 제도와 이를 지탱하는 정부의 장치들이 이동 경작자들 (그리고 유목민으로 불리는 목축업자들) 때문에 애를 먹고 있다. 좀 부드럽게 말하면, 정부는 사람들이 재산의 경계를 뚜렷이 한 채 정착하기를 바란다.

2015년 7월 13일, 블랙메사 물 연대BMWC는 중앙집권적이고 자원 추출에 집착하는 정부의 압박을 받고 있는, 목축하면서 이동 생활을 하는 부족들과 연대하여 페이스북에 《뉴욕 타임스》의 기사를 올렸다. 중국 정부가 "유목" 생활을 하는 중국 서부 지역 종족들을 강제로 정착시키려 한다는 기사였다. 이는 중국 서부에서 더욱더 활발해지는 석탄 등의 자원 채굴과 무관하지 않고, 19세기 중반 이래 나바호와 호피 지역의 블랙메사에서 자행된 폭력과 유사하다. Jacobs, "China Fences in Its Nomads" 참고. BMWC의 포스터는 이렇게 말한다. "이 이야기, 무척 귀에 익지요? 인디언국이 디네 사람들에게 해오고 있는 것과 흡사해요. 지금도 나바호 분할 구역과 호피 분할 구역에서 계속 일어나고 있어요."(NPL, Navajo Partition Lands; HPL, Hopi Partition Lands. https://www.facebook.com/blackmesawc?fref=ts. 2015년 8월 9일 접속. 이 장의 마지막 절 '나바호 베짜기' 참고.)

최근 동부 마다가스카르의 열대우림 지대에서 이동 경작/화전과 관련해 휴한 기간이 줄었는지, 줄었다면 얼마나 줄었는지를 계량화하는 연구가 진행되었다. 이 연구에 따르면, 농업 전문가들과 지역 농업인들의 지식과 진술을 차별 없이 진지하게 받아들이기 시작했다. Styger et al., "Influence of Slash-and-Burn Farming Practices on Fallow Succession and Land Degradation in the Rainforest Region of Madagascar", 257의 결론 부분 참고. "지난 30년 동안 휴한 기간은 8~15년에서 3~5년으로 줄었다. 그래서 삼림이 없어진 이후 휴한 기간의 식물은 5~7 휴한/경작 사이클 내에서 나무(산황마)에서 관목으로, 그리고 초본(백모근과 양치류)과 초원으로 바뀌고 있다. 이전에 보고된 것보다 5~12배 빠른 속도다. 불을 빈번하게 사용해 토착종이 외래종과 공격적인 종들로 대체되고, 목본성 식물보다는 초본성 식물에 유리한 환경이 조성되고 있으며, 생산성과 생태적 가치가 극히 낮은 나무 없는 지형이 만들어지고 있다." 이 연구는 지역민인 베치미사라카족이 휴한과 재생에 관한 풍부한 지식을 갖추고 있지만, 지력을 저하시키는 여러 요인들이 얽혀 있는 가운데 다양한 압박을 받고 있다고 강조한다. 생태, 인종, 사회계층, 인구, 지역, 국내와 국외, 경제의 압력이 뒤얽혀 생물종 다양성과 인간 및 크리터들의 생계가 위협받고 있다.

이동 경작자들은 전통적으로 대가족을 원하지 않았고 산아 제한을 위해 여러 수단을 사용해왔다. 왜 마다가스카르의 고지대 쌀농사 지역과 숲에서 20세기 중반 이후 인구학적 소용돌이와 토지 압박이 일어났을까? 이를 밝혀내는 일은 간단치 않다. 사유재산, 민족국가, 식민주의 장치 등이 상당 부분 책임을 져야 하겠지만, 그렇다고 모든 책임이 다 여기에 있는 것은 아니다. 오늘날 지구상의 엄청나게 많은 인구에서 비롯된 심각한 손상의 책임을 다른 누군가의 접시(혹은 자궁)에 놓는 식으로 부과해서는 안 된다. 마다가스카르의 인구는 추산하기가 어려운데, 1993년 이후 인구 조사가 이루어지지 않았기 때문이다. 첫 번째 인구 조사는 1975년에 있었다. 다음 진술은 추론적인 '방법'에 의한 것이다. "2010년의 세계 인구 전망 수정본에 따르면 2010년 전체 인구는 2071만 4000명인데, 1950년의 408만 4000명과 비교된다. 유엔의 전망에 의하면 2050년경에는 약 5000만 명이다. 출생률은 도시와 시골 모두 떨어졌는데, 도시 지역의 낙차가 더 크다. 인구의 70퍼센트가 시골/영세농이다."(United Nations, "World Population Prospects.")

59 데버라 로스는 북아티스트로 주요 잡지사와 동물원, 식물원 등과 작업한다. 월트 디즈니 스튜디오, 드림웍스, 픽사, 칼 아트와 수채화 워크숍을 해왔다. 로스가 키린디와 탐폴로의 마다가스카르 마을 사람들을 위해 시골에서 진행한 예술 워크숍은 아코 프로젝트에서 매우 중요한 역할을 했다. Ross, "Deborah Ross Arts" 참고. 과학 도해와 생태 환경 분야의 학위 소지자인 재닛 메리 로빈슨Janet Mary Robinson은 아코 프로젝트의 포스터 아티스트이다. 프로젝트의 기원에 관한 정보를 준 마거레타 졸리에게 감사한다. 2015년 6월 28일 졸리가 해러웨이에게 보낸 이메일.

60 Jolly, "Alison Jolly and Hantanirina Rasamimanana", 45. 앨리슨 졸리가 라사미마나나와 만나고 나중에 함께 일을 하게 된 것에 대해서는 Jolly, *Lords and Lemurs* 참고. 두 사람이 과학자로서 서로를 어떻게 생각했는지에 대해서는 Jolly et al., "Territory as Bet-Hedging" 참고.

61 앨리슨 졸리는 포기하지 않으면서도 통탄한다. 라사미마나나가 아코 프로젝트와 관련된 교수법을 홍보했음에도 교사들이 그런 비정통적인 자료를 교재로 사용하기를 여전히 꺼리고 있다는 것이다. Jolly, *Thank You, Madagascar*, 51. 〈마다가스카르의 보존 교육Conservation Education in Madagascar〉에서 프랜신 돌린스Francine Dolins 등은 이렇게 주장한다. "비정부 조직들의 노력이 지금도 매우 중요하고 앞으로도 그렇겠지만, 교육을 담당하는 부처에서 시급히, 초등학교부터 대학까지, 모든 수준의 교과에 생물다양성 교육을 포함할 필요가 있다."

62 Fifth International Prosimian Congress, website; Durrell Wildlife Conservation, "World Primate Experts Focus on Madagascar." 관련 간행물 목록은 ValBio, "icte-Centre ValBio Publications" 참고.

63 Jolly, *Thank You, Madagascar*, 362.

64 이 인용은 네버 얼론 게임 예고편에서 이누피아트 소녀 누나Nuna와 북극여우, 영혼의 조력자가 나오는 장면의 영어 자막이다. 쿡만 부족협의회의 에이미 프레딘Amy Fredeen과 이라인 미디어의 숀 베스Sean Vesce와 진행한 인터뷰 발췌본은 Demby, "Updating Centuries-Old Folktales with Puzzles and Power-Ups" 참고. 다음은 인터뷰 내용이다. "그 이야기를 들려준 마지막 사람은 로버트 클리블랜드Robert Cleveland라는 이야기의 대가였습니다. 에이미와 그녀의 팀은 놀라운 일을 해냈는데, 로버트의 후손 중 최고령자를 찾아낸 겁니다. 미니 그레이Minnie Gray라는 80대 여성으로, 그들은 미니가 쿡만 부족협의회 본부에서 불과 몇 블록 떨어진 곳에 살고 있다는 사실을 알아냈어요. 우리는 그녀를 모셔와 몇 차례 대화를 나누었습니다. 우리 팀을 소개하고 앞으로 하려는 일을 이야기했지요. 미니 그레이는 우리가 영감을 얻기 위해 그녀의 아버지 이야기를 사용하고 게임의 맥락에 맞게 수정하며 더 발전시킬 수 있도록 허락해주었습니다. 또 스토리텔링은 고정된 행위가 아니라는 점을 가르쳐주었고요." 게임을 만드는 과정도 상세히 기술되어 있다. "우리는 이누이트어로만 녹음을 하고, 자막으로 열 개의 언어를 제공하기로 결정했습니다. 노인이 토착민 고유의 언어로 하는 이야기를 듣는 경험을 재현하려 한 겁니다. 정확히 묘사하기는 어렵지만, 게임을 하는 사람들이 옛날로 돌아가서 이 이야기들 중 하나를 들으면 얼마나 강렬할까, 그런 생각을 하면서 느낌을 재현하려고 애썼어요." 인터뷰에서 에이미 프레딘은 Eurogamer.net에서 아메리칸 인디언 게임 비평가로 활동하는 대니얼 스타키Daniel Starkey를 인용하는데, 스타키는 이렇게 말한다. "네버 얼론은 다르다. 이런 게임이 있다는 사실 자체가 도전 의식을 북돋운다. 자기 연민을 끌어내는 대신 내가 여태껏 자라서 되려고 했던 모든 것을 단호히 거스른다. 나에게 더 잘하라고 이야기할 뿐만 아니라 어떻게 해야 하는지도 보여준다."(Starkey, "Never Alone Review")

마흔 명 정도의 이누피아트 공동체 사람들이 다양한 방식으로 제작을 지원했고, 중요한 부분에서 더 많은 사람들이 도움을 주었다. 이 게임은 이누피아트의 환경 조건, 경험, 생각들에 단단히 뿌리내리고 있는데, 이는 초기 버전을 플레이하면서 도와준 어린이들을 포함해 협력해준 토착민들의 핵심 관심사였다. NPR 인터뷰는 여우, 올빼미, 늑대 등 여러 동물 중에서 인간 소녀 누나의 반려동물로 무엇이 좋을지 결정하는 과정에 깊이 개입한 어린이들 이야기를 들려준다.

65 네버 얼론은 사람들을 위협하는 끝없는 폭풍에 관한 이야기이다. 오늘날의 북극 사람들에게는 기후변화와 그들의 환경 변화에 관한 잘 다듬어진 설명이 있지만, 이와 관련해 쓰이는 용어가 인류세는 아니다. 영화 〈이누이트의 경고Inuit Knowledge and Climate Change〉 참고. 영화사 웹사이트는 이렇게 소개한다. "누나부트(이누이트족이 거주하는 캐나다 북부의 자치구—옮긴이)에 근거를 둔 감독 자카리아스 쿠누크Zacharias Kunuk(Atanarjuat The Fast Runner)와 연구자 겸 영화 제작자인 이언 마우로Ian Mauro(Seeds of Change)가 이누이트 공동체와 팀을 이루어 기후변화에 관한 지식과 경험을 담아 다큐멘터리를 만들었다. 이 주제에 관해 이누이트어로 만든 세계 최초의 영화인 이 작품은 노인들과 사냥꾼들과 함께 '육지에 있는' 사람들을, 그리고 온난화하고 있는 북극의 사회적 생태적 영향을 탐구한다. 이 잊지 못할 영화는 우리가 환경 변화와 토착민들의 적응 방식에 관한 이누이트의 문화와 전문 지식을 이해하도록 돕는다."
알래스카 이누이트의 한 그룹이 기후변화에 대해 이야기하면서 사용하는 방언들에 관한 현장 연구로는 Callison, *How Climate Change Comes to Matter* 참고.

66 역사와 정치 환경이 복잡한 만큼 토착민의 디지털 문화를 생각할 때는 컴퓨터 게임 외에도 고려할 여러 형식이 있다. 토착민의 문화를 재료로 기획된 컴퓨터 게임들도 있지만, 네버 얼론과는 다르다. Ginsberg, "Rethinking the Digital Age"; Ginsberg, Abu-Lughod and Larkin, *Media Worlds*; Lewis, *Navajo Talking Picture* 참고.

67 "실라Sila"의 개념은 네버 얼론의 플레이어들이 얻어내야 하는 "문화적 직

관"으로 설명된다. 나는 게임을 하다가 늘 거기까지 이르지 못하고 죽지만, 유튜브에서는 속일 수 있다. "Never Alone Cultural Insights—Sila Has a Soul" 참고. 이 유튜브 영상에서 판니 쿠투크Fannie Kuutuuq를 비롯한 사람들이 실라에 관해 이야기하고 있다. 범이누이트 용어인 실라는 영어를 사용하는 서양인들에게는 '날씨'와 같은 뜻이지만, 이때의 날씨는 역동적으로 변화하며 힘이 있는, 지구에서 달에 이르는 환경뿐만 아니라 하늘과 공기, 숨-혼령, 이 세계를 감싸고 존재자들에게 생명을 부여하는 모든 요소를 의미한다. Merker, "Breath Soul and Wind Owner" 참고. 기후변화라는 개념이 실라를 완전히 삼키지는 않을 것이고, 반대도 마찬가지다. 그러나 이 아이디어/작업 대상은 맞닿게 되었다. 대리인, 세속적인 것, 응답-능력이라 간주되는 것들이 무언가를 낳을 것이다. 어떤 생각들이 생각들을 생각하는지, 어떤 이야기들이 이야기들을 이야기하는지, 어떤 앎들이 앎들을 아는지가 중요하다.

68 나는 이런 주의사항, 그리고 애니미즘에 대한 새로운 접근법을 포함해 토착민들의 이야기, 사상가와 관계를 맺는 방식에 있어서 윌리엄 엘리엇William Elliott과 생각이 같다. 그는 너그럽게도 원고 두 편을 공유해주었다. Elliott, "Ravens' World: Environmental Elegy and Beyond in a Changing North"; Elliott, "Never Alone: Alaska Native Storytelling, Digital Media, and Premodern Posthumanisms." 쿡만 부족협의회의 에이미 프레딘은 NPR 인터뷰에서 이라인 미디어와의 협업에 관해 이렇게 이야기한다. "좀 강한 인상을 줄 수 있다는 걸 알았지만, 최초의 토착 비디오 게임 회사를 만들자는 이야기를 할 때 목표를 높이 잡고 싶었어요. 그리고 비디오 게임으로 전통문화를 이야기하는 장을 만들고 싶었습니다."(Demby, "Updating Centuries-Old Folktales") 프레딘이 보기에, 식민주의가 전용하는 일반적인 조건 바깥에서 토착민 이야기를 공유하는 것은 이야기와 스토리텔링 장치를 소유하는 데 달려 있었다.

69 Never Alone(Kisima Ingitchuna) 웹사이트에서 인용.

70 Takahashi, "After Never Alone, E-Line Media and Alaska Native Group See Big Opportunity in World Games." 다카하시는 계속해서 이렇게 말

한다. "이 게임은 다양한 간행물에서 700개 이상의 논평을 받았다. 전 세계에서 논의 대상이 되었고, 50개 이상의 평가에서 '2014년 베스트 게임'에 올랐다. 유튜브와 트위치 플레이어 비디오는 수백만 뷰의 조회수를 이끌어냈다." 이 자료와 게임하는 방법을 가르쳐준 마코 하딩Marco Harding에게 감사한다.

71 에두아르두 비베이루스 지 카스트루Eduardo Viveiros de Castro, 개인적 대화, 2014년 10월 2일.

72 그것은 '믿음'이 과학의 실천과 아무런 관계가 없는 이유 중 하나이다. 수학과 물리학을 포함해서 과학은 모든 물질기호론적 작동이라는 면에서 합리적인 실천이다. 이자벨 스탕제르는 이 점에서 집요하게 설득력 있는 주장을 펴왔다. 갈릴레오의 경사면에 대한 그녀의 사랑은 과학은 합리적이라는 생각에 의존한다. 진화나 기후변화를 '믿느냐'고 묻는 것은, 종교적 형식이든 세속적 형식이든 오직 고해성사 같은 대답만이 용납되는 기독교적 물음이다. 그런 세계에서는 과학과 종교가 통치하고, 네버 얼론 게임을 하기란 불가능하다. 수전 하딩의 글 〈세속적 트러블Secular Trouble〉은 믿음의 범주의 역사, 특히 개신교의 식민 문화에 대한 나의 안내자이다. Harvey, *The Handbook of Contemporary Animism* 참고.

73 "Dzit Yíjiin bikáa'gi iiná náánásdláadóó ha'níigo biniiyé da'jitt'ó." 메이 워싱턴Mae Washington 번역. Black Mesa Weavers for Life and Land, "Black Mesa Weavers and Wool" 참고.

74 연속적 베짜기는 나의 용어로는 물질-기호론적 실천이다. 블랙메사 물 연대BMWC는 제작 중인 담요 사진뿐만 아니라, 이 기술을 배우고 있는 어린이들을 포함해서 멋진 판매용 담요와 베 짜는 사람들의 사진을 페이스북에 올리고 있다.

삶과 땅을 위한 블랙메사 베 짜는 사람들Black Mesa Weavers for Life and Land(BMWLL)은 한정판 블랙메사 담요 세 장을 의뢰했다. 공-산적 작업인 이 담요는 디네 양치기들과 베 짜는 사람들이 디자인하고, 나바호-추로의 양털로 실을 만들고, BMWLL·산호세 퀼트와 직물 박물관·크리스텐슨 기금·펜들턴 양모공장이 협업해 생산했다. 블랙메사 담요 사진은 San Jose

Museum of Quilts and Textiles, "Black Mesa Blanket" 참고.

19세기 후반 인디언 교역을 주도한 양모 담요계의 거상이었던 펜들턴 양모 공장은 나바호 베짜기를 위해 열악한 환경에서도 큰 역할을 했다. "규모가 큰 담요 제조사들이 북미 원주민의 시장을 빼앗았고, 백인 시장의 많은 부분도 가져갔다."(M'Closkey, *Swept under the Rug*, 87) 오늘날 펜들턴의 아메리칸 인디언 칼리지 기금 담요는 토착민 학생들에게 장학금을 제공한다. 나바호 가족들은 나바호 베짜기뿐만 아니라 펜들턴 담요도 소중히 여긴다.

75 "사상가/제작자"는 내털리 러브리스Natalie Loveless의 "교육학적 활동"에서 배운, 예술이라 불리는 불가분의 사고/제작에 관여하는 자들을 가리키는 나만의 방식이다.

76 Willink and Zolbrod, *Weaving a World*, 8. 이 책은 뉴멕시코의 크라운포인트와 주변 나바호 네이션 동부의 노인 60명 이상이 함께한 베짜기 등 1990년대의 베짜기에 관한 폭넓은 이야기에 기초하고 있다. 1968년부터 시작된 '크라운포인트 나바호 양탄자 경매', 그리고 나바호 서남부 전역의 베 짜는 사람들로 구성된 '크라운포인트 양탄자장인협회'의 설립은 베 짜는 사람들의 웰빙과 그들의 시장, 디자인, 이야기에 대한 통제를 강화하는 데 중요한 전환점이 되었다. 전 세계 구매자들이 경매를 통해서 베 짜는 사람들에게 직접 물건을 구입한다. "Crownpoint Navajo Rug Auction" and Iverson, *Diné*, 268 참고. 하지만 대부분의 베 짜는 사람들이 받는 대가는 여전히 형편없는 수준이다. 이 작업의 가치와 담요를 만드는 데 들어가는 것들을 감안하면 더욱 그렇다. '크라운포인트 경매'는 2014년에 치명적인 재정 문제에 직면해 새로운 '크라운포인트 양탄자 경매'로 재편성되었다.

로잰 윌링크Roseann Willink와 폴 졸브로드Paul Zolbrod는 1996년까지 25년 넘게 함께 작업했다. 뉴멕시코대학 교수인 윌링크는 멕시칸 부족의 일원이며 타워링 하우스 부족 출신이다. 졸브로드는 나바호의 시와 이야기는 일상생활의 행동 양식에 끈끈하게 얽혀 있다고 주장하며, 공동체 사람들 사이의 관계와 우주를 함께 묶는다. 그가 출간한《나바호 창조 이야기Diné bahane': The Navajo Creation Story》는 이 주제와 관련해 영어로 된 가장 완전한 책이다. Denetdale, *Reclaiming Diné History*, 23~26 참고.

나바호 베짜기 기능 보유자들의 경세적, 문화적 생존에 관한 이야기는 베니 클레인Bennie Klain이 쓰고 감독한 영화 〈나바호 베짜기 세계Weaving Worlds〉 참고.

77 캐시 매클로스키Kathy M'Closkey는 나바호 베짜기가 우주론적 퍼포먼스라고 설득력 있게 주장한다. M'Closkey, *Swept under the Rug*, 17~23, 205~252. 그녀는 특히 Witherspoon and Peterson, *Dynamic Symmetry and Holistic Asymmetry*와 Willink and Zolbrod, *Weaving a World*와 같은 이전의 연구뿐만 아니라 자신이 베 짜는 사람들과 함께한 작업에서 이런 결론을 도출해내고 있다. 나바호의 베 짜는 사람들이 오랫동안 예술 시장과 관광 시장이 요구하는 색깔과 패턴, 섬유로 작업하고 너무나 불공평한 조건으로 상인들과 거래해왔기 때문에, 대부분의 학자들은 나바호 베짜기를 호조hózhó를 유지하는 데 필수적인 토착민의 우주론적 퍼포먼스가 아니라 한낱 상품 혹은 예술품으로 취급해왔다. 이는 나바호 패턴의 지적 재산권이 보호받지 못할 뿐만 아니라 노동 조건이 열악한 오악사카와 파키스탄 같은 곳에서 만드는 싸구려 모조품이 넘쳐난다는 사실을 의미한다. M'Closkey and Halberstadt, "The Fleecing of Navajo Weavers" 참고.

오늘날의 나바호 베짜기는 양과 질 모두 놀라운 수준이다. 오늘날 베 짜는 사람들은 19세기 말부터 1960년대까지 보호구역 교역소에서 거래되었던 정교한 진품 나바호 담요와 해외에서 생산된 모조품들이 북적이는 시장에서 경쟁해야 한다. 이 전통 담요들은 예술품 시장에서 때로는 수십만 달러에 팔리기도 하는데, 원래 이것을 짠 사람들의 가족에게 돌아가는 돈은 한 푼도 없다. 그런가 하면 옛날 디자인과 최근 디자인을 결합한 담요들이 과거보다는 좋은 가격으로 개인과 공예품 시장 구매자들에게 경매를 통해 판매된다. 그러나 베 짜는 사람들과 가족의 생계유지에는 여전히 부족한 가격이다. 나바호의 베 짜는 사람들과 베짜기를 둘러싼 착취에 관한 자세한 분석은 M'Closkey, *Swept under the Rug* 참고. 이 책에 실린 정보의 대부분은 허벨 교역소에 보관된 기록물에서 나왔는데, 이곳은 1967년에 국가 사적지로 지정되었다. Hubbell Trading Post, "History and Culture" 참고.

이 책의 1장에서는 나바호 나틀로na'atl'o'(실뜨기 게임)가 거미 여인과 신성한 쌍둥이의 창조 이야기 및 퍼포먼스와 연결되어 있다는 것을 보여주었다. 나틀로는 '연속적 베짜기'라고도 불린다.

78 Begay, "Shi'Sha'Hane(My Story)", 13~27 참고. 2013년 데이비스대학 고먼 박물관에서 열린 '4세대째 베를 짜는 비게이D. Y. Begay의 양탄자 전시'에 대해서는 Dave Jones, "Navajo Tapestries Capture the Soul of Her Land" 참고. "Weaving in Beauty" 웹사이트와 Monument Valley High School, "Ndahoo'aah Relearning/New Learning Navajo Crafts/Computer Design"도 참고. '은다후아Ndahoo'aah'는 매년 여름 모뉴먼트밸리 고등학교에서 열리는 디자인·컴퓨터 프로그래밍·수학·전통 나바호 공예 관련 프로그램이다. 웹사이트에는 이렇게 쓰여 있다. "Ndahoo'aah는 여전히 보호구역에서 행해지고 있는 나바호 공예를 가르쳐준다. 동시에 수학(특히 기하학)에 초점을 맞춰 LOGO 그래픽 프로그래밍을 가르친다. 그래픽 툴은 전통 디자인과 착색 작업에 사용된다." 베 짜는 사람들과 다수의 사상가/제작자에 대한 이야기를 알고 싶다면 Ndahoo'aah 웹사이트의 'Stories' 버튼을 클릭하시라. Eglash, "Native American Cybernetics"도 참고. 론 이글래시 Ron Eglash와 공동 작업자들은 디네 칼리지와 블랙메사의 젊은이들, 그리고 방문객들에게 자신들의 알고리즘을 소개하는 베 짜는 사람들과 함께 배우면서, 그런 지식 세계의 강건함을 "생성적 정의generative justice"와 연결한다. 이런 접근법에서 중요한 것은, 토착 지식과 실천을 서양의 그것과 혼합해 휘젓는 게 아니라, 기나긴 폭력의 역사를 부인하지 않고 생성적 접촉 지대의 중요한 가능성을 탐구하는 것이다. 2016년 3월 2일 이글래시가 해러웨이에게 보낸 이메일.

79 "양탄자 짜기에서 아름다움의 본질은 모든 베 짜는 사람들의 마음의 상태를 반영하고, 수학적으로 정교한 디자인과 디네족의 상징주의를 재생하고 창조하는 예술적 성취이다."(Clinton, "The Corn Pollen Path of Diné Rug Weaving") 케이티 킹은 준비 중인 책에서 복잡계, 미디어, "초맥락적 초학제적 얽힘"으로서, 지구 변화를 위한 모델이자 관련 퍼포먼스로서 잉카의 실 매듭인 키푸khipu를 제안한다. 킹은 이렇게 말한다. "섬유예술과 민속수학(비서양계 인종이나 서양 사회 내에서 소외된 사람들이 행한 수학—옮긴

이)은 정복 이후에도 드물게 문화적 영속성이 유지되는 지대에서(키푸 세계에서) 지속적으로 재–창조되고 있는 학문을 위한, 필연적으로 초학제적인 자원들이다. 안데스산맥은 객체/생태를 보살피는 다중시기적인 지정학적 지대이다." King, 책의 원고 초안("Attaching, for Climate Change: A Sympoiesis of Media"), 2015. King, "In Knots" 참고.

산호초와 마다가스카르의 숲, 이누이트의 북극, 나바호–호피 블랙메사 또한 "정복 이후에도 객체/생태를 보살피는 다중시기적인 지정학적 지대이다"(King, 원고 초안, 2015). 특히 연속적 베짜기와 우주론적 퍼포먼스, 월드 게임, 키푸와 네버 얼론, 나바호 베짜기, 산호초 코바늘뜨기의 "낱말 없는 글쓰기"는 사고하기/만들기/행동하기의 복잡한 실뜨기들을 만든다. 다시 킹의 말을 빌리면, 이것들은 "가시성을 띤 호혜성"이다. Boone and Mignolo, *Writing without Words*. "가시성을 띤 호혜성"에 관해서는 Salomon, *The Cord Keepers*, 279 참고. 자료들을 제공해준 케이티 킹에게 감사한다.

80 미국 남서부 사막 지역에서 추로 양을 연구할 때, 내가 좋아하는 토착 미디어 프로젝트인 쇼쇼니 점토 애니매이션 작품을 우연히 접하게 되었다. 네바다 동부와 유타 서부의 고슈트족은 쇼쇼니족의 한 분파이다. 미국 남서부의 다른 부족들과 마찬가지로 고슈트 부족도 핵 자원 채굴, 전쟁, 폐기물 처리, 저장이라는 생태와 경제 및 정치 문제에 휩쓸리고 있다. 그들의 친척들은 천 년이 넘는 세월 동안 이 사막 지역에서 살아왔다. 그리고 부족민들은 산 자와 죽은 자 모두 진행 중인 쑬루세의 고유한 존재이고, 식민주의와 제국주의의 인류세/자본세의 지배 아래 뒤얽혀 있다. 일종의 오디오 콜라주인 점토 애니매이션 비디오 〈개구리가 코요테와 경주하다Frog Races Coyote/Itsappeh wa'ai Wako〉의 사운드트랙은 유타대학의 고슈트/쇼쇼니 프로젝트를 통해 몇몇 쇼쇼니어 이야기꾼들이 보관해온 기록을 이용해서 만들어졌다. 개구리는 개구리와 함께–생각한다. 호수를 도는 경주에서는 개구리가 코요테를 이긴다. 집단행동으로 교활한 상대를 물리칠 수 있다.

개구리와 코요테 이야기는 오늘날 유타의 인디언 커리큘럼 가이드 "고슈트 The Goshutes"에서 가르치고 있다. 오늘날 공립학교와 인터넷에서 쇼쇼니어를 듣고 배우는 것은, 혀를 통해 예기치 못한 장소로 여행을 가서 계속성과 책임, 그리고 이야기를 위한 활기찬 물음들을 다시 던지는, 토착 아메리카 역사의 일부이다.

이제 더는 토착어를 유창하게 말하지 못하는 젊은이들 사이에서 온갖 "비상한 활력으로" 실제 토착어 사용을 권장하고 고무하는 일의 중요성에 관해서는 Perley, "Zombie Linguistics" 참고.

81 Denetdale, *Reclaiming Diné History*, 62~86; Johnson, *Navajo Stories of the Long Walk Period*; Morrison, *Paradise* 참고. 20세기의 나바호-호피 보호구역 토지 분할 관련 법령과 석탄 산업에 길을 열어주기 위해서 블랙메사/빅마운틴/드질 니 스타아에서 수천 명의 나바호인들을 강제 이주시킨 일은 제2의 휄티라고도 불린다. 1977년부터 폴린 화이트싱어Pauline Whitesinger와 그녀의 부족, 그리고 다른 디네족 노인들이 저항을 시작했고, 지금도 지속하고 있다. "1980년경, 빅마운틴 디네의 저항하는 사람들과 몇 안 되지만 수가 늘어나고 있는 비토착민 동맹들이 네트워크 전략을 실행했는데, 워싱턴주와 캘리포니아 남부, 동부 해안 지역까지 이르고 있다. 비토착민 지원 집단들은 지금은 제한 지대가 된 곳에 들어가 디네족과 함께 실행 계획을 세우기 시작했다. 토착민 공동체와 비토착민들은 필요한 실행 내용을 공유했는데, 인권을 유린하는 폭력 행위를 기록하고, 화석연료 추출을 위한 강제 점령을 막아내고, 인간의 종교를 훼손하는 행위를 멈추게 하고, 미국이 집단 학살을 저지르고 있다는 사실을 전 세계에 알리는 것이었다." NaBahe [Bahe] Keediniihii [Katenay], "The Big Mountain Dineh Resistance." 디네족과 비토착민 동맹들의 유대를 끊기 위해 인디언국과 부족 경찰이 행동에 나서고 2014년에는 양을 치는 나바호와 그들의 동물들을 이주시키려고 다시 움직이기 시작했다. Black Mesa Indigenous Support 웹사이트 참고. '블랙메사 토착민 지원Black Mesa Indigenous Support'은 활동가들을 위해 빅마운틴 춘계 훈련 캠프를 운영한다. 나는 "근원적 트라우마"라는 말을 사용하는데 이는 케이미 치섬Kami Chisholm에게 빚진 것이다.

82 아메리카 원주민들은 사람과 식물, 동물과 친척을 만드는데(상품 관계와 기독교도 친족 체계가 이를 방해한다) 이에 관한 폭넓은 이야기는 Kim TallBear, "Failed Settler Kinship, Truth and Reconciliation, and Science" 참

고, 톨베어는 다코타족의 역사를 활용해 이 블로그를 운영하고 있다. 톨베어는 "이주자의 성별을 넘어선 사랑과 관계 만들기"를 생각하는 데 있어 선도자이다.

83 1930년대에 절멸에 가까운 피해를 입은 나바호-추로 양들에 관해서는, 완벽한 조사에 기초한 마샤 와이시거Marsha Weisiger의 《나바호 지역에서 양을 꿈꾸기Dreaming of Sheep in Navajo Country》 등 몇몇 자료의 도움을 받았다. Weisiger, "Gendered Injustice"; the website of the Navajo Sheep Project; White, *The Roots of Dependency*; Johnson and Roessel, *Navajo Livestock Reduction*; McPherson, "Navajo Livestock Reduction in Southeastern Utah, 1933~46"도 참고. 엘리너 멜빌Elinor Melville의 주장에 따르면, 스페인계 양들은 엄청나게 효과적인 식민주의자이자 제국의 창업자로, 정복자들을 위해 고지대 멕시코 중부의 생태와 토착 사회를 영원히 바꿔버렸다. 마찬가지 이야기를 미국 남서부의 양들에 대해서도 할 수 있을 것이다. 분명한 사실이지만, 기원이 그렇다고 해서 운명을 바꿀 수 없는 것은 아니다. 양들과 이 땅의 토착민들 그리고 동맹을 맺은 사람들은 현재 지속 중인 식민화 실천에 복잡하게 저항하면서 콜로라도고원에서 함께 살고 죽기에 관한 매우 오래 지속될 복수종의 길을 만들어가고 있다. Melville, *A Plague of Sheep*.

84 Horoshko, "Rare Breed," and Navajo Sheep Project, "History."

85 Black Mesa Weavers for Life and Land, "Diné Navajo Weavers and Wool"; Halberstadt, "Black Mesa Weavers for Life and Land" 참고.

86 Diné be'iiná/The Navajo Lifeway, "Dibé be'iína/Sheep Is Life."

87 Strawn and Littrel, "Returning Navajo-Churro Sheep for Weaving."

88 로이 케이디Roy Kady는 나바호 네이션에서 가장 유명한 베 짜는 남자의 한 사람으로, 전 생애를 나바호-추로 양들의 웰빙을 위해 바쳤다. 케이디에 관한 이야기는 Kiefel, "Heifer Helps Navajos Bolster Sheep Herd" 참고.

89 "우리 연구실에서 선택 미로와 조작적 식별 과제를 이용한 행동 연구를 통해 양들도 인간과 유사하게 상당한 얼굴 인식 능력이 있음을 알게 되었다. 이러한 실험은 양들이 양과 인간의 얼굴을 식별할 수 있고, 품종이 다른 양

을 구별할 수 있고, 같은 품종 내에서 성별을 구별할 수 있다는 것을 보여준다." Tate et al., "Behavioural and Neurophysiological Evidence for Face Identity and Face Emotion Processing in Animals", 2155.

90 피스 플리스Peace Fleece 공동 설립자이자 양과 말을 치는 농업인인 피터 해거티Peter Hagerty는 어떻게든 냉전의 매듭을 풀어보려고 1985년에 소련에서 양모를 구입하기도 했다. 그는 이렇게 말한다. "나는 예전에 피스 플리스를 팔레스타인과 이스라엘이나 러시아와 미국같이 역사적인 적대 세력과 사업을 하는 국제 방적회사로 묘사하곤 했다. 틀린 이야기는 아니지만, 내가 조금 성장한 것일까, 최근에 나는 이 회사를 지극히 평범한 사람들이 하루하루를 견뎌내도록 서로 돕기 위해 꼬박꼬박 모이는 장소로 보게 되었다." Peace Fleece, "The Story." Peace Fleece, "Irene Bennalley"도 참고. 아이린 비낼리Irene Bennalley에 관해서는 Benanav, "The Sheep Are Like Our Parents" 참고.

91 Black Mesa Water Coalition, "About." BMWC의 설립과 목표에 관해서는 Paget-Clarke, "An Interview with Wahleah Johns and Lilian Hill" 참고. 월리아 존스Wahleah Johns는 블랙메사에 있는 공동체의 하나인 포레스트 레이크 출신의 디네족이다. 2013년에 샌프란시스코만 지역에서 일한 존스는 BMWC의 솔라 프로젝트를 조직하는 일을 했다. 릴리언 힐Lilian Hill은 키코츠모비 출신의 토바코족으로 고향에서 영속농업 디자이너 겸 생태 건축가로 일한다(Hill, "Hopi Tutskwa Permaculture"). BMWC 활동가들은 2015년 파리에서 열린 21차 유엔기후변화협약 당사국총회에서 적극적으로 활동했다. BMWC의 집행이사인 지핸 기어론Jihan Gearon은 2015년 9월 23일 기후정의 민중재판소에서 증언했다. 관련 녹음을 들으려면 Gearon, Peoples Tribunal 참고.

92 Haraway and Tsing, "Tunneling in the Chthulucene." 남서부의 또 다른 사람들과 함께 생각하기 위해서는 Basso, *Wisdom Sits in Places* 참고.

93 BMWC, "Our Work"; Communities United for a Just Transition, "Our Power Convening." BMWC, "10th Anniversary Video"(지핸 기어론 해설) 참고. 2009년 BMWC 공동 이사의 영상은 Johns and Begay, Speech at Power Shift' 09; BMWC, "Green Economy Project" 참고. 2015년 이후에도 차이를 뛰어넘어 계속 함께 일하는 방법에 관한 강력한 숙고에 대해서는 Gearon, "Strategies for Healing Our Movements" 참고. 토디치이니 Tódích'íí'nii(Bitter Water) 부족이자 아프리카계 미국인인 기어론은 스탠퍼드대학에서 에너지 과학과 기술을 공부해 지구 시스템 학사학위를 받았다. Afro-Native Narratives, "Jihan Gearon, Indigenous People's Rights Advocate" 참고. 정치적, 문화적, 정신적, 과학적으로 자기 세대에 필요한 개념과 실천을 고민하는 이들이 시급히 대화에 나설 가능성이 높다. 기어론은 온라인 잡지《그리스트Grist》의 특별 페이지 "그리스트 50: 당신이 2016년에 만날 50명Grist 50: The 50 People You'll Be Talking About in 2016"을 만들었다. https://grist.org/grist-50/profile/jihan-gearon/. 2016년 3월 17일 접속.

94 스워스모어 칼리지의 환경학 교수인 조반나 디 키로Giovanna Di Chiro는 여러 해 동안 페미니즘 운동, 다종족 및 반인종주의 환경정의, 바다와 내수역의 크리터들, 도시 지역의 반독성 연대, 행동 연구 등을 통합하는 데 있어 내 안내자 역할을 해왔다. 우리는 공생과 진화 관계 연구를 통해서도 서로 연결되어 있다. 이러한 세계에서 우정과 멘토링과 연구 프로젝트를 통해 여자들—그리고 남자들—을 연결하는 실뜨기는 패턴을 형성해왔다. DiChiro, "Cosmopolitics of a Seaweed Sisterhood"; "A New Spelling of Sustainability"; "Acting Globally"; "Beyond Ecoliberal 'Common Futures'" 참고. 공-산적인 해초 자매애가 그녀의 삶을 형성했다. 1979년에 조반나는 조류藻類학자인 린다 고프Linda Goff와 캘리포니아대학 산타크루즈 캠퍼스에서 함께 공부했다. 조반나는 하와이 오아후에 있는 연구팀의 수집 담당이었는데, 이곳은 우렁쉥이 파트너의 내장에 사는 시아노박테리아 공생자, 프로클로론 디뎀니Prochloron didemni를 규정한 코코넛 아일랜드 연안 산호초 연구 현장이었다. 분자 및 초미세 구조 분석은, 프로클로론과 녹색식물의 진핵생물 엽록체 사이의 진화적 관계에 대한 증거를 제공했다. Giddings, Withers, and Staehlin, "Supramolecular Structure of Stacked and Unstacked Regions of the Photosynthetic Membranes of Prochloron" 참

고. 수년 전 나는 오아후에 있는 하와이대학에서 생물학과 과학사를 가르치면서, 발생생물학에서 배아를 형성하는 유기체적 메타포에 관한 박사학위 논문 일부를 썼다. 그때 코코넛 아일랜드의 어느 공동체에서 살았는데, 이 공동체에는 현재 활발하게 연구되고 있는 에코이보디보 분야에서 중요한 해양발생·생태생물학 학자인 마이클 해드필드Michael Hadfield도 있었다. 에코이보디보에 대해서는 이 장의 첫 부분에서 논의했다. Haraway, *Crystals, Fabrics, and Fields* 참고. 조반나는 1995년에 캘리포니아대학 산타크루즈 캠퍼스 의식사학과에서 박사학위를 받았는데, 내가 그녀의 지도교수였다. 그야말로 실뜨기다.

95 Stengers, *Cosmopolitics I* and *Cosmopolitics II*; Stengers, "The Cosmopolitical Proposal."

4장 친척 만들기: 인류세, 자본세, 플랜테이션세, 쑬루세

1 내부-작용은 캐런 배러드Karen Barad의《우주와 타협하기Meeting the Universe Halfway》에서 얻은 개념이다. 나는 배러드의 분석이 요구하는 근본적 변화를 아직 이해하지 못하는 이들을 고려해 상호작용이라는 말도 같이 쓴다. 이런 혼용은 언어를 난삽하게 구사하는 내 습관 탓이기도 하다.

2 Tsing, "Feral Biologies."

3 Moore, *Capitalism in the Web of Life*.

4 나는 스콧 길버트에게 빚진 것이 있다. 우리는 2014년 10월 오르후스대학에서 열린《민족*Ethnos*》지가 주최한 좌담회에 같이 참여해 의견을 나누었는데, 당시 길버트는 인류세(그리고 플랜테이션세)는 시대가 아니라 백악기-팔레오기(K-Pg) 경계처럼 경계 사건으로 간주되어야 한다고 지적했다.

5 2014년 오르후스대학《민족*Ethnos*》좌담회의 녹취록에 따르면, 참여자들은 집단적으로 '플랜테이션세Plantationocene'라는 이름을 만들어냈다. 이는 노예 노동을 비롯해 착취가 자행되고, 소외되고 강제 이송된 노동에 기반해 인간이 돌보는 다종다양의 농장과 초원과 숲이 외부와 격리되고 이익 추출만 일삼는 플랜테이션으로 파괴적으로 변모하는 현상을 가리키는 것이었다.

Tsing et al., "Anthropologists Are Talking about the Anthropocene" 참고. AURA, 웹사이트 참고. 학자들은 이전부터 노예 플랜테이션 시스템이 종종 인류세를 만든 변곡점이라고 언급되는 탐욕스러운 탄소와 기계 기반 공장 시스템의 모델이자 원동력이라는 것을 알고 있었다. 노예들의 텃밭은 더없이 냉혹한 환경에서 이어져왔지만, 인간의 중요한 먹거리뿐만 아니라 식물, 동물, 균류, 토양 등의 생물다양성을 위한 피난처를 제공했다. 노예들의 텃밭은 무수히 많은 크리터들의 이동과 번식에 있어서, 특히 제국주의의 식물원들에 비하면 제대로 탐구되지 않은 세계이다. 자본 축적과 이윤을 위해 전 세계로 물질기호론적 생식성을 이동시키는 것—생식질, 게놈, 벌채, 부분 유기체의 다른 모든 이름과 형태, 쫓겨난 식물, 동물, 사람의 다른 모든 이름과 형태의 급속한 이동 및 재형식공식화—은 플랜테이션세와 자본세, 인류세를 통틀어 그 운영을 규정하는 요소이다. 플랜테이션세는 글로벌화한 공장식 축산과 기업식 단작농업과 함께, 그리고 인간과 비인간 크리터들을 살아가게 하는 복수종의 숲과 생산물들을 기름야자나무 같은 작물들로 마구 대체하면서 더없이 흉포하게 지속되고 있다. 《민족*Ethnos*》 좌담회에는 나와 스콧 길버트 외에 이사카와 노보루(교토대학), 애나 칭, 닐스 올레 부반트(오르후스대학), 케네스 올위그Kenneth Olwig(스웨덴농업과학대학) 등이 참여했다. 스콧 길버트는 데이비드 에펠과 같이 쓴 유명한 저서《생태발생생물학 Ecological Developmental Biology》의 2판 결론 부분의 핵심 논거를 위해 플랜테이션세라는 용어를 채택했다.

6 2014년 말에 제이슨 무어Jason Moore와 알프 호른보리Alf Hornborg에게 받은 이메일에 따르면, 2009년 스웨덴 룬드에서 열린 세미나에서 당시 대학원생이던 안드레아스 말름Andreas Malm이 '자본세Capitalocene'라는 용어를 제안했다. 나는 2012년부터 공개 강의에서 이 용어를 처음 독자적으로 사용했다. 무어는 2016년에 《인류세인가 자본세인가Anthropocene or Capitalocene?》라는 책을 편집했는데, 무어와 나도 여기에 글을 실었다. 우리의 협업 그물망이 촘촘해진다.

7 접미사 -cene이 급증하고 있다! 내가 이 과잉의 위험을 무릅쓰는 이유는 -cene/kainos의 어원적 의미, 즉 아주 오래됐으며 또 한편 그렇지 않은, 두

껍고, 섬유 모양이고, 혹투성이의 '지금'이라는 시간성의 노예이기 때문이다.

8 '수천의 이름을 가진 가이아Os Mil Nomes de Gaia/The Thousand Names of Gaia'는 2014년 9월 리우데자네이루에서 에두아르두 비베이루스 지 카스트루와 데보라 다노스키Déborah Danowski가 동료들과 함께 조직한 국제 학술 대회이다.

9 Clifford, *Returns*, 8, 64, 201, 212.

10 Van Dooren, *Flight Ways*; Despret, "Ceux qui insistent." 영어로 번역된 뱅시안 데스프레의 많은 논문들은 Buchanan, Bussolini, and Chrulew, "Philosophical Ethology II: Vinciane Despret" 참고.

11 Card, *Speaker for the Dead*.

12 친척 만들기는 공통의 인간성이나 복수종 집단 혹은 유사한 범주의 이익을 위해 너무 빨리 전용되거나 일반화되어서는 안 되는 역사적 상황에 처한 다양한 친척 관계들을 존중하는 가운데 이루어져야 한다. 친척 관계는 포함과 배제가 다 필요하다. 동맹들은 이 문제에 주의를 기울여야 한다. 경찰의 흑인 살해 및 다른 잔학 행위에 맞서 아프리카계 미국인과 동맹 세력이 조직적으로 저항하자, 많은 미국 백인 자유주의자들이 #AllLivesMatter를 주장함으로써 #BlackLivesMatter에 반대하는 행태는 교훈을 준다. 연대를 맺으려면 특수성, 우선순위, 긴급성을 인정해야 한다. 얼리샤 가자Alicia Garza는 패트리스 쿨러스Patrisse Cullors, 오펄 토메티Opal Tometi와 함께 행동 개시를 알리는 신호로 #BlackLivesMatter를 만들었다. 그녀는 해시태그 운동과 뒤이은 행동의 역사에 관해서 썼는데, 이는 흑인의 생명을 축하하고 인간화하는 책임 있는 연대가 아니라 허구적인 보편적 친척 관계로 운동을 비합법화하려는 시도를 논파하는 강력한 글이다. Garza, "A Herstory of the #BlackLivesMatter Movement" 참고. 그녀가 주장하는 바대로, 흑인들이 자유로워질 때 모든 사람이 자유로워진다. 흑인에 대한 지속적 위협은 미국 사회에 근본적인 것이므로 흑인의 생명에 초점이 맞춰져야 한다.

유사한 문제들이 BlackLivesMatter와 환경정의의 핵심 관계에도 있다. 이 주제는 《그리스트》의 환경정의 담당 편집자 브렌틴 모크Brentin Mock가 날카롭게 분석한 바 있다. https://grist.org/author/brentin-mock/. 2016년 3

월 17일 접속. 친척 만들기는 여러 차원에서 이 주제들과 연결되어 있다.
너무나 사용하기 쉽고 국가–친척–만들기의 용어로도 사용되는 '화해recon-
ciliation'라는 말에도 유사한 물음이 제기될 수 있다. 절멸 그리고/혹은 동화
를 위한 과거와 현재의 식민주의적 정책과 다른 정책들을 외면하면서 친척
을 만들려고 하는 것은 '가족'이 망가졌다는 사실을 드러내는 한 가지 징후
이다. 킴 톨베어Kim TallBear와 에리카 리Erica Lee는 페미니스트 토착민의
공공성 사유, 행동, 학문이 폭발적으로 생성하는 가운데 이 분야에서 근본
적인 일을 하고 있다. 여기가 바로 계속 함께 가야 할 공통의 세계common
worlds, 코스모폴리틱스cosmopolitics가 구축될 수도 있는 곳이다. TallBear,
"Failed Settler Kinship, Truth and Reconciliation, and Science"; Lee,
"Reconciling in the Apocalypse" 참고. 나는 구체적 상황에 처해 있고, 역
사적으로 주의를 기울이고, 계속 진행 중이고, 실험적인 토착민 세계 만들
기에 스며 있는 친척 관계, 물려받기도 하고 아직은 발명되지 않은 실천을
위한 이주민의 섹슈얼리티와 주장들에 대한 톨베어의 비평에서 배우고 있
다. TallBear, "Making Love and Relations Beyond Settler Sexualities"를
귀 기울여 들어보라. BlackLivesMatter처럼 IdleNoMore(2012년 12월에 캐
나다 토착민 여성 세 명과 비토착민 여성 한 명이 시작한 국제적인 풀뿌리
저항운동으로 토착민의 주권과 권리 쟁취를 목표로 한다—옮긴이)는 손상
된 지구에 있는 다양한 크리터들, 다양한 사람들의 균근 '홀로언트'의 뿌리
를 두드린다.

13 Strathern, *The Gender of the Gift.*

14 Latour, "Facing Gaïa."

15 Robinson, *2312.* 이 놀라운 SF는 2013년 네뷸러상을 받았다.

16 Strathern, "Shifting Relations." 친척 만들기는 이제 많은 사람들이 실천하
고 있으며 이것을 가리키는 새로운 이름도 늘어나고 있다. 전통적인 방식
에서 벗어나 가족을 만드는 **친척혁신가**kinnovator에 대해서는 Skurnick, *That
Should Be a Word* 참고. 나는 여기에다 **친척혁신**kinnovation을 추가하고 싶다.
리지 스커닉Lizzie Skurnick은 **씨족아나키스트**clanarchist도 제안한다. 이것들은
단지 말에 불과한 게 아니다. 이성애 규범을 따르든 그렇지 않든, 서양의 가

족 장치에 한정되지 않는 친척 만들기의 대격변을 의미하는 단서이자 촉구이다. 내 생각에 아기들은 진귀하고 보살핌을 받는 소중한 존재여야 한다. 그리고 친척은 흔하고 예상을 뛰어넘으며 오래 지속되는 소중한 존재여야 한다.

17 기원으로 보면 가부장적인 씨족gens은 페미니스트들이 가지고 노는 또 하나의 말이다. 기원과 끝은 서로를 결정하지 않는다. 친척kin과 씨족은 인도-유럽어의 역사에서는 한배에서 나온 형제다. 희망에 찬 내부-작용의 공산주의적 순간들에 대해서는 로라 베어Laura Bear 등이 함께 쓴 〈씨족: 자본주의 연구를 위한 페미니스트 선언Gens: a Feminist Manifesto for the Study of Capitalism〉을 참고하라. 주요 내용을 요약해놓은 부분은 유용하지만 선언의 문체는 건조하고 무심한 독자들을 유혹할 만한 매력적인 사례를 들지도 않는다. 그러나 참고문헌들은 대단히 유익하고 용기를 불어넣어 주는데, 대부분 장기간의 밀착 연구를 깊이 있게 이론화한 민족지들이다. 특히 Tsing, *The Mushroom at the End of the World* 참고. 〈씨족〉은 마르크스주의를 지향하는 사람들이나 페미니즘에 저항하는 이론가들을 다룰 때 신중한 방법론을 취한다. 이들은 현실 세계의 불균질성에 발을 담그기보다 시장, 경제, 금융화 같은 범주들(혹은 내가 여기 추가하고 싶은 재생산, 생산, 인구, 요컨대 표준적으로 자유주의적이고 비페미니즘적인 사회주의 정치경제라는 이른바 적절한 범주들)과 함께하고 있다. 가라, 호놀룰루의 레볼루션 북스Revolution Books와 너의 모든 친척들이여!

18 내 경험은 이렇다. 좌파에 속하든 아니든, 우리가 여전히 명료하게 사용할 수 있는 어떤 이름이든 "우리 쪽 사람들"로서 내가 소중히 여기는 이들은 "자식이 아니라 친척을 만들자"라는 말에서 "자식이 아니라"에 도사리고 있는 신제국주의, 신자유주의, 여성 혐오, 인종주의를 지적한다(누가 그들을 탓할 수 있을까). "친척을 만들자"라는 주장은 비교적 쉽고 윤리적으로나 정치적으로 견고한 기초 위에 있는 것처럼 보인다. 그건 사실이 아니다! "친척을 만들자"와 "지식이 아니라" 모두 실행하기 어렵다. 이 둘은 이데올로기와 지역의 차이를 넘어 개별적으로 그리고 집단적으로 최선의 감성적, 지적, 예술적, 정치적 창의성을 요구한다. 내 느낌은 이렇다. 전적으로 그런

것은 아니지만 "우리 쪽 사람들"을 기후-변화를 부정하는 일부 기독교도와 비교해볼 수 있다. 그들은 너무나 믿음이 깊고 견고한 나머지 다시 생각하고 다시 느끼는 것을 허용하지 못한다. 우익과 개발 전문가들이 인정해온 것을 우리 쪽 사람들이 '인구 폭발'로서 다시 논의할 경우 뭔가 어두운 쪽으로 옮겨 가는 느낌이 들 수 있다.

그러나 부정은 우리에게 도움이 되지 않을 것이다. 내가 알기로 '인구'는 국가-만들기라는 범주, 모두를 위해 현실을 다시 만드는 '추상'과 '담론' 같은 것이지만, 모든 사람에게 이로운 것은 아니다. 이런 생각도 든다. 인간이 초래한 급속한 기후변화의 다양한 증거에 비추어보면, 70~110억의 인구는 전 지구적으로 인간과 비인간 존재들에게 어마어마한 손상을 끼칠 것이다. 이 것은 단순한 인과적 사건이 아니다. 생태정의는 오늘날 폭포수처럼 분출하는 절멸, 궁핍화, 멸종에 대한 정당한 단일-변수의 접근법을 허용하지 않는다. 하지만 인구수와 얽혀 있는 현재 진행 중인 파괴에 대해서 자본주의, 제국주의, 신자유주의, 근대화를, 혹은 "우리가 아닌 것"을 탓해봐야 효과가 없을 것이다. 이 문제들은 어렵고 가차 없는 작업이 요구된다. 또 예기치 못한 타자들과 관계해야 하기에 기쁨, 유희, 응답-능력이 필요하다. 너무나 중요하기 때문에 테라Terra가 이 문제를 우익이나 개발 전문가들에게, 혹은 이 위급한 상황에 무관심한 집단에게 넘겨줄 수 없다. 산아 증가에 반대하며 범주를 벗어나 있는 기이한 친척Oddkin을 위하여!

우리는 낮은 출산율을, 그리고 자식을 더 낳지 않고도 (오래 지속되는 친척 혁신을 포함해서) 번성하는 여유로운 삶을 일구는 개인적이고 은밀한 결정들을 찬양해야 한다. 이는 시급한 과제로, 소비 성향이 높고 부유하며 빈곤을 수출하는 지역, 국가, 공동체, 가족, 사회계급에서만 그런 것이 아니다. 우리는 혈통과 무관한 친척을 확산시킴으로써 위협적인 인구 문제에 개입하는 정책들을 장려해야 한다. 여기에는 인종을 차별하지 않는 이민 정책, 신참자와 토박이 모두를 위한 환경 정책과 사회 지원 정책(교육, 주거, 건강, 젠더와 성적 창의성, 농업, 인간 아닌 크리터들을 육성하는 교육, 고령자의 건강과 생산성을 유지하기 위한 기술과 사회 혁신 등) 등이 포함될 수 있다. 아기를 낳을지 낳지 않을지 결정하는 양도할 수 없는 개인의 '권리'는 내게는 의심의 여지가 없다. 이 문제에서 모든 강압은 잘못된 것이고, 강압적인 법률과 관습은 설사 사람들이 그것을 감수한다 해도(나는 그럴 수 없다) 역효과를 내기 쉽다. 반면에, 모든 어린이가 평생 셋 이상의 부모를 가지는 새로운 규범이 문화적 기대가 된다면 어떨까? 여기서 부모란, 비록 아이들이 많고 여러 세대가 같이 사는 가구라 할지라도 반드시 서로의 애인일 필요는 없는, 더 이상 아기를 낳지 않을 사람들을 말한다. 고령자를 위한, 고령자에 의한 진지한 입양이 일상이 된다면 어떨까? 낮은 출산율을 걱정하는 나라들(덴마크, 독일, 일본, 싱가포르, 대만, 화이트 아메리카 등)에서 이민자에 대한 두려움이 큰 문제이고, 인종적 순혈주의 프로젝트와 환상이 다시 출산 장려 정책을 추동한다는 점을 인정한다면 어떨까? 사람들이 어디서든지, 유럽이나 미국, 중국 혹은 인도의 부유하고 부를 추출하는 곳이 아니라 퀴어한, 탈식민화한, 토착민의 세계에서 출산 장려를 반대하는 친척혁신을 찾는다면 어떨까?

순혈주의 판타지와 이민자를 완전한 시민으로 받아들이기를 거부하는 행태가 현재 "진보적인" "선진" 세계의 정책을 실제로 추동하고 있음을 상기시켜주는 글로는 Hakim, "Sex Education in Europe Turns to Urging More Births" 참고. 이런 문제 제기에 대한 응답으로, 과학 작가 러스틴 호그니스 Rusten Hogness는 2015년 4월 19일 자신의 페이스북에 이렇게 적었다. "만약 우리가 연령 분포의 변화가 일으키는 문제들에 대한 답을 인간 자식을 만들어야만 찾을 수 있다면, 우리의 상상력과 (인간과 비인간 똑같이) 서로를 보살피는 우리의 능력에 무엇이 잘못된 것일까? 우리는 자식을 갖지 않기로 결정한 젊은이들을, 온갖 논리가 뒤섞인 채로 자신들을 압박하는 출산 장려주의에 국가주의를 더하지 않는 젊은이들을 찬양해야 한다." https://www.facebook.com/rusten.hogness?fref=ts. 2016년 3월 17일 접속.

아주 그럴싸한 외피에 싸인 모든 출산장려주의는 거의 모든 곳에서 의심을 받아야 한다. 나는 여전히 진행 중인 스캔들, 즉 집단 학살과 강제적인 민족이동의 결과를 상기하기 위해 이 '거의'라는 말을 계속 쓴다. '거의'는 또한 오늘날 불임의 오남용, 놀랄 만큼 부적절하고 쓸모없는 피임법들, 여자들과 남자들을 인구 조절 정책 아래 하찮은 존재로 환원하기, 그리고 전 세계의 일상에 내재한 여성 혐오, 가부장제, 민족주의/인종주의 행위를 기억하라고 촉구하는 말이기도 하다. Wilson, "The 'New' Global Population Control Policies" 참고.

인구 조절 담론에 관한 지정학 및 글로벌 지성사에서 중요한 비판적 분석은 Bashford, *Global Population* 참고. 과테말라의 인구수와 관련한 억압적 사회생활에 초점을 맞춘 비판적 연구는 Nelson, *Who Counts?* 참고. 이런 연구들은, 특히 글로벌 인구통계학상의 추상적 개념으로 증가하는 인구 부담을 재강조하는 것이 매우 위험할 수 있다는 점을 보여준다. 내 주장을 반박하고 관련 문헌들을 제시해준 미셸 머피Michelle Murphy에게 감사한다. 나는 지금도 그것들이 필요하다고 생각한다. Murphy, "Thinking against Population and with Distributed Futures" 참고. 우리는 이 모든 문제를 두고 갈등하고 협력하는 가운데 위험을 감수하면서 서로를 지원해야 한다.

5장 카밀 이야기: 퇴비의 아이들

1 Zoutini, Strivay, and Terranova, "Les enfants du compost, les enfants des monarques." 뒤죽박죽인 한배에서 난 퇴비의 아이들에게게서 영감을 얻어 파브리지오 테라노바는 다큐멘터리 영화 〈도나 해러웨이: 지구 생존 가이드Donna Haraway: Story Telling for Earthly Survival〉를 제작했다.

2 "Anthropocene: Arts of Living on a Damaged Planet", Santa Cruz, CA, May 8~10, 2014. 애나 칭Anna Tsing과 동료들이 이 회의를 조직했다. Tsing et al., *Arts of Living on a Damaged Planet*도 참고.

3 "자식이 아니라 친척을 만들자" 프로젝트와 "퇴비의 아이들Children of Compost" 프로젝트는 이야기를 올리고 게임을 하는 집단적 디지털 세계와 함께할 것이다. 단편, 다듬어진 이야기, 줄거리 묘사, 과학적 사변, 그림, 공생자들의 지속적 변형을 위한 그럴듯한 생물학적·기술적 메커니즘, 디자인, 이미지, 애니메이션, 캐릭터, 팸플릿, 선언, 역사와 비평, 동물 우화집, 현장 안내서, 블로그 포스트, 슬로건⋯⋯. 뭐든 환영한다. 공생자 픽션은 줄거리를 바꾸고, 새로운 캐릭터와 이야기를 소개하고, 미디어로 놀고, 주장하고, 사색

할 뿐 아니라 그 이상을 할 수 있다. 곧 보게 될 웹사이트와 블로그들을 기대하시라. "디지털 스토리텔링 조력자들과 활동가들을 위한 온라인 만남의 장소"인 '변화를 위한 이야기Stories for Change'의 웹사이트도 참고.

4 이 슬로건은 내가 글을 쓰도록 유혹하는 공생발생적이고 공-산적인 도발이라는 한배에서 난 새끼들을 연결한다. 1980년대에, 의식사학과 대학원생이었던 엘리자베스 버드Elizabeth Bird가 나에게 "현실적 생존을 위해 사이보그를Cyborgs for Earthly Survival"이라는 슬로건을 주었다. 최근에는 러스틴 호그니스가 집에서 아침 식사를 하다가 인간성이 아니라 부식토성이라며 "포스트휴먼이 아니라 퇴비!"라는 슬로건을 주었다. 카밀은 우리에게 "자식이 아니라 친척을 만들자"를 슬로건으로 준다. 친척과 생식이 연결되어야 한다는 '필요성'을 끊는 것이 오늘날 페미니스트들의 핵심 과제이다. 진작 야단법석을 떨어야 했다. 비록 끝을 내지는 못했지만, 가부장제의 계보에 불충하게도 우리는 인종과 국가가 자연적 필연성으로 연결되어 있다는 감각을 무력화하는 데 기여해왔다. 역시 완결 짓지는 못했으나, 우리는 성과 젠더의 끈들도 풀어왔다. 페미니스트들은 인간예외주의의 가식을 무력화하는 데도 막강한 행위자들이었다. 살 만한 세계에서 잘 살고 잘 죽기 위해, 그물망을 강화하고, 어떤 연결들은 자르고 다른 매듭들을 만드는 데 필요한 협력 작업들이 훨씬 더 많다는 것은 의심의 여지가 없다. 아델 클라크Adele Clarke와 나는 2015년 11월 덴버에서 '과학사회연구학회'가 주관한 회의에서 "자식이 아니라 친척을 만들자"라는 제목으로 토론 패널을 조직했다. 우리는 반인종주의, 친여성, 친아동, 친토착민, 비정착자, 비출산주의자의 접근법을 주장했다. 클라크와 나 외에도 앨런드라 넬슨Alondra Nelson, 미셸 머피, 킴 톨베어, 우자링吳嘉苓이 토론자로 참여했다.

정서적이고 물질적인 관계들의 그물망을 계승하고 다시 짜는 일이 주요 관심사이다. 그런 그물망들이 트러블과 함께하기에 필요하다. 친척을 만드는 데는 신, 기술, 크리터, 예상했거나 예상치 못했던 '친척들' 그리고 그 이상을 포함하는 온갖 범주의 행위자들과 다양한 과정이 필요하다는 것을 가장 잘 이해한 이들은 학계에서는 민족지학자들이다. 이런 행위자와 과정들이 합쳐져서 단지 족보를 잇는 가계와 재생산, 혹은 동맹과 혈통에 의해서만 형성된 '친척 관계'의 성격을 지속 불가능하게 만든다. 친척 관계에 관한, 그리고 족보를 따져서는 안 되는 관계들과 재생산이라고 불러서는 안 되는 과정들 만들기에 관한 엄청난 문헌들이 있다. 카밀 이야기는 특히 다음의 연구 작업 같은 민족지학에 기대고 있다. Strathern, *The Gender of the Gift* and *The Relation*; Goslinga, "Embodiment and the Metaphysics of Virgin Birth in South India"; Ramberg, "Troubling Kinship" and *Given to the Goddess*. 친척이라는 말은 너무나 중요해서 비평가들이 이 말을 가지도록 내버려둘 수 없다. 또 가족은 친척이라는 말 대신에 쓸 수 있는 말이 아니고, 종류라는 말에 닿는 경로/뿌리를 만들 수 없다. 내가 의미하는 친척 만들기는 구체적 상황에 처한 신들과 정신들—소위 근대인들을 여전히 불안하게 하는 행위—뿐만 아니라 생물학적 신념을 가진 이질적인 크리터들을 필요로 한다. 카밀의 세계에서 친척 만들기는 애니미즘의 등록부와 생물학의 등록부 양쪽 모두에서 합리적이어야 한다. 재의미화resignified, 재증식repopulated, 재서식reinhabited이 중요한 말이어야 한다. "자식이 아니라 친척을 만들자"는 대니얼 히스 저스티스Daniel Heath Justice의 *Kynship Chronicles*와 웹사이트 "Justice, Imagine Otherwise"의 도움을 받은 (세계 만들기를 다시 생각하는 것을 포함해서) 기이한 친척 만들기에 관한 슬로건이다.

멜라네시아 세계에 몰두하고 있는 메릴린 스트래선Marilyn Strathern은 이렇게 이야기한다. "사람이란 관계들이 만들어내는 모습, 말하자면 독점적인 개인이 아니라 여러 관계의 합성물이다"(Ramberg, "Troubling Kinship," 666; Strathern, *The Gender of the Gift*). 퇴비의 공동체들이 인간-이상의 사람들을 만드는 것은 이 실뜨기와 같은 접근법에 의존한다.

5 Motley는 명사로는 다양한 빛깔의 직물, 형용사로는 어울리지 않는 기묘한 다양성에 관한 말이다. 나에게는 두 가지 어조 다 필요하다.

6 채굴에 따른 퇴비 공동체들의 정착과 이주는 다음을 포함한다. (1) 중국에서는 몇몇 석탄 채굴 현장 가까이 있는 파괴된 땅과 마을에서, 나이 많은 시골 여성들과 녹색운동 활동가들이 이주와 정착을 주도했다. "China and Coal" 참고. 도움을 준 동료 크리스 코너리Chris Connery와 리사 로펠Lisa Rofel 그리고 중국의 중요한 마르크스주의 페미니스트이자 문화비평가인 다이진화

戴錦華에게 감사한다. (2)캐나다의 앨버타와 누나부트의 경우, 타르샌드 추출 및 다른 화석연료 프로젝트에 대한 저항이 토착민과 남부 연합과 연계되어 있다. (3)오스트레일리아 갈릴리 분지에서 카마이클 석탄 광산에 맞선 왕안Wangan 부족과 자갈링구Jagalingou 부족의 저항과 연대에 대해서는 Palese, "It's Not Just Indigenous Australians v. Adani" 참고. (4)블랙메사의 나바호와 호피 자치구에서 이루어진 앵글로계, 라틴계, 토착 활동가들의 동맹에 대해서는 이 책의 3장 참고. (5)페루와 볼리비아에서 일어난 채굴 반대 운동과의 연대에 대해서는 de la Cadena, "Indigenous Cosmopolitics in the Andes" 참고. (6)콜롬비아의 푸투마요 지역에서 광업과 농공업용 추출 지역으로 지정된 것에 대한 저항은 K. Lyons, "Soils and Peace" & "Soil Science, Development, and the 'Elusive Nature' of Colombia's Amazonian Plains"; Forest Peoples Program, "Indigenous Peoples of Putumayo Say No to Mining in Their Territories" 참고.

7 생식의 자유는 퇴비의 아이들의 모임에 골치 아픈 문제로 남게 되었는데, 특히 처음 몇 세대에서 그러했고 지구상의 인구 문제는 여전히 심각했다. 인구 수의 거대한 가속은 1950년경에 시작되어 21세기 말에 기세가 멈추었지만, 다시 균형을 맞추는 일과 인구 감소를 향해 가는 과정은 극심한 불평등을 악화시킬 수밖에 없었다. 어떤 공동체들은 권한 접근법을 조정하고, 마지막 순간에는 개인들에게 의사 결정을 넘겼다. 하지만 다른 공동체들은 새로운 사람을 만드는 일에서, 그리고 관련된 다른 사람들의 다양한 의무와 권력을 만드는 일에서 매우 다른 방식들을 계승하고 발명했다. 새로운 아이를 만들고 안 만들고를 강제하는 것은 범죄로 간주되고, 그로 인해 추방될 수도 있었다. 하지만 때때로 아기를 낳는 문제와 누가 그리고 무엇이 친척인가라는 문제를 둘러싸고 폭력적인 갈등이 일어났다. 퇴비의 공동체들은 친척이란 차별 없는 보편적 관계성을 의미하는 것이 아니라고 주장한다. 항상 그래왔듯이 배제와 포함은 친척이라는 게임의 이름이다. 즉 가장 중요하고 본질적인 것이다. 어떤 배제와 포함인가, 그리고 어떤 확장과 축소인가라는 문제가 핵심이며 때로는 우여곡절을 거친다. 퇴비의 아이들은 공생의 측면에서 생식 자유의 정의와 실천을 새롭게 하는 것이 가장 중요한 의무라는 사실을 이해했

다. 하지만 공생발생에 영향을 미친 "bio-"로 표시된 두서없는 범주들을 끊임없이 탐색해야 했듯이, 공동체의 억압적이고 전체주의적인 힘에 끊임없이 저항해야 했다.

8 symbiont와 symbiote는 '공생자'라는 말로 동의어이다. 두 단어 모두 공생의 상태로 살고 있는 생명체를 말하는데, 한쪽에 이롭든 양쪽에 이롭든, 혹은 그 이상이든 이롭지 않든 관계없다. 그래서 우리는 인간과 비인간 파트너 둘 다 symbiont 혹은 symbiote, 즉 공생자로 부른다. 공생발생은 살아 있는 실체들이 어떻게든 함께 디지털 양식이나 그 밖의 다른 양식이 아니라 생물학적 양식으로 새로운 무엇을 생성하는 것을 말한다. 공생발생은 새로운 크리터들뿐만 아니라 새로운 종류의 조직체를 낳고 협동적 삶을 위한 팔레트(그리고 미각)를 연다. 많은 퇴비 공동체들이 인간 아기와 태아를 위해 균류와 식물 공생자들을 주된 파트너로 삼아 그들과 함께하는 공생발생적 변형을 육성하기로 결정했고, 모든 공생은 필연적으로 박테리아, 고세균류, 원생생물, 바이러스, 균류의 긴밀한 집합체를 수반했다. 카밀의 공동체는 어린이들이 동물과 주된 파트너로 결합되어 있는 다른 공동체들과 더 단단한 유대를 형성하고 있었다. 하지만 이전에는 생각지도 못했던 많은 종류의 복수종 사회성이 출현함에 따라 이런 구별은 여러 세대를 거치면서 약화되었다.

9 이동 통로에 관한 도발적인 생각은 Hannibal, *The Spine of the Continent*; Soulé and Terborgh, *Continental Conservation*; Hilty, Lidicker, and Merelender, *Corridor Ecology*; Meloy, *Eating Stone* 참고. '옐로스톤-유콘 보호계획'(미국 옐로스톤 국립공원과 캐나다 유콘주 사이의 지역을 연결하고 보존하는 것을 목표로 하는 비영리단체—옮긴이)은 고무적이고 중요하다. 나는 이런 과학과 글쓰기를 좋아한다. 내가 정교하고, 상황에 처해 있고, 다중자연적이고, 다언어적이고, 다문화적인 학문과 활기차게—토착적인 코스모폴리틱스와 여기 속한 다양한 민족들과 함께 낭만적이지 않고, 무시하지 않고, 실질적인 방식으로—조우하기를 염원하는 가운데서도 말이다. 긍정적인 예로는 Koelle, "Rights of Way" 참고. 탈식민적 사고와 프로젝트, 그리고 생물다양성의 사고와 프로젝트 사이에서 현재 진행 중인 분리와 오해는 사람들과 민족들, 다른 크리터들에게 비극이다. 이동 통로적인 사고를 실천하는 퇴비

의 공동체들은 이들 분리된 세계를 잇기 위해 할 수 있는 모든 일을 한다.

10 생태진화발생생물학 혹은 EcoEvoDevo는 20세기 말과 21세기 초에 과학을 재편성한 가장 중요한 지식 실천의 하나였다. Gilbert and Epel, *Ecological Developmental Biology*, 특히 길버트가 집필한 종결부 참고.

11 "Mountaintop Removal Mining"; Stephens and Sprinkle, *Goodbye Gauley Mountain* 참고. 나는 카밀의 공동체를 캐나와 강변에 두려고 한다. 이곳은 예술가 베스 스티븐스Beth Stephens의 고향으로, 배우자 애니 스프링클Annie Sprinkle과 함께 돌아와 영화를 만든 곳이다. 애니와 베스는 친척을 만들면서 산과 결혼했는데, 산은 두 사람의 에코섹슈얼한 실천에서 함께 엮어 온 여러 땅의 배우자 중 하나이다. 석탄 채굴에 뿌리를 두고 있는 노동자계급의 역사와 여전한 활력은 카밀과 그의 공동체가 계속해서 배워야 하는 기본적인 것이다. 웨스트버지니아는 역사적으로 쇼니Shawnee, 체로키Cherokee, 델라웨어Delaware, 세네카Seneca, 와이언도트Wyandot, 오타와Ottawa, 투스카로라Tuscarora, 서스크해넉Susquehannock, 휴론Huron, 수Sioux, 밍고Mingo, 이로쿼이Iroquois, 그리고 다른 토착 민족들의 고향이자 사냥 영토였다. 18세기에 스코틀랜드와 아일랜드에서 들어온 정착민들이 버지니아에서부터 서쪽으로 밀고 들어옴에 따라 많은 토착 아메리카 원주민들이 블루리지마운틴에서 피난처를 찾았다. 카밀의 공동체로서는 복수종의 미래를 위해 지역 사람들과 효과적으로 동맹할 수 있을지 알기 위해서 다양한 인종과 계급의 역사를 인지해야 했다. 이 역사에는 다음 두 가지에 관한 것이 포함된다. (1)석탄-채굴로 생계를 이어가던 백인 정착민과 아프리카계 미국인 가족 및 공동체. 이들은 20세기와 21세기에 산꼭대기를 없애버리는 채굴에 의해, 그리고 웨스트버지니아 석탄산업의 구조조정으로 타격을 입었다. (2)인접한 버지니아의 애머스트, 남동부의 인디언/블랙 모나칸 부족. 이들 또한 20세기와 21세기에 부활하는 정치와 정체성을 만들어냈다. Cook, *Monacans and Miners* 참고. 베스의 성장 과정과 다시 웨스트버지니아로 돌아온 일과 관련한 이야기는 Stephens, "Goodbye Gauley Mountain" 참고. 노천 채굴로 인해 토지와 사람들이 감당해야 했던 폭력은 아무리 강조해도 지나치지 않다. 애팔래치아(석탄)와 페루(구리)를 비교하기 위

해서는 Gallagher, "Peru"와 "Mountain Justice Summer Convergence" 참고. 노천 채굴이 이 사태의 다가 아니다. 애팔래치아의 경우를 포함해서 천연가스를 뽑아내기 위한 수압파쇄의 급속한 증가로 사태는 명백해진다. Cocklin, "Southwestern Plans to Step on the Gas Pedal in Appalachia Next Year" 참고.

12 Oberhauser and Solensky, *The Monarch Butterfly*; Rea, Oberhauser, and Quinn, *Milkweed, Monarchs and More*; Pyle, *Chasing Monarchs*; Kingsolver, *Flight Behavior*. 최근 여름의 수치를 근거로 북아메리카의 왕나비 개체수가 감소하고 있는지 아니면 이주가 줄고 있는지를 둘러싼 논란은 Burnett, "Monarch Migration Rebounds"; Kaplan, "Are Monarch Butterflies Really Being Massacred?" 참고. 다음의 웹사이트들도 참고. "Monarch Butterfly"; "Monarch Butterfly Conservation in California"; "Monarch Butterfly Biosphere Reserve"; "West Virginia State Butterfly." 이주에 관한 좋은 지도로는 "Flight of the Butterflies" 참고.
서부의 왕나비들은 내가 거주하는 도시 산타크루즈를 포함해 캘리포니아에서 월동을 하는데, 여기서 우리는 매년 내추럴브리지 주립공원과 등대공원에 있는 유칼립투스와 몬터레이소나무 그리고 사이프러스 숲에서 그들을 열정적으로 찾아낸다. 산타크루즈에서 왕나비 수는 1997년에 약 12만 마리였지만 2009년에는 1300마리로 개체수가 곤두박질했고, 2014년에는 몇십 마리, 2015년 겨울에는 몇백 마리 정도로 줄었다. Jepsen et al., "Western Monarchs at Risk" 참고.

13 밀크위드는 북미 지역에 약 110종, 전 세계에 약 3000종이 있다.

14 Tucker, "Community Institutions and Forest Management in Mexico's Monarch Butterfly Reserve"; Farfán et al., "Mazahua Ethnobotany and Subsistence in the Monarch Butterfly Biosphere Reserve, Mexico"; Zebich-Knos, "A Good Neighbor Policy?"; Vidal, López-Garcia, and Rendón-Salinas, "Trends in Deforestation and Forest Degradation in the Monarch Butterfly Biosphere Reserve in Mexico"; Rendón-Salinas and Tavera-Alonso, "Forest Surface Occupied by Monarch Butterfly Hi-

bernation Colonies in December 2013."

"Mazahua People"도 참고. Arauho et al., "Zapatista Army of Mazahua Women in Defense of Water"는 이렇게 쓰고 있다. "마사우아족은 멕시코의 토착민으로, 멕시코주 서부와 미초아칸주 북동 지역에 거주하고 있으며, 최근의 이주로 인해 연방구에도 분포해 있다. 가장 밀집해 사는 곳은 산펠리페델프로그레소와 산호세렐링콘 지역인데, 두 지역 모두 톨루카 부근 멕시코주 안에 있다. 1990년 멕시코 인구조사에 따르면 마사우아어를 하는 인구가 12만 7826명이었다. 마지막 조사에서는 약 35만 명에 달했다. 마사우아Mazahua라는 말은 나우아틀어에서 나왔고 '사슴 주인들'이라는 의미인데, 아마도 마사우아족이 사는 산악 지방의 풍부한 동물상을 반영하는 것 같다. 그들은 스스로를 냐토Hñatho라고 한다."

15 다음 세대에 임신한 사람이 낳을 아이가 왕나비와 공생적 결합을 계속하지 않을 수도 있었다. 상대가 원하면 공생 관계를 끝낼 수 있게 한 것이다. 이후 세대의 아이를 낳는 부모들 대부분은 자신을 위해서도 다섯 세대의 재생산 공생이 너무나 중요하다는 것을 정신적, 육체적으로 깊이 느끼고 있었다.

16 1930년생으로 이로쿼이 연맹의 세네카 자치국, 거북이 씨족의 오렌 라이언스 주니어Oren Lyons Jr.는 이렇게 썼다. "수장인 우리에게 주어진 첫 번째 위임 사항 중 하나로, 우리는 우리가 내린 모든 결정이 다가올 일곱 번째 세대의 복지와 웰빙에 반드시 관련되도록 하기 위해 앞날을 생각하고 있다." "그 일곱 번째 세대는 어떻게 되는가? 우리는 그들을 어디로 인도하고 있는가? 그들은 무엇을 가지게 될 것인가?" O. Lyons, "An Iroquois Perspective", 173, 174 참고. O. Lyons et al., *Exiled in the Land of the Free*도 참고. "위대한 결속의 법The Great Binding Law"에는 이렇게 쓰여 있다. "연맹 의회가 무언가를 숙고할 때, 법을 만들려고 노력할 때, 모든 공적인 행위에 임할 때 사적 이해관계는 완전히 잊어야 한다. 당신이 저지를지도 모르는 오류나 잘못을 경계하는 조카들의 경고를 흘려듣지 말고 정의롭고 올바른 위대한 법칙을 따르라. 전체의 복지를 위해 살피고 귀를 기울이고 언제나 현재뿐만 아니라 다가올 세대를 염두에 두라. 아직은 그 얼굴이 지표 아래에 있는 존재들—아직 태어나지 않은 미래 국가까지도 염두에 두라." *Constitution of*

the Iroquois Nations.

Barker, *Native Acts*와 "Indigenous Feminisms"도 참고. 토착성과 기술과학에 관한 특별한 사유와 연구에 대해서는 Kim TallBear 웹사이트 참고.

17 United Nations, "World Population Prospects." '모집단 밀도'라는 범주로 사고가 형성되어 있는 전문 인구통계학자들은, 21세기 중반의 극단적인 전쟁과 감염병 대유행조차 세기말에 약 110억 명에 이를 인구가 지구에 가하는 부담에는 미치지 못할 거라고 생각했다. 그들이 보기에는 지구 전역에서 한 자녀 정책을 강제하는 급진적 조치만이 인구 추이에 영향을 줄 수 있었다. 그것은 실현 불가능할 뿐만 아니라 불평등하고, 강압적이고, 여성 혐오적이고, 인종주의적이며 끔찍한 정치적 함의를 띠고 있었다. 가장 추상적인 사상가들에게도 분명한 사실이었다. 퇴비 공동체들의 강압적이지 않고 전염성 있는 관행이 한 자녀 정책보다 훨씬 더 급진적이었다. 이는 전통적이든 새로 발명된 것이든 비생물발생적인 다자녀·다세대 생활 관행 속에서 세 부모라는 규범을 끌어내 대세로 만들었다. 20세기에 있었던 한 자녀 정책은 징벌적이고, 강압적이고, 불평등한 희생에 뿌리를 두고 있었다. 세 부모 접근법은 처음에는 단지 이상론으로 보였지만, 특히 퇴비의 아이들의 활기찬 탈식민적 실천들과 합쳐지면서 그렇지 않다는 것이 증명되었다. 퇴비 공동체들이 수십 년 동안 전개한 셋-혹은-그 이상의 부모 관행은 인간 거주자나 다른 크리터 모두를 위해 어린이 친화적이고 부모 친화적이며 공동체 친화적일 뿐 아니라 우정을 촉진한다는 점이 증명되었다. 역사가들은 이 창의적인 시대에 생물발생적 친척 만들기가 아니라 공-산적 친척 만들기를 위한 의례, 의식, 기념이 급증했다고 본다. 이 창의성의 두드러진 결과 중 하나는, 전 지구적으로 어린이와 어른의 우정 실천이 회복된 것이다. Murphy, "Thinking against Population and with Distributed Futures"; Nelson, *Who Counts?*; Bashford, *Global Population*; Crist, "Choosing a Planet of Life" 참고.

〈풍요로운 미래를 위한 선언A Manifesto for Abundant Futures〉에서 저자들은 이렇게 말한다. "우리가 풍요라는 말로 의미하는 것은 더 다양하고 자율적인 생명의 형태들과 함께 사는 방식이다. 복수종의 세계를 수행할 방법을 고민할 때 탈식민주의·포스트식민주의 학자들뿐만 아니라 전 세계의 토착민들과 농민운동에서 영감을 얻는다." Collard et al., "A Manifesto for Abundant Futures", 322.

18 21세기 초 서양에서 가능했던 네 가지 주요 젠더는 생물학적 성별과 성 정체성이 일치하는 시스-여성cis-female과 시스-남성cis-male, 일치하지 않는 트랜스-여성trans-female과 트랜스-남성trans-male이었다. 대부분의 지식인들은 이 목록이 오해의 여지가 있고, 지리적으로나 역사적으로 제한적이며 저급하다고 생각했다. 하지만 이런 명명법은 화학에서의 입체이성질체stereoisomerism와 영역을 가로지른 분류상의 공간 감각과 연결되었기에 아름답다. 어떻게 하면 시스-애인이 트랜스 파트너에게 좋은 상대가 될 수 있을까와 같은 물음들이 초기 젠더 재편성 기간에 널리 논의되었다. 카밀 1 정착지의 몇몇 회원들은 퇴비 공동체에 참여하기 전에 성전환 그룹에서 활동했다. 서양의 이른바 근대라고 불린 기간의 극단적인 젠더 이분법은 인식과 명명의 관행을 괴롭혔고 급기야는 최근의 머뭇거림Late Dithering에 이르게 했다. 이 무렵 퇴비 공동체들은 복수종의 번성뿐만 아니라 복수 젠더에 진지한 변화를 일으키기 시작했다. Weaver, "Trans Species" and "Becoming in Kind" 참고.

19 Robinson, *2312*. 이 SF에서 거대한 머뭇거림Great Dithering의 시기는 2005~2060년이다. 이어서 지구는 복합적인 시스템 장애가 동반되는 위기의 시기가 뒤따르며, 그다음에는 재결합 불가능하게 갈라져 나갔다. 그 결과 지구는 복수종이 궁핍해지고 인간의 비효율적 행위는 수그러들지 않는, 필요하지만 희망이 없는 불결한 장소로 남겨진다.

20 기이한 친척이라는 의미의 **oddkin**은 전통적이지 않은 생물발생적 친척들을 가리키는 구어체 용어이다.

21 **per**는 모든 사람에게 적용되는 젠더-중립적인 대명사였다. 마지 피어시Marge Piercy는 1976년에 출간한 장편소설 《시간의 경계에 선 여자Woman on the Edge of Time》에서 이 용어를 제안했다. 어떤 사람이 삶의 과정에서 하나 이상의 민감하게 알아차릴 수 있는 젠더적 신체 습성을 개발하기로 결정했든 아니든, 비록 일부 사람들이 젠더를 표현하는 대명사를 선호한다 해

도, per는 일반적 대명사로 계속 남았다. sym은 여러 언어에서 명료한 의미를 가지는데 어떤 공생 혹은 다른 종류의 근본적 공-산에서 인간과 동물 파트너를 위한 대명사로 자주 사용되었다.

22 2012년, 500종 이상의 희귀하거나 위험에 처해 있거나 멸종 위기에 놓인 크리터들(곤충, 거미류, 연체동물, 어류, 파충류, 양서류, 조류, 포유류)이 '웨스트버지니아 자연유산 프로그램'에 공식 등록되었다. West Virginia Department of Natural Resources, "Rare, Threatened, and Endangered Animals" 참고.

애팔래치아 지대는 지구상에서도 특이한 도롱뇽의 생물다양성에 중요한 곳이고, 산꼭대기를 파헤쳐 없애는 것은 서식지 파괴와 수질 오염을 야기하는 중대한 파괴 행위다. 도롱뇽은 건조한 땅과 수중 산란지를 오가는 이주성 동물인데, 서식지가 쪼개지면 위험에 직면하게 된다. 지구온난화로 인한 기온 상승은 도롱뇽 거주지에 큰 영향을 미친다. 그들이 서늘한 서식지로 잘 옮겨 갈 수 있도록 이동 통로를 보호하는 것이 매우 중요하다. Lanno, *Amphibian Declines*; "Appalachian Salamanders"; "Biodiversity of the Southern Appalachians"; Conservation and Research Center of the Smithsonian National Zoological Park, "Proceedings of the Appalachian Salamander Conservation Workshop, May 30-31, 2008"; IUCN Red List of Threatened Species, "*Ambystoma barbouri*" 참고.

무수히 많은 탈바꿈을 하는 경이로운 이들 강하 어류에 관해 감동적이면서 유용한 정보를 주는 책으로는 Prosek, *Eels* 참고. 그들의 보호대책에 대한 공무상의 머뭇거림에 관해서는 U.S. Fish and Wildlife Service, "The American Eel" 참고.

아메리카황조롱이는 카밀 1의 시기에 알려진 바로는 종의 차원에서 위험에 처해 있지는 않았지만, 기업식 영농이 그들의 서식지를 쓸어냄에 따라 개체수가 급작스럽게 줄어들었다. 이전에 황조롱이들은 가축의 야외 방목, 독성이 덜하고 윤작이나 혼작을 하는 농업 관행에서 혜택을 입었다. 이들 맹금류는 숲에서 사냥하는 것보다 넓게 트인 들판과 목초지, 초원, 도로변에서 노는 것을 더 좋아하기 때문이다. 미국 북동부 지역에서 버려진 농경지를 숲으로 다시 가꾸는 일은 황조롱이에게 좋지 않다. 이 사랑스러운 작은 매는 들쥐와 생쥐, 작은 새, 파충류, 매미, 딱정벌레, 잠자리, 나방 같은 아주 작은 포유동물을 먹이로 삼는다. 펜실베이니아 호크산 맹금류 보호구역에서 시행한 황조롱이 개체수 조사에 따르면, 이 날개 달린 포식자는 1930년대부터 1970년대 중반까지 증가했다가 1970년대 후반부터 1980년대 초반까지는 감소하고, 1980년대 후반부터 1990년대 초반까지는 비교적 안정돼 있다가, 2000년대 초반에는 드물게 되었다. 웨스트나일 바이러스가 중요한 요인이었을지 모른다. 2015년경에 조사한 새들의 95퍼센트가 이 바이러스에 항체를 가지고 있었다. 2025년에 카밀 1의 무리가 태어났을 즈음, 사람들과 오랫동안 서로 적응해 살아왔음에도 불구하고 많은 곳에서 아메리카 황조롱이는 심각한 곤경에 처해 있었다.

일부 황조롱이 개체군은 1년 내내 한곳에 머물고, 다른 개체군은 남북으로 먼 거리를 이주한다. 아메리카 대륙에서 나타나는 특이한 현상인데, 황조롱이들은 남아메리카 남단의 티에라델푸에고에서 알래스카와 캐나다의 아한대 숲까지 이르는 영역에서 먹이를 얻는다. 뉴골리에서 황조롱이들을 찾아보기에 가장 좋은 시기는 9월 중순부터 10월 중순까지, 즉 이주 기간 동안이다. Hawk Mountain, "American Kestrel"; Hawk Mountain, "Long-Term Study of American Kestrel Reproductive Ecology" 참고.

2015년에, 미국 어류 및 야생동물 관리국이 웨스트버지니아에 서식하는 두 종류의 가재를 멸종위기종 보호법ESA에 의해 보호받을 수 있도록 청원했다. 두 종 모두 산꼭대기를 파괴하는 방식의 석탄 채굴이 그들의 수로를 황폐화한 탓에 위기에 처한 경우였다. 이들은 산꼭대기-제거로 인해 미래를 빼앗기고, 멸종위기종 보호법 적용이 청원된 수많은 종의 일부일 뿐이다. 2015년 4월 6일 생물다양성센터의 대언론 공식 발표, "Two Crayfishes Threatened by Mountain-Top Removal Mining in West Virginia, Kentucky, Virginia Proposed for Endangered Species Act Protection" 참고. 여기서는 이렇게 주장한다. "가재는 중요한 핵심 동물로 간주되는데, 가재가 파는 구멍에 물고기를 포함한 다른 종들이 서식하기 때문이다. 가재는 물을 더 청정하게 만들기도 하며, 부패하는 식물과 동물을 먹고, 자신들은 다시 어류, 새, 파충류, 양서류, 포유류의 먹이가 되어 먹이 그물망의 중요한 연결 고리가 된다. 빅샌디와 가이안도트강에 사는 가재는 수질 오염에 민감해서 수질의 지표 종이 된다."

23 과학자들은 이런 요건을 유소성留巢性(태어난 곳에 머무르거나 다시 돌아오는 성질—옮긴이)이라 부르고, 비퇴비주의자인 영어 사용자들은 애국심을 입에 올린다. 퇴비주의자들은 현재의 보금자리에 대한 애정과 필요에 대해 말하는데, 이 보금자리는 실재하는 것이다. 퇴비주의자들은 반 두렌의《항로Flight Ways》를 통해 시드니항의 어린 펭귄에게 자신들 이야기를 하면서 그런 식으로 생각하는 것을 배웠다.

24 왕나비 이주에 관한 유전학, 기생생물과 숙주의 생태 및 진화에 관한 연구는 de Roode Lab 웹사이트 참고.

25 나는 캘리포니아대학 산타크루즈 캠퍼스의 '갈등과 협력을 통한 유색인종 여성 연구단'의 "갈등과 협력을 통한"이라는 어구로 생각하고 다시 생각하는 하는 것을 배웠다. 이 연구 집단은 1995~98년 앤절라 데이비스Angela Davis가 캘리포니아대학 총장으로 재직할 때 설립되었다.

26 21세기 초 덴마크에서 있었던 인류세의 생태적 긴급성과 관련된 문제들을 탐구한 학술회의는 뉴골리의 퇴비주의자들에게 특별히 유용했다. '오르후스대학 인류세 연구AURA' 팀은 이 학술회의에서 발표한 〈포스트식민주의의 특징Postcolonial Natures〉에서 이렇게 말했다. "인류세의 기점에 관한 세 가지 제안은 전 세계적 변화와 식민지화 과정을 직접 연결한다. 포르투갈과 스페인 제국주의의 산물인 콜럼버스의 교환The Columbian Exchange, 영국 식민지 주민들의 노력의 소산인 19세기의 산업주의, 미국의 제국주의와 그것이 태동시킨 소비자 자본주의와 깊이 연결된 1950년대의 '거대한 가속' …… 권력과 식민주의와 자본주의의 관계를 중심에 두고, 학술회의는 불평등과 억압의 역사가 어떻게 지형에 문제를 일으키고 복수종의 관계를 형성하는지 탐구한다." 거대한 가속은 정확히 말해서 지구상의 인간의 수가 대단히 파괴적인 속도로 증가하기 시작한 시기라는 점을 주목하자. 인간의 수와 이 학술회의에서 제기된 질문들은 밀접하고 복잡하게 관련돼 있다.

27 "나우시카: 캐릭터Nausicaä: Character"와 "바람계곡의 나우시카Nausicaä of

the Valley of the Wind" 웹사이트 참고. 이 일본 애니메이션은 1984년에 나왔다. 이 엄청난 이야기로 내 주의를 이끌어준 애나 칭에게 감사한다.

28 휴 래플스Hugh Raffles는 《인섹토피디어Insectopedia》(166~167)에서 〈벌레를 사랑한 숙녀〉라는 12세기 일본의 이야기를 참고한다. 이 이야기는 작자 미상의 짧막한 이야기 10편을 엮은 책 《쓰스미추나곤 모노가타리》에 들어 있다.

29 "나우시카의 결말"이라는 1995년의 인터뷰에서 미야자키 하야오는 "극도로 정상적이지 않은" 여걸을 만들어내고 싶었다고 말했다. 이 인터뷰에서 미야자키는 오무를 어릴 때나 다 자랐을 때나 전 생애에 걸쳐 애벌레로 묘사했다. 카밀 1이 매료된 것은 놀랍지 않다!

30 스콧 길버트는 내가 발생생물학의 메커니즘을 생각하고 카밀 2에게 나비 더듬이라는 턱수염을 달도록 이끌어주었다(개인적인 이메일, 2015년 4월 7일). "나비 더듬이를 인간의 턱에 이식하는 몇 가지 방법이 있을 수 있다. 하나는 중추성 면역 내성을 유도하는 것이다. 만약 공동체가 카밀이 왕나비와 연계되리라는 사실을 알게 되면, [아이가] 태어나자마자 나비 더듬이 추출물(아마도 배양된 것이거나 죽은 나비들에서 얻은 것)을 [신생아]에게 주사할 수 있을 것이다. 면역 시스템은 여전히 발달 중이고 이 물질들이 '자기'로 인식되도록 가꾸어질 것이다. 이런 결정이 생의 후반에 내려지면, 특정 T 세포가 없는 상태에서 나비 물질 주입으로 클론에 의한 면역성 결여를 유도할 수 있을 것이다. 이것은 대단히 성공적이라고는 할 수 없는데, 말초성 면역 내성이 아직 우리의 알레르기를 치료하지 못하기 때문이다. 그래서 미래에 …… 그걸 하는 한 가지 흥미로운 방식은 주변 조직이 태반처럼 되도록 유도하는 것이다. 태반은 태아가 어머니의 면역 시스템에 의해 파괴되는 것을 방지하는 환경을 만든다. 태반의 기능에 힘입어 얻어진 인자들은 조절 T-세포를 만들고 보조 T-세포를 제한하는 것으로 나타난다(최근 논문으로 Svenson-Arveland et al., "The Human Fetal Placenta Promotes Tolerance against the Semiallogenic Fetus by Producing Regulatory T Cells and Homeostatic M2 Macrophages" 참고). 또 다른 SF적 방법은 나비 항원을 발현하는 공생 박테리아가 면역 내성을 유도하게 하는

것이다. 이를 통해 땅콩 알레르기(Ren et al., "Modulation of Peanut-Induced Allergic Immune Responses by Oral Lactic Acid Bacteria-Based Vaccines in Mice")와 아토피성 피부염(Farid et al., "Effect of a New Synbiotic Mixture on Atopic Dermatitis in Children")을 방지하거나 개선할 수 있는지 현재 연구 중이다. 장시간 접촉으로 항원-특이성 조절 T-세포가 유도될지 모른다. 그것으로 공생이 개입되어 면역 내성이 생산될 수 있을 것이기에 흥미롭다."

그래서 뉴골리 과학자들은 열다섯 살이 된 카밀 2와 의논할 수 있는 많은 선택지가 있었다. 카밀 2는 처음에는 태반의 면역 내성과 같은 방식으로 만들어진 인자들을 시도했다가 실패했지만 결국 성공을 거둔다. 나비 더듬이 항원을 발현하고 인간 숙주에게 이식하기 위한 면역 내성을 유도하는 공생 박테리아를 카밀 2에게 줌으로써 성공한 것이다.

〈나비 해부학Butterfly Anatomy〉은 이렇게 설명한다. "왕나비Danaus plexippus의 더듬이는 1만 6000개 이상의 후각 센서로 덮여 있다. 1만 3700개쯤 되는 비늘 모양의 센서는 생식 관련 페로몬과 꿀 냄새에 민감한데, 이것으로 나비들은 꽃물이 있는 곳을 찾을 수 있다. 개미나 벌의 더듬이와 마찬가지로 나비의 더듬이는 신체 커뮤니케이션에 사용될 수 있다. 예를 들어, 수컷 쐐기풀나비Aglais urticae는 구애를 할 때 암컷의 뒷날개를 더듬이로 두드리는데, 아마도 암컷 날개 위의 페로몬을 '맛보려고' 그럴 것이다. 나비들은 종종 더듬이 끝으로 흙이나 나뭇잎을 톡톡 치는 '안테나 디핑antenna dipping'을 한다. 화학적 성질을 감지하기 위해 기질을 맛보고 있는 것이다. 이렇게 함으로써 토양이 필수 영양소를 함유하고 있는지 아닌지 확인할 수 있다. 수컷 나비들은 종종 나트륨을 얻기 위해 무기질이 함유된 수분을 마시고 교미할 때 이것을 암컷에게 보낸다."

31 애팔래치아에서는 석탄이 왕이었고, 파산한 조합, 발파된 마을, 유린된 인간의 허파, 회복력 있는 사람들, 사라진 산과 물, 크리터 들이 카밀 1의 유산의 핵심에 있었다. 뉴골리와 카밀들에게 중요한 다른 지역과 사람들은 캐나다 역청사암 지역의 많은 토착민들, 그리고 석탄 사업에 주력하는 피바디 에너지와 맞서 싸우고 있는 블랙메사고원의 디네족과 호피족이었다. 이 책

의 3장 참고. 디네족은 이렇게 주장한다. 이 세상에서 진정한 악마는 탐욕
이라고. 화석연료 추출 때문에 대수층, 개울, 호수, 바다, 습지, 강 들이 파괴
되자 카밀들은 왕나비의 겨울 서식지인 멕시코 화산대의 사람들, 크리터들
과 연결되었다. 여기서는 물이 강 유역을 경유하는 대규모 이송 프로젝트
에서 산들을 가로질러 멕시코시티로 넘어가 전용되었다.

32 카밀 2의 멕시코 체류 준비에 도움이 되었던 복수종의 세계 만들기와 회복
에 대한 탈식민적 접근법은 다음을 참고하라. Basso, *Wisdom Sits in Plac-
es*; Danowski and Viveiros de Castro, "L'Arrêt du Monde," 221~339; de la
Cadena, *Earth Beings*; Escobar, *Territories of Difference*; Green, *Contested
Ecologies*; Hogan, *Power*; Kaiser, "Who Is Marching for Pachamama?";
Kohn, *How Forests Think*; Laduke, *All Our Relations*; Tsing, *Friction*;
Weisiger, *Dreaming of Sheep in Navajo Country*.
콜롬비아 푸투마요 지역에서 다년간 연구하고 있는 크리스티나 라이언스
Kristina Lyons는 이렇게 주장한다. "인간 삶의 가능성뿐만 아니라 군사적
억압 아래서 생명과 노동의 우발성을 공유하는 존재자들과 요소들(토양,
숲, 강, 곤충, 동물, 식용작물, 약용식물, 인간)이라는 연속체의 관계적 현존
을 방어하기 위한 투쟁에서 시골 공동체들은 생태학적 영토권 개념을 갈수
록 더 분명히 표현하고 있다." Lyons, "Can There Be Peace with Poison?"
라이언스는 이론적 용어로서 그리고 상황에 처한 자연문화의 공간으로서
셀바selva, 즉 남미의 열대다우림을 제안한다. 셀바는 자연과 달리 식민지의
일을 하지 않는다. 퇴비주의자들은 영국의 인류학자 메릴린 스트래선이 건
네준 유산을 기억하고 있는데, 그는 어떤 관념들이 다른 관념들을 생각하
는지가 중요하다고 주장했다. K. Lyons, *Fresh Leaves*; de la Cadena, "Un-
commoning Nature" 참고.
'환경문제'를 둘러싼 물음의 여러 측면에 관한 환경 단체들의 (모호하기
도 하고, 논란의 여지도 있으며, 때로는 너무 중요하고, 때로는 놀라운) 작
업을 맛보기 위해서는, 지리학자이자 페미니스트 정치생태학을 만든 다
이앤 로첼로Dianne Rocheleau의 최근 에세이 "Networked, Rooted and
Territorial: Green Grabbing and Resistance in Chiapas" 참고. 사파티스타

운동이 일어난 치아파스는 카밀 2가 잘 알게 된 지역의 일부이다. Harcourt and Nelson, *Practicing Feminist Political Ecologies* 참고. 2002년 UCSC 대학원에서 나와 애나 칭이 주도한 지오페미니즘geofeminism 세미나에서 칭의 소개로 접한 로첼로의 글이 나의 세계를 바꿔놓았다. Rocheleau and Edmunds, "Women, Men and Trees."

33 멕시코와 국제적 토착민 운동에 있어서 1968년 이후 마사우아족과 관련된 일의 전후 사정에 관해서는 Gallegos-Ruiz and Larsen, "Universidad Intercultural" 참고.

34 Gómez Fuentes, Tire, and Kloster, "The Fight for the Right to Water."

35 Molina, "Zapatistas' First School Opens for Session." 사파티스타 민족해방군은 1994년 치아파스에서 출현했다.

36 거북의 눈물을 마시는 아마존 나비들에 관한 웅변적인 이야기는 Main, "Must See" 참고.

37 나는 위의 〈나는 마사우아다〉 시를 강력한 행들은 빼고 GallegosRuiz and Larsen, "Universidad Intercultural", 24~25에서 가져왔다. 1980년 어느 어린 소녀가 대통령 후보 미겔 데 라 마드리드Miguel de la Madrid에게 마사우아어와 스페인어로 이 시를 읽어주었다. 스페인어 시는 Garduño Cervantes, "Soy mazahua" 참고. 2011년에 스페인어 버전을 낭송한 초등학생 소녀에 대해서는 Guadalupe, "Soy mazahua" 참고. 마사우아어의 소멸 위험에 관해서는 Domínguez, "De la extinción de su lengua mazahua" 참고. 이 시의 마사우아어 버전은 글이든 말이든 찾지 못했다.

38 과학은 여기서 의미하는 그런 식으로 근대적인 것이 아님을 기억하라. 그것들은 과학이 아니다. 언어의 빈곤이 열렬한 퇴비주의자들까지 좌절시켰다.

39 카밀은 20세기와 21세기에 미국 서부 콜로라도강의 물을 유역과 지역을 가로질러 극히 파괴적으로 이송한 사실을 책을 읽고 알았다. 물을 서부 캘리포니아로 이송하기 위해 애리조나의 샌저신토산을 관통해 시추공을 뚫었고, 물을 덴버로 보내기 위해 로키산맥을 가로지르는 거대한 터널과 송수로를 만들어 강물을 서에서 동으로 쏟아냈다. Lustgarten, "End of the Miracle Machines." 이 책의 3장 참고. 공학 친화적 접근법에 관해서는 Colorado

Water Users Association 웹사이트 참고. 환경정의와 공정한 전환에 관여하는 지속성 있는 정치와 생태학으로 이런 관행을 종식시키는 데 매우 중요한 것은 토착민들과 환경 단체들의 연대이다. Just Transition Alliance and Indigenous Environmental Network 웹사이트 참고.

40 Enciso L., "Mexico"; Geo-Mexico, "Where Does Mexico City Get Its Water?"; "Water Management in Greater Mexico City," Wikipedia.

2004년 9월, 마사우아족 여성들은 단호한 행동을 취했다. 〈물 권리 투쟁The Fight for the Right to Water〉에서 고메스 푸엔테스Gómez Fuentes를 비롯한 저자들은 이렇게 쓰고 있다. "그때 우리는 스스로 이렇게 말했다. '그들은 남자들을 가지고 놀고 있다. 우리에게 아무 행동도 보여주지 못하고 있으니까. 우리는 용기를 모아 투쟁을 이끌기로 결단했다.' 산이시드로에서 온 로살바 크리소스토모Rosalva Crisóstomo는 이렇게 이야기한다. …… 결국 피해를 입은 공동체들이 우여곡절 끝에 침수된 농경지에 대한 약간의 보상을 받았고, 물 이송 프로젝트인 쿠트사말라 시스템 탓에 수용당했던 토지를 돌려받았으며, 많은 공동체가 식수를 얻었지만, 일부는 이런 혜택에서 제외되었다. 공동체들은 지속 가능한 발전 계획을 세워 스스로 숲과 습지의 복원 절차를 시작했다. 농산물 생산과 유통을 위한 소기업과 협동조합을 만들었는데, 이는 인구 유출을 방지하는 데 도움이 되었다. 더불어 마사우아 공동체들은 특히 여성 사회에서 자신들의 언어와 복식에 대한 자부심을 되찾았으며 하나의 민족으로서 문화, 정체성, 관습, 전통을 재확인했다."

2006년 제4차 세계 물 포럼에서는 라틴아메리카 물 조사위원회를 비롯해 대안적인 토론과 시위가 다양하게 조직되었다. 마사우아의 운동은 강하게 표출되었다. Trujillo, "The World Water Forum" 참고. 2010년 9월, 사파티스타 마사우아 여군의 지도자들인 아구스티나 아라우호Agustina Araujo, 과달루페 아세베도Guadalupe Acevedo, 오펠리아 로렌소Ofelia Lorenzo, 이르마 로메로Irma Romero는 자원과 영토 통제에 맞서 투쟁을 주도한 제1회 토착 여성 심포지엄에서 증언했다. "Zapatista Army of Mazahua Women in Defence of Water in the Cutzamala Region"; Wickstrom, "Cultural Politics and the Essence of Life" 참고.

41 페루 아마존 지역의 한 퇴비 공동체는 필수 미네랄을 얻기 위해 거북의 눈물을 마시는 이 지방 나비에 맞추어져 있었다. 이 공동체에서는 인간 아기들이 취약한 거북과 나비와의 공생에 함께했다.

42 Russ, *Adventures of Alyx*; Pullman, *His Dark Materials*; Czerneda, *Beholder's Eye*.

43 왕나비와 그들의 원생 기생생물, 밀크위드, 밀크위드의 뿌리와 연관된 토양의 수지상 균근균이 실뜨기 같은 홀로바이옴을 구성한다. 균류는 밀크위드가 독소를 얼마나 만들 수 있는지를 결정하는데, 밀크위드의 독소는 왕나비가 그들의 기생생물을 억제하는 데 매우 중요하다. 그로 인한 효과는 밀크위드종과 그들이 처한 생태계에 따라 다를 수 있다. 토양 생물상의 질병들, 예를 들면 내가 우화로 만든 24세기의 왕나비아과 전체에 걸쳐 중요한 균근균의 제어 불가능한 바이러스성 전염병이 왕나비와 원생동물과 같은 홀로바이옴 내 다른 구성원들 사이의 상호작용에 심대한 영향을 미칠지 모른다. 그리고 결과적으로 번데기에서 성충이 출현하는 과정에서 큰 실패를 맛볼지도 모른다. 이는 말벌 같은 크리터들에게는 단기적으로 이득이 될 수도 있다. 이들은 갓 태어난 허약한 나비를 알을 낳을 장소로 선택하고, 나비의 시체는 자손에게 먹이로 제공한다. 하지만 균류와 원생동물, 식물, 나비 홀로바이옴의 대실패는 결국은 말벌이 낳은 알도 실패하게 만든다. Tao et al., "Disease Ecology across Soil Boundaries" 참고.

44 카밀 4는 세리드언 도비Ceridwen Dovey의 저작 《오직 동물들뿐Only the Animals》에서 통찰을 얻었다. 로미 애시Romy Ash는 《가디언》에 기고한 서평에서 이렇게 쓰고 있다. "《오직 동물들뿐》은 열 마리의 죽은 동물의 영혼이 하는 이야기이다. 각 동물은 20세기에 인간의 갈등에 휩쓸리게 된다. 그들은 자신들의 죽음에 관해서 이야기한다. 홍합은 진주만 폭격 때 죽은 이야기를 하고, 코끼리는 1987년 모잠비크 내전으로 죽은 이야기를, 곰은 1992년 보스니아-헤르체고비나 내전 때 죽은 이야기를 한다."

45 퇴비 공동체들은 열렬한 SF 독자였고, 휴고상과 네뷸러상을 수상한 오슨 스콧 카드Orson Scott Card의 《사자의 대변인Speaker for the Dead》(1986)에서 많은 것을 얻었다. 《엔더의 게임Ender's Game》의 속편인 이 이야기는 외

계 종족인 버거족에 맞서는 어린 소년 엔더 위긴이 자신도 모르는 상태에서 저지른 군국주의적이고 절멸적인 행동에 뿌리를 두고 있다. 엔더는 사자의 대변인으로서 평생에 걸친 속죄를 시작하고, 서로 화해하지 않은 자들과 병든 자들을 찾아다니고, 트러블을 모아서 분해하고, 산 자와 죽은 자들을 위해 평화를 다시 일구어낸다. 버거족은 완전히 절멸된 것은 아니었다. 엔더는 인간과는 전적으로 다른 이들, 지각 있는 곤충류 타자들이 회복할 수 있는 열린 공간을 유지해주었다. 커뮤니케이션은 파열과 실패를 거친 후에야 비로소 가능성을 생성할 수 있었다.

사자의 대변인에 대해서는, 19세기 온타리오 프린스빌에서 강제로 퇴거당한 후 완전히 잊혀버린 흑인 정착민들의 묘석을 계획적으로 파괴한 사건을 그린 다큐멘터리를 통해 또 다른 방식으로 접근할 수 있다. The Original People, "Speakers for the Dead" 참고.

46 수전 하딩, 사적인 대화, 2014년 10월 7일. 타냐 타가크Tanya Tagaq의 작업과 머리 둘 달린 늑대와 얽힌 이 젊은 여성의 촉수적 디자인에 대해서는 Tagaq, "Animism" 참고. 음악은 Tagaq, "Polaris Prize Performance and Introduction"을 보라.

47 Tagaq, "Tagaq Brings Animism to Studio Q."

48 에두아르두 비베이루스 지 카스트루, 사적인 대화, 2014년 1월 2일. Harvey, *Handbook of Contemporary Animism* 참고.

49 퇴비 공동체들의 이 찬가는 손상된 지구의 부활을 위한 의식에서 불렸다. 이 노래는 20세기와 21세기 신이교주의 마녀 스타호크Starhawk(*Truth or Dare*, 30~31)로부터 계승된 것이다. 스타호크의 노래는, 이자벨 스탕제르가 말하는 실천의 생태학에서 유래한 실천의 하나로서 강렬한 역사적 감수성, 고통 느끼기의 중요성을 주장한다. 이 노래는 스탕제르의 《마술과 과학 사이의 최면Hypnose entre magie et science》에서도 인용되었다. 하나의 말로서 그리고 하나의 과정으로서 귀중한 부활은 애나 칭이 준 선물이다. "홀로세의 부활에 대한 위협은 생존율에 대한 위협이다."

참고문헌

Abouheif, E., M. J. Favé, A. S. Ibarrarán-Viniegra, M. P. Lesoway, A. M. Rafiqi, and R. Rajakumar. "Eco-Evo-Devo: The Time Has Come." *Advances in Experimental Medicine and Biology* 781 (2014): 107-25. doi: 10.1007/978-94-007-7347-9_6. Accessed August 2, 2015.

"Acacia." Wikipedia. http://en.wikipedia.org/wiki/Acacia. Accessed August 21, 2015.

"Advanced Energy for Life." https://www.advancedenergyforlife.com/. Accessed August 10, 2015.

Afro-Native Narratives. "Jihan Gearon, Indigenous People's Rights Advocate." http://iloveancestry.com/americatoday/afro-native-truth/item/261-jihan-gearon-indigenous-peoples-rights-advocate-black-mesa-water-coalition. Accessed August 12, 2015.

"Ako Project." http://www.lemurreserve.org/akoproject.html. Accessed August 11, 2015.

"Ako Project: The Books." http://www.lemurreserve.org/akobooks.html. Accessed August 11, 2015.

Alberta Energy. "Facts and Statistics." http://www.energy.alberta.ca/oilsands/
791.asp. Accessed August 8, 2015.

Alegado, Rosanna, and Nicole King. "Bacterial Influences on Animal Origins." *Cold Spring Harbor Perspectives in Biology* 6 (2014): a016162. http://cshperspectives. cshlp.org/content/6/11/a016162.full.pdf+html. Accessed June 8, 2015.

Ali, Saleem H. *Mining, the Environment, and Indigenous Development Conflicts.* Tucson: University of Arizona Press, 2003.

Allen, Robert, James DeLabar, and Claudia Drossel. "Mirror Use in Pigeons." http://psychology.lafayette.edu/mirror-use-in-pigeons/. Accessed August 3, 2015.

Allin, Jane. "Wyeth Wins, Horses Lose in the Premarin® Drug Sales Sweep-stakes." *Tuesday's Horse.* April 7, 2010.

Anderson, Virginia DeJohn. *Creatures of Empire: How Domestic Animals Transformed Early America.* New York: Oxford University Press, 2004.

Anidjar, Gil. *Blood: A Critique of Christianity.* New York: Columbia University Press, 2014.

Anonymous. "History: The Formation of the Endosymbiotic Hypothesis." https://endosymbiotichypothesis.wordpress.com/history-the-formation-of-the-endosymbiotic-hypothesis/. Accessed August 9, 2015.

"Anthropocene: Arts of Living on a Damaged Planet." Conference sponsored by the Anthropology Department, University of California at Santa Cruz, and Aarhus University Research on the Anthropocene (aura), Aarhus, Denmark. Santa Cruz, CA, May 8-10, 2014.

"Anthropocene Feminism." Conference videos. University of Wisconsin-Milwaukee. April 10-12, 2014. http://c21uwm.com/anthropocene/conference-videos/. Accessed August 8, 2015.

Anthropocene Working Group. *Newsletter of the Anthropocene Working Group* 4 (June 2013): 1-17; 5 (September 2014): 1-19.

"Appalachian Salamanders." Smithsonian Conservation Biology Institute. http://

nationalzoo.si.edu/SCBI/SpeciesSurvival/AmphibianConservation/ salamander/. Accessed September 1, 2015.

Arauho, Augustina, Guadalupe Acevedo, Ofelia Lorenzo, and Irma Romero. "Zapatista Army of Mazahua Women in Defense of Water." In *Dialogue: Indigenous Women in Defense of Life and Land*, edited by Marisa Belausteguigoitia Rius, Mariana Gomez Alvarez Icaza, and Iván González Márquez. *Development* 54, no. 4 (2011): 470-72.

Arendt, Hannah. *Eichmann in Jerusalem: A Report on the Banality of Evil*. New York: Penguin, 1964.

―――. *Lectures on Kant's Political Philosophy*. Brighton, UK: Harvester Press, 1982.

―――. "Truth and Politics." In *Between Past and Future: Eight Exercises in Political Thought*, 227-64. New York: Penguin, 1977.

Ash, Romy. "*Only the Animals* by Ceridwen Dovey: A Book Review." *Guardian*, May 16, 2014. http://www.theguardian.com/books/australia-culture-blog/2014/may/16/only-the-animals-by-ceridwen-dovey-book-review. Accessed March 19, 2016.

Attenborough, David. "Intimate Relations." *Life in the Undergrowth*. http://www.bbc.co.uk/sn/tvradio/programmes/lifeintheundergrowth/prog_summary.shtml#4. Accessed August 21, 2015.

AURA (Aarhus University Research on the Anthropocene). http://anthropocene.au.dk/. Accessed August 8, 2015.

―――. "Postcolonial Natures: Landscapes of Violence and Erasure." Conference at the University of Aarhus. June 17, 2015. http://anthropocene.au.dk/currently/events/show/artikel/conference-postcolonial-natures-landscapes-of-violence-and-erasure/. Accessed September 1, 2015.

Australian Earth Laws Alliance. http://www.earthlaws.org.au/rights-of-nature-tribunal/. Accessed March 19, 2016.

Barad, Karen. *Meeting the Universe Halfway*. Durham, NC: Duke University

Press, 2007.

Barash, David P. *Buddhist Biology: Ancient Eastern Wisdom Meets Modern Western Science*. New York: Oxford University Press, 2013.

_____. *Natural Selections: Selfish Altruists, Honest Liars and Other Realities of Evolution*. New York: Bellevue Literary Press, 2007.

Barker, Joanne. "Indigenous Feminisms." In *The Oxford Handbook of Indigenous People's Politics*, edited by Jose Antonio Lucero, Dale Turner, and Donna Lee VanCott (online January 2015). doi: 10.1093/oxfordhb/9780195386653.013. 007. Accessed September 24, 2015.

_____. *Native Acts*. Durham, NC: Duke University Press, 2011.

Bashford, Alison. *Global Population: History, Geopolitics, and Life on Earth*. New York: Columbia University Press, 2013.

Basso, Keith. *Wisdom Sits in Places: Landscape and Language among the Western Apache*. Albuquerque: University of New Mexico Press, 1996.

"Batman Park." Wikipedia. http://en.wikipedia.org/wiki/Batman_Park. Modified January 13, 2015. Accessed August 3, 2015.

"Batman's Treaty." Wikipedia. http://en.wikipedia.org/wiki/Batman's_Treaty. Modified July 5, 2015. Accessed August 3, 2015.

Bear, Laura, Karen Ho, Anna Tsing, and Sylvia Yanagisako. "Gens, a Feminist Manifesto for the Study of Capitalism." Cultural Anthropology Online. March 30, 2015. http://culanth.org/fieldsights/652-gens-a-feminist-manifesto-for-the-study-of-capitalism. Accessed August 12, 2015.

"Bee Orchid." http://www.explainxkcd.com/wiki/index.php/1259:_Bee_Orchid; https://xkcd.com/1259/. Accessed August 10, 2015.

Begay, D. Y. "Shi'Sha'Hane (My Story)." In *Woven by the Grandmothers*, edited by Eulalie Bonar, 13-27. Washington, DC: Smithsonian Institution Press, 1996.

Begaye, Enei. "The Black Mesa Controversy." *Cultural Survival Quarterly* 29, no. 4 (winter 2005). http://www.culturalsurvival.org/publications/cultural-survival-quarterly/united-states/black-mesa-controversy. Accessed August 10,

2015.

Belili Productions. "About Signs out of Time." http://www.belili.org/marija/
aboutSIGNS.html. Accessed August 8, 2015.

Bell, Susan. *des Daughters, Embodied Knowledge, and the Transformation of
Women's Health Politics in the Late Twentieth Century*. Philadelphia: Temple
University Press, 2009.

Benally, Malcolm D., ed. and trans. *Bitter Water: Diné Oral Histories of the Nava-
jo-Hopi Land Dispute*. Tucson: University of Arizona Press, 2011.

Benanav, Michael. "The Sheep Are Like Our Parents." *New York Times*, July 27,
2012. http://www.nytimes.com/2012/07/29/travel/following-a-navajo-
sheep-herder.html?pagewanted=all&_r=1. Accessed August 12, 2015.

Berokoff, Tanya. "Attachment," "Love," and "Let's Hear." Racing Pigeon Posts.
http://www.articles.racing-pigeon-post.org/Attachment.html; http://
www.articles.racing-pigeon-post.org/Love.html.

"Biodiversity of the Southern Appalachians." Highlands Biological Station, West-
ern Carolina University. http://highlandsbiological.org/nature-center/
biodiversity-of-the-southern-appalachians/. Accessed September 1, 2015.

"Biology of Acacia." Advances in Legume Systematics Series Part 11, special issue
of *Australian Systematic Botany* 16, no. 1 (2003). http://www.publish.csiro.
au/issue/650.htm. Accessed August 21, 2015.

Black, Max. *Models and Metaphors: Studies in Language and Philosophy*. Itha-
ca, NY: Cornell University Press, 1962.

"Black Mesa Indigenous Support." http://supportblackmesa.org/about/mission/.
Accessed August 10, 2015.

"Black Mesa Trust." http://www.blackmesatrust.org. Accessed August 10, 2015.

Black Mesa Weavers for Life and Land. http://www.culturalsurvival.org/ourpub-
lications/csq/article/black-mesa-weavers-life-and-land. Accessed August
10, 2015.

_____. "Diné Navajo Weavers and Wool." http://www.migrations.com/blackmesa/blackmesa.html. Accessed August 11, 2015.

Blystone, Peter, and Margaret Chanler. *A Gift from Talking God: The Story of the Navajo Churro.* Documentary film. Blyportfolio, 2009.

BMWC(Black Mesa Water Coalition). http://www.blackmesawatercoalition.org/. Accessed August 10, 2015.

_____. "About." http://www.blackmesawatercoalition.org/about.html. Accessed August 10, 2015.

_____. "Green Economy Project." http://gardenwarriorsgoodseeds.com/2014/10/04/black-mesa-water-coalition-green-economy-project-pinon-az/. Accessed August 12, 2015.

_____. "Our Work." http://www.blackmesawatercoalition.org/ourwork.html. Accessed August 10, 2015.

_____. "Photos." https://www.facebook.com/blackmesawc/photos_stream. Accessed August 11, 2015.

_____. "Tenth Anniversary Video." Narrated by Jihan Gearon. Paper Rocket Productions, 2011. http://www.blackmesawatercoalition.org/index.html. Accessed August 12, 2015.

Bonfante, Paola, and Iulia-Andra Anca. "Plants, Mycorrhizal Fungi, and Bacteria: A Network of Interactions." *Annual Review of Microbiology* 63 (2009): 363-83.

Boone, E. H., and W. Mignolo, eds. *Writing without Words: Alternative Literacies in Mesoamerica and the Andes.* Durham, NC: Duke University Press, 1994.

Bordenstein, S. R., and K. R. Theis. "Host Biology in Light of the Microbiome: Ten Principles of Holobionts and Hologenomes." *PLoS Biol* 13, no. 8 (2015): e1002226. doi: 10.1371/journal.pbi0.1002226. Accessed September 24, 2015.

Brooks, Wendy. "Diethylstilbesterol." *The Pet Pharmacy.* http://www.veterinarypartner.com/Content.plx?P=A&C=31&A=487&S=0. Accessed August 13, 2015.

Brown, Adrienne Maree, and Walidah Imarisha, eds. *Octavia's Brood: Science Fiction Stories from Social Justice Movements.* Oakland, CA: ak Press, 2015.

Buchanan, Brett, Jeffrey Bussolini, and Matthew Chrulew, eds. "Philosophical Ethology II: Vinciane Despret." Special issue. *Angelaki* 20, no. 2 (2015). doi: 10.1080 /0969725X.2015.1039819.

Burnett, Victoria. "Monarch Migration Rebounds, Easing Some Fears." *New York Times*, February 27, 2016, a11. http://www.nytimes.com/2016/02/28/world/americas/monarch-butterfly-migration-rebounds-easing-some-fears.html. Accessed February 27, 2016.

"Burning Man." Wikipedia. https://en.wikipedia.org/wiki/Burning_Man. Accessed August 7, 2015.

"Burning Man Festival 2012: A Celebration of Art, Music, and Fire." *New York Daily News*, September 3, 2012. http://www.nydailynews.com/news/burning-man-festival-2012-celebration-art-music-fire-gallery-1.1150830. Accessed August 9, 2015.

Busby, Kimberly Sue. "The Temple Terracottas of Etruscan Orvieto: A Vision of the Underworld in the Art and Cult of Ancient Volsinii." PhD diss., University of Illinois, 2007.

Butler, Octavia E. *Parable of the Sower*. New York: Four Walls Eight Windows Press, 1993.

———. *Parable of the Talents*. New York: Seven Stories Press, 1998.

"Butterfly Anatomy." *Butterflies: Complete Guide to the World of Butterflies and Moths*. http://www.learnaboutbutterflies.com/Anatomy.htm. Accessed September 1, 2015.

Cairns, Malcolm F., ed. *Shifting Cultivation and Environmental Change: Indigenous People, Agriculture, and Forest Conservation*. New York: Routledge, 2014.

Callison, Candis. *How Climate Change Comes to Matter: The Communal Life of Facts*. Durham, NC: Duke University Press, 2014.

Cameron, James. Avatar. Film. U.S. release, 2009.

Cannon, Hal. "Sacred Sheep Revive Navajo Tradition, for Now." npr, June 13,

2010. http://www.npr.org/templates/story/story.php?storyId=127797442. Accessed August 12, 2015.

Card, Orson Scott. *Ender's Game.* New York: Tor Books, 1985.

_____. *The Speaker for the Dead.* New York: Tor Books, 1986.

Ceballos, Geraldo, Paul Ehrlich, Anthony Barnosky, Andres Garcia, Robert Pringle, and Todd Palmer. "Accelerated Modern Human-Induced Species Losses: Entering the Sixth Mass Extinction." *Science Advances* 1, no. 5 (June 19, 2015): e1400253. Accessed August 7, 2015.

Cenestin®. Duramed. http://www.cenestin.net/. Accessed November 15, 2011.

Center for Biological Diversity. "Two Crayfishes Threatened by Mountain-Top Removal Mining in West Virginia, Kentucky, Virginia Proposed for Endangered Species Act Protection." Press release, April 6, 2015.

Charnas, Suzy McKee. *Walk to the End of the World.* New York: Ballantine, 1974.

"China and Coal." SourceWatch: The Center for Media and Democracy. http://www.sourcewatch.org/index.php/China_and_coal#Opposition_to_coal_and_government_repression. Accessed August 31, 2015.

Chisholm, Kami. "The Transmission of Trauma." PhD diss., University of California, Santa Cruz, 2007.

Clarke, Bruce. "Autopoiesis and the Planet." In *Impasses of the Post-Global: Theory in the Era of Climate Change,* volume 2, edited by Henry Sussman, 60-77. Ann Arbor: Michigan University Library/Open Humanities Press, 2012. http://quod.lib.umich.edu/o/ohp/10803281.0001.001. Accessed March 20, 2016.

Clifford, James. *Returns: Becoming Indigenous in the Twenty-First Century.* Cambridge, MA: Harvard University Press, 2013.

_____. *Routes: Travel and Translation in the Late Twentieth Century.* Cambridge, MA: Harvard University Press, 1997.

Clinton, Verna. "The Corn Pollen Path of Diné Rug Weaving." 2006, http://www.migrations.com/blackmesa/weavingsforsale.html. Accessed August 11,

2015.

Cocklin, Jamison. "Southwestern Plans to Step on the Gas Pedal in Appalachia Next Year." *NGI's Shale Daily*, December 14, 2014. http://www.naturalgasintel.com/articles/100875-southwestern-plans-to-step-on-the-gas-pedal-in-appalachia-next-year. Accessed September 1, 2015.

Collard, Rosemary-Claire, Jessica Dempsey, and Juanita Sundberg. "A Manifesto for Abundant Futures." *Annals of the Association of American Geographers* 105, no. 2 (2015): 322-30.

Colorado Water Users Association. http://www.crwua.org/colorado-river/uses/urban-uses. Accessed September 2, 2015.

Communities United for a Just Transition. "Our Power Convening." http://www.ourpowercampaign.org/convenings/our-power-convening/. Accessed August 12, 2015.

Conservation and Research Center of the Smithsonian National Zoological Park. "Proceedings of the Appalachian Salamander Conservation Workshop, May 30-31, 2008." http://nationalzoo.si.edu/SCBI/SpeciesSurvival/AmphibianConservation/AppalachianSalamanderReport.pdf. Accessed September 1, 2015.

Constitution of the Iroquois Nations. "The Great Binding Law." Gayanashogowa. http://www.indigenouspeople.net/iroqcon.htm. Accessed September 24, 2015.

Convention on Biological Diversity. *Global Biodiversity Outlook*, 1-4. https://www.cbd.int/gbo/. Accessed August 7, 2015.

Cook, Samuel R. *Monacans and Miners: Native American and Coal Mining Communities in Appalachia*. Lincoln: University of Nebraska Press, 2000.

Crasset, Matali. "Capsule." *Artconnexion*, November 2003. http://www.artconnexion.org/espace-public-public-realm/37-matali-crasset-capsule. Accessed August 3, 2015.

Crist, Eileen. "Choosing a Planet of Life." In *Overpopulation, Overdevelopment,*

Overshoot, edited by Tom Butler. San Francisco: Foundation for Deep Ecology and Goff Books, 2015.

_____. "On the Poverty of Our Nomenclature." *Environmental Humanities* 3 (2013): 129-47.

"Crochet Coral Reef." http://crochetcoralreef.org/. Accessed August 10, 2015.

"Crownpoint Navajo Rug Auction." http://www.crownpointrugauction.com/. Accessed August 11, 2015.

Crutzen, Paul. "Geology of Mankind." *Nature* 415 (2002): 23.

Crutzen, Paul, and Eugene Stoermer. "The 'Anthropocene.'" *Global Change Newsletter*, International Geosphere–Biosphere Program Newsletter, no. 41 (May 2000): 17-18. http://www.igbp.net/download/18.316f18321323470177 580001401/NL41.pdf. Accessed August 7, 2015.

Czerneda, Julie E. *Beholder's Eye*. Web Shifters No. 1. New York: Daw Books, 1998.

da Costa, Beatriz. "Beatriz da Costa's Blog and Project Hub." http://nideffer.net/ shaniweb/pigeonblog.php. Accessed August 3, 2015.

_____. *Dying for the Other*, selections, 2011. https://vimeo.com/33170755. Accessed August 3, 2015.

_____. "PigeonBlog." In "Interspecies." Special issue. *Antennae*, no. 13 (summer 2010): 31-48. http://www.antennae.org.uk/back-issues-2010/4583475279. Accessed February 17, 2012.

da Costa, Beatriz, with Cina Hazegh and Kevin Ponto. "Interspecies Coproduction in the Pursuit of Resistant Action." N.d. http://nideffer.net/shaniweb/ files/pigeonstatement.pdf. Accessed August 3, 2015.

da Costa, Beatriz, and Kavita Philips, ed. *Tactical Biopolitics: Art, Activism, and Technoscience*. Cambridge, MA: mit Press, 2008.

Danowski, Déborah, and Eduardo Viveiros de Castro. "L'Arret du Monde." In *De l'univers clos au monde infini*, 221-339. Paris: F. Dehors, 2014.

Davaa, Byambasuren, and Luigi Falorni, writers and directors. *The Story of the Weeping Camel.* Mongolkina Production Company, 2003.

Davidson, Daniel Sutherland. "Aboriginal Australian String Figures." *Proceedings of the American Philosophical Society* 84, no. 6 (August 26, 1941): 763-901. http://www.jstor.org/stable/984876. Accessed August 3, 2015.

Dawkins, Richard. *The Selfish Gene.* 2nd ed. Oxford: Oxford University Press, [1976] 1990.

"Deforestation in Madagascar." https://en.wikipedia.org/wiki/Deforestation_in_ Madagascar. Accessed August 10, 2015.

de la Cadena, Marisol. *Earth Beings.* Durham, NC: Duke University Press, 2015.

———. "Indigenous Cosmopolitics in the Andes: Conceptual Reflections Beyond 'Politics.'" *Cultural Anthropology* 25, no. 2 (2010): 334-70. http://dx.doi. org/10.14506/. Accessed August 31, 2015.

———. "Uncommoning Nature." e-flux journal 56th Venice Biennale, August 22, 2015. http://supercommunity.e-flux.com/texts/uncommoning-nature/. Accessed August 23, 2015.

Demby, Gene. "Updating Centuries-Old Folktales with Puzzles and Power-Ups." National Public Radio. November 30, 2014. http://www.npr.org/sections/codeswitch/2014/11/21/365791351/updating-centuries-old-folklore-with-puzzles-and-power-ups. Accessed August 11, 2015.

Dempster, M. Beth. "A Self-Organizing Systems Perspective on Planning for Sustainability." MA thesis, Environmental Studies, University of Waterloo, 1998. http://www.bethd.ca/pubs/mesthe.pdf. Accessed August 6, 2015.

Denega, Danielle M. *The Cold War Pigeon Patrols: And Other Animal Spies.* New York: Children's Press/Scholastic, 2007.

Denetdale, Jennifer Nez. *Reclaiming Diné History: The Legacies of Navajo Chief Manuelito and Juanita.* Tucson: University of Arizona Press, 2007.

de Roode, Jaap. "De Roode Lab." Emory University. http://www.biology.emory. edu/research/deRoode/publications.html. Accessed March 19, 2016.

DeSmet, Raissa Trumbull. "A Liquid World: Figuring Coloniality in the Indies." PhD diss., History of Consciousness Department, University of California at Santa Cruz, 2013.

Despret, Vinciane. *Au bonheur des morts: Récits de ceux qui restent.* Paris: La Découverte, 2015.

_____. "The Becoming of Subjectivity in Animal Worlds." *Subjectivity* 23 (2008): 123-39.

_____. "The Body We Care For: Figures of Anthropo-zoo-genesis." *Body and Society* 10, nos. 2-3 (2004): 111-34.

_____. "Ceux qui insistent: Les nouveaux commanditaires." In *Faire art comme on fait société,* edited by Didier Debaise, X. Douroux, C. Joschke, A. Pontégine, and K. Solhdju. Part I, chapter 7. Dijon: Les Presses du Réel, 2013.

_____. "Domesticating Practices: The Case of Arabian Babblers." In *Routledge Handbook of Human-Animal Studies,* edited by Garry Marvin and Susan McHugh, 23-38. New York: Routledge, 2014.

_____. "Sheep Do Have Opinions." In *Making Things Public,* edited by Bruno Latour and Peter Weibel, 360-68. Cambridge, MA: mit Press, 2005.

_____. "Why 'I Had Not Read Derrida': Often Too Close, Always Too Far Away." Translated by Greta D'Amico. In *French Thinking about Animals,* edited by Louisa Mackenzie and Stephanie Posthumus, 91-104. East Lansing: Michigan State University Press, 2015.

Detienne, Marcel, and Jean-Pierre Vernant. *Cunning Intelligence in Greek Culture and Society.* Translated from the French by Janet Lloyd. Brighton, UK: Harvester Press, 1978.

DeVries, Karen. "Prodigal Knowledge: Queer Journeys in Religious and Secular Borderlands." PhD diss., History of Consciousness Department, University of California at Santa Cruz, 2014.

Dewey, Ryan. "Virtual Places: Core Logging the Anthropocene in Real-Time."

November 13, 2014. http://www.ryandewey.org/blog/2014/11/13/virtual-places-core-logging-the-anthropocene-in-real-time. Accessed March 16, 2016.

DiChiro, Giovanna. "Acting Globally: Cultivating a Thousand Community Solutions for Climate Justice." *Development* 54, no. 2 (2011): 232-36. doi: 10.1057/dev.2011.5. Accessed August 12, 2015.

———. "Beyond Ecoliberal 'Common Futures': Toxic Touring, Environmental Justice, and a Transcommunal Politics of Place." In *Race, Nature, and the Politics of Difference*, edited by Donald Moore, Jake Kosek, and Anand Pandian, 204-32. Durham, NC: Duke University Press, 2003.

———. "Cosmopolitics of a Seaweed Sisterhood." Paper for the American Society for Literature and the Environment, Moscow, Idaho, June 26, 2015. In *Humanities for the Environment: Integrated Knowledges and New Constellations of Practice*, edited by Joni Adamson, Michael Davis, and Hsinya Huang. New York: Routledge, forthcoming.

———. "A New Spelling of Sustainability: Engaging Feminist-Environmental Justice Theory and Practice." In *Practicing Feminist Political Ecologies: Moving Beyond the 'Green Economy'*, edited by Wendy Harcourt and Ingrid Nelson. London: Zed Books, 2015.

"Diethylstilbesterol." Wikipedia. http://en.wikipedia.org/wiki/Diethylstilbestrol. Accessed August 13, 2015.

Diné be'iiná/The Navajo Lifeway. http://www.navajolifeway.org/. Accessed August 10, 2015.

———. "Dibé be'iína/Sheep Is Life." http://www.navajolifeway.org/. Accessed August 12, 2015.

"Diné String Games." http://dine.sanjuan.k12.ut.us/string_games/games/opening_a/coyotes_opposite.html. Accessed August 3, 2015.

Dobzhansky, Theodosius. *Genetics and the Origin of Species*. Columbia Classics in Evolution. New York: Columbia University Press, [1937] 1982.

Dolins, Francine, Alison Jolly, Hantanirina Rasamimanana, Jonah Ratsimbazafy, Anna T. C. Feistner, and Florent Ravoavy. "Conservation Education in Madagascar: Three Case Studies." *American Journal of Primatology* 72 (2010): 391-406.

Domínguez, María Albina. Grupo Amanecer del Llano. "De la extinción de su lengua mazahua" (palabras en mazahua y en español). Omáwari—Confer encia de prensa. Teatro Experimental—Centro Cultural Paso del Norte. Ciudad Juárez, Chih. México. September 23, 2011. Producción Revista Rancho Las Voces. Posted September 25, 2011. 6:07 minutes. https://www.youtube.com/watch?v=oOYqJAkFaV0. Accessed September 2, 2015.

Dovey, Ceridwen. *Only the Animals*. Melbourne: Penguin, 2014.

Downing, Samantha. "Wild Harvest—Bird Poo." Pitchfork Projects. December 16, 2010. http://pitchforkdesign.blogspot.com/. Accessed August 3, 2015.

Dubiner, Shoshanah. "'Endosymbiosis': Homage to Lynn Margulis." February 3, 2012. http://www.cybermuse.com/blog/2012/2/13/endosymbiosis-homage-to-lynn-margulis.html. Accessed August 9, 2015.

_____. "New Painting in Honor of Lynn Margulis." *Science in Service to Society*, issue 3, October 2012. College of Natural Sciences, UMass Amherst. https://www.cns.umass.edu/about/newsletter/october-2012/memorial-painting-in-honor-of-lynn-margulis. Accessed August 9, 2015.

Durrell Wildlife Conservation. "World Primate Experts Focus on Madagascar." August 12, 2013. http://www.durrell.org/latest/news/world-primate-experts-focus-on-madagascar/. Accessed August 24, 2015.

Eglash, Ron. "Native American Cybernetics: Indigenous Knowledge Resources in Information Technology." http://homepages.rpi.edu/~eglash/eglash.dir/nacyb.htm. Accessed March 17, 2016.

Elliott, William. "Never Alone: Alaska Native Storytelling, Digital Media, and Premodern Posthumanisms." Paper for the American Society for Literature and the Environment, Moscow, Idaho, June 24, 2015.

———. "'Ravens' World: Environmental Elegy and Beyond in a Changing North.'" In *Critical Norths: Space, Nature, Theory*, edited by Sarah Ray and Kevin Maier. Fairbanks: University of Alaska Press, forthcoming.

Enciso L., Angélica. "Mexico: Warning against Practice of Inter-Basin Water Transfers." Translated by Louise McDonnell. *La Journada*, May 9, 2015. http://mexicovoices.blogspot.com/2015/05/mexico-warning-against-practice-of.html. Accessed September 3, 2015.

Engels, Frederick. *The Origin of the Family, Private Property, and the State*, edited by Eleanor Burke Leacock. New York: International Publishers, 1972.

Environmental Humanities. http://environmentalhumanities.org/. Accessed August 21, 2015.

"Environmental Humanities South." http://www.envhumsouth.uct.ac.za/why-environmental-humanities. Accessed August 6, 2015.

Epstein, R., R. P. Lanza, and B. F. Skinner. "'Self-awareness' in the Pigeon." *Science* 212 (1981): 695-96.

Equine Advocates. "pmu Industry." http://www.equineadvocates.org/issueDetail.php?recordID=5. Accessed August 13, 2015.

Equine Angels Rescue Sanctuary. http://www.foalrescue.com/. Accessed August 13, 2015.

"Erinyes 1." *Theoi Greek Mythology*. http://www.theoi.com/Khthonios/Erinyes.html. Accessed August 8, 2015.

Escobar, Arturo. *Territories of Difference*. Durham, NC: Duke University Press, 2008.

"Estrogen." Healthy Women.org. http://www.healthywomen.org/condition/estrogen. Accessed August 13, 2015.

"Estrogen." Midlife-Passages.com. http://www.midlife-passages.com/estrogen.html. Accessed August 13, 2015.

Extinction Studies Working Group. http://extinctionstudies.org/. Accessed August 6, 2015.

Farfán, Berenice, Alejandro Casas, Guillermo Ibarra-Manríquez, and Edgar Pérez-Negrón. "Mazahua Ethnobotany and Subsistence in the Monarch Butterfly Biosphere Reserve, Mexico." *Economic Botany* 61, no. 2 (2007): 173-91.

Farid, R., H. Ahanchian, F. Jabbari, and T. Moghiman. "Effect of a New Synbiotic Mixture on Atopic Dermatitis in Children." *Iranian Journal of Pediatrics* 21, no. 2 (2011): 225-30. http://www.ncbi.nlm.nih.gov/pubmed/23056792. Accessed September 1, 2015.

Feldman, John. *Symbiotic Earth: How Lynn Margulis Rocked the Boat and Started a Scientific Revolution.* Documentary film, in production. http://hummingbirdfilms.com/margulis-revolution/. Accessed August 9, 2015.

Fifth International Prosimian Congress. https://lemurconservationfoundation. wordpress.com/2013/09/18/5th-prosimian-congress/. Accessed August 24, 2015.

Finnegan, John P. "Protestors Sing Honeybeelujahs against Robobees." *Harvard Crimson,* April 23, 2014. http://www.thecrimson.com/article/2014/4/23/protesters-sing-honeybeelujahs-robobees/. Accessed August 8, 2015.

Fisher, Elizabeth. *Women's Creation.* New York: McGraw-Hill, 1975.

"Flight of the Butterflies." http://www.flightofthebutterflies.com/epic-migrations/. Accessed September 1, 2015.

Floria, Maria, and Victoria Mudd. Broken Rainbow. Documentary film. 1986. http://www.earthworksfilms.com/templates/ewf_br.html. Accessed August 10, 2015.

Flynn, Dennis O., and Arturo Giráldez. *China and the Birth of Globalisation in the 16th Century.* Farnum, UK: Ashgate Variorium, 2012.

Forest Peoples Program. "Indigenous Peoples of Putumayo Say No to Mining in Their Territories." March 23, 2015. http://www.forestpeoples.org/topics/rights-land-natural-resources/news/2015/03/indigenous-peoples-putu mayo-say-no-mining-their-te. Accessed September 1, 2015.

Forney, Barbara. "Diethylstilbesterol for Veterinary Use." http://www.wedge-woodpetrx.com/learning-center/professional-monographs/diethylstilbes-trol-for-veterinary-use.html. Accessed August 13, 2015.

Foster and Smith, Doctors. "Diethylstilbesterol." http://www.peteducation.com/article.cfm?c=0+1303+1470&aid=3241. Accessed August 13, 2015.

Francis, Cherrylee, dir. *Voices from Dzil'íjiin* (Black Mesa). Black Mesa United, Inc. October 15, 2011. http://empowerblackmesa.org/documentary.htm. Accessed August 10, 2015.

Friberg, Michael. "Picturing the Drought." Photo Essay. Special to ProPublica. July 7, 2015. https://projects.propublica.org/killing-the-colorado/story/michael-friberg-colorado-water-photo-essay. Accessed August 10, 2015.

Frigg, Roman, and Stephen Hartman. "Models in Science." *Stanford Encyclopedia of Philosophy.* 2012. http://plato.stanford.edu/entries/models-science/. Accessed August 9, 2015.

"Gaea, the Mad Titan." A Tribute to John Varley's Gaean Trilogy. http://ammon-ra.org/gaea/. Accessed August 6, 2015.

Gallagher, Erin. "Peru: Ongoing Protests and Strikes against Tia Maria Mining Project." *Revolution News,* May 14, 2015. http://revolution-news.com/peru-ongoing-protests-strikes-against-tia-maria-mining-project/. Accessed September 1, 2015.

Gallegos-Ruiz, M. Antonieta, and Robin Larsen. "Universidad Intercultural: Mexico's New Model University for Indigenous Peoples." *International Perspectives, Journal of the csusb International Institute, Focus on the Study of the Americas* 3 (fall 2006): 18-31. http://internationacsusb.edu/download/journa106.pdf#page=24. Accessed September 2, 2015.

Garduño Cervantes, Julio. "Soy Mazahua!!!" Posted on "Ixtlahuaca, mi tiera." April 2, 2011. https://suarezixtlamas.wordpress.com/2011/04/02/%C2%A1%C2%A1%C2%A1soy-mazahua/. Accessed September 2, 2015.

———. "Soy mazahua. Un poeta mazahua canta a su tierra." In *Colección Cuan-*

dernos Regionales. Serie Cuandernos del Estado de México, 2 (1982): 30.

Garza, Alicia. "A Herstory of the #BlackLivesMatter Movement." *The Feminist Wire*, October 7, 2014. http://www.thefeministwire.com/2014/10/black-livesmatter-2/. Accessed March 17, 2016.

Gearon, Jihan R. "Strategies for Healing Our Movements." *Last Real Indians*. February 28, 2015. http://lastrealindians.com/strategies-for-healing-our-movements-by-jihan-r-gearon/. Accessed August 12, 2015.

Gearon, Jihan R. Peoples Climate Justice Summit, People's Tribunal, September 23, 2015. Posted October 8, 2014 by Indigenous Rising. 7:05 minutes. http://indigenousrising.org/jihan-gearon-of-black-mesa-water-coalition-shares-testimony-at-the-peoples-climate-justice-summit-indigenous-rising/. Accessed March 17, 2016.

Geo-Mexico, the Geography and Dynamics of Modern Mexico. "Where Does Mexico City Get Its Water?" http://geo-mexico.com/?p=9043. Accessed September 3, 2015.

Giddings, Thomas, Nancy Withers, and Andrew Staehlin. "Supramolecular Structure of Stacked and Unstacked Regions of the Photosynthetic Membranes of Prochloron, sp, a Prokaryote." *Proceedings of the National Academy of Science* 77, no. 1 (1980): 352-56. ttp://www.pnas.org/content/77/1/352.full.pdf. Accessed August 12, 2015.

Gilbert, Scott F. "The Adequacy of Model Systems for Evo-Devo." In *Mapping the Future of Biology: Evolving Concepts and Theories*, edited by A. Barberous-se, T. Pradeu, M. Morange, 57-68. New York: Springer, 2009.

––––––. "We Are All Lichens Now." http://cstms.berkeley.edu/baysts/ailec_event/we-are-all-lichens-now-scott-gilbert-philosophy-colloquium/?instance_id. Accessed August 6, 2015.

Gilbert, Scott F., and David Epel. *Ecological Developmental Biology: The Environmental Regulation of Development, Health, and Evolution*. 2nd ed. Sunderland, MA: Sinauer Associates, 2015.

Gilbert, Scott F., Emily McDonald, Nicole Boyle, Nicholas Buttino, Lin Gyi, Mark Mai, Neelakantan Prakash, and James Robinson. "Symbiosis as a Source of Selectable Epigenetic Variation: Taking the Heat for the Big Guy." *Philosophical Transactions of the Royal Society B* 365 (2010): 71-78.

Gilbert, Scott F., Jan Sapp, and Alfred I. Tauber. "A Symbiotic View of Life: We Have Never Been Individuals." *Quarterly Review of Biology* 87, no. 4 (December 2012): 325-41.

Gilson, Dave. "Octopi Wall Street!" Mother Jones, October 6, 2011. http://www.motherjones.com/mixed-media/2011/10/occupy-wall-street-octopus-vampire-squid. Accessed August 8, 2015.

Gimbutas, Marija. *The Living Goddesses*, edited by Miriam Robbins Dexter. Berkeley: University of California Press, 1999.

Ginsberg, Faye. "Rethinking the Digital Age." In *Global Indigenous Media: Cultures, Poetics, and Politics*, edited by Pamela Wilson and Michelle Stewart, 287-306. Durham, NC: Duke University Press, 2008.

Ginsberg, Faye, Lila Abu-Lughod, and Brian Larkin, eds. *Media Worlds: Anthropology on New Terrain*. Berkeley: University of California Press, 2002.

Global Invasive Species Database. http://www.issg.org/database/species/ecology.asp?si=51. Accessed August 21, 2015.

Goldenberg, Suzanne. "The Truth behind Peabody Energy's Campaign to Rebrand Coal as a Poverty Cure." *Guardian*, May 19, 2015. http://www.theguardian.com/environment/2015/may/19/the-truth-behind-peabodys-campaign-to-rebrand-coal-as-a-poverty-cure. Accessed August 10, 2015.

Goldenthal, Baila. "Painting/Cats Cradle." http://www.bailagoldenthal.com/painting/cats_cradle/cats_cradle.html. Accessed August 6, 2015.

_____. "Resume." http://www.bailagoldenthal.com/resume.html. Accessed August 6, 2015.

Gómez Fuentes, Anahí Copitzy, Magali Iris Tire, and Karina Kloster. "The Fight for the Right to Water: The Case of the Mazahuan Women of Mexico."

Aqua Rios y Pueblos, December 21, 2009. http://www.aguariosypueblos. org/en/mazahuan-women-mexico/. Accessed September 3, 2015.

Gordon, Deborah M. *Ant Encounters: Interaction Networks and Colony Behavior.* Princeton, NJ: Princeton University Press, 2010.

――――. *Ants at Work: How an Insect Society Is Organized.* New York: W. W. Norton, 2000.

――――. "The Ecology of Collective Behavior." *PloS Biology* 12, no. 3 (2014): e1001805. doi: 10.1371/journal.pbi0.1001805.

Gordon, Jeffrey. "Gordon Lab." Washington University in St. Louis. https://gordonlab.wustl.edu/. Accessed August 9, 2015.

Gosiute/Shoshoni Project of the University of Utah. *Frog Races Coyote/Itsappeh wa'ai Wako.* Claymation video. English subtitles. 7 minutes. http://stream. utah.edu/m/dp/frame.php?f=72b1a0fc6341cb41542. Accessed August 11, 2015.

Goslinga, Gillian. "Embodiment and the Metaphysics of Virgin Birth in South India: A Case Study." In *Summoning the Spirits: Possession and Invocation in Contemporary Religion*, edited by Andrew Dawson, 109-23. London: I. B. Tauris, 2011.

Goushegir, Aladin. *Le combat du colombophile: Jeu aux pigeons et stigmatisation sociale (Kashâ yâ nabard-e kabutarbâz).* Tehran: Institut français des etudes iraniennes, 1997, Bibliothèque Iranienne, No. 47.

Gramsci, Antonio. *Selections from the Prison Notebooks*, edited by Quintin Hoare and G. N. Smith. New York: International, 1971.

Grebowicz, Margaret, and Helen Merrick. *Beyond the Cyborg.* New York: Columbia University Press, 2013.

Green, Lesley, ed. *Contested Ecologies: Dialogues in the South on Nature and Knowledge.* Cape Town: hsrc Press, 2013.

Greenwood, Veronique. "Hope from the Deep." *Nova Next.* March 4, 2015. http:// www.pbs.org/wgbh/nova/next/earth/deep-coral-refugia/. Accessed August 10, 2015.

Guadalupe, Carlos. "Soy mazahua." Posted April 12, 2011. 1:45 minutes. https://www.youtube.com/watch?v=FQkrAWixzJA. Accessed March 20, 2016.

Guerrero, R., L. Margulis, and M. Berlanga. "Symbiogenesis: The Holobiont as a Unit of Evolution." *International Microbiology* 16, no. 3 (2013): 133-43.

Hakim, Danny. "Sex Education in Europe Turns to Urging More Births." *New York Times*, April 9, 2015. http://www.nytimes.com/2015/04/09/business/international/sex-education-in-europe-turns-to-urging-more-births.html?_r=0. Accessed August 12, 2015.

Halanych, K. M. "The Ctenophore Lineage Is Older Than Sponges? That Can't Be Right! Or Can It?" *Journal of Experimental Biology* 218 (2015): 592-97.

Halberstadt, Carol Snyder. "Black Mesa Weavers for Life and Land." *Cultural Survival Quarterly* 25, no. 4 (2001). http://www.culturalsurvival.org/ourpublications/csq/article/black-mesa-weavers-life-and-land. Accessed August 12, 2015.

Hall, Leslie. "The Bright Side of pmu." Apples 'n Oats (winter 2006). http://www.applesnoats.com/html/olddefault.html. Accessed November 15, 2011. Not online August 13, 2015.

Hambling, David. "Spy Pigeons Circle the World." *Wired*, October 25, 2008. http://www.wired.com/dangerroom/2008/10/stop-that-spy-p/. Accessed August 3, 2015.

Hannibal, Mary Ellen. *The Spine of the Continent.* Guilford, CT: Lyons, 2012.

Haraway, Donna J. *Crystals, Fabrics, and Fields: Metaphors that Shape Embryos.* Berkeley, CA: North Atlantic Books, 2004. First published by Yale University Press, 1976.

_____. "Entrevista com Donna Haraway feita em 21/08/2014 por Juliana Fausto, Eduardo Viveiros de Castro e Déborah Danowski e exibida no Colóquio Internacional Os Mil Nomes de Gaia: do Antropoceno à Idade da Terra no dia 18/09/2014." Posted September 24, 2014. In English. 36:24 minutes.

https://www.youtube.com/watch?v=1x00xUHO1A8. Accessed March 20, 2016.

_____. "Jeux de ficelles avec les espéces compagnes: Rester avec le trouble." Translated by Vinciane Despret and Raphael Larriére. In *Les Animaux: Deux ou trois choses que nous savons d'eux*, edited by Vinciane Despret and Raphael Larriére, 23-59. Paris: Hermann, 2014.

_____. *Primate Visions: Gender, Race, and Nature in the World of Modern Science*. New York: Routledge, 1989.

_____. "SF: Science Fiction, Speculative Fabulation, String Figures, So Far." Acceptance Speech for the Pilgrim Award of the Science Fiction Research Association, July 2011. 29:04 minutes. https://vimeo.com/28892350. Accessed August 3, 2015.

_____. *SF: Speculative Fabulation and String Figures/sf: Spekulative Fabulation und String-Figuren*. No. 33 in "100 Notes/Notizen, 100 Thoughts/Gedanken," dOCUMENTA (13). Ostfildern, Germany: Hatje Cantz Verlag, 2011.

_____. "Situated Knowledges: The Science Question in Feminism as a Site of Discourse on the Privilege of Partial Perspective." *Feminist Studies* 14, no. 3 (1988): 575-99.

_____. *When Species Meet*. Minneapolis: University of Minnesota Press, 2008.

Haraway, Donna, and Martha Kenney. "Anthropocene, Capitalocene, Chthulucene." Interview for *Art in the Anthropocene: Encounters among Aesthetics, Politics, Environment, and Epistemology*, edited by Heather Davis and Etienne Turpin. Open Humanities Press, Critical Climate Change series, 2015. http://openhumanitiespress.org/art-in-the-anthropocene.html. Accessed August 8, 2015.

Haraway, Donna, Catherine Lord, and Alexandra Juhasz. "Feminism, Technology, Transformation." Talks on the life and work of Beatriz da Costa. Laguna Art Museum, September 2013. FemTechNet. https://vimeo.com/80248724. 44:51 minutes. Accessed August 3, 2015.

Haraway, Donna, and Anna Tsing. "Tunneling in the Chthulucene." Joint keynote for the American Society for Literature and the Environment (asle), Moscow, Idaho, June 25, 2015. Posted by asle on October 1, 2015. 1:32:14 hours. https://www.youtube.com/watch?v=FkZSh8Wb-t8. Accessed March 20, 2016.

Harcourt, Wendy, and Ingrid Nelson, eds. *Practicing Feminist Political Ecologies.* London: Zed Books, 2015.

Harding, Susan. "Secular Trouble." Paper for the Conference on Religion and Politics in Anxious States, University of Kentucky, April 4, 2014.

Hartouni, Valerie. *Visualizing Atrocity: Arendt, Evil, and the Optics of Thoughtlessness.* New York: New York University Press, 2012.

Harvey, Graham, ed. *The Handbook of Contemporary Animism.* Durham, UK: Acumen, 2013.

Hawk Mountain. "American Kestrel." http://www.hawkmountain.org/raptorpedia/hawks-at-hawk-mountain/hawk-species-at-hawk-mountain/american-kestrel/page.aspx?id=498. Accessed September 1, 2015.

———. "Long-Term Study of American Kestrel Reproductive Ecology." http://www.hawkmountain.org/science/raptor-research-programs/american-kestrels/page.aspx?id=3469. Accessed September 1, 2015.

Hayward, Eva. "The Crochet Coral Reef Project Heightens Our Sense of Responsibility to the Oceans." *Independent Weekly*, August 1, 2012. http://www.indyweek.com/indyweek/the-crochet-coral-reef-project-heightens-our-sense-of-responsibility-to-the-oceans/Content?oid=3115925. Accessed August 8, 2015.

———. "FingeryEyes: Impressions of Cup Corals." *Cultural Anthropology* 24, no. 4 (2010): 577-99.

———. "Sensational Jellyfish: Aquarium Affects and the Matter of Immersion." *differences: A Journal of Feminist Cultural Studies* 23, no. 1 (2012): 161-96.

———. "SpiderCitySex." *Women and Performance: A Journal of Feminist Theory*

20, no. 3 (2010): 225-51.

Heil, Martin, Sabine Greiner, Harald Meimberg, Ralf Kruger, Jean-Louis Noyer, Gunther Heubl, K. Eduard Linsenmair, and Wilhelm Boland. "Evolutionary Change from Induced to Constitutive Expression of an Indirect Plant Resistance." *Nature* 430 (July 8, 2004): 205-8.

Hesiod. *Theogony. Works and Days. Testimonia.* Edited and translated by Glenn W. Most. Loeb Classical Library no. 57. Cambridge, MA: Harvard University Press, 2007.

Hill, Lilian. "Hopi Tutskwa Permaculture." http://www.hopitutskwapermaculture.com/#!staff—teaching-team/c20ft. Accessed August 12, 2015.

Hill, M. A., N. Lopez, and O. Harriot. "Sponge-Specific Bacterial Symbionts in the Caribbean Sponge, *Chondrilla nucula* (Demospongiae, Chondrosida)." Marine Biology 148 (2006): 1221-30.

Hilty, Jodi, William Lidicker Jr., and Adina Merelender. *Corridor Ecology: The Science and Practice of Linking Landscapes for Biodiversity Conservation.* Washington, DC: Island, 2006.

Hird, Myra. *The Origins of Sociable Life: Evolution after Science Studies.* New York: Palgrave Macmillan, 2009.

Ho, Engseng. "Empire through Diasporic Eyes: A View from the Other Boat." *Society for Comparative Study of Society and History* (April 2004): 210-46.

——. *The Graves of Tarem: Genealogy and Mobility across the Indian Ocean.* Berkeley: University of California Press, 2006.

Hogan, Linda. *Power.* New York: W. W. Norton, 1998.

Hogness, Rusten. "California Bird Talk." www.hogradio.org/CalBirdTalk/. Accessed August 3, 2015.

Hölldobler, Bert, and E. O. Wilson. *The Ants.* Cambridge, MA: Harvard University Press, 1990.

——. *The Superorganism: The Beauty, Elegance, and Strangeness of Insect Societies.* New York: W. W. Norton, 2009.

"Holos." *Online Etymology Dictionary*. http://www.etymonline.com/index.php? term=holo-. Accessed August 9, 2015.

Horkheimer, Max, and Theodor Adorno. *Dialectic of Enlightenment*. Translated by Edmund Jephcott. Stanford, CA: Stanford University Press, 2002. First published (in German) 1944.

Hormiga, Gustavo. "A Revision and Cladistic Analysis of the Spider Family Pimoidae(Aranae: raneae)." *Smithsonian Contributions to Zoology* 549 (1994): 1-104. doi: 10.5479/si.00810282.549. Accessed August 6, 2015.

"Hormiga Laboratory." George Washington University. http://www.gwu.edu/~ spiders/. Accessed August 6, 2015.

Hormone Health Network. "Emminen." http://www.hormone.org/Menopause/ estrogen_timeline/timeline2.cfm. Accessed November 15, 2011. Not online August 13, 2015.

Horoshko, Sonia. "Rare Breed: Churro Sheep Are Critically Linked to Navajo Culture." *Four Corners Free Press*, November 4, 2013. http://fourcornersfreepress.com/?p=1694. Accessed August 12, 2015.

HorseAid. "What Are the Living Conditions of the Mares?" http://www.premarin.org/#. Accessed November 15, 2011. Not online August 13, 2015.

HorseAid Report. "PREgnant MARes' urINe, Curse or Cure?" *Equine Times News*, fall/winter 1988.

Horse Fund. "Fact Sheet." http://www.horsefund.org/pmu-fact-sheet.php. Accessed August 13, 2015.

Hubbell Trading Post. "History and Culture." http://www.nps.gov/hutr/learn/ historyculture/upload/HUTR_adhi.pdf. Accessed August 11, 2015.

Hustak, Carla, and Natasha Myers. "Involutionary Momentum." *differences* 23, no. 3 (2012): 74-118.

Hutchinson, G. Evelyn. The Kindly Fruits of the Earth. New Haven, CT: Yale University Press, 1979.

IdleNoMore. "The Manifesto." http://www.idlenomore.ca/manifesto. Accessed

March 19, 2016.

Indigenous Environmental Network. "Canadian Indigenous Tar Sands Campaign." http://www.ienearth.org/what-we-do/tar-sands/. Accessed August 8, 2015.

_____. Postings 2015-16. http://www.ienearth.org/. Accessed March 20, 2016.

Ingold, Tim. Lines, a Brief History. New York: Routledge, 2007.

Intergovernmental Panel on Climate Change. *Climate Change 2014: Impacts, Adaptation, and Vulnerability: Summary for Policy Makers.* http://ipcc-wg2.gov/AR5/images/uploads/IPCC_WG2AR5_SPM_Approved.pdf. Accessed August 7, 2015.

_____. *Climate Change 2014: Mitigation of Climate Change.* http://report.mitigation2014.0rg/spm/ipcc_wg3_ar5_summary-for-policymakers_approved.pdf. Accessed August 7, 2015.

Iverson, Peter. *Diné: A History of the Navajos.* Photographs by Monty Roessel. Albuquerque: University of New Mexico Press, 2002.

Jacobs, Andrew. "China Fences in Its Nomads, and an Ancient Life Withers." *New York Times,* July 11, 2015. http://www.nytimes.com/2015/07/12/world/asia/china-fences-in-its-nomads-and-an-ancient-life-withers.html?_r=1. Accessed August 11, 2015.

Jacobsen, Thorkild. *The Treasures of Darkness: A History of Mesopotamian Religion.* New Haven, CT: Yale University Press, 1976.

Jayne, Caroline Furness. *String Figures and How to Make Them: A Study of Cat's Cradle in Many Lands.* New York: Charles Scribner & Sons, 1906.

Jepsen, Sarina, Scott Hoffman Black, Eric Mader, and Suzanne Granahan. "Western Monarchs at Risk." Xerces Society for Invertebrate Research. Copyright 2010.

Jerolmack, Colin. "Animal Practices, Ethnicity and Community: The Turkish Pigeon Handlers of Berlin." *American Sociological Review* 72, no. 6 (2007): 874-94.

———. *The Global Pigeon*. Chicago: University of Chicago Press, 2013.

———. "Primary Groups and Cosmopolitan Ties: The Rooftop Pigeon Flyers of New York City." *Ethnography* 10, no. 4 (2009): 435-57.

Johns, Wahleah. http://indigenousrising.org/our-delegates/wahleah-johns/. Accessed August 12, 2015.

Johnson, Broderick H., ed. *Navajo Stories of the Long Walk Period*. Tsaile, AZ: Navajo Community College Press, 1973.

Johnson, Broderick H., and Ruth Roessel, eds. *Navajo Livestock Reduction: A National Disgrace*. Tsaile, AZ: Navajo Community College Press, 1974.

Jolly, Alison. *Lords and Lemurs: Mad Scientists, Kings with Spears, and the Survival of Diversity in Madagascar*. Boston: Houghton Mifflin, 2004.

———. *Thank You, Madagascar*. London: Zed Books, 2015.

Jolly, A., et al. "Territory as Bet-Hedging: Lemur catta in a Rich Forest and an Erratic Climate." In *Ring-tailed Lemur Biology*, edited by A. Jolly, R. W. Susman, N. Koyama, and H. Rasamimanana, 187-207. New York: Springer, 2006.

Jolly, Margaretta. "Alison Jolly and Hantanirina Rasamimanana: The Story of a Friendship." *Madagascar Conservation and Development* 5, no. 2 (2010): 44-45.

Jones, Dave. "Navajo Tapestries Capture the Soul of Her Land." uc Davis News and Information. January 4, 2013. http://dateline.ucdavis.edu/dl_detail.lasso?id=14307. Accessed August 11, 2015.

Jones, Elizabeth McDavid. *Night Flyers*. Middletown, WI: Pleasant Company, 1999.

Jones, Gwyneth. "True Life Science Fiction: Sexual Politics and the Lab Procedural." In *Tactical Biopolitics: Art, Activism, and Technoscience*, edited by Beatriz da Costa and Kavita Philips, 289-306. Cambridge, MA: mit Press, 2008.

Justice, Daniel Heath. "Justice, Imagine Otherwise. The Kynship Chronicles."

http://imagineotherwise.ca/creative.php?The-Kynship-Chronicles-2. Accessed October 8, 2015.

_____. *The Way of Thorn and Thunder: The Kynship Chronicles.* Albuquerque: University of New Mexico Press, 2012.

Just Transition Alliance. http://www.jtalliance.org/docs/aboutjta.html. Accessed September 2, 2015.

Kaiser, Anna. "Who Is Marching for Pachamama? An Intersectional Analysis of Environmental Struggles in Bolivia under the Government of Evo Morales." PhD diss., Faculty of Social Sciences, Lund University, 2014.

Kaplan, Sarah. "Are Monarch Butterflies Really Being Massacred? A New Study Says It's a Lot More Complicated Than It Seems." *Washington Post,* August 5, 2015. http://www.washingtonpost.com/news/morning-mix/wp/2015/08/05/are-monarch-butterflies-reallybeing-massacred-a-new-study-says-its-a-lot-more-complicated-than-it-seems/. Accessed September 1, 2015.

Kazan, Elia, dir. *On the Waterfront.* Horizon Pictures. 1954.

Keediniihii (Katenay), NaBahe (Bahe). "The Big Mountain Dineh Resistance: Still a Cornerstone." February 26, 2015. http://sheepdognationrocks.blogspot.com/2015/02/the-big-mountain-dineh-resistance-still_38.html. Accessed August 12, 2015.

Keio University. "Pigeons Show Superior Self-recognition Abilities to Three Year Old Humans." *Science Daily,* June 14, 2008. www.sciencedaily.com/releases/2008/06/080613145535.htm. Accessed August 3, 2015.

Kenney, Martha. "Fables of Attention: Wonder in Feminist Theory and Scientific Practice." PhD diss., History of Consciousness Department, University of California at Santa Cruz, 2013.

Kiefel, Darcy. "Heifer Helps Navajos Bolster Sheep Herd." N.d. http://www.redshift.com/~bcbelknap/ashtlo/graphics/supplemental/supplfeb%2004/heifer_helps_navajos_bolst.htm. Accessed September 5, 2015.

King, Katie. "Attaching, for Climate Change: A Sympoiesis of Media." Book proposal, 2015.

_____. "In Knots: Transdisciplinary Khipu." In *Object/Ecology*, special inaugural issue of *O-Zone: A Journal of Object Oriented Studies* 1, no. 1 (forthcoming). http://o-zone-journal.org/short-essay-cluster. Accessed March 20, 2016.

_____. "A Naturalcultural Collection of Affections: Transdisciplinary Stories of Transmedia Ecologies." *S&F Online* 10, no. 3 (summer 2012).

_____. *Networked Reenactments: Stories Transdisciplinary Knowledges Tell.* Durham, NC: Duke University Press, 2011.

_____. "Toward a Feminist Boundary Object-Oriented Ontology ⋯ or Should It Be a Boundary Object-Oriented Feminism? These Are Both Queer Methods." Paper for conference titled Queer Method, University of Pennsylvania, October 31, 2013. http://fembooo.blogspot.com. Accessed August 6, 2015.

King, Nicole. "King Lab: Choanoflagellates and the Origin of Animals." University of California, Berkeley. https://kinglab.berkeley.edu/. Accessed August 9, 2015.

Kingsolver, Barbara. *Flight Behavior.* New York: Harper, 2012.

Klain, Bennie. *Weaving Worlds.* Coproduced by Trickster Films, the Independent Television Service, and Native American Public Telecommunications. Navajo and English with English subtitles. 56:40 minutes. 2008. http://www.tricksterfilms.com/Weavi_Worlds.html. Accessed August 11, 2015.

Klare, Michael. *The Race for What's Left: The Global Scramble for the World's Last Resources.* New York: Picador, 2012.

_____. "The Third Carbon Age." *Huffington Post*, August 8, 2013. http://www.huffingtonpost.com/michael-t-klare/renewable-energy_b_3725777.html. Accessed August 7, 2015.

_____. "Welcome to a New Planet: Climate Change 'Tipping Points' and the Fate of the Earth." *TomDispatch*, October 8, 2015. http://www.tomdispatch.

com/blog/176054/tomgram%3A_michael_klare%2C_tipping_points_and_
the_uestion_of_civilizational_survival/. Accessed October 13, 2015.

_____. "What's Big Energy Smoking?" *Common Dreams*, May 27, 2014.

Klein, Naomi. "How Science Is Telling Us All to Revolt." *New Statesman*, October
29, 2013. http://www.newstatesman.com/2013/10/science-says-revolt. Ac-
cessed August 7, 2015.

_____. *The Shock Doctrine: The Rise of Disaster Capitalism*. New York: Macmil-
lan/Picador, 2008.

Koelle, Sandra. "Rights of Way: Race, Place and Nation in the Northern Rockies."
PhD diss., History of Consciousness, University of California at Santa Cruz,
2010.

Kohn, Eduardo. *How Forests Think: Toward an Anthropology beyond the Human.*
Berkeley: University of California Press, 2013.

Kolbert, Elizabeth. *The Sixth Extinction: An Unnatural History*. New York: Henry
Holt, 2014.

Kraker, Daniel. "The Real Sheep." *Living on Earth*, National Public Radio, Octo-
ber 28, 2005. 8:17 minutes. http://loe.org/shows/segments.html?program-
ID=05-P13-00043&segmentID=5. Accessed August 12, 2015.

Kull, Christian. *Isle of Fire: The Political Ecology of Landscape Burning in Mada-
gascar*. Chicago: University of Chicago Press, 2004.

LaBare, Joshua (Sha). "Farfetchings: On and in the sf Mode." PhD diss., History
of Consciousness Department, University of California at Santa Cruz, 2010.

Lacerenza, Deborah. "An Historical Overview of the Navajo Relocation." *Cultur-
al Survival* 12, no. 3 (1988).

Laduke, Winona. *All Our Relations*. Boston: South End, 1999.

Lanno, Michael J., ed. *Amphibian Declines: The Conservation Status of United
States Species*. Berkeley: University of California Press, 2005.

Latour, Bruno. "Facing Gaia: Six Lectures on the Political Theology of Nature."

Gifford Lectures, Edinburgh, February 18 -28, 2013. Abstracts and videos. http://www.ed.ac.uk/schools-departments/humanities-soc-sci/news-events/lectures/gifford-lectures/archive/series-2012–2013/bruno-latour. Accessed August 7, 2015.

_____. "War and Peace in an Age of Ecological Conflicts." Lecture for the Peter Wall Institute, Vancouver, BC, Canada, September 23, 2013. Video and abstract at http://www.bruno-latour.fr/node/527. Accessed August 7, 2015.

_____. *We Have Never Been Modern.* Cambridge, MA: Harvard University Press, 1993.

_____. "Why Has Critique Run Out of Steam? From Matters of Fact to Matters of Concern." *Critical Inquiry* 30, no. 2 (winter 2004): 225-48.

Lee, Erica. "Reconciling in the Apocalypse." *The Monitor,* March/April 2016. https://www.policyalternatives.ca/publications/monitor/reconciling-apocalypse. Posted March 1, 2016. Accessed March 19, 2016.

Le Guin, Ursula K. *Always Coming Home.* Berkeley: University of California Press, 1985.

_____. "'The Author of Acacia Seeds' and Other Extracts from the Journal of the Association of Therolinguistics." In *Buffalo Gals and Other Animal Presences,* 167-78. New York: New American Library, 1988.

_____. "The Carrier Bag Theory of Fiction." In *Dancing at the Edge of the World: Thoughts on Words, Women, Places,* 165-70. New York: Grove, 1989.

_____. "A Non-Euclidean View of California as a Cold Place to Be." In *Dancing at the Edge of the World: Thoughts on Words, Women, Places,* 80-100. New York: Grove, 1989.

_____. *A Wizard of Earthsea.* San Jose, CA: Parnassus, 1968.

_____. *The Word for World Is Forest.* New York: Berkeley Medallion, 1976.

Lewis, Randolph. *Navajo Talking Picture: Cinema on Native Ground.* Lincoln: University of Nebraska Press, 2012.

"Library of Navajo String Games." © 2003 San Juan School District, Tucson, AZ.

http://dine.sanjuan.k12.ut.us/string_games/games/index.html. Accessed August 3, 2015.

Lindeman, Raymond. "Trophic-Dynamic Aspect of *Ecology*." *Ecology* 32, no. 4 (1942): 399-417.

"List of Pigeon Breeds." https://en.wikipedia.org/wiki/List_of_pigeon_breeds. Modified January 22, 2016. Accessed March 20, 2016.

Lovecraft, H. P. *The Call of Cthulhu and Other Dark Tales*. New York: Barnes and Noble, 2009. First published in *Weird Tales* 11, no. 2 (February 1928): 159-78, 287.

Loveless, Natalie. "Acts of Pedagogy: Feminism, Psychoanalysis, Art, and Ethics." PhD diss., History of Consciousness Department, University of California at Santa Cruz, 2010.

Lovelock, James E. "Gaia as Seen through the Atmosphere." *Atmospheric Environment* 6, no. 8 (1967): 579-80.

Lovelock, James E., and Lynn Margulis. "Atmospheric Homeostasis by and for the Biosphere: The Gaia Hypothesis." *Tellus*, Series A (Stockholm: International Meteorological Institute) 26, nos. 1-2 (February 1, 1974): 2-10.

Lustgarten, Abraham. "End of the Miracle Machines: Inside the Power Plant Fueling America's Drought." ProPublica, July 16, 2015. https://www.projects.propublica.org/killing-the-colorado/story/navajo-generating-station-colorado-river-drought. Accessed August 10, 2015.

——. "Killing the Colorado." Twelve parts. ProPublica, June 16, 2015. https://www.propublica.org/series/killing-the-colorado. Accessed August 10, 2015.

Lyons, Kristina. "Can There Be Peace with Poison?" *Cultural Anthropology Online*, April 30, 2015. http://www.culanth.org/fieldsights/679-can-there-be-peace-with-poison. Accessed September 1, 2015.

——. *Fresh Leaves*. Creative Ethnographic Non-fiction and Photographic Installation published by the Centre for Imaginative Ethnography's Galleria.

York University, May 14, 2014. http://imaginativeethnography.apps01.
yorku.ca/galleria/fresh-leaves-by-kristina-lyons/.

_____. "Soil Science, Development, and the 'Elusive Nature' of Colombia's Am-
azonian Plains." *Journal of Latin American and Caribbean Anthropology* 19,
no. 2 (July 2014): 212-36. doi: 10.1111/jlca.

_____. "Soils and Peace: Imagining Dialogues between Soil Scientists and Farm-
ers in Colombia." *Panoramas*. University of Pittsburgh, July 11, 2015. In
English and Spanish. http://www.panoramas.pitt.edu/content/soils-and-
peace-imagining-dialogues-between-soil-scientists-and-farmers-colom-
bia. Accessed September 1, 2015.

Lyons, Oren R. "An Iroquois Perspective." In *American Indian Environments:
Ecological Issues in Native American History*, edited by C. Vecsey and R. W.
Venables. New York: Syracuse University Press, 1980.

Lyons, Oren, Donald Grinde, Robert Venables, John Mohawk, Howard Berman,
Vine Deloria Jr., Laurence Hauptman, and Curtis Berkey. *Exiled in the
Land of the Free: Democracy, Indian Nations and the U.S. Constitution*. Santa
Fe, NM: Clear Light, 1998.

Main, Douglas. "Must See: Amazonian Butterflies Drink Turtle Tears." *Live Sci-
ence*, September 11, 2013.

Mann, Adam. "Termites Help Build Savannah Societies." *Science Now*, May 25,
2010.

Margulis, Lynn. "Archaeal-Eubacterial Mergers in the Origin of Eukarya: Phylo-
genetic Classification of Life." *Proceedings of the National Academy of Sci-
ences* 93, no. 3 (1996): 1071-76.

_____. "Biodiversity: Molecular Biological Domains, Symbiosis, and Kingdom
Origins." *Biosystems* 27, no. 1 (1992): 39-51.

_____. Faculty website, UMass Amherst. http://www.geo.umass.edu/faculty/
margulis/. Accessed August 9, 2015.

_____. "Gaia Hypothesis." Lecture for the National Aeronautic and Space Agen-

cy. Video recording. nasa, 1984. https://archive.org/details/gaia_hypothe
sis. Accessed August 7, 2015.

_____. "Symbiogenesis and Symbionticism." In *Symbiosis as a Source of Evolutionary Innovation: Speciation and Morphogenesis*, edited by L. Margulis and R. Fester, 1-14. Cambridge, MA: mit Press, 1991.

_____. *Symbiotic Planet, a New Look at Evolution.* New York: Basic Books, 1999.

Margulis, Lynn, and Dorian Sagan. *Acquiring Genomes: A Theory of the Origin of Species.* New York: Basic Books, 2002.

_____. "The Beast with Five Genomes." *Natural History*, June 2001. http://www.naturalhistorymag.com/htmlsite/master.html?http://www.naturalhistorymag.com/htmlsite/0601/0601_feature.html. Accessed August 9, 2015.

_____. *Dazzle Gradually: Reflections on the Nature of Nature.* White River Junction, VT: Chelsea Green, 2007.

_____. *Microcosmos: Four Billion Years of Microbial Evolution.* Berkeley: University of California Press, 1997.

"Mariposas que beben lágrimas de tortuga: Y no es el título de un poema, es la mágica realidad." *Diario ecologia.com.* N.d. http://diarioecologia.com/mariposas-que-beben-lagrimas-de-tortuga-y-no-es-el-titulo-de-un-poema-es-la-magica-realidad/. Accessed September 3, 2015.

Mayr, Ernst. *Systematics and the Origin of Species from the Viewpoint of a Biologist.* Cambridge, MA: Harvard University Press, [1942] 1999.

"Mazahua People." Wikipedia. https://en.wikipedia.org/wiki/Mazahua_people. Accessed September 1, 2015.

Mazmanian, Sarkis. "Sarkis Lab." California Institute of Technology. http://sarkis.caltech.edu/Home.html. Accessed August 9, 2015.

Mazur, Susan. "Intimacy of Strangers and Natural Selection." *Scoop*, March 6, 2009. http://www.suzanmazur.com/?p=195. Accessed August 9, 2015.

McFall-Ngai, Margaret. "The Développement of Cooperative Associations between Animals and Bacteria: Establishing Détente among Domains." *American*

Zoologist 38, no. 4 (1998): 593-608.

———. "Divining the Essence of Symbiosis: Insights from the Squid-Vibrio Model." *PLOS Biology* 12, no. 2 (February 2014): e1001783. doi: 10.1371/journal. pbi0.10017833. Accessed August 9, 2015.

———. "McFall-Ngai Lab." University of Wisconsin-Madison. http://labs.med-micro.wisc.edu/mcfall-ngai/research.html. Accessed August 9, 2015.

———. "Pacific Biosciences Research Center at the University of Hawai'i at Manoa." http://www.pbrc.hawaii.edu/index.php/margaret-mcfall-ngai. Accessed August 9, 2015.

———. "Unseen Forces: The Influence of Bacteria on Animal Development." *Developmental Biology* 242 (2002): 1-14.

McFall-Ngai, Margaret, et al. "Animals in a Bacterial World: A New Imperative for the Life Sciences." *Proceedings of the National Academy of Sciences* 110, no. 9 (February 26, 2013): 3229-36.

McGowan, Kat. "Where Animals Come From." *Quanta Magazine*, July 29, 2014. https://www.quantamagazine.org/20140729-where-animals-come-from/. Accessed August 9, 2015.

M'Closkey, Kathy. *Swept under the Rug: A Hidden History of Navajo Weaving*. Albuquerque: University of New Mexico Press, 2002.

M'Closkey, Kathy, and Carol Snyder Halberstadt. "The Fleecing of Navajo Weavers." *Cultural Survival Quarterly* 29, no. 3 (fall 2005).

McPherson, Robert. "Navajo Livestock Reduction in Southeastern Utah, 1933-46: History Repeats Itself." *American Indian Quarterly* 22, nos. 1-2 (winter-spring 1998): 1-18.

McSpadden, Russ. "Ecosexuals of the World Unite!" *Earth First! Newswire*, February 25, 2013. https://earthfirstnews.wordpress.com/2013/02/25/ecosexuals-of-the-world-unite-stop-mtr/. Accessed August 6, 2015.

"Medousa and Gorgones." Theoi Greek Mythology. http://www.theoi.com/Pontios/Gorgones.html. Accessed August 8, 2015.

Meloy, Ellen. *Eating Stone: Imagination and the Loss of the Wild.* New York: Random House, 2005.

Melville, Elinor G. K. *A Plague of Sheep: Environmental Consequences of the Conquest of Mexico.* Cambridge: Cambridge University Press, 1997.

Mereschkowsky, Konstantin. "Theorie der zwei Plasmaarten als Grundlage der Symbiogenesis, einer neuen Lehre von der Ent-stehung der Organismen." *Biologisches Zentralblatt,* Leipzig, 30 (1910): 353-67.

Merker, Daniel. "Breath Soul and Wind Owner: The Many and the One in Inuit Religion." *American Indian Quarterly* 7, no. 3 (1983): 23-39. doi: 10.2307/1184255. Accessed August 11, 2015.

Metcalf, Jacob. "Intimacy without Proximity: Encountering Grizzlies as a Companion Species." *Environmental Philosophy* 5, no. 2 (2008): 99-128.

Mindell, David. "Phylogenetic Consequences of Symbioses." *Biosystems* 27, no. 1 (1992): 53-62.

Minkler, Sam A. Photos for "Paatuaqatsi/Water Is Life." Website of Black Mesa Trust. http://www.blackmesatrust.org/?page_id=46. Accessed August 10, 2015.

Mirasol, Michael. "Commentary on Nausicaa of the Valley of the Wind." 11:42 minutes. Uploaded August 20, 2010. https://www.youtube.com/watch?v=t-dAtYXzcZWE. Accessed September 1, 2015.

Miyazake, Hayao, writer and dir. Interview with Ryo Saitani. "The Finale of Nausicaa." *Comic Box,* special issue January 1995. http://www.comicbox.co.jp/e-nau/e-nau.html. Accessed September 1, 2015.

———. *Nausicaa of the Valley of the Wind.* Japanese anime film. Studio Ghibli. 1984.

Mock, Brentin. "Justice Matters." Grist. List for multiple posts, 2014-15. https://grist.org/author/brentin-mock/. Accessed March 17, 2016.

Molina, Marta. "Zapatistas' First School Opens for Session." *Waging Nonviolence.* August 12, 2013. http://wagingnonviolence.org/feature/the-zapatistasfirst-escuelita-for-freedom-begins-today/. Accessed September 2, 2015.

"Monarch Butterfly." Wikipedia. https://en.wikipedia.org/wiki/Monarch_butterfly. Accessed September 1, 2015.

"Monarch Butterfly Biosphere Reserve." Wikipedia. http://en.wikipedia.org/wiki/Monarch_Butterfly_Biosphere_Reserve. Accessed September 1, 2015.

"Monarch Butterfly Conservation in California." Wikipedia. https://en.wikipedia.org/wiki/Monarch_butterfly_conservation_in_California. Accessed September 1, 2015.

Monterey Bay Aquarium. "Tentacles: The Astounding Lives of Octopuses, Squids, and Cuttlefish." Exhibit, 2014 -15.

Moore, Jason W. "Anthropocene, Capitalocene, and the Myth of Industrialization." June 16, 2013. https://jasonwmoore.wordpress.com/2013/06/16/anthropocene-capitalocene-the-myth-of-industrialization/. Accessed August 7, 2015.

_____. "Anthropocene or Capitalocene, Part III." May 19, 2013. http://jasonwmoore.wordpress.com/2013/05/19/anthropocene-or-capitalocene-part-iii/. Accessed August 8, 2015.

_____. Capitalism and the Web of Life: Ecology and the Accumulation of Capital. London: Verso, 2015.

_____. ed. Anthropocene or Capitalocene? Oakland, CA: pm Press, 2016.

Moran, Nancy. "Nancy Moran's Lab." University of Texas at Austin. http://web.biosci.utexas.edu/moran/. Accessed August 9, 2015.

Morgan, Eleanor. "Sticky Tales: Spiders, Silk, and Human Attachments." Dandelion 2, no. 2 (2011). http://dandelionjournal.org/index.php/dandelion/article/view/78/98. Accessed August 10, 2015.

_____. Website. http://www.eleanormorgan.com/filter/Spider/About. Accessed August 10, 2015.

Morley, David, and Kuan-Hsing Chen, eds. Stuart Hall: Critical Dialogues in Cultural Studies. London: Routledge, 1996.

Morrison, Toni. *Paradise.* New York: Knopf, 1997.

"Mountain Justice Summer Convergence, 2015." https://www.mountainjustice.org/. Accessed September 1, 2015.

"Mountaintop Removal Mining." Wikipedia. http://en.wikipedia.org/wiki/Mountaintop_removal_mining. Accessed September 1, 2015.

Muir, Jim. "The Pigeon Fanciers of Baghdad." bbc, March 20, 2009. 2:20 minutes. http://news.bbc.co.uk/2/hi/middle_east/7954499.stm. Accessed March 20, 2016.

Murphy, Michelle. "Thinking against Population and with Distributed Futures." Paper for "Make Kin Not Babies" panel at the meetings of the Society for Social Studies of Science, Denver, November 14, 2015.

"Nausicaa: Character." Wikipedia. https://en.wikipedia.org/wiki/Nausica%C3%A4_%28character%29. Accessed September 1, 2015.

"Nausicaa of the Valley of the Wind." Wikipedia. http://en.wikipedia.org/wiki/Nausica%C3%A4_of_the_Valley_of_the_Wind_%28film%29. Accessed September 1, 2015.

Navajo Sheep Project. http://navajosheepproject.com/intro.html. Accessed August 10, 2015.

———. "History." http://navajosheepproject.com/nsphistory.html. Accessed August 12, 2015.

"Navajo String Games by Grandma Margaret." Posted by Daybreakwarrior, November 27, 2008. 5:35 minutes. http://www.youtube.com/watch?v=5qdcG-7Ztn3c. Accessed August 3, 2015.

Needham, Joseph. *The Grand Titration: Science and Society in East and West.* London: Routledge, [1969] 2013.

Nelson, Diane M. *Who Counts? The Mathematics of Death and Life after Genocide.* Durham, NC: Duke University Press, 2015.

Never Alone (Kisima Ingitchuna). http://neveralonegame.com/game/. Accessed August 9, 2015.

Never Alone. Announcement Trailer. Posted May 8, 2014 by ign. 2:24 minutes. https://www.youtube.com/watch?v=G2C3aIVeL-A. Accessed March 20, 2016.

"Never Alone Cultural Insights—Sila Has a Soul." Posted May 23, 2015 by Ahnnoty. 1:30 minutes. https://www.youtube.com/watch?v=sd5etFc_Py4, May 23, 2015. Accessed March 20, 2016.

Nies, Judith. "The Black Mesa Syndrome: Indian Lands, Black Gold." Orion, summer 1998. https://orionmagazine.org/article/the-black-mesa-syndrome/. Accessed August 10, 2015.

_____. Unreal City: Las Vegas, Black Mesa, and the Fate of the West. New York: Nation Books, 2014.

North American Equine Ranching Information Council. "About the Equine Ranching Industry." http://www.naeric.org/about.asp?strNav=11&strBtn. Accessed August 13, 2015.

_____. "Equine Veterinarians' Consensus Report on the Care of Horses on pmu Ranches." http://www.naeric.org/about.asp?strNav=0&strBtn=5. Accessed August 13, 2015.

Oberhauser, Karen S., and Michelle J. Solensky, eds. The Monarch Butterfly: Biology and Conservation. Ithaca, NY: Cornell University Press, 2004.

Olsson, L., G. S. Levit, and U. Hossfeld. "Evolutionary Developmental Biology: Its Concepts and History with a Focus on Russian and German Contributions." Naturwissenschaften 97, no. 11 (2010): 951-69.

Oodshourn, Nelly. Beyond the Natural Body: An Archaeology of Sex Hormones. London: Routledge, 1994.

"Pacific Islands Ecosystems at Risk." http://www.hear.org/pier/species/acacia_mearnsii.htm. Accessed August 21, 2015.

Paget-Clarke, Nic. "An Interview with Wahleah Johns and Lilian Hill." Motion Magazine, June 13, 2004. Kykotsmovi, Hopi Nation, Arizona. http://www.inmotionmagazine.com/global/wj_lh_int.html. Accessed August 12, 2015.

Palese, Blair. "It's Not Just Indigenous Australians v. Adani over a Coal Mine. We Should All Join this Fight." *Guardian*, April 3, 2015. http://www.theguardian.com/commentisfree/2015/apr/03/its-not-just-indigenous-australians-v-adani-over-a-coal-mine-we-should-all-join-this-fight. Accessed August 31, 2015.

Pan-American Society for Evolutionary Developmental Biology. Inaugural Meetings. University of California at Berkeley, August 5-9, 2015. http://www.evodevopanam.org/meetings—events.html. Accessed August 2, 2015.

"Patricia Wright." http://www.patriciawright.org/. Accessed August 11, 2015.

Peabody Energy. "Factsheet: Kayenta." https://mscusppegrs01.blob.core.windows.net/mmfiles/files/factsheets/kayenta.pdf. Accessed August 10, 2015.

_____. "Peabody in China." http://www.peabodyenergy.com/content/145/peabody-in-china. Accessed August 10, 2015.

_____. "Powder River Basin and Southwest." http://www.peabodyenergy.com/content/247/us-mining/powder-river-basin-and-southwest. Accessed August 10, 2015.

Peace Fleece. "Irene Benalley." http://www.peacefleece.com/irene_bennalley.html. Accessed August 12, 2015.

_____. "The Story." http://www.peacefleece.com/thestory.htm. Accessed August 12, 2015.

Pembina Institute. "Alberta's Oil Sands." http://www.pembina.org/oil-sands/os101/alberta. Accessed August 7, 2015.

_____. "Oil Sands Solutions." http://www.pembina.org/oil-sands/solutions. Accessed August 7, 2015.

Perley, Bernard. "Zombie Linguistics: Experts, Endangered Languages and the Curse of Undead Voices." *Anthropological Forum* 22, no. 2 (2012): 133-49.

Petras, Kathryn. "Making Sense of hrt. Natural? Synthetic? What's What?" http://www.earlymenopause.com/makingsenseofhrt.htm. Accessed August 13,

2015.

Pfennig, David. "Pfennig Lab." University of North Carolina at Chapel Hill. http://labs.bio.unc.edu/pfennig/LabSite/Research.html. Accessed August 9, 2015.

Piercy, Marge. *Woman on the Edge of Time*. New York: Knopf, 1976.

PigeonBlog. http://www.pigeonblog.mapyourcity.net/. isea ZeroOne San Jose. http://2006.01sj.org/content/view/810/52/. Accessed February 17, 2012. Not online March 20, 2016.

PigeonBlog 2006-2008. http://nideffer.net/shaniweb/pigeonblog.php. Accessed March 20, 2016.

Pignarre, Philippe, and Isabelle Stengers. *La sorcellerie capitaliste: Pratiques de désenvoûtement*. Paris: Découverte, 2005.

"Pimoa cthulhu." Wikipedia. https://en.wikipedia.org/wiki/Pimoa_cthulhu. Accessed August 6, 2015.

"Planet of the Ood." Episode of Dr. Who, series 4, April 19, 2008. https://en.wikipedia.org/wiki/Planet_of_the_Ood. Accessed August 8, 2015.

Porcher, Jocelyne. *Vivre avec les animaux: Une utopie pour le XXIe Siècle*. Paris: Découverte, 2011.

Potnia Theron, Kameiros, Rhodes, circa 600 bce. http://commons.wikimedia.org/wiki/File:Gorgon_Kameiros_BM_GR1860.4-4.2_n2.jpg. Accessed August 8, 2015.

Potts, Annie, in conversation with Donna Haraway. "Kiwi Chicken Advocate Talks with Californian Dog Companion." In "Feminism, Psychology and Nonhuman Animals," edited by Annie Potts, special issue, *Feminism and Psychology* 20, no. 3 (August 2010): 318-36.

Poulsen, Michael, et al. "Complementary Symbiont Contributions to Plant Decomposition in a Fungus Farming Termite." *Proceedings of the National Academy of Sciences* 111, no. 40 (2013): 14500-14505.

Prigogine, Ilya, and Isabelle Stengers. *Order Out of Chaos*. New York: Bantam,

1984.

Prior, Helmut, Ariane Schwarz, and Onur Gunturkun. "Mirror-Induced Behavior in the Magpie (Pica pica): Evidence of Self-Recognition." *PLOS Biology* 6, no. 8 (2008): e202. doi: 10.1371/journal.pbi0.0060202. Accessed August 3, 2015.

Prosek, James. *Eels: An Exploration from New Zealand to the Sargasso, of the World's Most Mysterious Fish*. New York: Harper, 2011.

"Protein Packing: Inner Life of a Cell." Harvard University and xvivo with BioVisions. Posted by xvivo Scientific Animation. 2:51 minutes. https://www.youtube.com/user/XVIVOAnimation. Accessed March 20, 2016.

Puig de la Bellacasa, María. "Encountering Bioinfrastructure: Ecological Movements and the Sciences of Soil. *Social Epistemology* 28, no. 1 (2014): 26-40.

———. "Ethical Doings in Naturecultures." *Ethics, Place and Environment* 13, no. 2 (2010): 151-69.

———. "Matters of Care in Technoscience: Assembling Neglected Things." *Social Studies of Science* 41, no. 1 (2011): 85-106.

———. *Matters of Care: Speculative Ethics in More Than Human Worlds*. Minneapolis: University of Minnesota Press, forthcoming 2016.

———. *Penser nous devons: Politiques féminists et construction des saviors*. Paris: Harmattan, 2013.

———. "Touching Technologies, Touching Visions: The Reclaiming of Sensorial Experience and the Politics of Speculative Thinking." *Subjectivity* 28, no. 1 (2009): 297-315.

Pullman, Philip. *His Dark Materials Omnibus: The Golden Compass, The Subtle Knife, The Amber Spyglass*. New York: Knopf, 2007.

Pyle, Robert Michael. *Chasing Monarchs: Migrating with the Butterflies of Passage*. New Haven, CT: Yale University Press, [1999] 2014.

"Racing Pigeon-Post." http://www.articles.racing-pigeon-post.org/directory/articles_index.php. Accessed February 17, 2012.

Raffles, Hugh. *Insectopedia*. New York: Random House, 2010.

Ramberg, Lucinda. *Given to the Goddess: South Indian Devadasis and the Sexuality of Religion*. Durham, NC: Duke University Press, 2014.

———. "Troubling Kinship: Sacred Marriage and Gender Configuration in South India." *American Ethnologist* 40, no. 4 (2013): 661-75.

Raun, A. P., and R. L. Preston. "History of Diethylstilbestrol Use in Cattle." *American Society of Animal Science*, 2002. https://www.asas.org/docs/publica tions/raunhist.pdf?sfvrsn=0. Accessed August 13, 2015.

Rea, Ba, Karen Oberhauser, and Michael Quinn. *Milkweed, Monarchs and More*. 2nd ed. Union, WV: Bas Relief, 2010.

Reed, Donna, and Starhawk. *Signs out of Time: The Story of Archaeologist Marija Gimbutas*. Documentary film, Belili Productions, 2004. 59 minutes. https:// www.youtube.com/watch?v=whfGbPFAy4w. Accessed August 8, 2015.

Ren, C., et al. "Modulation of Peanut-Induced Allergic Immune Responses by Oral LacBitic Acid Bacteria-Based Vaccines in Mice." *Applied Microbiological Biotechnology* 98, no. 14 (2014): 6353-64. doi: 10.1007/s00253-014-5678-7.

Rendón-Salinas, E., and G. Tavera-Alonso. "Forest Surface Occupied by Monarch Butterfly Hibernation Colonies in December 2013." Report for the World Wildlife Fund-Mexico.

Robinson, Kim Stanley. *2312*. New York: Orbit/Hatchette, 2012.

Rocheleau, Dianne. "Networked, Rooted and Territorial: Green Grabbing and Resistance in Chiapas." *Journal of Peasant Studies* 42, nos. 3-4 (2015): 695-723.

Rocheleau, Dianne, and David Edmunds. "Women, Men and Trees: Gender, Power and Property in Forest and Agrarian Landscapes." *World Development* 25, no. 8 (1997): 1351-71.

Rohwer, Forest, Victor Seguritan, Farooq Azam, and Nancy Knowlton. "Diversity and Distribution of Coral-Associated Bacteria." *Marine Ecology Progress Series* 243 (2002): 1-10.

Roosth, Sophia. "Evolutionary Yarns in Seahorse Valley: Living Tissues, Wooly Textiles, Theoretical Biologies." *differences* 25, no. 5 (2012): 9-41.

Rose, Deborah Bird. *Reports from a Wild Country: Ethics for Decolonisation.* Sydney: University of New South Wales Press, 2004.

_____. "What If the Angel of History Were a Dog?" *Cultural Studies Review* 12, no. 1 (2006): 67-78.

Rosen, Ruth. "Pat Cody: Berkeley's Famous Bookstore Owner and Feminist Health Activist (1923-2010)." *Journal of Women's History* website (online only). Posted 2011 by jwh, Binghamton University, State University of New York. http://bingdev.binghamton.edu/jwh/?page_id=363. Accessed March 20, 2016.

Ross, Alison. "Devilish Ants Control the Garden." BBC News. http://news.bbc.co.uk/2/hi/science/nature/4269544.stm. Accessed August 21, 2015.

Ross, Deborah. "Deborah Ross Arts." http://www.deborahrossarts.com/. Accessed August 11, 2015.

Rowe, Claudia. "Coal Mining on Navajo Nation in Arizona Takes Heavy Toll." *Huffington Post,* June 6, 2013. http://www.huffingtonpost.com/2013/06/06/coal-mining-navajo-nation_n_3397118.html. Accessed August 10, 2015.

Russ, Joanna. *The Adventures of Alyx.* New York: Gregg, 1976.

_____. *The Female Man.* New York: Bantam Books, 1975.

Sagan, Lynn. "On the Origin of Mitosing Cells." *Journal of Theoretical Biology* 14, no. 3 (1967): 225-74.

Salomon, F. *The Cord Keepers: Khipus and Cultural Life in a Peruvian Village.* Durham, NC: Duke University Press, 2004.

San Jose Museum of Quilts and Textiles. "Black Mesa Blanket: Enduring Vision, Sustaining Community." http://www.sjquiltmuseum.org/learnmore_Black-Mesa.html. Accessed August 11, 2015.

Schmitt, Carl. *The Nomos of the Earth in the International Law of the Jus Publicum Europaeum.* Translated by G. L. Ulmen. Candor, NY: Telos, [1950] 2003.

Scottoline, Lisa. *The Vendetta Defense*. New York: Harper, 2001.

Seaman, Barbara. "Health Activism, American Feminist." *Jewish Women: A Comprehensive Historical Encyclopedia*. March 20, 2009. Jewish Women's Archive. http://jwa.org/encyclopedia/article/health-activism-american-feminist. Accessed August 13, 2015.

"Short History of Big Mountain-Black Mesa." Posted by American Indian Cultural Support (aics) and Mike Wicks, 1998-2006. http://www.aics.org/BM/bm.html. Accessed August 10, 2015.

"Sierra Club Sponsors 'Water Is Life' Forum with Tribal Partners." January 5, 2012. http://blogs.sierraclub.org/scrapbook/2012/01/sierra-club-co-sponsors-water-is-life-forum-with-tribal-partners.html. Accessed August 10, 2015.

Simpson, George Gaylord. *Tempo and Mode in Evolution*. Columbia Classics in Evolution. New York: Columbia University Press, [1944] 1984.

Skurnick, Lizzie. *That Should Be a Word*. New York: Workman, 2015.

Soulé, Michael, and John Terborgh, eds. *Continental Conservation: Scientific Foundations of Regional Reserve Networks*. Washington, DC: Island, 1999.

Starhawk. *Truth or Dare: Encounters with Power, Authority, and Mystery*. San Francisco: Harper, 1990.

Starkey, Daniel. "Never Alone Review: It's Cold Outside." Eurogamer.net. November 20, 2014. http://www.eurogamer.net/articles/2014-11-20-never-alone. Accessed August 11, 2015.

Steffen, Will, Wendy Broadgate, Lisa Deutsch, Owen Gaffney, and Cornelia Ludwig. "The Trajectory of the Anthropocene: The Great Acceleration." *The Anthropocene Review*, January 16, 2015. doi: 10.1177/2053019614564785. Accessed March 16, 2016.

Stengers, Isabelle. *Au temps des catastrophes: Résister à la barbarie qui vient*. Paris: Découverte, 2009.

———. "The Cosmopolitical Proposal." In *Making Things Public*, edited by Bruno Latour and Peter Weibel, 994-1003. Cambridge, MA: mit Press, 2005.

_____. *Cosmopolitics I* and *Cosmopolitics II*. Translated by Robert Bononno. Minneapolis: University of Minnesota Press, 2010 and 2011.

_____. *Hypnose entre magie et science*. Paris: Les Empêcheurs de penser en rond, 2002.

_____. "Relaying a War Machine?" In *The Guattari Effect*, edited by Éric Alliez and Andrew Goffey, 134-55. London: Continuum, 2011.

Stengers, Isabelle, and Vinciane Despret. *Les faiseuses d'histoires: Que font les femmes à la pensée?* Paris: Découverte, 2011.

_____. *Women Who Make a Fuss: The Unfaithful Daughters of Virginia Woolf.* Translated by April Knutson. Minneapolis: Univocal, 2014.

Stengers, Isabelle, in conversation with Heather Davis and Etienne Turpin. "Matters of Cosmopolitics: On the Provocations of Gaia." In *Architecture in the Anthropocene: Encounters among Design, Deep Time, Science and Philosophy*, edited by Etienne Turpin, 171-82. London: Open Humanities, 2013.

Stephens, Beth, with Annie Sprinkle. *Goodbye Gauley Mountain: An Ecosexual Love Story*. http://goodbyegauleymountain.org/. Accessed August 6, 2015.

Stephens, Elizabeth. "Goodbye Gauley Mountain." http://elizabethstephens.org/good-bye-gauley-mountain/. Accessed September 1, 2015.

Stories for Change. Site sponsored by massIMPACT. http://storiesforchange.net/. Accessed March 19, 2016.

Strathern, Marilyn. *The Gender of the Gift: Problems with Women and Problems with Society in Melanesia*. Berkeley: University of California Press, 1990.

_____. *Kinship, Law and the Unexpected: Relatives Are Always a Surprise*. Cambridge: Cambridge University Press, 2005.

_____. *Partial Connections*. Lanham, MD: Rowman and Littlefield, 1991.

_____. *The Relation: Issues in Complexity and Scale*. Cambridge, UK: Prickly Pear, 1995.

_____. *Reproducing the Future*. Manchester, UK: Manchester University Press,

1992.

_____. "Shifting Relations." Paper for the Emerging Worlds Workshop, University of California at Santa Cruz, February 8, 2013.

Strawn, Susan, and Mary Littrel. "Returning Navajo–Churro Sheep for Weaving." *Textile* 5 (2007): 300–319.

Street Art sf Team. "The Bird Man of the Mission." October 7, 2014. http://www.streetartsf.com/blog/the–bird–man–of–the–mission/. Accessed September 28, 2015.

Styger, Erica, Harivelo M. Rakotondramasy, Max J. Pfeffer, Erick C. M. Fernandes, and David M. Bates. "Influence of Slash–and–Burn Farming Practices on Fallow Succession and Land Degradation in the Rainforest Region of Madagascar." *Agriculture, Ecosystems, and Environment* 119 (2007): 257–69.

"Survival and Revival of the String Figures of Yirrkala." http://australianmuseum.net.au/Survival–and–Revival–of–the–String–Figures–of–Yirrkala. Updated March 19, 2015. Accessed August 3, 2015.

Survival International. "Shifting Cultivation." http://www.survivalinternational.org/about/swidden. Accessed August 11, 2015.

Svenson–Arveland, et al. "The Human Fetal Placenta Promotes Tolerance against the Semiallogenic Fetus by Producing Regulatory T Cells and Homeostatic M2 Macrophages." *Journal of Immunology* 194, no. 4 (February 15, 2015): 1534–44. http://www.jimmunol.org/content/194/4/1534. Accessed September 1, 2015.

Tagaq, Tanya. "Animism." http://tanyatagaq.com/. Accessed September 3, 2015.

_____. "Animism—Album Trailer." May 5, 2014. 1:25 minutes. https://www.youtube.com/watch?v=ItYoFr3LpDw&feature=youtu.be. Accessed September 3, 2015.

_____. "Tagaq Brings Animism to Studio Q." Interview with Jian Gomeshi. Posted by Q on cbc on May 27, 2014. 16:50 minutes. https://www.youtube.

com/watch?v=ZuTIySphv2w. Accessed March 20, 2016.

_____. "Tanya Tagaq's Polaris Prize Performance and Introduction." Polaris
Music Prize Gala, September 27, 2014. Full show 3:52:36. ttp://tanyatagaq.
com/2014/09/tanya-tagaqs-polaris-prize-performance-introduction/. Accessed March 20, 2016.

Takahashi, Dean. "After Never Alone, E-Line Media and Alaska Native Group
See Big Opportunity in 'World Games.'" *GamesBeat*. February 5, 2015.
http://venturebeat.com/2015/02/05/after-never-alone-e-line-media-and-
alaska-native-group-see-big-opportunity-in-world-games/. Accessed
August 11, 2015.

Talen, Reverend Billie. "Beware of the Robobee, Monsanto and darpa." June 4,
2014. http://www.revbilly.com/beware_of_the_robobee_monsanto_and_
darpa. Accessed August 8, 2015.

TallBear, Kim. http://www.kimtallbear.com/. Accessed September 24, 2015.

_____. "Failed Settler Kinship, Truth and Reconciliation, and Science." Posted
March 3, 2016. http://www.kimtallbear.com/homeblog/failed-settler-kin-
ship-truth-and-reconciliation-and-science. Accessed March 17, 2016.

_____. "Making Love and Relations Beyond Settler Sexualities." Lecture given
for the Social Justice Institute, University of British Columbia. Published
February 24, 2016. 55:39 minutes. https://www.youtube.com/watch?v=zf-
do2ujRUv8. Accessed March 19, 2016.

Tao, Leiling, Camden D. Gowler, Aamina Ahmad, Mark D. Hunter, and Jacobus
C. de Roode. "Disease Ecology across Soil Boundaries: Effects of Below-
Ground Fungi on Above-Ground Host-Parasite Interactions." *Proceed-
ings of the Royal Society B* 282, no. 1817 (October 22, 2015). doi: 10.1098/
rspb.2015.1993. Accessed March 20, 2016.

Tar Sands Solutions Network. http://tarsandssolutions.org/about/. Accessed Au-
gust 7, 2015.

Tate, Andrew, Hanno Fischer, Andrea Leigh, and Keith Kendrick. "Behavioural and Neurophysiological Evidence for Face Identity and Face Emotion Processing in Animals." *Philosophical Transactions of the Royal Society B* 361, no. 1476 (2006): 2155-72. doi: 10.1098/rstb.2006.1937. Accessed August 12, 2015.

Tauber, Alfred. "Reframing Developmental Biology and Building Evolutionary Theory's New Synthesis." *Perspectives in Biology and Medicine* 53, no. 2 (2010): 257-70. doi: 10.1353/pbm.0.0149. Accessed August 2, 2015.

Teller, Terry. "So Naal Kaah, Navajo Astronomy." http://www.angelfire.com/rock3/countryboy79/navajo_astronomy.html. Accessed August 3, 2015.

Terranova, Fabrizio. 2016. *Donna Haraway: Story Telling for Earthly Survival.* 86 minutes. l'Atelier Graphoui and Spectres Production. Premier May 2016 at le Kunsten-FestivaldesArts, Brussels.

"The Thousand Names of Gaia/Os Mil Nomes de Gaia: From the Anthropocene to the Age of the Earth." Conference in Rio de Janeiro, September 15 -19, 2014. https://thethousandnamesofgaia.wordpress.com/. Accessed August 8, 2015.

_____. Videos. https://www.youtube.com/c/osmilnomesdegaia. Accessed August 8, 2015.

Toda, Koji, and Shigeru Watanabe. "Discrimination of Moving Video Images of Self by Pigeons (Columba livia)." *Animal Cognition* 11, no. 4 (2008): 699-705. doi: 10.1007/s10071-008-0161-4. Accessed August 12, 2015.

"A Tribute to Barbara Seaman: Triggering a Revolution in Women's Health Care." *On the Issues Magazine* (fall 2012). http://www.ontheissuesmagazine.com-11spring/2011spring_tribute.php. Accessed August 13, 2015.

Trujillo, Juan. "The World Water Forum: A Dispute over Life." *The Narcosphere.* Posted in Spanish, March 17, 2006; in English, March 23, 2006. http://narcosphere.narconews.com/notebook/juan-trujillo/2006/03/the-world-water-forum-a-dispute-over-life. Accessed September 3, 2015.

Tsing, Anna. "Feral Biologies." Paper for "Anthropological Visions of Sustainable

Futures" conference, University College London, February 12-14, 2015.

_____. *Friction: An Ethnography of Global Connection*. Princeton, NJ: Princeton University Press, 2005.

_____. *The Mushroom at the End of the World: On the Possibility of Life in Capitalist Ruins*. Princeton, NJ: Princeton University Press, 2015.

_____. "A Threat to Holocene Resurgence Is a Threat to Livability." Unpublished manuscript, 2015.

_____. "Unruly Edges: Mushrooms as Companion Species." *Environmental Humanities* 1 (2012): 141-54.

Tsing, Anna, Nils Bubandt, Elaine Gan, and Heather Anne Swanson, eds. *Arts of Living on a Damaged Planet: Stories from the Anthropocene*. Minneapolis: University of Minnesota, forthcoming.

Tsing, Anna, Nils Bubandt, Noboru Ishikawa, Donna Haraway, Scott F. Gilbert, and Kenneth Olwig. "Anthropologists Are Talking about the Anthropocene." *Ethnos* 81, no. 4 (2016): 1-30. doi: 10.1080/00141844.2015.1105838. Accessed March 20, 2016.

Tsutsumi Chunagon Monogatari. https://en.wikipedia.org/wiki/Tsutsumi_Ch%C5%ABnagon_Monogatari. Modified February 23, 2016. Accessed March 20, 2016.

Tucker, Catherine M. "Community Institutions and Forest Management in Mexico's Monarch Butterfly Reserve." *Society and Natural Resources* 17 (2004): 569-87.

"Turkish Tumblers.com." http://turkishtumblers.com/. Accessed August 3, 2015.

United Nations. "World Population Prospects: Key Findings and Advance Tables, 2015 Revision." Population Division of the Department of Economic and Social Affairs. http://esa.un.org/unpd/wpp/Publications/Files/Key_Findings_WPP_2015.pdf. Accessed September 29, 2015.

University of Alaska Fairbanks. "Alaska Native Language Center." "Inupiaq." https://www.uaf.edu/anlc/languages/i/. Revised January 1, 2007. Accessed

September 25, 2015.

U.S. Coast Guard. "Pigeon Search and Rescue Project, Project Sea Hunt." http://www.uscg.mil/history/articles/PigeonSARProject.asp. Modified January 12, 2016. Accessed March 20, 2016.

U.S. Fish and Wildlife Service. "The American Eel." April 29, 2014. http://www.fws.gov/northeast/newsroom/eels.html. Accessed September 1, 2015.

Utah Indian Curriculum Guide. "We Shall Remain: Utah Indian Elementary Curriculum Guide—The Goshutes: The Use of Storytelling in the Transmission of Goshute Culture." Digitized 2009. http://content.lib.utah.edu/cdm/ref/collection/uaida/id/17874. Accessed March 20, 2016.

ValBio. "icte—Centre ValBio Publications." www.stonybrook.edu/commcms/centre-valbio/research/publications.html. Accessed August 24, 2015.

Vance, Dwight A. "Premarin: The Intriguing History of a Controversial Drug." *International Journal of Pharmaceutical Compounding* (July/August 2007): 282-86. http://www.ijpc.com/abstracts/abstract.cfm?ABS=2619. Accessed August 13, 2015.

van Dooren, Thom. *Flight Ways: Life at the Edge of Extinction.* New York: Columbia University Press, 2014.

———. "Keeping Faith with Death: Mourning and De-extinction." November 10, 2013. http://extinctionstudies.org/2013/11/10/keeping-faith-with-death-mourning-and-de-extinction/. Accessed August 6, 2015.

van Dooren, Thom, and Vinciane Despret. "Evolution: Lessons from Some Cooperative Ravens." In *The Edinburgh Companion to Animal Studies*, edited by Lynn Turner, Ron Broglio, and Undine Sellbach. In progress.

van Dooren, Thom, and Deborah Bird Rose. "Storied-Places in a Multispecies City." *Humanimalia: A Journal of Human/Animal Interface Studies* 3, no. 2 (2012): 1-27.

———. "Unloved Others: Death of the Disregarded in the Time of Extinctions." Special issue of *Australian Humanities Review* 50 (May 2011).

Varley, John. Gaea trilogy: *Titan* (1979), *Wizard* (1980), *Demon* (1984). New York: Berkeley Books.

Vidal, Omar, José López-Garcia, and Eduardo Rendón-Salinas. "Trends in Deforestation and Forest Degradation in the Monarch Butterfly Biosphere Reserve in Mexico." *Conservation Biology* 28, no. 1 (2013): 177-86.

Voices for Biodiversity. "The Sixth Great Extinction." http://newswatch.nationalgeographic.com/2012/03/28/the-sixth-great-extinction-a-silent-extermination/. Accessed August 7, 2015.

Walcott, Charles. "Pigeon Homing: Observations, Experiments and Confusions." *Journal of Experimental Biology* 199 (1996): 21-27. http://jeb.biologists.org/content/199/1/21.full.pdf. Accessed August 3, 2015.

Walters, Sarah. "Holobionts and the Hologenome Theory." *Investigate: A Research and Science Blog.* September 4, 2013. http://www.intellectualventureslab.com/investigate/holobionts-and-the-hologenome-theory. Accessed August 9, 2015.

Watanabe, Shigeru, Junko Sakamoto, and Masumi Wakita. "Pigeons' Discrimination of Paintings by Monet and Picasso." *Journal of the Experimental Analysis of Behavior* 63, no. 2 (March 1995): 165-74. doi: 10.1901/eab.1995.63-165. Accessed August 3, 2015.

"Water Management in Greater Mexico City." Wikipedia. http://en.wikipedia.org/wiki/Water_management_in_Greater_Mexico_City. Modified February 27, 2016. Accessed March 20, 2016.

Weaver, Harlan. "'Becoming in Kind': Race, Class, Gender, and Nation in Cultures of Dog Rescue and Dogfighting." *American Quarterly* 65, no. 3 (2013): 689-709.

———. "Trans Species." *Transgender Studies Quarterly* 1, nos. 1-2 (2014): 253-54. doi: 10.1215/23289252-2400100.

"Weaving in Beauty." Posted April 2, 2009 by Mary Walker. http://weavinginbeauty.com/its-all-about-the-rugs/2009-heard-museum-guild-indianmarket–dy–begay–and–berdina–charley. Accessed August 11, 2015.

Weber, Bob. "Rebuilding Land Destroyed by Oil Sands May Not Restore It, Researchers Say." *Globe and Mail*, March 11, 2012. http://www.theglobeandmail.com/news/national/rebuilding–land–destroyed–by–oil–sands–may–not–restore–it–researchers–say/article552879/. Accessed August 7, 2015.

Weisiger, Marsha. *Dreaming of Sheep in Navajo Country*. Seattle: University of Washington Press, 2009.

——. "Gendered Injustice: Navajo Livestock Reduction in the New Deal Era." *Western Historical Quarterly* 38, no. 4 (winter 2007): 437–55.

Weller, Frank. *Equine Angels: Stories of Rescue, Love, and Hope*. Guilford, CT: Lyons, 2008.

Wertheim, Christine. "CalArts Faculty Staff Directory." https://directory.calarts.edu/directory/christine–wertheim. Accessed August 11, 2015.

Wertheim, Margaret. "The Beautiful Math of Coral." ted video. 15:33 minutes. Posted February 2009. http://www.ted.com/talks/margaret_wertheim_crochets_the_coral_reef?language=en. Accessed August 11, 2015.

——. *A Field Guide to Hyperbolic Space*. Los Angeles: Institute for Figuring, 2007.

Wertheim, Margaret, and Christine Wertheim. *Crochet Coral Reef: A Project by the Institute for Figuring*. Los Angeles: IFF, 2015.

West Virginia Department of Natural Resources. "Rare, Threatened, and Endangered Animals." http://www.wvdnr.gov/Wildlife/PDFFiles/RTE_Animals_2012.pdf. Accessed September 1, 2015.

"West Virginia State Butterfly." http://www.netstate.com/states/symb/butterflies/wv_monarch_butterfly.htm. Accessed September 1, 2015.

White, Richard. *The Roots of Dependency: Subsistence, Environment, and Social Change among the Choctaws, Pawnees, and Navajos*. Lincoln: University of Nebraska Press, 1983.

Whitehead, Alfred North. *The Adventures of Ideas*. New York: Macmillan, 1933.

Wickstrom, Stephanie. "Cultural Politics and the Essence of Life: Who Controls the Water?" In *Environmental Justice in Latin America: Problems, Promise, and Practice*, edited by David V. Carruthers. Cambridge, MA: mit Press, 2008.

Wilks, John. "The Comparative Potencies of Birth Control and Menopausal Hormone Drug Use." Life Issues.net. http://www.lifeissues.net/writers/wilks/wilks_06hormonaldruguse.html. Accessed August 13, 2015.

Willink, Roseann S., and Paul G. Zolbrod. *Weaving a World: Textiles and the Navajo Way of Seeing*. Santa Fe: Museum of New Mexico Press, 1996.

Wilson, Kalpana. "The 'New' Global Population Control Policies: Fueling India's Sterilization Atrocities." *Different Takes* (winter 2015). http://popdev.hampshire.edu/projects/dt/87. Accessed August 12, 2015.

Witherspoon, Gary, and Glen Peterson. *Dynamic Symmetry and Holistic Asymmetry*. New York: Peter Lang, 1995.

Women's Health Initiative. "Risks and Benefits of Estrogen Plus Progestin in Healthy Postmenopausal Women." *Journal of the American Medical Association* 288 (2002): 321-33.

World-Ecology Research Network. https://www.facebook.com/pages/World-Ecology-Research-Network/174713375900335. Accessed August 7, 2015.

"World Market in Pigeons." http://www.euro.rml-international.org/World_Market.html. Accessed August 3, 2015.

World Wildlife Fund. "Living Blue Planet: Crisis in Global Oceans as Marine Species Halve in Size since 1970." September 15, 2015. http://assets.wwf.org.uk/custom/stories/living_blue_planet/. Accessed October 13, 2015.

Wright, P. C., and B. A. Andriamihaja. "Making a Rain Forest National Park Work in Madagascar: Ranomafana National Park and Its Long-Term Commitment." In *Making Parks Work: Strategies for Preserving Tropical Nature*, edited by J. Terborgh et al., 112-36. Washington, DC: Island, 2002.

"Wurundjeri." Wikipedia. http://en.wikipedia.org/wiki/Wurundjeri. Modified

July 9, 2015. Accessed August 3, 2015.

Xena Warrior Princess. "Dreamworker." Series 1, September 18, 1995. http://www.imdb.com/title/tt0751475/. Accessed August 10, 2015.

xkcd. "Bee Orchid." https://xkcd.com/1259/. Accessed August 10, 2015.

Yellowstone to Yukon Conservation Initiative. http://y2y.net/work/what-hot-projects. Accessed August 31, 2015.

Yong, Ed. "Bacteria Transform the Closest Living Relatives of Animals from Single Cells into Colonies." *Discover,* August 6, 2012. http://blogs.discovermagazine.com/notrocketscience/2012/08/06/bacteria-transform-the-closest-living-relatives-of-animals-form-single-cells-into-colonies/#.VXY0n6YVpFU. Accessed August 9, 2015.

_____. "Consider the Sponge." *New Yorker,* April 24, 2015. http://www.newyorker.com/tech/elements/consider-the-sponge. Accessed August 9, 2015.

_____. "The Guts That Scrape the Skies." *Phenomena: Not Exactly Rocket Science.* September 23, 2014. http://phenomena.nationalgeographic.com/2014/09/23/the-guts-that-scrape-the-skies/. Accessed August 9, 2015.

Youth, Howard. "Pigeons: Masters of Pomp and Circumstance." Smithsonian National Zoological Park. *Zoogoer* 27 (1998). http://nationalzoo.si.edu/Publications/ZooGoer/1998/6/pigeons.cfm. Accessed February 17, 2012.

Zalasiewicz, Jan, et al. "Are We Now Living in the Anthropocene?" *GSA (Geophysical Society of America) Today* 18, no. 2 (2008): 4-8.

"Zapatista Army of Mazahua Women in Defence of Water in the Cutzamala Region: Testimonies." *Development* 54, no. 4 (2011): 499-504.

Zebich-Knos, Michele. "A Good Neighbor Policy? Ecotourism, Park Systems and Environmental Justice in Latin America." Working paper presented at the 2006 Meeting of the Latin American Studies Association, San Juan, Puerto Rico, March 15-18, 2006.

Zimmer, Carl. "Watch Proteins Do the Jitterbug." *New York Times,* April 10, 2014. http://www.nytimes.com/2014/04/10/science/watch-proteins-do-the-jitterbug.html?_r=1. Accessed August 6, 2015.

Zolbrod, Paul G. *Diné Bahane': The Navajo Creation Story*. Albuquerque: University of New Mexico Press, 1984.

Zoutini, Benedikte, Lucienne Strivay, and Fabrizio Terranova. "Les enfants du compost, les enfants des monarques: Retour sur l'atelier 'Narrations spéculatives.'" In *Gestes spéculatifs*, edited by Isabelle Stengers. Paris: Hermann, 2015.

트러블과 함께한다는 것

친척 만들기

이 책은 2016년 듀크대학 출판부가 펴낸 도나 해러웨이의 *Staying
with the Trouble: Making Kin in the Chthulucene*에 실린 주요 글들
을 번역한 것이다. 이 책을 관통하는 주제는 심각한 기후변화와 생태위
기에 직면한 우리가 이 긴급한 시대를 어떻게 사유하고 대처할 것인가
이다. 기후 문제를 연구하는 학자들은 지금의 기후 급변은 지구라는 행
성 시스템의 항상성에 빨간불이 켜진 때문이라고 진단한다. 어떤 시스
템이 일정하게 항상성을 유지하기 위해서는 변화를 상쇄할 만한 음의
피드백이 일어나서 조절 기능을 해야 하는데, 변화의 정도가 너무 크면
조절 능력에 문제가 생기고, 이는 연쇄적인 시스템 붕괴를 야기한다.
급속하게 올라가고 있는 지구의 온도는 그 아슬아슬함을 나타내는 바
로미터이기도 하다. 어떻게 이 변화의 방향을 돌릴 것인가가 문제이다.

해러웨이는 이런 긴급한 문제의식에서 이 책의 글들을 쓰지만 접근법은 기후학자들과 다르다. 지구온난화의 주범은 이산화탄소로 지목되고 있고, 이는 화석연료를 태우는 인간 때문이라는 문제의식이 인류세Anthropocene라는 새로운 지질학적 시대명을 낳았다. 하지만 해러웨이는 이 입장과는 거리를 둔다. 그는 이 문제를 시스템으로 접근하기보다, 복수종multispecies이 맺고 있던 관계의 급격한 변화로 접근한다. 지구에 대한 시스템적 접근은 시스템 바깥에서 볼 때 비로소 가능해지는데, 관계 속에 사는 우리는 그 관계를 문제시할 수 있고 변화시킬 수 있기 때문이다. 해러웨이는 이러한 관점을 드러내기 위해 테라폴리스terrapolis라는 메타포를 사용한다. 지구를 의미하는 테라와 정치체를 의미하는 폴리스를 함께 엮은 이 용어의 함의는 복수종 크리터들은 시민으로서 동등한 권리를 갖는다는 것, 그리고 관계의 창의적 변화가 다른 지구를 만든다는 것이다. 과학적인 해결책도 중요하지만, 지금 당장 가능한 관계의 변화를 만들어내는 것이 무엇보다 중요하다. 그래서 해러웨이는 긴급하게 두 가지 중요한 슬로건을 제시한다. "트러블과 함께하자Stay with the Trouble." "자식이 아니라 친척을 만들자Make Kin Not Babies!"

"트러블과 함께하기"의 의미는 다의적이다. 해러웨이는 트러블trouble의 13세기 프랑스어 어원으로부터 '불러일으키다', '애매하게 하다', '방해하다'라는 의미를 끄집어낸다. 트러블은 하나로 환원할 수 없는 애매한 사태들이고, 즉각적인 응답을 필요로 한다. 해러웨이가 보기에 우리는 너무 오랜 시간 동안 머뭇거리기만 했다. "트러블과 함께하자"는 더 이상 머뭇거리지 말고 즉각 응답하기 위한 슬로건이고, 동시에 현실의 복잡한 문제를 지나치게 단순화하려는 시도를 방해하는 슬로건이다. 즉각적인 응답을 불러일으키는 것과 단순화를 방해하고 애매하게 만드는 것은 상반되는 것처럼 보이지만 그렇지 않다. 오늘의 위기가 모두 인간이라는 생물종 때문이라는 진단은 명확해 보이지만, 그것으로부터 응답을 이끌어낼 수 있는 것은 거의 없다. 그런 식의 일반화를 저지하고 구체적인 상황으로 눈을 돌릴 때, 비로소 응답이 가능해진다. 마다가스카르의 '아코 프로젝트'나, 베르트하임 자매의 산호초 코바늘뜨기 전시, 블랙메사 지역의 투쟁과 컴퓨터 월드 게임인 '네버 얼론'까지 모두 단순치 않은 트러블이 불러낸 응답들이다.

트러블과 함께하기 위해 해러웨이는 "자식이 아니라 친척을 만들자"라는 구체적인 응답의 방법을 제안한다. 너무 많은 사람의 수와 그들을 먹여 살리는 동식물이 생물다양성을 위기로 몰아넣고 있다. 여섯 번째 대멸종이라 불릴 만큼 수많은 동식물이 지구상에서 사라지고 있고, 개체군의 국소적 절멸이 종의 절멸로 이어지고 있다. 특정 지역에서 개체군이 소멸하더라도 동종의 개체군이 다른 곳에서 살아남는다면 언젠가는 회복의 기회가 올 수도 있다. 하지만 지금은 그런 가능성이 거의 사라진 "이중 죽음"의 시대이다. 친척을 만들자는 해러웨이의 제안은 이들에 대한 적극적인 돌봄을 요청하는 것이다.

이 책의 5장 〈카밀 이야기〉는 "자식이 아니라 친척을 만들자"라는 슬로건을 구체적으로 형상화한 SF이다. 손상된 땅을 회복하기 위해 모여든 사람들인 '퇴비의 아이들'은 위기에 처한 동물들을 더 잘 돌보기 위해 동물들의 유전자 일부를 자식에게 이식한다. 친척이 된다는 것은 은유가 아니다. 퇴비의 아이들의 이런 시도는 인간이 위기에 처한 생물종의 구원자가 되려는 것이 아니라, 신체 일부를 공유함으로써 그들과 더욱 단단하게 얽혀들려는 실천이다. 친척이 된다는 것은 일상에서 상대의 관점을 얻는 일이다. 그리고 친척을 만드는 길에는 유전자 이식만 있는 것이 아니다. 1장 〈반려종과 실뜨기하기〉의 비둘기와 인간은 오랜 기간 서로를 길들여온 친척이고, 3장 〈공-산〉의 흰개미와 믹소트리카 파라독사, 오징어와 비브리오균, 마다가스카르의 과학자들과 여우원숭이, 나바호 사람들과 추로 양, 세계 각지에서 산호초 코바늘뜨기에 참여한 공예가들과 산호초들은 서로를 돌보고 변형시키는 친척들이다.

서로의 삶에 단단히 얽혀드는 자들이 언제나 혈연이거나 동종인 것은 아니다. 그런 경우는 오히려 드물다. 서로 얽히는 것은 이용하거나 수단으로 삼는 과정을 통해서 이루어지는데, 혈연이 아니고 동종이 아니기에 서로를 이용하고 수단으로 삼는다. 하지만 그것이 일방으로 끝나는 일은 없다. 친척이 된다는 것은 이용이나 수단과는 거리가 먼 아름답기만 한 관계를 의미하지 않는다. 만약 흰개미가 믹소트리카 파라독사가 잔뜩 든 먹이를 포식하지 않았다면, 그들의 후장에 믹소트리카 파라독사가 우글거릴 일은 없다. 친척이 된다는 것은 반드시 문제가 되는 관계 속으로 진입하는 일, 다시 말해 트러블과 함께하는 일이다.

무구하지 않은 세속적 생존을 위하여

페미니즘 이론가이자 과학학 연구자인 해러웨이는 평생을 남성/여성, 문명/야만, 자연/인공 등 온갖 이분법적 구도와 치열하게 대결하는 글을 써왔고, 아마도 그중 가장 유명한 글은 1985년에 발표된 《사이보그 선언》일 것이다. 1980년대는 핵전쟁의 위협이 고조되고 중공업에서 반도체 중심으로 산업의 지형이 재편되면서 남성 노동자들의 대량 해고가 빈발하던 시기였다. 비약적으로 발전한 테크노사이언스가 이런 사태를 야기하지는 않았지만 가능하게 한 배경이었다. 이런 까닭에 진보 진영에서는 반-테크노사이언스 분위기가 팽배했다. 그런데 해러웨이의 《사이보그 선언》은 페미니스트들에게 오히려 사이보그가 될 것을 촉구하면서 이분법의 아이러니를 날카롭게 지적했다.

테크노사이언스가 파괴적 양상으로 전개되고 있음에도 반-테크노사이언스는 "현실적 생존"에 무능했다. 세상은 정보 시스템으로 빠르게 개편되고 있고, 이미 많은 여성들, 특히 유색 여성들이 반도체 공장의 생산 라인과 정보 시스템의 말단을 담당하고 있었다. 이들은 전통적 여성으로도, 마르크스주의가 특권적 위치를 부여하는 노동자로도 완전히 환원되지 않는 새로운 체현들로, 해러웨이는 이들을 "집적회로 속의 여성들"이라 부른다. 페미니즘과 사회주의가 반-테크노사이언스를 주장한다면, 자신들이 응답해야 할 이들을 배제하고 적으로 돌려세우는 아이러니에 빠지게 된다. 이것이 해러웨이가 반-테크노사이언스에 강한 거부를 표명한 이유이다.

해러웨이는 테크노사이언스 바깥에서 그것을 비난하는 길 대신, 테크노사이언스의 내부에서 폭파하는 길을 택했다. 이를 위해 그는 사이보그 이미지를 슬쩍 도용해서 새로운 체현인 "집적회로 속의 여성들"로 재형상화한다. 여성, 노동자, 유색인등 여러 정체성에 걸쳐 있는 검은 머리의 유색 여성 사이보그가 대지의 여신보다 훨씬 승산이 있다고 판단하기 때문이다. 《사이보그 선언》의 반향으로 "현실적 생존을 위해 사이보그를Cyborgs for Earthly Survival"이라는 슬로건이 나왔다. 하지만 해러웨이는 새로운 체현의 여성들이 무구한 위치에 있다고는 생각하지 않는다. 비록 테크노사이언스 주변부에 머물고 있을지라도 어쨌든 그들도 파괴적 테크노사이언스의 산물이기 때문이다. 하지만 어느 누구도 현실적인 생존에서 자유로울 수 없기에 우리는 여신의 무구성inno-cence에 기댈 수 없다. 해러웨이가 새로운 사이보그에 희망을 거는 이유는 무구한 단 하나의 관점이 아니라 적어도 두 개 이상의 관점을 확보할 수 있기 때문이다. 두 개 이상의 관점을 가진 그는 페미니스트 사이보그이다.

《사이보그 선언》에서 현실적earthly 생존을 강조했던 해러웨이는 이 책에서는 비슷한 의미지만 조금 다른 맥락으로 세속적인worldly 것들을 강조한다. 《사이보그 선언》에서 강조한 현실적 생존은 무구한 위치를 전제하는 사회주의와 페미니즘을 겨냥해서 우리는 천상이 아니라 지상에 사는 오염된 존재임을 강조했다. 반면 이 책에서 강조하는 세속성은 주체와 대상의 위치가 역동적으로 바뀌면서 복잡하게 얽히는 속에서의 무구하지 않은 현실성을 의미한다. 어쨌든 두 용어 모두 비-무구성에 초점이 있는데, 이는 인간 혹은 인간의 파트너이자 타자인 비인간조차 도덕적으로 안전한 위치나 죄 없이 당하기만 하는 수동적 위치에 있을 수 없음을 강조하는 말이다.

2000년 이후 해러웨이의 주요한 개념 도구는 사이보그에서 '반려종companion species'으로 옮겨 가고, 사이보그는 가장 어린 반려 친척으로 편입된다. 반려종이라는 개념은 2003년 《반려종 선언》에서 처음 모습을 보이는데, 해러웨이가 개와 사랑에 빠지면서부터다. 해러웨이는 자신이 사이보그에게서 보았던 혼종성이 지구상에 사는 크리터들에게 특별한 것이 아니었음을 개를 연구하면서 포착하고 즐겁게 개에게 빠져든다. 개와 인간이 함께 살아온 역사를 진화생물학적으로, 인류학적으로 탐사하면서 서로의 신체와 습속이 얼마나 단단히 얽혀 있는지 보게 된 것이다. 이들은 서로가 서로를 필요로 하는 '반려종'이다. 서로를 필요로 하는 관계란 상대를 대상으로 삼고 이용한다는 것을 의미하므로 무상의 사랑이 흘러넘치는 관계가 아니다. 반려종은 철저히 세속적이다. 하지만 이 세속성이 이익 교환과 동의어는 아니다. 계산은 언제나 빗나가기 일쑤이고 실패가 다반사이다.

이 책에서 해러웨이는 반려종 관계를 지칭하는 용어로 '친척'이라는 말을 사용한다. 친척은 생물학적으로 얽힌 관계를 의미하지만, 수직적으로 얽혀 있는 가족과는 달리 수평적으로, 심지어 생물학적 분류 체계를 횡단하면서 서로 단단히 얽힌 관계이다. 이는 생물의 진화에서 이종 간 융합이 수직적 분기에 우선한다는 린 마굴리스의 공생발생가설을 염두에 둔 것이다. 마굴리스에 따르면 모든 생명은 본질적인 의미에서 친척이다.

하지만 "자식이 아니라 친척을 만들자"라는 슬로건은 비현실적으로 보이는 면이 있다. 게다가 출산율이 급격히 증가하고 있는 곳은 이른바 선진국이 아니라 제3세계이고, 인구수에 대한 우려가 자칫 이 모든 파괴의 책임을 제3세계 사람들에게 전가하는 효과를 낳을 수 있다는 점에서 비판의 여지가 있다. 해러웨이도 이를 모르지 않는다. 그러나 지난 200년간 세계 인구가 일곱 배 이상의 증가세를 보였고 1960년 이후에는 매년 10억 명씩 증가하고 있다는 사실을 모른 척할 수는 없다고 생각한다. 그래서 해러웨이는 페미니스트들이 멜서스주의의 악몽 때문에 이 긴급한 문제를 외면해서는 안 된다고 주장한다. 한국을 포함해 출산율이 급감하는 나라들에서는 인구 감소를 걱정하면서 파격적인 출산 장려 정책의 필요성이 제기되고 있다. 하지만 아이러니하게도 그런 나라들에서도 학대받고 충분한 돌봄을 받지 못하는 어린이들은 엄청나게 많고 전 세계적으로는 더 많이 있다. 이들 나라에서 자국 중심, 부모 중심의 어린이 양육 형태를 다른 식으로 바꿀 수 있도록 제도적 공동체적 노력이 뒤따른다면 더 많은 인간 어린이들이 소중하게 양육될 수 있을 것이다. 인간 어린이를 위해서도 "자식이 아니라 친척을 만들자"라는 슬로건은 중요하고, 이를 위한 창의적 접근이 필요하다.

공-산 Sympoiesis

반려종의 세속성을 표현하는 개념은 공-산共-産, Sympoiesis이다. 이는 함께 만든다는 뜻이다. 반려종은 서로를 만드는 관계이며, 서로를 만든다는 것은 처음의 규정성이 와해되면서 서로가 서로에게 새로운 규정성을 부여한다는 의미이다. 캐런 배러드는 이런 관계성을 미리 규정된 것끼리의 작용인 '상호작용interaction'과 구분해 '내부-작용intra-action'이라고 했다. 공-산은 이런 내부-작용을 가리키는 것이지만 해러웨이는 상호작용과 내부-작용을 언제나 함께 쓴다. 독자들에게 상호작용이라는 용어가 익숙해서이기도 하고, 보다 역동적으로 공-산을 표현하기 위해서이기도 하다. 가령, 마굴리스의 공생발생가설에서 고세균과 박테리아는 처음에는 포식자와 피식자로 만났고 그들의 상호작용은 소화흡수와 배설로 나타났을 것이다. 하지만 느닷없이 발생한 소화의 실패가 예정된 상호작용을 막아서 당초의 포식자와 피식자 관계는 와해되었다. 정해져 있던 규정성이 와해된 곳에서 내부-작용이 작동한다. 내부-작용에 의해 새로운 정체성이 만들어지는 것이다. 그 결과 고세균은 몸 안의 박테리아에 대해 영양분을 공급하는 자가 되고, 박테리아는 고세균에 대해 에너지를 생산하는 자가 되었다.

"관계 이전에 파트너가 미리 존재하지 않는다." 각각에 대한 규정과 관계는 함께 만들어진다. 애초의 규정성이 와해될 수 있는 것은 누구/무엇도 전적으로 수동적이지는 않기 때문이다. 먹힌 박테리아의 배설물이 고세균의 소화액을 무화시켰기에 포식자와 피식자의 관계가 와해될 수 있었다. 작용을 하는 자인 주체와 그 작용을 받는 자인 대상의 자리는 고정되어 있지 않다. 작용했다면 반드시 작용을 받는다. 해러웨이는 이런 주체와 대상의 역동성을 '실뜨기string figure'로 형상화한다.

실뜨기에서 패턴을 만드는 능동과 상대에게 패턴을 내미는 수동은 거의 동시적이고, 주고받는 패턴은 계속 릴레이된다. 그 때문에 상대가 만든 패턴뿐 아니라 내가 만든 패턴에 의해서도 작용을 받는다. 창의적인 패턴이 계속 이어지면 실뜨기는 재미있지만, 기계적인 응대를 하면 동일한 패턴이 반복되고, 고의든 아니든 실을 떨어뜨리기도 쉽다. 실뜨기는 주의를 요구하고, 창의적인 응대와 순서를 건너뛸 수 없는 성실함을 요구한다. 해러웨이의 말대로 실뜨기는 우리 삶과 정치를 닮았다. 지금까지 릴레이되어온 실뜨기가 지금의 패턴을 구성하지만 결말을 보증할 수 없다. 하지만 성실하게 계속 해나가는 속에서 어쩌면 복수종의 새로운 번성을 위한 유용한 패턴들을 발견하게 될지도 모른다.

인류세의 파괴적 사태에 긴급히 응답할 수 있도록 응답-능력을 키우려면 인간이 유일한 행위자라는 착각에 빠져서는 불가능하다. 결국은 인간이 책임감을 가지고 나서야 하는 것 아니냐고 반문할지 모른다. 하지만 인간이 해결사나 구원자를 자처하는 것과 공-산의 관계성 속에서 복구에 힘을 쏟는 것은 그 방법도, 결과도 아주 다르다. 해러웨이는 인류세의 파괴적 사태를 가능한 한 빨리 벗어나기 위해 '쑬루세 chthulucene'라는 새로운 시대명을 제안한다. '쑬루'는 땅속의 복잡하고 역동적인 연결망을 의미한다. 인류세가 천상 신의 위계적 지배를 함의한다면, 쑬루세는 그물망처럼 복잡한 땅속 존재들의 촉수적인 연결을 함의한다. 복잡함을 부각한다고 파괴에 대처하지 못하는 것이 아니다. 쑬루세는 모든 것이 연결되어 있기에 어디서부터 시작해야 할지 모른다고 물러서거나 파괴의 책임을 회피하려는 술책이 아니다. 쑬루세는 지금과는 다른 연결을 시도하는 것이고, 인간만의 폴리스가 아니라 테라폴리스에 참여하는 시대를 의미한다.

번역이라는 트러블

해러웨이는 자신의 글쓰기 또한 공-산의 산물임을 거의 모든 문장에서 드러낸다. 본문만큼이나 긴 주석은 공-산의 글쓰기를 위해 무엇이 어떻게 함께했는지, 그 구체적인 정황은 어떠했는지에 대한 기록이다. 특히 행위의 주체를 인간으로 한정하지 않기 위해, 그리고 관습적으로 혹은 부주의하게 비가시화될 수 있는 범주에 신경을 많이 쓴다. 몇 년 전 새러 프랭클린Sarah Franklin과의 인터뷰에서 해러웨이는 인용을 검토하는 자신만의 자가 경고 시스템인 작은 리스트가 있다고 했는데, 그 리스트에서 검토하고 주의를 기울이는 것은 다음과 같은 것들이다. 혹시 백인만 인용한 것은 아닌가, 토착민을 누락시키지 않았는가 인간 아닌 존재들을 잊어버리지는 않았는가. 그리고 인종, 성, 계급, 종교, 섹슈얼리티, 젠더와 같은 다소 고전적인 범주가 자신의 글에서 어떻게 작동하고 있는지를 검토한다. 이는 중산층 백인 여성이라는 자신의 위치로부터 자유로울 수 있는 척하지 않으려는 그의 세심한 노력이다. 해러웨이 말대로 악마는 디테일에 있다.

번역어에 대해 몇 가지 덧붙인다. 우선 '심포이에시스Sympoiesis'를 '공-산'으로 번역했다. 심포이에시스는 움베르토 마투라나Humberto Maturana와 프란시스코 바렐라Francisco J. Varela의 '오토포이에시스Auto-poiesis'를 염두에 둔 개념인데, 오토포이에시스는 auto라는 말 때문에 자율 혹은 자기가 강조되는 개체중심주의를 떠올리게 한다. 그래서 해러웨이는 오토 대신 '함께'를 뜻하는 '심sym'으로 바꾼 새로운 개념을 제안했다. 심포이에시스는 공동-제작의 의미도 있으나 생산한다는 의미가 더 포괄적이기에 공동 생산을 의미하는 공-산共-産으로 옮겼고, 코뮤니즘을 의미하는 공산과 구분하기 위해서 하이픈을 붙였다. 심포이에시스와 더불어 해러웨이는 함께-되기becoming-with라는 말도 사용한다. 이는 질 들뢰즈Gilles Deleuze와 펠릭스 가타리Pierre-Félix Guattari의 '되기becoming'를 염두에 둔 개념이다. 들뢰즈와 가타리의 되기에는 물론

'함께'라는 것이 전제되어 있지만 해러웨이는 이를 보다 분명하게 강조하고 싶어 한다. '함께-되기'를 '함께 ~을 한다'는 식으로 번역하면 더 매끄러운 문장이 되겠지만 '되기'라는 개념을 염두에 둔 해러웨이의 기획을 살리기 위해서 '함께-되기'로 번역했다.

그리고 'kin'은 '친척'으로 옮겼다. 인류학에서는 kin을 통상 친족으로 번역하지만, 해러웨이의 슬로건 "Make Kin Not Babies!"에서 인간이라는 종의 경계까지 넘어서는 해러웨이의 kin을 표현하기에 친족은 적절하지 않아 보였다. 그리고 한자 척戚은 일차적으로 성씨가 다른 일가붙이를 뜻하지만 친하다, 가깝다, 슬퍼하다, 분개하다 같은 다양한 의미를 담고 있어서 해러웨이가 말하는 관계의 복잡다단함을 표현하기에 적절하다는 생각이 들었다. 하지만 친족이든 친척이든 혹은 kin이든, 통상적으로는 혈연을 기반으로 하는 방계가족을 의미하기에 해러웨이의 친척은 본래 의미를 오염시키는 실천을 통해서만 확보될 수 있다.

번역은 언제나 두려운 작업이다. 오역과 오인에서 자유로울 수 없기 때문이다. 하지만 번역을 통해 함께 공부하고 토론하는 친구를 더 많이 만날 수 있기에 용기를 낼 수 있었다. 길고 어려운 교정 과정을 함께한 김미정, 박기효 선생님에게 감사한다. 이 작업을 통해 우리는 반려 친척이 되었다.

찾아보기_인명

* 괄호 안의 숫자는 주 번호를 가리킨다.

388

* 괄호 안의 숫자는 주 번호를 가리킨다.

92, 119, 122, 152, 212, 242(11), 249(35), 250(36), 282(72, 74), 292(5)

물질성 9, 18, 24, 27, 114, 124, 137, 139, 197, 212, 217

미래주의(자) 13, 17

미생물 15, 80, 90, 113, 120, 128, 130, 192, 233(1), 250(35), 265(3), 267(16)

미포자충 115

믹소트리카 파라독사 *Mixotricha paradoxa* 111~112, 116, 377

민속수학 285(79)

민족지(학) 26, 28, 70, 207, 236(13), 253~254(43), 295(17), 299~300(4)

민중의 기후운동 273(37)

믿음 77, 79, 93, 152, 248(34), 282(72)

밀크위드 194~195, 199, 204, 231, 304(13), 316(43)

밈meme 132

ㅂ

바다거북 139~140

〈바람계곡의 나우시카〉 208~209

바위비둘기 32, 235(13)

바이온트biont 265(3)

박테리아 13, 110, 112, 116~121, 171, 176, 259(56), 266(9), 267(16), 268(18), 302(8)

반려 14, 21, 32, 39, 59, 79, 112, 156

반려종companion species 14, 21, 24~25, 28, 47, 52, 74, 98, 117, 234(3), 249(35)

발생학 113, 244(12)

방탕한 지식(드브리스) 248(34)

배치 11, 32, 222, 247(31)

배트맨공원 48~51

백악기-팔레오기(K-Pg) 경계 173, 291(4)

번성 10, 22~23, 52~53, 71, 74, 129, 140, 164, 174~175, 184, 187, 189, 192, 194, 200~202, 205, 208, 220, 299(4)

번역(라투르) 22

〈벌레를 사랑한 숙녀〉 311(28)

베치미사라카족 277(58)

변이 110, 118, 123

별들에 에워싸인 숙녀 262(62)

복수종multispecies 10~13, 15, 17, 21~33, 37, 39~42, 47~51, 53, 58, 61, 66, 68, 70~71, 74, 82, 84, 89, 93, 99, 101, 113, 126, 128, 137, 160, 164, 166~167, 174, 176, 184, 188, 193, 197, 200~201, 204, 207, 215, 242(10), 255(45), 271(32, 34), 288(83), 292(5), 293(12), 302(8), 303(11), 306~307(17~19), 310(26), 313(32), 375, 383

복잡계 이론 250(36)

부분적 연결 28, 117

부분적 치유 126, 161, 220, 230~231

부분적 회복 21, 49, 70, 226, 230

부식토humus 9, 24, 61, 74, 99, 192~193, 206, 220~221, 234(3), 261(62), 270(28),

부식토성humusities 61, 102, 166, 299(4)

부착 59, 64, 119, 124, 138

부활resurgence 7, 12, 15, 31, 82, 126,

트러블과 함께하기

1판 1쇄 발행 2021년 7월 25일
1판 5쇄 발행 2023년 11월 20일

지은이 도나 해러웨이
옮긴이 최유미
펴낸이 김미정
편집 김미정, 박기효
디자인 표지 박진범, 본문 김명선

펴낸곳 마농지
등록 2019년 3월 5일 제2022-000014호
주소 (10904) 경기도 파주시 미래로 310번길 46, 103동 402호
전화 070-8223-0109
팩스 0504-036-4309
이메일 shbird2@empas.com

ISBN 979-11-968301-8-2 93100

＊ 이 도서는 서울연구원·서울특별시 평생교육진흥원에서 수행한
2020년 「서울 도시인문학」 사업의 지원을 받아 출간되었습니다.